第八届江苏九三论坛

科技创新与促进江苏农业现代化建设

九三学社江苏省委员会 编

东南大学出版社
·南京·

图书在版编目(CIP)数据

科技创新与促进江苏农业现代化建设/九三学社江苏省委员会编. —南京:东南大学出版社，2015.6
(江苏九三论坛)
ISBN 978-7-5641-5836-1

Ⅰ. ①科…　Ⅱ. ①九…　Ⅲ. ①农业现代化—现代化建设—江苏省—文集　Ⅳ. ①F327.53-53

中国版本图书馆 CIP 数据核字(2015)第 119795 号

科技创新与促进江苏农业现代化建设

出版发行	东南大学出版社
社　　址	南京市四牌楼 2 号　　**邮编**　210096
出 版 人	江建中
网　　址	http://www.seupress.com
电子邮箱	press@seupress.com
经　　销	全国各地新华书店
印　　刷	南京京新印刷厂
开　　本	700mm×1000mm　1/16
印　　张	21.25
字　　数	440 千
版　　次	2015 年 6 月第 1 版
印　　次	2015 年 6 月第 1 次印刷
书　　号	ISBN 978-7-5641-5836-1
定　　价	48.00 元

本社图书若有印装质量问题，请直接与营销部联系。电话(传真):025-83791830

前　言

习近平总书记2014年12月在江苏考察期间对江苏现代农业提出“力争在全国率先实现农业现代化”的殷切期望，中央农村工作会议和全省农村工作会议均对推动现代农业建设提出了明确要求。为更好地围绕中心，服务大局，把智慧和力量凝聚到实现农业现代化目标任务上来，营造全社会更加重视现代农业建设的氛围，九三学社江苏省委决定，2015年举办以“科技创新与促进江苏农业现代化建设”为主题的第八届“江苏九三论坛”。

农业现代化建设，既要实现物的现代化，更要实现人的现代化，按照生产技术先进、经营规模适度、市场竞争力强、生态环境可持续的要求，加快建设现代农业。根据现代农业的主要特征，以及努力的方向和重点，本次论坛从80余篇论文来稿中，挑选了60余篇，编辑了40余万字的《科技创新与促进江苏农业现代化建设》论文集。内容涵盖了粮食安全与农业协调发展，农业生态环境及基础设施建设；农业物质装备和技术水平，信息化对农业现代化引领，农业高新技术发展和产业关键性技术创新；培育新型农业经营主体，现代农业产业体系，现代农业服务体系创新；以工促农、以城带乡，健全完善强农惠农富农政策体系，保障和改善农村民生等诸多方面。

第八届“江苏九三论坛”是一次集全社智慧对江苏现代农业建设的集中对话，对统一认识，推动实践，为尽早实现农业强、农村美、农民富，努力率先走出一条具有中国特色、江苏特点的新型农业现代化路子做出新贡献。

由于能力和水平所限，在文集的编辑过程中出现的错误和不当之处，敬请提出宝贵意见。同时，也有一些论文由于篇幅所限未能编入，深表歉意，并对所有向本次论坛投稿的同志表示衷心的感谢。

编　者

2015年4月

目　录

浅析发展我国现代化农业之对策

樊银辉

（九三学社徐州矿务集团有限公司）

摘　要：农业是扩内需调结构的重要领域，更是安天下稳民心的基础产业。目前，我国农业正处于传统农业向现代农业变革的转型时期，在积极进行现代化农业建设过程中取得了一定的成果。但是，由于我国的现代化农业建设起步晚，因此与发达国家的现代化农业相比还存在很大差距。本文简述了我国当前农业现状及现代化农业的基本概念，探讨了我国现代化农业建设存在的问题，在此基础上提出了发展我国现代化农业的一些对策。，

关键词：现代化农业；传统农业；存在问题；发展对策

农业是国民经济的基础，在我们这个有着十几亿人口的大国中，这是已被历史反复证明了的客观规律。进入新世纪新阶段，工业化、信息化、城镇化、市场化、国际化正以前所未有的深度和广度快速推进。加快现代化农业建设，对于全面建设小康社会、加快推进社会主义现代化建设，无疑具有极为重要的现实意义。

一、现状

改革开放以来，我国农业的发展取得了举世瞩目的成就，但粮食等主要农产品在正常情况下供求仍处于紧平衡的状态，还有若干农产品则需进口补充，社会对农产品的需求在日益增长，农业必须实现持续稳定发展，才能满足全面建设小康社会的需要。

（一）我国正处于农产品需求持续较快增长的阶段

近年来，我国经济持续快速发展，城乡居民收入明显增加，社会对农产品的需求处于持续快速增长阶段，这对农业发展提出了新的更高要求。

（二）我国正处于城镇化快速推进阶段

1996—2006 年，我国人口城镇化率年均提高 1.34 个百分点，即平均每年增加 2 000 万以上城镇人口。这意味着以往的农产品生产者将逐步转变为农产品消费者，同时也意味着整个国家的人均农产品消费量将显著增加。

（三）我国农业发展的资源约束条件日益严峻

1. 耕地面积持续减少

1996 年，我国耕地总面积为 19.51 亿亩，到 2006 年底，已降为 18.27 亿亩，10 年间净减少 1.24 亿亩。耕地继续减少的趋势仍难以扭转，每年仅建设用地就至少

需要新增占用400万亩土地。

2. 淡水资源短缺

目前我国人均淡水总资源仅2 100立方米左右，是世界人均水平的四分之一左右，且水资源的时空分布极不均衡，北方地区总体上严重缺水。但东南沿海等水资源条件较好的地区粮食生产能力下降多、粮食需求增长多。2005年东部10省市的粮食总产量比1998年减少614亿斤，即减少了17.6%；其在全国粮食总产量中的比重也由34.02%降至29.67%。我国历史上长期形成的“南粮北运”格局已被“北粮南运”所替代。但粮食生产是高耗水产业，将粮食增产的重任交由水资源更为短缺的北方地区来承担，其可持续性值得深思。

3. 农田水利设施老化失修严重

2006年，我国耕地的有效灌溉面积为8.48亿亩，仅占总面积的46.41%。每年因自然灾害损失的粮食就超过700亿斤。

4. 农业科技进步缓慢

目前，我国农业科技贡献率只有48%，科研成果转化率只有30%，分别比发达国家约低30和40个百分点左右。

5. 农业受到的自然资源制约日益突显

靠增加自然资源投入来增加农产品产出的余地已越来越小。不仅如此，大量使用化肥、农药、兽药等投入品，还制约了我国农产品质量安全水平的提高，导致农业面源污染日益严重。据统计，目前，我国化肥年使用量达4 600多万吨，氮肥当季利用率只有30%左右，造成地表水富营养化和地下水污染。全国农药年使用量近130万吨，不同程度遭受农药污染的农田面积达到1.36亿亩；地膜的大量使用也形成了新的污染源。

二、现代化农业的概念

现代化农业是指用现代工业力量装备的、用现代科学技术武装的、用现代管理理论和方法经营的，生产效率达到现代世界先进水平的农业。建设现代农业的过程，就是改造传统农业、不断发展农村生产力的过程，就是转变农业增长方式、促进农业又好又快发展的过程。现代农业的核心是科学化，特征是商品化，方向是节约化，目标是信息化。根本目的是提高土地生产率、资源产出率、劳动生产率和产品商品率，实现农业的经济效益、社会效益和生态效益的高度统一。

三、现代化农业的基本特征

(一) 生产过程机械化

现代化农业可以概括为“四化”，即机械化、化学化、水利化和电气化。机械化处于农业现代化的首要位置，主要通过运用先进设备代替人力的手工劳动，在各环节大面积采用机械化作业，从而降低劳动者的体力强度，提高劳动效率。

（二）生产技术科学化

实现农业现代化的过程，其实就是先进科技不断注入农业的过程，不断完善农业的基础科研、应用科研及推广体系，不断提高科技对增产贡献率的过程。在传统农业的改造过程中，科技将发挥至关重要的作用。

（三）增长方式集约化

由传统农业向现代农业的方向转化，意味着农业增长方式要从粗放经营向集约经营转变。在投入边际效益递减，外延扩大生产余地变小的情况下，把增产的基点转到降低生产成本、提升产品档次、提高综合效益、提高劳动者素质上来。

（四）经营循环市场化

现代农业的显著标志之一是市场成为农业经济运行的载体。在资源的配置上，退出行政手段与发挥市场功能。在生产的目的上，取消产品自给自足与转换商品交换。"发挥"和"转换"的量变过程，是传统农业向现代农业趋近的重要组成部分。产品的商品率如果达不到较高程度，农业现代化就"化"不起来。

（五）生产组织社会化

农业生产与流通活动的各部门、各环节要与社会相关部门、市场主体有机联系起来，在形成农业专业化和规模化经营的同时，又促进农业先进技术和设备的推广应用，加速农业现代化进程。

（六）生产绩效高优化

我们所要的农业现代化，是高产优质高效的现代化。生产绩效如何，就成为检验现代化成功与否的决定性因素，可一票否决。

（七）劳动主体现代化

农业现代化必须有高素质的农民这一主体来推进。没有农民自身素质的现代化，要实现农业的现代化是不可能的。

四、我国现代化农业建设存在的问题

（一）农民素质低

农民是建设社会主义新农村的主要主体，也是现代化农业建设中的一个关键因素。而现阶段我国农民整体素质低，一是文化素质低，调查显示：目前我国农村人口中，不识字或识字很少的占 27.57%，小学占 27.73%，初中占 27.43%，高中占 4.17%，大专以上占 0.1%；二是科技素养低，农民接受科技教育及实用技能培训少，基础差；三是思想观念落后，传统的小农意识在农村仍存在，重经验，轻知识，接受新事物慢。

（二）环境污染严重

目前我国农业生态环境十分严峻，环境污染已成为经济社会可持续发展的制约因素。粗放型掠夺式农业增长方式和散漫型随意化农村生活方式造成了农村环境污染，生态破坏。可持续发展和低碳农业成为我国目前的薄弱环节，农业资源利用效率低，在生产中往往会造成严重的资源浪费和环境问题。

(三) 农业生产技术相对落后，农业投入不足

近年来，虽然农村金融改革取得了积极进展，但农村资金严重外流，农民“贷款难”等问题仍未有效解决，农村金融服务的整体水平与现代化农业发展的现实需要还有很大差距。

(四) 农机化基础设施薄弱

虽然目前我国的农业机械化水平有了大幅度提高，建立了门类齐全的农机工业体系和覆盖广大乡村的农机化管理服务体系，基本形成了适合我国国情的具有自身特色的农机机械化发展道路。但是同时也存在一些问题，如：①发展不平衡；②结构不合理，技术水平低；③农机公共服务体系薄弱；④农机化发展面临资源(能源)紧缺和生态环境严峻的约束和挑战。

(五) 农业现代化建设推进乏力

市场化水平低，农业科技推广缓慢，农业信息化建设滞后，农业现代化建设推进乏力，不能很好地服务于农业现代化建设。

五、对策

(一) 尽快提高农民综合素质

1. 加快培养新型职业农民

确立新型职业农民标准，并制定相应的扶持政策，使农业成为“进入有要求、经营有效益、收入有保障、职业有尊严”的行业。建立高素质人才回流农村机制。支持大中专院校毕业生、返乡创业人员投身现代农业建设。

2. 选聘大学生村官

选聘高校毕业生特别是具有农业专业背景的毕业生到农村任职，为现代化农业建设注入新鲜血液。要实现农业现代化就必须有懂农业，同时又了解市场，懂管理，熟知 WTO 规则的一大批专门人才。大学生有较好的文化理论基础、活跃的思维，容易接受新事物，他们投入到广大农村中，结合实际，充分发挥自己所学知识，带领农民掌握新技术、调整经营方式、提高农村生产力、有利于发挥亿万农民建设社会主义新农村的立体作用。

(二) 大力发展低碳农业

低碳经济是以低能耗、低排放、低污染为基础的经济模式，核心是技术创新、制度创新和发展观的转变。发展低碳农业除了秉承低碳经济的内涵之外，要突出资源高效利用、绿色产品开发、发展生态经济，要突出科技进步、产业升级、固碳减排。提高农业生态系统对气候变化的适应性并降低农业发展对生态系统碳循环的影响，维持生物圈的碳平衡，促进实现碳中性。要突破可控化技术运用，防治农业污染。

(三) 加快农业科技进步及科技推广

实施高产种业科技攻关工程。加大投入力度，围绕提高农产品产量开展科技

攻关，努力培育出更多类似超级稻这种突破性的高产品种。实施粮食增产模式攻关工程。以机械化为载体，深入推进农机农艺融合。对薄弱环节和技术瓶颈开展科技攻关，集成组装区域性、标准化高产高效技术模式。实施促进农业可持续发展技术研发工程。着力开展先进适用技术研发，推广节地、节水、节药、节能和节劳技术，降低生产成本，提高资源利用效率。在农业科技推广方面，加快推进基层农技推广体系改革与建设，建立健全县、乡、镇三级服务网络，加强现代化信息技术装备，强化推广机制创新。坚持以科学技术带动农业发展，加快农业新技术的推广与应用，大力推进科教兴农和可持续发展战略，坚持用现代科学技术改造传统农业。

（四）推进农业机械化和基础设施建设

1. 提高农业机械化水平

改变农机装备结构，实现转型升级；完善农机购置补贴；加强对资源、能源、质量、安全等方面的法制建设，发挥农机管理部门的监管职能作用；加强农机化公共服务体系建设，为农业机械化发展提供保障；大力推进农机化技术创新，促进农机装备优化升级和先进技术的应用普及。

2. 加强农业基础设施建设

切实加强耕地保护，加快高标准农田建设。启动农田污染治理工程，开展农田面源污染和重金属污染治理。加强农田水利设施建设。南方丘陵山区重点搞好山坪塘堰清淤改造和末级渠系建设，平原粮食主产区重点抓好小型泵站等提灌抗旱设施建设，西北干旱半干旱地区重点建设节水灌溉设施。改善相关公共基础设施。加快农村电网改造、乡村道路建设，改善农村生产生活条件。

（五）提升农业市场化水平

大力推进农业市场化进程，加快建立农业保护体系，加大农业生态环境保护力度，加大对农业和农村经济发展的政策性扶持和保护力度，加大农产品批发市场体系建设。引导农民强化市场意识，加速农业运行机制市场化。引导农民站到全球经济和全球贸易一体化的高度，放眼国内市场和国际大市场，一切以市场的需求和供求规律为指导，配置自己的经营资源和经营要素，选择自己的经营项目，搞好粮食作物和各种经济作物的多种经营，建立各种农副产品商贸基地。对生产经营实行企业化管理，努力降低生产经营成本，以获取最大的经济利益。还要增强竞争意识，努力创造具有竞争力的农业名牌产品和产品品牌，精心进行产品设计、商标设计、包装设计、营销手段设计等，勇于占领国内市场和打入国际市场。

关于江苏省实现农业现代化的几点思考

柴秀梅

（常州机电职业技术学院）

摘　要：农业现代化是四个现代化的基础，江苏要率先在全国实现现代化，就必须率先实现农业现代化。本文主要从人才的培养和引进、营造快乐的生活环境、做好农产品的生产和销售三个方面进行论述，分析实现农业现代化的主要因素。江苏的农业现代化，是从传统农业逐渐走向生态农业的过程，是农业发展和生态文明相结合的过程，江苏在实现农业现代化的同时，定能建成美丽、富饶、和谐的新农村。

关键词：人才；保障；产品质量

农业现代化是四个现代化的基础，我们江苏要率先在全国实现现代化，就必须率先实现农业现代化。江苏土地面积只有10.26万平方公里，占全国的1.06%，人均在全国各省区中最少。土地是农业的基础，江苏土地资源短缺，这是实现农业现代化的一个大障碍。但是，这并不意味着江苏的农业现代化就不能走在全国前列。我们的邻国日本和韩国，其土地资源也很短缺，他们不仅在上个世纪就实现了农业现代化，而且农业发展在国际上也是很先进的，他们的经验是很值得我们借鉴的。当然，具体国情不同，我们也不能一味照搬他国的经验，我们必须根据本省的实际，走出一条适合自己发展的农业现代化之路。

一、人才的培养和引进，为现代化提供人才上的保障

农业现代化，靠的是农业科技，农业技术人才就是农业现代化的关键。长期以来，中国的农业落后，农业人才也很缺乏。农村的生活环境差，致使农业人才不愿意到农村从事基层农业，这样，农业科技和农业实践就不能很好地结合。如果在以下几个方面做好工作，那么人才的难题就解决了。

(1) 农业大学制定有利于吸引优秀学生的招生政策，如免除学费、给高分学生提供生活费、降低贫困地区学生的录取分数等，这样就可以把优秀的学生吸引到农业学校中来。我们江苏的农业学校有这样的优惠政策，就能把全国对农业感兴趣的学生吸纳来。学校根据江苏的农业发展需求，把这些学生培养成农业现代化的科技人才。有了农业学校的源头活水，农业也就有了生机。

(2) 制定有利于农业基层大学生的优惠政策，如对于到农村基层发展的大学生，政府给以一定的创业费、安家费等。这笔费用不是象征性的，而是真正起到创

业的帮助和安家的帮助，是要有足够吸引力的。现在大学生就业问题比较严峻，很多大学生即便是就业了，不高的工资也难以解决房子、结婚等人生大事。家境好些的，还有父母支援，贫寒学子就不知道怎么办了。如果政府出台这样的优惠政策，既让他们有了用武之地，解决了他们的工作和生活问题，也解决了农村科技人才短缺的问题。

(3) 重点引进农业专家，使其成为某领域的领军者。一个专家就带动一个行业，一个人能影响一个部门。对于农业技术上有突出成就的专家和学者，要重点引进，要提供良好的工作环境和生活环境。卓越人才往往看重的不仅仅是物质条件，而是更看重和谐的环境和人格的尊重。对于这样的人才，要舍得付出，因为他能带出一批人，影响一批人，从而形成科技兴农的大气候。什么时候出现了农业人才积极奔赴江苏的局面，什么时候，江苏的农业现代化就有希望了。

二、营造快乐的生活环境，为留住人提供保障

这是一个开放的社会，人才流动是自然的。人往高处走，人都在要寻找适合自己的平台。如果我们没有安定、和谐、舒适的环境，那么，外来的人才要走，本地的人才也留不住。就是不走，工作热情也大打折扣。所以，一定要营造良好的生活环境，让生活在这里的人们有满满的幸福感。

1. 健全农村的社会保障制度，免除农村人的后顾之忧

健全农村的社会保障制度，让农村人和城市人一样享有住房、养老、医疗等社会保障。这样，不仅可以留住来这里就业的大学生，还可以吸引其他地方的农业专家。试想，如果我们的农村都能有华西村一样的社会保障，还愁留不住人！这些年，农村有能力的人之所以大多选择离开农村，主要原因是社会保障相距城市太大。真正让百姓安居乐业，就必须免除其后顾之忧。

2. 丰富农村的娱乐生活，解决农民的精神需求

改革开放后，江苏农民的整体生活状况有了明显的好转，但是多数地方还仅仅是物质生活的提升，精神生活还比较困乏。看电视是比较普遍的娱乐项目，上网则是新一代农民的选择。至于缺少文化又有精神需求的，赌博就成了最佳的休闲方式了。这不能怪农民，责任在地方领导。应该充分发挥基层文化站的作用，搞一些适合当地人需求的文体活动，让不同年龄的人各得其乐。而且，这一点也应该纳入到领导绩效考核之中，才能越办越好。

3. 办好医院、学校、养老院，努力做到城乡水平相当

基本的生活有了保障，人们就关心深层问题了，那就是医疗、教育和养老。生老病死是每个人都不能回避的，教育更是关系到后代的大事。如果这些方面城乡差距太大，农村还是不能可持续发展。应该建一流的学校、医院和养老院，高新聘请一流的教师、医生和护工，让农村人在这些方面有和城里人一样，甚至高出城里人的待遇。农业现代化不仅是经济上的现代化，而是经济、环境、社会协调发展的

现代化。

三、做好农产品的生产和销售，夯实现代化的基础

农业现代化最终还是要落实到农产品的生产和销售上，江苏可用土地少，且人口众多，这是劣势。但地势低平，河湖众多，水面所占比例在全国居首位；气候温暖湿润，适合农林牧副渔大农业的发展。我们应该利用自身条件，扬长避短，做好农产品的生产和销售工作。

1. 畅通农产品的销售渠道

商业是生产发展到一定阶段的必然产物，本来是社会进步的需要。但是，近年来，由于对中间环节的管理不严格，导致农产品在销售过程中出现了很多质量问题，比如，中间商为了延长蔬菜水果等保鲜时间，大剂量使用化学药剂；为了使面粉和加工食品颜色好看，添加增白剂……这既有损消费者的健康，也损坏了原始生产者的声誉。尽量减少农产品的销售环节或者干脆取消中间环节，这样，一则可以让农民得到更多的经济利益，二则可以保证农产品的质量，不至于在销售过程中出现质量问题。即便产品出现了质量问题，也很容易查到出处。

2. 品牌生产，品牌经营

既然我们江苏的土地资源少，那就必须发挥出高效率，让寸土产出寸金。我们应该效仿日本，搞农产品的品牌生产和销售，鼓励生产高附加值的农产品，并从绿色、文化等角度提升其农产品的附加值。比如，金坛建昌的红香芋，凭借良好的质量已经在上海、南京等城市畅销。我们可以把茅山道教文化、苏南新四军根据地的红色文化、华罗庚的故乡等文化因素融进香芋品牌，增加文化内涵，从而进一步把这个品牌做好做强。争取只要一提到香芋，人们马上就想到江苏金坛建昌的红香芋，想到金坛的文化。质量有保证，又出产于丰厚文化底蕴的沃土之上，即便比别的香芋贵很多，也还是消费者的首选。

3. 严把农产品的质量关

质量是产品的生命，也是农业发展的生命。俗话说，民以食为天，农产品是食品的最初来源。现在消费者已经被劣质产品害苦了，一旦知道某个牌子的农产品有质量保证，那就不会放弃了。我们如果生产这第一道关都把不住，那食品安全就不可能了。目前，农产品的安全已经很成问题了。由于管理的不严格，城里人对超市和菜市场里出售的有机产品已经不太信任了，他们不惜高价到农村买鱼蛋肉和蔬菜，但还是担心买不到正宗的。针对这种情况，江苏省应该尽快出台省食品安全条例，违法者将要受严重的经济和刑事处罚。只有加大违法犯罪成本，才能彻底解决产品安全问题。同时，还要实行干部问责制度。哪个地方的农产品质量出了问题，就向该地负责农业的干部问责。从农药、化肥的使用，到农产品的加工；从鸡鸭鱼畜的喂养到产品加工，每个环节都有领导负责，严格把关，并和领导绩效考核严格挂钩。这样，我们的农产品就能走出江苏，走向全国乃至世界。

改革开放这30多年，江苏的发展取得了巨大的成就，人们的生活也发生了翻天覆地的变化，但是，人们在享受物质文明的时候，却时常感慨失去了碧水和蓝天，也担心将失去健康。于是，人们开始怀念那落后的过去，似乎还希望回到那个年代。发展是必然的，我们不可能永远停留在“小国寡民”的状态，发展和环境并不一定是矛盾的。生态农业是农业现代化的必由之路，江苏要率先实现现代化，就必须率先走出一条生态农业之路。江苏的农业现代化，不是某个方面的现代化，而是从传统农业逐渐走向生态农业的过程，是农业发展和生态文明相结合的过程，一定能在实现农业现代化的同时，建成美丽、富饶、和谐的新农村。

江苏智慧农业发展之浅见

周　涛　刘贵林　张少岭

（九三学社南京市委员会江宁支社）

摘　要：本文概要介绍了智慧农业的必要性及现状，并从内涵、方法和目的等三个方面对智慧农业的概念进行了精炼的阐述，在此基础上提出了江苏智慧农业系统的体系构架和系统功能要求，以及对江苏智慧农业发展的认识和建议。

关键词：智慧农业；物联网；信息融合

一、引言

根据《2014年江苏省国民经济和社会发展统计公报》，“2014年江苏省农业生产形势较好，粮食连续十一年增产，全年总产量达3490.6万吨，比上年增产67.6万吨，增长2.0%。”以全国1%的土地，产出5%的粮食，农业总产值占江苏GDP的10%，占全国GDP的1%，这是一个了不起的成就。然而，《2014江苏统计年鉴—农业》提供的近五年的农业数据表明，受土地资源和环境的制约，江苏的农业发展已经出现一个瓶颈，无论是粮食总产量，还是农业生产总值都增长趋缓，甚至有可能出现下滑，见表1。

表1　江苏省近五年农业生产数据

	2010年	2011年	2012年	2013年	2014年
农作物播种面积（千公顷）	7 619.58	7 663.25	7 651.57	7 683.64	7 731.00
其中粮食播种面积（千公顷）	5 282.36	5 319.20	5 336.57	5 360.78	5 376.00
粮食产量（万吨）	3 235.10	3 307.76	3 372.48	3 422.98	3 490.60
棉花产量（万吨）	26.08	24.68	22.04	20.93	16.00
油料产量（万吨）	151.97	144.05	146.95	150.37	146.60
肉类产量（万吨）	366.64	375.92	396.52	383.23	369.00
水产产量（万吨）	460.44	475.97	493.74	509.38	518.80
农业总产值（亿元）	4 297.14	5 237.45	5 808.81	6 158.03	—

由此可见，今后江苏省的农业发展和产值增长，不能再依赖传统的增产，必须进行转型升级，只有通过产业结构调整和提高农产品的附加值，才能保持江苏农业的持续发展。为此，省人民政府“关于推进智慧江苏建设的实施意见（苏政发

〔2014〕103 号)”要求“促进农业现代化建设。加强物联网、云计算、大数据、移动通信等技术手段支撑,深入实施农业信息服务全覆盖工程,加快推进农业信息服务和农产品网络销售,大力推进农业物联网建设,积极发展精准农业,构建智慧型现代农业生产经营体系,促进农业发展方式转变。”,文件定位准确,适逢其时,无疑为江苏农业的发展指明了正确方向。

近年来,随着“智慧”的温度越烧越高,智慧农业也逐步兴起,在有些省份已经如火如荼,而科学的规划和设计严重滞后,不由得不让人担心。这种担忧主要表现在两个方面:一是工业企业家的热情明显高过农业从业者,许多人(包括一些管理者)将智慧农业系统建设项目本身作为产业方向,全然不顾科学规律和农业需求,本末倒置,大有借“为农业”之名,行“智慧利”之嫌,最终受害的必定是农业;二是从事智慧农业的工业企业众多,能力良莠不齐,真正全面了解和掌握智慧农业系统科学的少之又少,许多项目轻率上马,难免不成为烂尾工程,最终伤害的还是农业。基于以上原因,笔者在此发表对江苏智慧农业的粗浅认识和建议。

二、智慧农业的科学概念

智慧农业是指在系统科学理论指导下,充分利用现代管理技术、信息技术、控制技术、通信技术和计算机技术及物联网、云计算和大数据挖掘等技术,合理进行农业乃至全社会的资源整合利用、信息融合处理和数据综合应用,实现农业产业领域的智慧生产、智慧流通、智慧金融与智慧服务,从而推动农业生产方式的转变和进步与农产品品质、数量和价值的全面提升。

三、智慧农业的系统功能

智慧农业系统是一个复杂的大系统,其功能不可以一概而论,应当与其构架体系相对应。与其他的智慧系统类似,智慧农业系统也应当包含信息、控制、通信和运筹等几个要素。运筹属于科学层面,它决定了系统有什么用和怎么用。而信息、控制和通信则属于技术范畴,它决定了系统的具体实现和作用发挥。智慧农业系统也是一个物联网系统,其构架和组成应当包括信息感知与现场控制、信息融合与数据处理、数据综合与应用服务三个层次,各层次间由通信网络联系,智慧农业系统作为众多社会系统之一也应当与政府部门和公共服务通过网络互联进行信息交换。

智慧农业系统构架、组成和功能如图 1 所示,系统应当具备以下三大类功能:

(一) 信息感知与现场控制功能

信息感知与现场控制是智慧农业系统的基础。信息感知与现场控制可以在本地构成一个小的闭环系统,比如大棚自动管控;也可以贯穿整个系统甚至跨越系统构成一个大的闭环系统,比如人工影响天气作业。信息感知的数据既是本系统管理和控制的依据,也是公共服务系统的信息源。信息感知应当及时准确,现场控制必须精准到位。

(二) 信息融合与数据处理功能

信息融合与数据处理是智慧农业系统的关键。系统信息既有来自系统内的感知信息和统计信息,也有来自系统外的公共服务信息,信息数据种类繁多,且时间、空间、尺度和置信度不统一,必须进行分类、变换、质控、统计、判别等科学合理的融合与处理,以形成系统数据综合与应用服务所需的翔实和适用的信息。

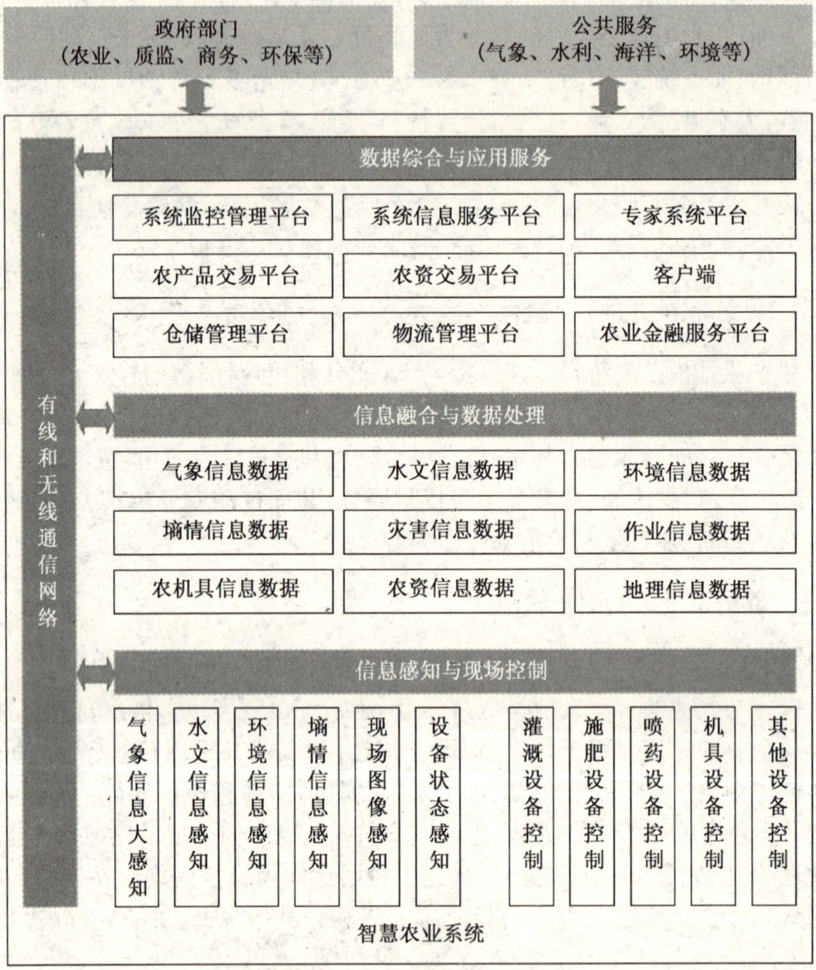

图1　智慧农业系统构架、组成和功能

(三) 数据综合与应用服务功能

数据综合与应用服务是智慧农业系统的核心。智慧农业系统是自然科学与社会科学的有机结合,更多体现的是社会管理和服务,数据综合与应用服务是智慧农业系统主要目的和显著特征。没有数据综合与应用服务的系统是不能称之为智慧系统的，只能叫做自动化系统。

四、江苏智慧农业的建议

智慧农业系统是一个大型复杂的电子信息系统。笔者多年来一直从事电子信息系统研究和实现，对包括智能建筑、物联网、智能交通、智慧城市等系统，以及气象、海洋信息监测与保障系统等都有一定的了解、参与和体会，有机会见到不少“设备堆砌”的所谓系统。有感于此，对江苏智慧农业的发展提出以下几点建议：

（一）智慧农业的根本是为了农业升级

智慧农业的根本是为了农业转型升级，而不是为了多几个物联网企业。江苏智慧农业系统应当围绕农业的智能高效、生态环保、防灾减灾等几个关键点，以农产品质量、价值和产量的全面提升为目标，提高江苏人民的富裕和幸福程度，乃至价值观的转变。

（二）政府在智慧农业中应当合理作为

智慧农业是关系民生的大事，政府不能放任由市场主导，应当积极发挥管控作用。智慧农业又是一个科学系统，政府也不能强制统揽，应当由专业队伍去实施。智慧农业系统不是一个孤立的系统，涉及气象、海洋、渔业、水利、环保等许多方面，政府的协调必不可少。政府在智慧农业工作中主要应当发挥授权、监督和协调等作用。

（三）智慧农业顶层规划设计至关重要

智慧农业的顶层规划设计关系到未来实际系统的成败，应当由政府主导成立一个由系统科学家领衔的包括各相关领域的专业人士组成的智慧农业系统顶层规划设计团队。团队应当按照省政府的战略要求，在充分调研的基础上，以科学、合理、有用为原则，进行顶层规划设计，形成纲领性的《江苏智慧农业系统总体方案》，以及相关的技术标准、管理文件和实施规则，指导江苏智慧农业工作的具体推进。

（四）智慧农业必须排除利益集团影响

政府在进行重大产业决策和项目实施过程中，总有一些利益集团想方设法施加影响和隐形参与，利益集团一旦介入，事情就会走样。对于涉及江苏数千万农业人口利益的智慧农业项目，其社会影响巨大，容不得有半点疏忽。如何排除利益集团影响？在系统顶层规划设计阶段，慎重选择和组建专业团队（尽量排除企业人员），制定针对性的行为准则，明确和界定参与人员的法律责任，设立专职督导人员进行过程跟踪，并且在项目进入实施阶段前完成技术标准和规则文件的制定与发布；在项目实施阶段，真正做到最大程度的信息公开、过程公平、结果公正，每个软件大模块招标确定两个供应商，硬件设备按照使用区域招标确定四个供应商，实行年度考核，末位警告或淘汰，被淘汰者三年禁入。

（五）智慧农业应当循序渐进稳步推进

智慧农业系统应当标准和规则先行，然后进行小型闭环系统示范，再逐步接入成为大系统，在标准和规则确定和公布前不宜规模示范。政府经费应当主要用于系统顶层规划设计和系统前期运管，软件和设备的开发应当通过规则制定调动有志于智慧农业的企业积极承担。

五、结语

智慧农业系统是一个新生事物，即便是在美国那样的农业发达国家也没有先例可循，算是中国首创。智慧农业之所以在中国得到巨大的关注，还是因为中国特殊的人口、土地和发展环境。就中国而言，智慧农业确实必要，但各省份的差别也很大，因此，江苏智慧农业一定要符合江苏环境，必定要具有江苏特色，优质环境、生态农业、安全食品才是江苏智慧农业的发展方向。

主动适应新常态　推进农业现代化

——谋划苏北地区“十三五”现代农业上台阶的思路和对策

刘铭铭

（九三学社淮安市委）

摘　要：全力推动农业强、农村美、农民富，力争率先实现农业现代化是习近平总书记视察江苏时的重要嘱托。苏北地区是江苏省的重要的农业生产基地，经济发展水平基本一致，农业生产领域具有很多共性问题。“十二五”以来，苏北地区现代农业生产取得了很大成就，为全省经济社会的稳定发展做出了巨大贡献。当前，面对经济新常态、社会发展新情况，以及即将到来的“十三五”建设，苏北农业现代化建设要主动适应形势，超前谋划苏北“十三五”现代农业上台阶之路，本文即是对这一问题的探讨和思索。

关键词：谋划“十三五”；苏北地区；农业现代化

苏北地区是江苏省的重要的农业生产基地，经济发展水平基本一致，农业生产领域具有很多共性问题。“十二五”以来，苏北地区加强农业基础设施建设，加快推进农业科技进步，不断优化农村产业结构，推动农业产业化经营，深化体制机制改革，推进传统农业向现代农业转变，农业经济保持快速发展的良好势态。面对经济新常态、社会发展新情况，农业现代化建设要主动适应。对“十三五”现代农业发展面临的形势和发展需要我们进行分析和研究。按照中央一号文件和省委“关于加大农村改革创新力度，推动现代农业建设迈上新台阶的意见”，现对苏北地区现代农业建设提出若干思路和对策建议。

一、“十二五”以来，苏北地区现代农业发展仍然存在的问题

（一）农业基础设施仍然薄弱

1. 农业机械化基础仍然薄弱，相关服务体系不健全

在农机装备中“三多三少”问题依然存在，主机多、配套机具少，小型机具多、大中型机具少，单一作业机具多、高性能复式作业机具少现象较为突出，其中80马力以上拖拉机占大中型拖拉机保有量的比重仍然很低；高效设施农业机械化发展仍然滞后，低于全省农业综合机械化水平，农机农艺结合程度较低，尚未形成较为健全的政策扶持体系和技术推广体系；苏北基层县（区）之间农业机械化发展水平差异较大，在一定程度上制约了整体推进速度。另外，各地农机公共服务体系建设普

遍落后，既给基层农机管理工作带来一定困难，也难以承担日益繁重的农机推广任务，严重影响现代农业全面发展。

2. 农村水利建设滞后，资金配套不完善

近年来，农村水利建设投入不断加大、管理工作得到加强，成效显著，但由于地方缺少投入、管理工作弱化等主客观因素的影响，农村水利建设仍然滞后。田间水利工程配套较差，灌排沟渠不配套、建筑物配套不足问题明显，目前整个地区尚有50余万亩耕地没有灌溉设施。“十二五”以来，苏北五市每年水利建设配套资金到位不足50%，配套资金筹集的压力和难度很大，少数县、区无力配套。另外，小型农田水利工程管理不到位，“重建轻管”现象较为严重。

（二）土地经营管理模式尚不健全

1. 土地流转监管不到位，权益保障存在风险

长期以来，苏北各地在推进农村土地流转工作中，速度加快、效益明显，但仍然存在问题。一是土地流转手续不规范。农户与流入主体口头协商随意性流转依然存在，缺乏有效的书面合同；二是土地流转规模偏大。缺少有效的风险防范措施，加之有的经营主体经营能力不强，容易出现土地粗放经营等问题；三是本地农业经营主体培养不足，土地流转外向化明显。一方面，一旦出现经营失败，农户权益保障存在风险；另一方面，从长远看，也不利于本地农业现代化持续发展。

2. 农业经营主体量质不同步

以淮安市为例，全市的农民专业合作社进入省名录库管理的有985个，评为星级合作社2 619个，分别占总数的11.6%和30.8%。从运作上看，相当比例的合作社流于形式，缺少应有的合作成分，内部管理薄弱，财务和收益分配制度不健全，运行存在随意性，带动能力不强。从家庭农场发展看，农场主文化素质普遍偏低，未取得职业农民资格证书的家庭农场主高达73.2%；少数农户因各种原因不愿流出土地，影响家庭农场的发展；一些农场主取得土地后，需要较大的基础设施投入，如果得不到相关政策扶持，一定程度上影响农业生产积极性。

3. 基层农经服务体系不健全，服务跟不上

苏北部分地区前几年启动了新一轮乡镇机构改革，除部分县区单独设置农经站外，很大一部分县区大多停留在纸上，仍保持原来的工作格局，而且各地都普遍存在将乡镇农经人员调剂到其他岗位情况，现行机构建设、人员配备与所承担的农村改革发展任务很不对称。目前，基层农经站承担农村土地承包经营权和集体资产确权颁证、新型农业经营主体培育、农村集体经济发展、新型农村集体经济组织建设、农村土地流转、农村集体“三资”信息化监管和处置服务、农业保险、村级公益事业建设、村级财务管理等十几项工作，而乡镇农经编制少，实有在编在岗人员更少，一些乡镇农经站只有1至2人在正常工作，很难做好面广量大的产权制度改革和新型农业经营主体发展工作。

二、推进苏北地区现代农业上台阶的发展思路

习近平总书记在江苏视察时讲话中强调，“要按照生产技术先进、经营规模适度、市场竞争力强、生态环境可持续的要求，加快建设现代农业”，并要求“加快培育新型农业经营主体，加快构建现代农业产业体系，加快提高农业物质装备和技术水平”。“四个方面”高度概括了现代农业的主要特征，“三个加快”科学规划了现代实现途经。这为做好农业现代化工作指明了方向。

（一）加快培育新型农业经营主体

1. 瞄准“二三三”，加强新型职业农民培育

“加快二个转变”，实现由现有的数量型向质量型转变，由现有的“训”向“育”的转变；“打造三支队伍”即生产经营型队伍、专业技能型队伍和农业社会化服务人员；开展“三项重点工作”，一是以提升三支农业从业队伍从业技能为核心，在开展农民职业技能培训方面上水平。二是以新型职业农民认定为抓手，在探索新型职业农民管理方面求突破。三是以服务引导培养，在扶持新型职业农民培育政策上求突破。

2. 发挥农业龙头企业的带动作用

苏北各地区应依托自身资源优势，优化行业和区域发展布局，瞄准重点行业、重点区域、重点企业，坚持“请进来”与“走上门”相结合的方针，继续加大农业招商引资力度，重点引进国家级农产品加工企业，迅速提升农产品加工企业总产值；强化项目引导扶持作用，扎实做好国家、省级财政补助项目争取力度；做好产业化经营调研工作，积极推动行业整合，选定饲料、稻米加工等优势产业企业，组建集团公司，积极推动上市，破解融资难题。

（二）加快构建现代农业产业体系

1. 稳定发展粮食生产

严格贯彻落实党的支农惠农政策，保护农民种粮积极性；扎实开展粮食高产增效创建活动，加快新品种和农业先进适用科技成果的推广普及。开展耕地质量提升行动，大力开展秸秆还田、商品有机肥和配方肥料推广应用。强化灾害监测预警，落实防灾减灾稳产增产关键技术。抓好种子、农药、化肥等重要投入品监管，加大农业行政执法检查力度，切实保护农民利益。

2. 加快推进蔬菜和休闲观光农业的转型升级

以做好精品蔬菜产业的“稳面提质增效”工作为目标，以高效设施农业为重点，全面推进蔬菜生产规模化、设施化、标准化、组织化、商品化。切实抓好“菜篮子”工程蔬菜生产基地建设和蔬菜保供工作。做好休闲观光农业工作，鼓励社会资本对休闲农业产业的投入。加强休闲农业建设指导和业务培训工作，提高企业建设管理水平。强化宣传推介，积极参加全国农业旅游示范点、江苏最具魅力乡村等评选，提高苏北休闲农业知名度。

3. 大力推进规模畜禽养殖

推进标准化规模养殖，稳步提升畜禽综合生产能力，确保肉蛋奶稳定供应。进一步创新畜牧业生产经营机制，逐步建立起多元化经营主体，发展合作经营组织、家庭农场，继续引导大型畜禽养殖龙头企业通过“公司农户”等形式，发展合作养殖，鼓励龙头企业、合作组织从养殖环节向上下游产业不断延伸。着力破解制约畜牧业发展的“用地难”“贷款难”等难题，积极争取各级政府对畜牧业的扶持政策，继续开展畜牧业示范创建工作，重点支持畜牧业基础设施提升、科技创新、生态环保和动物防疫等重点领域和关键环节，促进畜牧业转型升级。

4. 日益彰显特色水产

苏北地区河网密布，水产相对充足，重抓小龙虾、河蟹、特色鱼的生产经营；加快池塘标准化改造和高效设施渔业建设，着重培育水产品加工龙头企业和水产营销经纪人队伍；巩固发展水产特色餐饮业，积极发展休闲渔业，进一步发挥“盱眙龙虾”等一批苏北地理标志证明商标的品牌效应。

5. 培育壮大新兴产业

大力发展食用菌和花卉苗木新兴产业。以促进林业可持续发展、推进生态建设为目标，实现苗木产业化、林木良种化、管理法制化、信息规范化。加强资源培育工作，突出丘陵山区、黄河故道、大运河、洪泽湖及白马湖、骆马湖周边、高等级公路沿线等重点区域，建成一批高效林业示范基地。发展林苗一体化新型造林模式，积极引导企业、合作社等社会团体投资造林，用足用好国家、省市政府支农政策，扶持林业企业发展。

6. 推进农业可持续发展

以农作物秸秆和畜禽粪便为重点，推进农业废弃物资源化利用。依托已建的市场主体全面推进秸秆补量工作，努力提高秸秆综合利用率。加大生态农业建设力度，加强农业面源污染综合治理力度，深入开展畜牧业示范创建，大力推广发酵床养殖新技术、新模式，推行农牧结合生态养殖模式，推广畜牧业与种植业、林果业有机结合的生态养殖方式，坚持走现代农业可持续发展的道路。充分利用林下空间发展林下经济，努力提高林地综合生产效益。加强资源管理工作，严格实施林地分级保护，严格执行占用征收林地定额制度，严厉打击乱砍滥伐、非法占用林地等违法行为，确保生态公益林面积稳定。推进湿地修复、湿地公园和湿地保护小区建设。

(三) 加快提高农业物质装备和技术水平

1. 加快农业科技创新成果推广应用

加快优质新品种、新技术的优选示范，促进优质新品种、新技术的大面积推广，提升主要农产品品质。努力在良种选育、节水灌溉、疫病防控、加工贮运、循环农业等方面取得新成果。深化产学研合作，加大科技创新载体的创建力度，推动苏北地区农业科技进步与农业人才培育升级。

2. 巩固和提高公共服务能力

进一步理顺乡镇农业公共服务机构管理体制机制,确保"五有"农技站服务阵地高效运转。进一步加强农业公共服务机构人员的管理与培训,提高从业人员的公共服务能力。逐步推进兽医行政体制改革,按"政府出台改革文件、经费纳入预算、独立建站、三权(人事、财务、业务)归县"的标准要求,逐步推动"三权归一"改革。不断加强兽医队伍建设,要逐年有计划地招聘近年来毕业的、畜牧兽医专业的大专、本科毕业生,以提高基层兽医站的年轻化、知识化水平;每年组织开展基层防疫人员的培训,及时更新新疫病、新疫情、防疫新理念和新技能等方面的知识、技术培训,提高其分析、判断形势能力和解决实际问题能力。

3. 加强信息建设,着力提升农业信息服务水平

建立农业物联网远程视频体系。大力发展电子商务,建立农产品营销网对接平台,借助知名电商等扩大销售,打通国内外市场通道,给广大城乡居民提供就业和创业天地。加快农业进村入户步伐,按标准建立村级信息服务站。

三、谋划"十三五",推进苏北现代农业上台阶的三项重点工作

(一) 深化农业公共服务体系体制改革

乡镇农业公共服务机构人、财、物管理权大部分苏北地区在乡镇政府,农业部门在业务指导上失去了抓手,业务工作相对弱化。建议深化农业公共服务体系体制改革,推动乡镇农业公共服务机构的人、财、事权收归农业行政主管部门统一管理,进一步加强农业公共服务机构人员的管理与培训,提高从业人员的公共服务能力。

(二) 加大财政资金支持力度

苏北属经济欠发达地区,财政往往难以解决农业现代化工程推进中所需要的足量资金,因而建议争取省进一步加大对苏北的财政资金支持力度,促进苏北地区农业现代化工程的稳步推进。财政资金范围包括:设施农业(渔业)基础设施建设、新型职业农民培育、农业公共服务体系建设、农业产业化经营、三品认证、农业废弃物综合利用等方面。

(三) 出台扶持农业废弃物利用相关产业政策

要按照"谁投资、谁受益"的原则,制定优惠政策,运用市场机制吸引各类社会资金参与农业废弃物利用资源化利用工作。建议对涉及农业废弃物利用的沼气工程、秸秆利用工程等出台优惠政策,从土地、水电、税收、金融、信贷以及项目实施的经济补偿等给予扶持。

深入推进农业农村改革，加快农业现代化建设

韩　勃

（宿迁市耿车循环经济产业园）

摘　要：宿迁市是江苏省农业大市，近年来该市大力推进农业农村改革，着力转变农业发展方式，积极培育农业新型经营主体，加快构建现代农业产业体系，不断提高农业物质装备和技术水平，农业现代化建设取得了显著成效。2014 年该市食用菌产量、肉鸡出栏量、河蟹出口量以及生猪大中型规模养殖比重均居全省首位。本文对宿迁市现代农业发展成功做法及存在问题进行了重点分析，并针对性地提出了一些对策措施。该市在推进农业现代化进程中存在的问题在江苏其他城市具有普遍性，对推进江苏全省农业现代化的建设也有一定的借鉴意义。

关键词：宿迁市；农业现代化；对策

加大改革创新力度，加快农业现代化建设，是 2015 年中央一号文件确定的重大主题。近年来，宿迁市上下认真贯彻落实中央和省委、省政府关于加强“三农”工作的决策部署，大力推进农业农村改革，转变农业发展方式，农业工作力度大、举措实、有特色，农业现代化水平不断提升、农村改革不断深化，为稳增长、促改革、调结构、惠民生的大局提供了有力支撑。

一、宿迁市农业现代化建设总体情况

粮食生产实现“十一”连丰，全市全年粮食单产 452.6 公斤，同比增 3.4%。围绕六大特色主导产业，全市新增农业适度规模经营面积 56.2 万亩，新型农业经营主体规模经营面积 305.8 万亩，占比达 53.27%。家庭农场总量和认定“三品”产地面积占比位居全省首位；食用菌产量 41.4 万吨，生产面积 4 268 万平方米，居全省首位；全市生猪出栏 532 万头，居全省第三；生猪大中型规模养殖比重达 66%，居全省首位；肉鸡出栏 1.8 亿羽，居全省首位；奶牛存栏 3.6 万头，居全省第二；河蟹出口连续 8 年居全省首位。全市 679 家县级以上农业龙头企业（其中国家级 4 家、省级 35 家、市级 240 家）年实现销售收入 368.5 亿元，同比增 22%，农产品加工产值与农业总产值之比达到 2.75∶1。农民人均可支配收入连续十一年保持两位数以上增长，达到 11 677 元，比上年增加 1 450 元，扣除价格因素实际增长 12.5%，增幅继续高于城镇居民。

这些农业现代化建设的成效得益于农业农村改革的深入推进，源于“三农”领域深层活力的充分激发。

（一）农村土地承包经营权确权登记颁证有序开展

2014 年该市选择 11 个乡镇 131 个村居，涉及 93 686 户农户，622 767 亩耕地进行土地确权颁证试点，今年在总结首批试点乡镇确权工作经验基础上全面推开确权登记颁证工作，计划年内在全省率先基本完成土地确权颁证工作。

（二）农村产权交易平台扎实推进

在土地承包经营权确权颁证基础上，积极推进农村产权交易市场建设，试点土地承包经营权抵押贷款、涉农贷款保证保险等权能实行形式。2014 年 7 月 30 日全市第一家农村产权交易所在该市泗洪县挂牌成立，紧接该市其他县区农村产权交易所也相继挂牌成立，率先在全省实现县（区）级农村产权交易平台全覆盖，有力促进了新型农业经营主体发展。

（三）农村土地股份合作社试点深入开展

自去年 9 月该市选择沭阳县耿圩镇、泗阳县成子湖社区等 6 个村开展农村土地股份合作社试点，完成工商登记和产业规划，召开成立大会，探索对外租赁、再入股经营、直接经营或委托经理人经营等土地经营模式，逐步建立起公平合理的利益分配机制，促进村集体和农民收入稳步增长。

（四）农村社会和谐稳定

第二批党的群众路线教育实践活动取得明显成效，党群干群关系更为融洽。农村人居环境工作全面展开，农村基础设施和公共服务持续改善。大力推进精准扶贫，农村扶贫开发取得新的成效。农村党建工作不断加强，农村基层组织体系和乡村治理机制进一步健全。

二、存在的主要问题

随着经济社会的深刻转型，农村改革发展面临的环境和问题更加复杂。农业生产成本快速攀升，国内大宗农产品价格普遍高于国际市场，农业发展的资源环境约束增强，农业增效、农民增收的难度加大。

（一）现代农业生产从业人员整体素质偏低

现代农业生产，需要有文化、懂技术、会经营的农民，如智能温室大棚，需要测定温度、土肥、品种等特性，控制大棚温度，施肥治虫。无公害蔬菜、无公害大米、绿色食品等生态农业，更需要掌握一定种植技术水平。据调查，该市农村留守的老人、妇女承担着 60%的农活，有的地方甚至高达 80%，年龄偏大，文化偏低，靠经验种（养）植，而有文化、懂技术、会经营的新型农民缺少，农业经纪人、农业合作经济组织相对较少。从事农业的劳动力整体素质亟待提高，难以满足农业现代化发展的需要。

（二）农业产业结构需优化升级

当前，该市农业生产经营以种植业为主，种植业内部结构不尽合理，粮食作物占很大的比重，经济作物的种植和经营规模比较小，无法在激烈的国内、国际市场竞争中获得优势。

(三) 设施农业生产基地布局分散

据调查，与周边淮安、徐州、盐城等地比较，该市的设施农业生产基地普遍存在规模不大、布局分散、小而全的特点，分散经营的农业生产经营体系，劳动生产率低，与以规模化、产业化、集约化为特征的现代农业生产不相适应，增加了发展现代农业的难度。

(四) 新型农业经营主体从事生产积极性不高

新型农业经营主体是一个新生事物，需要政策的引导和鼓励。现有的支持政策分散在不同的政策法规及规章制度中，支持政策有待改进。调查发现，有的涉农补助项目福利化，没有形成农业补贴同农业生产挂钩机制，有的流出土地农民不从事农业生产也可获得各项补贴，而流入土地的新型农业经营主体却得不到补贴，不利于调动新型农业经营主体扩大经营规模、发展粮食生产的积极性。

(五) 农产品名特优产品品牌建设不足

通过调研，该市洪泽湖水产、骆马湖水产等水产品品牌，泗洪大枣、泗阳鲜桃、洋北西瓜、吴集白萝卜、茆圩草莓等果蔬产品品牌，新袁羊肉等畜产品品牌，沭阳花卉、泗阳木业、泗洪大米、八集花生、宿豫凤鸡等品牌，在一定域内稍有名气，但缺少全国知名的宿迁农产品著名、驰名商标和国家地理标志集体商标，这与该市农业地位不相符。

三、对策及建议

(一) 坚持以人为本，提升农村农业生产人员整体素质

推进农业现代化必须着力提升农民的整体素质。把发展农村职业教育、成人教育与农村精神文明建设结合起来，加速开发农村的人力资源，从根本上提高农民的整体素质，塑造农民的现代性，以适应农村现代化的需要。建立县、乡、村农业培训机构，加大现代农业职业教育和技术培训力度，培养农村实用人才，努力培养造就新型职业农民队伍。加强宣传和政策引导，鼓励和吸引青年投身现代农业，以点带面，促进农民学习现代农业科技、改变农业种植方式，创新农业经营。

(二) 扶持优势主导产业，推进农业产业化经营

建立健全与现代农业生产经营相适应的生产经营体系，按照“一村一品，一乡一业”的原则，充分体现我市区域特色，扶持培育本土化优势主导产业。健全完善农业产业化政策扶持体系，在财政、税收、用地、用电等方面制定扶持政策。在农业产业化经营过程中，鼓励发展“公司＋农户”“龙头企业＋基地”“公司＋中介组织＋农户”等多种形式的农业产业化模式，努力培育一批国内知名的支柱产业。

(三) 搞好农村土地确权登记和流转，助力现代农业规模化、集约化发展

保护农民权益，守住耕地红线，放活土地经营权，首先应开展农村土地承包经

营权确权登记，稳定农村土地承包关系，让农民行使对承包土地经营、收益、流转及承包经营权抵押、担保权能。其次搞好土地经营权流转，实现土地规模化经营，促进农业现代化发展。第三鼓励发展和大力扶持家庭农场、专业大户、农民合作社、农业企业等新型主体，发展适度规模农业，走产业高效、产品安全、资源节约、环境友好的现代农业发展道路。第四通过现代农业招商，吸引农业龙头企业、现代加工企业投资宿迁，放大宿迁现代农业品牌效应，带动当地农民增收致富。

(四) 强化政策扶持，培育新型经营主体

结合该市新型农业经营主体发展现状，制定出台扶持政策办法，引导和鼓励新型农业经营主体科学有序发展，调动和激发新型农业经营主体扩大经营规模、发展农业生产的积极性。整合相关涉农项目，优化资源配置，优先向新型农业经营主体给予倾斜支持，改善农业基础设施水平和经营条件。

(五) 加大农业科技推广力度，提升农业科技创新能力

深化科技体制创新，通过争取国家、省级农业项目资金，全力支持骨干企业与科研机构、高等院校组建技术研发平台，提升企业研发水平，促进产业升级和科技成果转化。着力建立一批不同形式、不同层次的依靠科技推进农业现代化建设的实验区和示范区，通过科技综合试验示范基地建设示范，提高农民自觉接受和运用科技的积极性。大力培养高层次农业科技人才，增强农业自主创新能力。开发科技服务平台，制定农业生产标准和农产品质量检测标准，切实发挥现代科学技术对现代农业发展的支撑作用。

(六) 培育农产品品牌，提高农产品附加值和竞争力

整合该市农产品资源，建立层级递进的品牌培育机制，创建“宿迁生态农产品”品牌，培育一批驰名商标、著名商标、国家地理标志集体商标农产品，重点生产无公害农产品、绿色食品、有机农产品。开展农产品品牌推介，统一标准、统一标识，在本市设立宿迁优质农产品特产店，在全国各大农产品批发交易市场设立宿迁农产品营销点，在大型超市设立宿迁优质农产品销售专柜，与大型企事业单位食堂直供宿迁农产品，在京东、天猫商城等电商平台开设宿迁农产品网店，拓展农产品出口市场，打响一批“宿迁生态农产品”品牌，促进我市农业现代化发展，不断提高农产品附加值和竞争力。

参考资料

[1] 刘宗林. 加快迈向农业现代化. 湖南日报，2015-2-7.
[2] 李克强. 以改革创新为动力，加快推进农业现代化. 在中央农村工作会议上的讲话，2014-12-22.
[3] 韩长赋. 新型农业现代化道路怎么走. 中国农业新闻网，2014-12-25.

论农业产业化推动农业现代化

丁 浩

（张家港市法安特创新咨询服务中心）

摘 要：农业产业化是转变农业生产发展方式的重要方向，是农业现代化的重要标志。农业产业化经营的模式，将信息、资金、市场、能源与土地资源和自然资源诸要素进行最佳组合，通过有效的组织形式和经营机制，跳出农村看农业，跳出农业抓调整，引导和带动农业结构调整的深化，加速农业现代化，推动农产品生产优质化、农业布局区域化、农产品精深加工以及第三产业发展和农村城镇化的进程，加快农业产业化升级的步伐，实现农村工作和农业现代化的根本点和出发点，即农业增效，农民增收，农村经济快速发展。

关键词：农业产业化；农业现代化

农业产业化是推进农业和农村经济结构战略性调整向纵深发展的重要途径，是推动农业现代化的重要突破口。

一、农业产业化要求适度规模经营

中国改革开放的总设计师邓小平指出："中国社会主义农业的改革和发展，从长远观看有两个飞跃，第一个飞跃，是废除人民公社，实行联产承为主的责任制，这是一个很大的前进，要长期坚持下去。第二个飞跃，是适应科学种田和生产社会化的需要，要发展适度规模经济，发展集体经济。"邓小平两个飞跃的战略思想，为我国农村的改革和发展提供了一个总体思路。1980年后，农村实行家庭联产承包责任制的农地制度改革，释放了千百万农民压抑已久的积极性，解决了农民的温饱和农产品短缺问题。随着农村经济的发展，农产品出现结构性相对过剩，农业经营的市场风险越来越大，农民增产不增收的现象日益突出。农业投入中活劳动比率高，不仅农产品成本高，同时容易造成农业产业结构单一，大大限制了农业劳动生产率和农产品商品率的提高。二是生产方式的传统化。由于分散小规模农业生产，农民缺少种田的热情，导致低素质的劳动力和落后的生产工具与基础设施较差的土地相结合，不利于市场信息、科学技术、社会资金等现代生产要素对传统农业的改造。三是家庭经营模式的土地是按好中差搭配，不便连片耕种，不利于种田能手、养殖能手充分展示自己的才能，难以形成规模化种植和养殖、机械化操作、产业化经营。可见，分散小规模的小农家庭经营方式，是当前制约农村经济发展最主要的瓶颈。因地制宜地实现农村用地制度的创新和调整，进一步完善家庭经营，成为紧迫的需要。适应这一需要，以农户为主体的适度规模经营的产业化发展模式应运而生。

二、农业产业化为农业结构调整提供强大动力

农业产业化能够积极适应市场需求，加快优质农产品新产品的引进、选育和推广步伐，加快优质农产品的发展。农业产业化首先要抓龙头企业，把强龙头作为产业化发展的重中之重，引导其向规模化发展，形成有较强带动能力的大龙头。龙头企业和组织与生产者在自愿、平等、互利的前提下，签订具有法律效力的产销合同，明确双方的权利义务，生产者按规定的品质标准生产，龙头企业和组织按规定的价格收购。实现了产销衔接和以销定产，减少了生产者的盲目性和市场风险，解决了优质农产品的销路问题和生产者的后顾之忧。近年来，我省农业龙头企业逐步形成了“公司＋农户”、“公司＋基地”等模式，养殖方面采用“契约养殖”手段，扶持养殖专业户，建立半紧密型养殖基地，并向农户提供技术服务和作业指导等全程服务，同时，按市场规律实行优质优价收购，增强了养殖户和农民的积极性。产业化龙头企业和组织以资源为基础，以市场为导向，因地制宜，扬长避短，把产、供、销、种、养、加工连在一起，通过规模化生产，一体化经营，促使各自发挥比较优势，大力发展主导产品和优势产业，尽可能地防止了低水平重复、小而全等结构趋同现象。龙头企业和组织往往注意选择最具有优势的地区，集中连片建设生产基地、养殖小区，通过技术培训、产品收购、运输贮藏，促进优势产业和特色产品向优势地区集中，形成了具有明显地域特色的产业化经营格局，农业产业化为农业结构调整提供强大动力。

三、农业产业化是农产品增值增效的重要载体

长期以来，我省农产品加工业滞后，原字号产品多，而且加工多为粗加工，缺乏精细深加工产品，农业综合效益受到严重影响。从长远看来，农业作为一个产业，要使综合效益得到根本提高，必须走产业化的道路。近年来，我省不少地方围绕“农”字做文章，培育出一批以农副产品为原料，具有市场开拓和辐射带动能力，集加工、储藏、保鲜、运销于一体的企业，按照产业化经营思路，大力发展农产品加工，既拉长了产业链，提高了农业的附加值和综合效益、弥补了初级农产品价格下跌的损失，改变了主要靠农业初级产品增加收入的问题，实现了农产品增值增效，同时又带动了一些主导产业的形成。

四、农业产业化支撑农业科学技术和农产品升级

进行农业结构调整，实现农产品由量变到质变，主要依靠科技支撑。农业产业化经营可以将产、学、研有机结合起来，把农业科技研究与市场需求联结起来，提高农业科技成果转化率和应用效果。由于共同利益机制的驱动，龙头企业和农业经

营主体都具有运用现代农业科学技术的积极性。龙头企业为了以优质产品占领市场，提高市场占有率和经营效益，就要充分发挥人才、资金等优势，尽量为农户提供良种、良法等新技术，积极更新装备，培训提高劳动者素质，增加产品的科技含量。农户为了提高农产品质量，生产出符合市场需求的农产品，增加收入，也必须积极采用农业科学技术。两个积极性的结合，就能加快科技成果的推广、应用与普及。

五、农业产业化促进政府职能转变和观念更新

市场经济条件下，农民是市场的主体，也是农业结构调整的主体。推进农业结构调整，必须尊重农民的自主权。政府对农民不能催种催收，搞强迫命令。但也不能放任自流，放手不管，应当加强服务。推进结构调整时，农民缺少技术、信息和资金，对如何调心中没底。给农民提供及时准确的服务，绝非易事，做得不好会适得其反。而发展农业产业化经营，政府可以通过对龙企业和组织的资金扶持、税收政策、用地优先等政策，为他们创造良好的市场、经济和社会环境，进而为农民提供真正的服务。在实际工作中，坚持“帮办不包办，指导不领导，参谋不决策，协调不干预”的原则，“引导农民调、指导农民种（养）、帮助农民销、促进农民富”应逐渐成为基层政府和科技人员的基本工作要求。通过各级部门政策扶持、典型示范、组织协调、提供服务、加强管理等办法，引导和支持订单农业、订单畜牧业的发展，既减少了农民的市场风险，又以此促进了农产品流通体制市场取向的改革。

六、农业产业化有助于农村经济快速发展和实现农村城镇化

农业产业化可以开辟新的就业渠道，创造新的就业机会。既能促进农产品流通，又能吸收大量的闲散劳动力，同时，又能把农业、工业、商业有机地结合起来，打破工人、农民、商人的界限，扩大农民就业机会，尽快实现农村城镇化。首先，农业产业化能减少土地抛荒，使土地资源得到有效利用，提高土地产出率。其次，农业产业化促进了现代生产要素，如农业科技、信息网络、大中型农业机械、各类社会资金等与农民和土地的结合，提高农业劳动生产力。再次，农业产业化实行专业化生产，便于形成规模经济，提高了农产品的商品率，促进了农业生产与市场经济的有效衔接。最后，农业产业化促进了农业生产的多元化，必然加快农业和农产品结构调整，改变品种单一，以自产自食为主的传统农业的状态，同时，有利于特色经济产业化，农产品深加工，为加快农村小城镇建设提供了经济支撑。

总之，农业产业化有利于粗放经营向集约经营转变，并逐步由劳动密集型向资本、技术集约型转变，有利于加快传统农业向现代农业转变，有利于农村经济发展和农民增收，农业产业化是推动农业现代化的重要突破口。

以品牌农业建设为抓手 加快推进江苏农业现代化进程

陈 缨

（九三学社无锡市委会）

摘　要：主要就目前江苏省在推进品牌农业建设方面存在的一些问题：创建品牌的大众意识依然薄弱、创新提升的科研支撑有待加强、品牌运作的科学管理机制尚待健全、品牌发展的所需资金严重不足等方面进行分析，并提出了完善培育体系促进品牌建设、完善标准化生产夯实品牌基础、优化市场体系形成品牌集群的对策与建议。

关键词：品牌；农业；现代化

品牌农业是指通过相关质量标准体系，取得商标注册权，具有较高的市场知名度和消费者忠诚度，同时拥有较强的市场销售能力和较高经济效益的新型农业。发展品牌农业是顺应世界农业发展趋势要求，是提高农产品综合竞争力，促进农业增效、农民增收的有力措施。

近年来，江苏省在发展现代农业过程中，大力实施农产品品牌战略，培育形成了一大批产品质量优、竞争实力强、市场知名度高的品牌农产品。目前，全省现有无公害农产品、绿色食品、有机农产品 1.7 万个，农产品地理标志产品 34 个，江苏名牌农副产品 200 多个，品牌农产品种类基本覆盖了所有农业产业领域，取得了显著的经济和社会效益。但在品牌农业建设进程中，也存在着诸多不容忽视的问题。

一、存在的主要问题

（一）创建品牌的大众意识依然薄弱

市场经济必须要有品牌意识。品牌往往就是生产的名片，就是生产者、经营者的实力。作为现代农业，必须在树立市场观念的基础上增强品牌意识，利用申请专利等手段，学会保护自己。百年老店靠的就是自己的品牌。现代农业生产也必须增强自己的品牌意识，靠自己的品牌进行生产与销售。

但受传统农业生产经营观念的影响，加上缺乏对于品牌重要性和必要性的认识，很多农业生产者还没有意识到品牌对于提升农产品附加值和市场价值的巨大作用，没有把品牌看做是一项推动农业发展的巨大资源，对创建品牌的主动性、积极性不高。主要表现为两个方面：一方面是“有品无牌”现象，多数农产品无自己的品牌，江苏不少农产品在全国口碑较好，但相对于浙江，创建品牌的大众意识依然薄弱，有些质量较好的农产品甚至沦为浙江等地品牌的指定收购品种；另一方面是部分品牌存在“一品多牌”现象，一种产品多个品牌竞争，龙头企业不够强大且带动较弱，导致品牌的整体实力不强。

（二）创新提升的科研支撑有待加强

科技含量是品牌实力的集中体现。近年来，我省加强产学研联合，通过引进新品种、运用新技术、开发新产品，切实增强品牌农业建设，涌现了一批通过无公害农产品产地认证及产品质量认证并形成规模优势的农产品，如以“苏垦”“淮上珠”“远望富硒米”等为代表的“江苏大米”品牌；以“碧螺春”“溧阳白茶”“南京雨花茶”等为代表的“江苏名茶”；以“阳山水蜜桃”“南京芦蒿”“丰县牛蒡”等为代表的“江苏果蔬”；以“阳澄湖大闸蟹”“盱眙龙虾”“南京盐水鸭”等为代表的“江苏美食”。同时先后建成“国家级重点实验室”、各级各类农业特色园区等，提升品牌农业的档次与规模。

但调查研究显示，目前我省品牌农业在科研创新方面还存在薄弱环节，主要表现在两个方面：一方面是加工精度和开发深度远远不够。现有市场上销售的农产品大多都是直接销售，没有经过筛选、加工、包装等中间环节，初级产品比重较大，深加工产品和二次增值产品的比重依然偏低；另一方面是技术含量不高。有的生产者的技术是借鉴其他地方的，容易受制于人，有的科技含量比较低，产品没有特色，过于大众化。

（三）品牌运作的科学管理机制尚待健全

作为现代农业是面向现代市场的。没有或者缺乏市场预期、风险评估、市场拓展与开发的观念，要生产适销对路的农业产品是不可能的，要抵御自然、市场等风险也是不可能的，要保持旺盛的生命力也是不可能的。故现代农业的品牌建设必须运用现代管理。

但调查发现，我省的农业生产者与经营者大都是从传统农业生产中转移过来的，他们对现代管理技术了解不多，或者不了解，如对生产过程管理、生产成本管理、市场管理、品牌管理、用人管理、技术管理等方面的专业知识明显缺乏。即便是已经形成市场口碑的一些农业品牌，在其生产销售过程中也出现颇多问题。

（四）品牌发展的所需资金严重不足

农产品品牌的创建离不开经济实力。近年来，尽管全省各地均出台了多方位的扶持政策，现有的各项扶持政策，包括政府的投入机制、银行的贷款机制、社会各部门的扶持机制等十分有限，无法给农业发展提供充足的资金条件，无法满足农产品品牌发展的实际要求。

相对于工业发展，现代农业品牌建设所需的资金量非常庞大，首先是前期投入资金巨大，其次是资金回报周期长，再加上农业发展对气候等环境条件的依赖程度极高以及对市场的现实效果很难预测等诸多因素，导致农业的投入与产出比在很长一段时间处在不平衡状态，很容易产生资金断裂问题。如苏南地区，一片 50 亩的农田，所需资金要在 1 000 万元左右，才能在起码 5 年之后开始步入正轨。调查显示，全省各地的农业产业化发展进程中，均面临着资金不足、贷款难的共性问题，直接限制了农产品品牌建设。

二、对策建议

江苏作为东部地区的富庶之地，其独特的自然生态环境、种养方式和人文历史，千百年来已经形成了众多特色农产品。这些特色农业资源不仅是大自然的造化，更是一笔珍贵的历史遗产，蕴藏着巨大的经济、社会和文化价值。我们完全可以通过实施农业品牌战略，把这些集人文、生态、环境等为一体的要素资源整合起来，使其成为地方经济社会持续发展的重要载体，成为特色农业经济资源保护和发展的主要途径。

(一) 完善培育体系，促进品牌建设

一是加大品牌意识引导力度。要通过多种途径的品牌宣传活动切实转变传统的农业生产经营观念，使农产品生产经营主体树立起品牌是一种生产要素，是一种无形资产的理念，为农产品品牌战略的实施提供理论基础，推动全社会形成支持农产品品牌建设、消费品牌农产品的良好氛围。

二是制定江苏品牌农业发展规划。要深入开展地理标志、证明商标、出口自主品牌和名牌产品认证认定，依托具有地域特色、历史渊源、文化内涵的农产品，来培育区域公共品牌。

三是制定出台扶持品牌农业发展的相关政策。如设立“农业品牌”专项资金，对获得“中国驰名商标”、“地理标志”、“中国名牌产品”、“中国农业名牌产品”以及省级“著名商标”、“名牌产品”的企业给予一次性奖励；再如，在相关农业项目立项、审批或核准，农业企业技术创新、职业培训，绿色食品、有机食品及省级以上农业产业化龙头企业的认定等方面，在同等条件下优先支持品牌企业等。

(二) 完善标准化生产，夯实品牌基础

一是推进农业科技创新。要依托科技创新，切实提高农产品的加工程度和开发力度，改变传统的只销售原始农产品的模式，突出特色产品、精加工和深加工产品，提高科技对农产品品牌的支撑力，增加农产品附加值。

二是推进农业标准化生产。要广泛借鉴国际和国内先进标准，制定完善优势产业主推品种的地方标准，做到农业产前、产中、产后各环节都有技术要求和操作规范，促进提升品牌农产品质量，增强市场竞争力

三是推进安全检测体系。要结合优势农产品布局，以优势主导产业为重点，建成布局合理、职能明确、专业齐全、功能完善、运行高效的农产品质量安全检测体系，建成完善的农产品检验检测中心，健全品牌农产品质量追溯体系，切实加强农产品质量安全建设。

(三) 优化市场体系,形成品牌集群

一是强化企业抱团经营。培育扶持产地及销地等有较强生产开发加工能力和市场拓展能力的流通企业,尤其要加大绿色食品、有机农产品原料基地建设力度,培育绿色食品产业集群,并在此基础上成立品牌农产品产销联盟等品牌营销合作组织。

二是强化市场网络构建。要着力打造符合区域性消费特点和市场需求的各类品牌农产品直销配送中心、农产品专业市场、农产品精品专营店,并逐步辐射至全省乃至全国,形成配送灵活、长期稳定的营销网络。同时,积极开拓东亚、东南亚、远东及港澳台等国外境外市场,加快外向型农业发展,进一步提高我省的农产品知名度和市场占有率。

三是强化诚信体系建设。一方面,要大力完善品牌保护机制,不断加大品牌农产品监督管理力度,打击冒用品牌的行为,切实维护品牌形象,保护合法权益。另一方面,要督促农业经营主体强化自律意识,切实加强品牌质量保证体系与诚信体系建设,不断提高产品质量和经营管理水平,依法经营品牌,自觉维护品牌形象。

镇江市发展文化创意农业模式探析

周晓峰

（镇江市社会保险基金征缴管理中心）

摘　要：随着镇江市城市化进程持续加快，迫切需要发展都市农业，并与文化创意产业一体化经营，形成具备农产品安全保障、观光休闲教育、城市生态屏障、文化传承保护、农业科技示范五大功能的融合模式，以此作为新的经济增长点，促进经济、社会、生态和谐发展。

关键词：文化创意；都市农业；模式

伴随着工业化、城市化的快速发展和创意产业的兴起，农业文化创意和消费正日趋成为现代农业发展新的增长点。具体的讲，就是利用田园景观、自然生态和环境资源，结合农林牧副渔生产农业经营活动、农村文化及农家生活，与文化创意产业一体化经营，提供生产生活所需的城市绿地、生态水体等物质产品和观光旅游、休闲体验等精神产品。

一、文化创意农业产业发展新趋势

近年来，以文化艺术为核心的创意产业发展迅速，成为经济新增长点，现代农业与创意产业融合式发展成为一种呼之欲出的趋势。都市农业带有文化创意的特征，在生产手段、生产内容、农业功能等方面都发生全新的改变，由原来满足市民物质生产消费为主，转变为满足精神文化需求。文化创意农业以消费者需求为导向，顾客是价值创造的出发点和归属点，通过满足顾客的观念需求、文化需求，实现价值提升。于是，在生产经营活动中，将大量的故事叙事内容、符号和象征元素运用于产品的生产消费过程，让产品成为文化意义的承载者。

具体的讲，就是对农业生产经营的过程、形式、工具、方法、产品进行创意和设计，从而创造财富，增加就业机会。创意农业产业是都市农业和文化创意产业向融合的新业态，以农业产中、产前、产后全部的投入品（技术品种物资）、生产过程以及产品为主要创意对象，是整个过程和产出物都充满创造力、想象力和艺术感染力。创意农业的重点在于文化，将单纯的农业生产和当地民俗文化、历史文化、现代科技文化结合起来，将农产品与农业生产过程赋予文化内涵和价值，给人以超越物质的精神愉悦，提高农业的文化附加价值。

目前，我国多地出现文化创意农业产业模式，较为有代表性的有：成都“五朵金花”模式，温州模式、双流模式、上海模式、北京“紫海香堤”模式。这些模式以创意为引领，用某一个主题把每一个创意下的活动串珠成链，形成集都市农业、情景是休闲度假、文化创意产业于一体的新型产业模式，功能基本上涵盖了吃穿住游娱购等旅游要素，充分满足各类人群的个性化消费需求，收到较好的经济效益、社会效益和生态效益。

二、镇江发展文化创意农业的基础

(一) 独特的山水资源提供基础条件

天造地设的山水资源，丰厚的文化底蕴，舒适宜人的气候，优良的区位优势，是发展文化创意农业的基础条件。镇江以“大江风貌，城市山林”“真山真水”自然条件著称。位于长江和京杭大运河“十字黄金水道”，水域面积 526 平方公里，占总面积的 13.7%，60 余条河流，总长 700 余里；境内 26 座山体，市区的北面，长江与金山、焦山、北固山三大名山交相辉映，展现出一幅秀美的山水画卷；城市的南郊，十里长山蜿蜒连绵，南山是距离市中心最近的国家森林公园，也是古人隐居读书的神往之地。

(二) 独特的人文资源提供雄厚实力

地方文化特色的文化创意农业则是一个低投入而高效率的发展模式。镇江是国家历史文化名城，中国优秀旅游城市，钟灵毓秀，人杰地灵，具有 3 000 年的文明史，文物古迹众多，文化资源丰富。四朝帝王之乡，千载繁华商埠，是著名吴文化的发祥地、有继汉启唐的六朝文化、源远流长的宗教文化、传唱千古的诗词华章，有甘露寺刘备招亲、白娘子水漫金山、岳飞金山访道悦、梁红玉击鼓战金山、王羲之焦山悲仙鹤等脍炙人口的故事传说，让这座古城散发神韵。深厚的历史文化积淀，延续着城市发展脉络，传递着城市发展的根基，也为文化创意农业提供雄厚的实力。

(三) 独特的农业园区提供全新路子

规模化的有机农场为基本组织形式的文化创意农业是农业的最佳出路。镇江市委、市政府把现代农业产业园区建设作为新技术推广的试验区、现代农业发展的示范区、农业基本现代化的先行区，全面提升农业的科技化、产业化、标准化、集约化和信息化，用工业理念谋划农业，用工业园区的模式建设高效农业园区。以推进农业十大产业园区建设为载体，构筑环南京都市农业圈、近郊生产加工流通农业圈、环茅山和九龙山生态观光农业圈。用观光农业串起农业特色链条，句容岩藤农业发展有限公司在岩藤农业园刻意打造体验式农业生产劳动乐和参与式乡村游。目前，全市现有一定规模、特色的休闲观光农业园或景点 34 个，建设面积约 5 万亩，年接待游客在 30 万人次，直接经济收入每年 1 000 万元左右。初步形成了以农产品采摘为重点的农事体验模式、以花卉苗木或植物园为依托的观光休闲模式、以人文景观为重点的旅游观光模式、以现代农业园为依托的度假休闲模式等四种观光农业的模式，为文化创意农业提供新的发展路子。

（四）独特的文化创意农业提供成功典范

整合农业的生产、生态和生活资源，把农业生产与文化创意结合起来，创新思维，才能设计出具有特色的创意农业产品、农业文化、农业节庆和农业景观，从而用文化创意放大农业优势，用创意元素将现有农业提升为高品位的综合性产业。近年来，镇江市着力打造米芾书法主题公园、金山焦山北固山旅游综合体、西津古渡旅游演艺项目、大西路古玩一条街、世业州草莓音乐节等以精品生产、生态保护、文化传承、休闲观光、就业增加为主要成效的产品模式层出不穷，为都市农业和文化创意产业融合发展提供典范。

三、文化创意农业的若干形态与发展模式

根据城市总体规划和各区县功能定位，结合镇江地区自然禀赋优势来发展本地区的优势、特色产业。利用现代化的物质手段和区域内独特的优势农业资源，结合文化创意开发和生产出品质优、价值高、市场竞争力强的农产品及其加工品，具有绿色或无公害特点的特殊农业类型。文化创意农业以"特""优""名""精""新"等为基本特点，具有更强的市场竞争力和盈利性。

（一）文化创意农园

以有机农场为基础的"文化创意农园"会成为文化创意产业的下一个大方向，在有机农业的基础上，发展有机加工业、手工业与有机零售业，形成一个有机产业链。同时，利用有机农业的特色与吸引力，附加文化活动、教育培训、餐饮、旅游休闲、养生康复等产业，使一个有机农场转变为一个拥有丰富产品与多种产业形态的"文化创意农园"。镇江近郊地区发展要以科技、精品、观光为特色的都市农业，其建设模式以市民农园、农业公园、景观绿地、花卉公园等，为市民体验农耕和休闲娱乐提供场所的观光型农业为主。远郊地区是农产品的主产地，要以"优质、高产、高效"都市农业为重点，建设观光农园、教育农园、垂钓乐园、少儿农庄等。

1. 合作社引领模式

镇江句容天王戴庄出现了这种"文化创意农园"的雏形，有机农业面积全村已达 4 000 多亩，加上周边生态林，已有连片 8 000 多亩土地，实行了生物多样性的保护和农业生态系统的修复。目前，在合作社的引领下，岗坡地有机果园桃树行间套种牧草，常年放牧散养鸡、鹅，水田有机水稻收获前混播红花草和黑麦草种子，秋冬及春季二批次在田间放牧鹅群，连续四年不用任何农药。复合产业形成后，还可以通过合作社引领农民开展有机农产品加工、流通、销售和有机农业观光旅游，组织各种活动扩大影响，聚集人气。如：农场与不少学校结成办学合作伙伴，让学生定期来农场参加农耕，体验生活，品尝有机食物；打造有机食品一条街与有机农场集市，吸引游客前往购买；组织各种儿童游乐活动——制作稻草人、拔河与穿越迷宫等；举办露天乡村音乐会。把农业这个原来的一次产业综合发展成涵盖一产（生产）、二产（加工）、三产（流通、观光旅游）内容的多次产业，以大幅度提高农业效益、

提高农民收入。

2.“开心农场”模式

中国传统住宅格局中，菜地就在厨房附近，院子比较大，菜地就在院子里，院落比较小，菜地就在住宅外面。按照这样的格局，以田园景观和自然资源为依托，利用农村设施与空间，结合农村文化及农家生活，规划设计带菜园的休闲农庄，建设了现实版的“开心农场”。平时，租地人可在家中通过网络视频全程监控自己的菜地管理情况，周末前往农庄小住，亲自到田间地头管理蔬菜水果种植。与此类似的还可以开发“一亩地”项目，城里人可以在农业园里承包一亩土地，自己安排农业生产项目。“就像农村家庭承包责任制一样，城里人来承包一亩地，农业园提供种子、灌溉等必要设施和条件，平时由农业园代管，节假日承包者来耕作管理，自种自收，自做自吃。”

在市区打造都市农园，经营方式就是将城市闲置土地分区分块出租给市民，用以种植蔬菜、瓜果、花草树木或经营家庭农艺。通过亲手耕作，市民可以享受到回归土地与自然的乐趣，获得安全新鲜的食品，促进家庭成员之间的团结与交流。任何人只要花费 1 000 元就可租到一块 100 平方米的土地，既可以自己种植，也可以委托对方种植，这一小片土地的蔬菜足够供应一家人。都市农园可以与旅游、度假、餐饮、培训、养生健康等方面相结合，发展成都市文化创意农业的一种主要经营形式。

3. 民俗农园模式

建成生产生活民俗园展示镇江地区农业农村民俗风情，如：生产习俗、生活习俗、民间信仰、文化教育习俗等，突出地方特色，突出民俗特点，突出游客参与。将西津古渡古民居、民俗文物、文艺表演、风味小吃、江鲜美食、大江风貌、渔家生活场景等元素有机结合，打造综合的生产生活民俗农园，让游客在休闲娱乐中回顾传统、增长知识、陶冶心情。将丹徒米芾石刻园进一步扩建，适当增加园林小品、题诗石刻，增加传统文化教育内容，如蒙学馆、书画院等项目，按小孩入私塾训蒙到长大考试离开等内容进行展示互动，再现私塾教学、祭孔、成人礼等场景，定期组织文化学者开设传统文化讲坛等活动。对茶厂等现有设施进行改造，建立茶道文化产业基地，设置观光茶园，内设制茶作坊、茶树园、茶文化博物馆，由工匠现场制作茶叶，让游客实地参与制作茶叶，设置茶楼戏台，游客可以品茗听戏，演出内容为传统剧目中镇江传说，如：白娘子爱情故事。

(二) 农业科技示范园

农业科技示范园是集科技核心区、科技示范区和科技辐射区三种功能为一体，从事现代农业生产经营的新型农业企业。它以企业化的方式独立运作，以农业科研、教育或技术推广单位为技术依托，以市场为导向，以体制创新和机制创新为动力，以转化科技成果为中心，以对农业新技术、新品种、新设施的示范、推广为手段，进行农业现代化建设，并以促进区域农业结构调整和产业升级，实现企业利润增长和农民富裕为目标，是现代农业发展的有效模式。如：在镇江新区、扬中市等地打造现代渔业精品园，建成以渔业资源收集和应用为核心的水产产业园，建成以基因组学技术及国家基因库为支撑的长江水生生物的种质资源中心。

1. 品牌农业模式

充分利用城市科技、人才、资金和高校、科研院所的优势，大力开发具有自主知识产权的农业良种，提高自主创新能力。开发农业高端产品，积极发展农作物良种、蔬菜种苗、花卉苗木、优质畜禽、名优水产良种培育基地和现代化包装业，形成具有地方特色的农业产品品牌。如：草莓、桃、梨、水稻、蔬菜等新品种与稻鸭共作、双轨制奶牛饲养、土着菌养猪、早川葡萄、桃整枝、设施花卉等一批新技术，通过试验示范、完善提高，形成了具有本市特色、在全省乃至全国都有影响的农业新技术，打造农业新品牌，为农业增效、产品增质、农民增收提供可能。

2. 生态农业模式

整合山水组合优势，促进农业可持续发展。坚持生态与效益并重，将生态保护与发展观光农业有机结合，促进农业的可持续发展。在生态保护上，实施"林业绿色倍增"工程，提高森林覆盖率。全面推进无公害农产品的认证工作，并在此基础上加大绿色食品和有机食品的发展力度。推进农业标准化生产，提高农产品安全质量水平，发展无公害、绿色安全农产品，构建从田头到餐桌的食品安全链条，打造镇江地域性特色的生态产品，如：句容天王的越光大米。在南山建立生态科普馆，对青少年进行生态知识普及，创造经济效益的同时，实现生态、人文素养的提升。

(三) 观光农业模式

启动"长江豚类保护区"的建设，保护长江生物的多样性的同时，开发长江豚类科普展馆。依托镇江市丰富的山水资源，发展观光农业，打"生态牌"或亮"乡土牌"或推"农教牌"，整合扬中江鲜美食文化资源，做大做强"中国·扬中江鲜美食文化节"；整合丹阳特色农产品资源，推出"名特优新农产品展示展销会"；整合句容生态旅游资源，推出瓦屋山原始生态自驾游，整合丹徒区江心洲、世业州"农家乐"资源，推出带有浓郁的地方特色的农家体验游，进一步提升了观光农业的产业层次。

加速镇江市人文资源和农业生产要素的集聚融合，重点打造三个观光农业区，即：城市周边观光农业区，以南山农业科技示范园、瑞京生态科技园为重点，突出生物科普教育功能；丘陵生态观光农业区，以南山、宝华山、茅山森林公园、茅山有机农业园、南山农庄、龙山双目湖等为重点，突出生态、休闲、观光功能，凸现宗教文化、人文历史内涵；滨水观光农业区，以长江滩涂（如扬中渔业科技示范园）、大中型水库（如仑山水库、泰山水库）、湖泊（如横塘湖、赤山湖）资源为重点，体现农渔风光、特色蔬菜、水边垂钓、渔事劳作等功能，促进农产品成为旅游品，农民成为旅游服务人员，提高农业的外延效益。

农村文化生活与实现农业现代化

张湘华　　　　张洪让

（南通市通州区三余镇农技站）（连云港市畜产品检测中心）

摘　要：文化生活是精神文明的重要组成，农村文化生活理所当然是农业现代化的重要组成部分。农民需要农业现代化，但农民同样需要丰富的文化生活。在文化生活贫乏的现状下，农业现代化则难以实现。因为物质文明与精神文明几乎是同步发展的，只有高尚的精神文明才能产生丰富的文化生活，也只有丰富的文化生活才可能给人们建立起以崇高而长远的理想、奋斗目标和追求，才能不断地产生正能量，鼓励人们在各行各业为国家为民族为事业奋斗不息，从而不断做出成绩、成果、创新。农村如此，民族如此，国家如此。然而，当前苏北、苏中（部分地区）农村，由于长期经济欠发达、传统观念和传统习惯等多种原因，在相当多的村组，农民文化生活还相当匮乏，陈规陋习和不良风气长期伴随和充塞着农民生活的方方面面，还在严重地干扰着农业现代化的进程，足以引起各级政府的重视。

关键词：农村文化生活；农业现代化

前言

良好的文化生活反映人们对美好生活的追求，能传递正能量，发扬优良传统，帮助人选择正确的人生目标，可以催人奋进。而当前农村文化生活的匮乏，则反映了农民精神生活的空虚，而两者的并存则导致了人们社会道德观念的低下和一代人道德的沦丧。由此可见，只抓物质文明建设是远远不够的，一头强一头弱社会环境的形成，则鼓励当官的贪婪腐败，为民的人人向钱看，用金钱来衡量道德观。于是，媒体上一度热议当老人在路上跌倒时路人要不要扶的问题；农村中弃老虐老现象严重，未婚先育现象比比皆是；小赌场在村组和城乡结合部泛滥成灾；农二代农三代中文盲增多，老赖人物增多等现象；农村中留守儿童辍学增多，留守妇女被性侵现象增多，猪犬被偷现象增多；等等。这类负面现象增多，足以反映农村文化生活的匮乏带来的社会问题，足以引起各级政府的重视。中华民族的传统美德和传统文化如何传承和发扬光大，这显然是中华民族伟大复兴梦过程中必须重视的问题之一。

据近些年来对苏北和苏中部分地区农村的实地调研，发现当前在相当多地区的农村，尤其在远离城镇的乡村，农民的文化生活除了每家一台电视机之外，几乎没有其他内容。就是过年过节也大多见不到有组织的文艺演出活动，除了偶尔听到鞭炮声之外，大多显得冷冷清清。平静的生活中似乎缺少点什么，那就是文化生活。

一、文化生活贫乏引发的不良社会现象增多

经深入调研，近些年来农村中文化生活匮乏现象相当严重，由此产生诸多呈负面影响的社会风气和社会现象。这些现象当前不仅得不到遏制，在很多地方还年复一年地蔓延滋长。

(一) 老人跌倒不敢扶

前两年媒体热议老人跌倒要不要扶的问题，其实此类问题城乡普遍存在。而不敢扶的原因是害怕被跌倒老人及其家人诬赖上，可见社会风气和道德之低下。

(二) 弃老虐老现象严重

(1) 娶了媳妇忘掉娘：近些年来，在相当多的农村形成一种不良风气，媳妇过门后，婆婆就遭了殃。婆婆不仅要下地干农活，还要承包所有家务。儿媳妇除了吃喝就是玩乐(如打麻将、串门等)，儿媳生了小孩，除了哺乳之外，小孩全部由婆婆带。在相当多的家庭里，媳妇是主人，婆婆是服侍媳妇的下人。

(2) 儿子住别墅，老子住车库：在郊区农村或城乡结合部农村，儿子和媳妇住在别墅式的楼房里，老人(公婆)大多住在车库或楼房边上搭建的简易房屋里。老人大多自己做饭吃，即使是单独老人也如此。

(3) 儿子成了老板，老娘形同乞丐：苏北某村，80 多岁杨氏老太患有白内障和类风湿，无力上街买菜和做饭。两个儿子是个企老板，但没有一个人愿意收留赡养老人。老人则在每天傍晚轮流到儿子或女儿家，这家要个馍头，那家要碗剩汤，常年靠乞讨过日子，人瘦成皮包骨。

(4) 儿子家道兴旺，老人却无家可归：在许多农村，儿子家有楼有车，可就是容不下一个老人，不仅不给老人吃的，而且不给老人住，无助的老人在村头村尾或是在河堤上搭个小草棚住，情形十分凄惨。在苏北某村就曾发生过一个老人死在草棚里好几天才被人发现的事情，可后来，儿女却把老人的丧事办得很隆重。

(三) 未婚先育现象比比皆是

近些年来，苏北农村部分地区流行青少年在确定恋爱关系之后，女方就留在男家不走。女方怀孕后如第一胎生下男孩，则择时举办婚礼；如第一胎生下女孩，则继续再生第二胎，如第二胎还生女孩，则再继续生下去。据近阶段对部分农村的实地调研，这种现象几乎村村都有。这种现象不仅双方父母认可，而且村邻见怪不怪。当事人大多不到结婚年龄，有的女方甚至是只有 15～16 岁的青少年。这类青少年大多整天无所事事，外出打工年龄偏小，多靠男方父母养活，生下来的小孩无疑都是黑户口。

(四) 小赌场泛滥成灾

据对多地实地调研，在许多农村、城乡结合部、郊区农村，近些年来小型赌场泛

滥成灾。往往1个自然村里，有1户甚至2～3户设局招赌，每设局户往往设3～4赌桌不等。这类赌场多在下午开局，至傍晚收场；也有设晚场的，则于傍晚开局至半夜收场。据涉赌人员介绍，这类赌场赌资往往分两类，一类为小赌，一场所下来，参赌者多在几十元至一两百元输赢；较多为中赌，多在几百元至一两千元输赢。设赌人家则多为收取场地及茶水费，每桌每天收费10元至30元不等。多数地区这类赌场的赌具为麻将，而沿海部分地区则喜欢贴小牌。参赌博人员中除普通农民之外，也偶有村组干部。

这类中小型的赌场在农村中由来已久，司空见惯，而近些年来则有泛滥成灾趋势。

(五) 读书看报的少，崇尚迷信和烧香拜佛的多

据资料显示，改革开放以来，全省各地兴建的各类大小庙多达1 000多座。农村中及城乡结合部烧香拜佛者增多，家庭中供佛像设佛堂的更屡见不鲜。许多饭店和个人企业的大厅里都堂而皇之地供着观世音或财神爷的塑像，店主人每天都要对其烧香和顶礼膜拜。许多人长年不读书不看报，除了打麻将就是烧香拜佛。

(六) 留守妇女儿童问题增多

资料显示，近些年来全省乡村两级初中及小学被撤销1 000多所，农村中留守儿童中，那些爷爷奶奶无力将儿童送接到5公里之外的中心学校读书，各村辍学儿童普遍增多。辍学儿童10年则发展为新的文盲。留守妇女大多为文盲或半文盲，她们白天承担农活家务，晚上感情孤独，近些年来婚变出轨的增多，受强暴性侵的增多。

二、原因分析

(一) 乡村文化生活成了被遗忘的角落

在上个世纪的八、九十年代，每个乡镇都设有文化站，每周能轮流到各村去放电影，农闲和节假日组织一些文艺节目到各村演出。搞的红火时村村都有宣传队，搞排练和演出。可近十多年来，几乎所有的乡镇文化站已不复存在，连通牌子都见不到了。就连县城甚或市区的电影院、剧院等也已大多不存在，房子改做超市、宾馆、酒店等，或被开发搞房地产。

(二) 农民农闲时节无去处

当前多数农村，由于作物主要被机械种植和收割，农民全年的田间作业只有一个月左右。青壮年大多外出打工，留守人员(妇女、老人、青少年等)及部分在家农民每年空闲时间达大半年。他们农闲时无所事事，俗话说无事则生非，于是乎，上述种种不良社会现象在农村中逐年增多。

(三) 传统教育在农村中几乎不存在

留守儿童长年父母不在身边，由爷爷奶奶照管，这种隔代相伴的得不到或半缺失父母的家庭教育，许多情况下不仅辍学随后成为新一代文盲，更得不到良好的思

想教育和传统道德教育。但农村并非教育真空地带，未成年人受正面教育少了，受消极面的教育比重必然增加。于是，一部分人成长为游手好闲、打架斗殴、好逸恶劳，有的甚或走上犯罪道路。这样的新一代农民本身问题多多，他们再结婚生出来的下一代的教育问题就更加糟糕，这是我们国家和各级政府不能不考虑和不得不重视的大问题。显然，靠这样一批农民去实现农业现代化，岂不是水中捞月吗？

三、政府引导和部门重视是关键

综上所述，农村的文化生活不是可有可无，也不是可抓可不抓，而是必不可少和必须抓好。农业现代化建设需要人才，农民需要年年增收和不断丰富的物质文明，他们同时需要传统的和现代的美好文化生活和精神文明。农村如此，全社会也如此，这也就是两手都要抓两手都要硬的精髓所在。而要彻底解决当前农村文化生活匮乏的现状，必须从根本上抓起。

(一) 健全法律法规

文化教育、传统美德教育必不可少。尽管国家颁布实施了新的《老年人权益保障法》，但普通农民知道该法的甚少，而且法的条款比较笼统原则，实施起来有困难。因此，加大法的宣传力度和尽快制定法的实施细则显得非常紧迫。

(二) 做到有机构、有队伍、有设施

地方政府必须设立分管文化生活的分管领导，应重新设立和组建乡镇文化站(馆)，有条件的乡可组建地方剧团，有一定的财政支持用于必需的设备、器材、用品，季节性排练和赴村组宣传演出。恢复乡镇文化站每周赴辖区内村组轮放一场电影的传统。有条件的乡镇设立图书馆，村组应设立阅览室。

(三) 建立文艺下乡长效机制

县区政府应把文艺下乡列入自身工作日程，成立党委政府的专门常设机构。把当前各社区自发成立的文艺团体(民间艺术团)组织起来，给予一定的经费支持，定期排练，轮番常年送文艺下乡，把丰富农村农民文化生活作为中心任务。

(四) 从娃娃抓起

尊老爱幼的传统思想和传统文化教育应从幼儿园开始，具体内容编入各类教科书，贯穿小学、中学教学的全过程，把民族文化传统的承前启后作为一条主线教育。除学校以外，家庭教育、社会教育应与课堂教育形成三位一体，直至孩子长大成人和世界观的形成。

我国农民合作经济组织的问题及对策

陆海燕

（江苏科技大学）

摘　要：农民合作经济组织的发展，是解决“小农民、大市场”的有效路径，也是提升农业和农民竞争力，促进农业现代化的有力载体。然而，当前农村经济合作组织缺少立法和政策的支持，组织运行机制不完善，管理人员素质有待提升以及农民思想认识不足。为了推动农业现代化的发展，应针对上述不足进行针对性的改进。

关键词：农民合作经济组织；现状；问题；对策

改革开放以来，虽然我国经济持续高速增长，但是，城乡经济社会发展，特别是城乡在基本建设、义务教育、医疗卫生、社会保障和居民收入等方面的差距却越来越大。为此，党的十八大提出“坚持走中国特色新型工业化、信息化、城镇化、农业现代化道路”，“促进工业化、信息化、城镇化、农业现代化同步发展”。但长期以来的城乡二元结构，分散经营的农业生产体系，相对滞后的农业产业政策，在一定程度上制约了我国农业现代化进程。特别是中国加入 WTO 后，农业是我国加入世贸组织后受影响较大的领域，国外许多农产品行业协会正纷纷在我国设立总部和办事处，为本国农产品抢滩中国市场开辟道路。而我国农业是行业协会发展最为薄弱的领域，农民分布散，生产规模小、技术水平低、生产成本高，与国外农产品相比没有竞争优势。如何将处于分散状态的我国农民组织起来，用现实而可靠的载体把千家万户的农民与千变万化的大市场连接起来，提升农民和农业的竞争力，促进农业现代化？这已成为摆在党和国家面前最为严峻的考验。

一、关于农民合作经济组织的涵义及其本质

日本东京农业大学 Masahiko Shiraishi 教授指出：“合作社是人们自愿联合，通过共同和民主管理的企业来满足共同的经济和社会需求的组织。[1]”日本农协是根据《农协法》由日本农民交纳会费成立的一种民间组织。协会成立的目的是为了提高日本农民专业合作组织的专业化分工协作水平，振兴农村经济，提高农业的生产效率，改善农村经济状况，提高农民的社会地位和经济收入。从本质上讲，农业合作社是在农民自愿互利、民主、公平和自治的基础上建立起来的，是以提高农业生产力水平，建设高收入的福利农村，提高农民的经济及社会地位为宗旨，属于农民自己的生产和协同组织。“国内知名学者张晓山认为，合作社是一种具有一定社

会功能的特殊的经济组织形式。目前，我国'三农'问题突出及农村经济形势严峻，正是提高中国组织化程度、发展农村专业合作组织、使农民在国际和国内市场上成为一种经济上的抗衡力量的有利时机。[1]"我国农民合作经济组织其本质就是农民利益代表，为农民产前产中及产后服务。这个合作社是区别于传统的人民公社制度的合作社，和传统的人民公社有区别。"第一，农民合作经济组织是农民自主建立起来的；第二，农民在这些组织中享有独立的自主地位，农民合作经济组织基本上都坚持了加入和退出自由的原则；第三，农民组织基本上都是开放的原则，社员是以生产同类的农产品或同类的农业服务为纽带联系起来的；第四，这个合作社使用的都是民主管理的制度，不管出资多少，内部地位都是平等的，改变了农民对生产经营合作没有自主权的状况；第五是新的市场主体，不同于人民公社是政府与农民是合一的。[2]"

二、农民合作经济组织的现状及问题

上世纪 80 年代中后期，农民合作经济组织在我国产生，到 90 年代中后期则在各地大批出现。根据江苏省各地县级工商行政管理局农民专业合作社法人登记数据，截至 2012 年底，江苏省合作社总数为 57 566 家，其中：按狭义口径统计的农民专业合作社（不含农地股份合作社和农村社区股份合作社，下同）53 333 家，占 92.64%；农地股份合作社 2 703 家，占 4.70%；农村社区股份合作社 1 530 家，占 2.66%。工商登记的合作社成员总数 1 213.23 万户，其中农民专业合作社成员总数为 1 020.69 万户。事实证明，农民合作经济组织在促进农村经济发展和增强农业的抗风险能力等方面发挥了重要的作用。促进了农村资源的优化配置，一定程度上实现了农产品的产业化经营，提高了农民的组织化程度，提高了他们抵御风险的能力，增加了农民的收入。

合作社的组织形式也是多样的，典型的有"龙头"企业带动型，即通过龙头企业带动农户实行产业化经营。二是新兴的农民合作经济组织带动型，即以农民为主体，组建专业性协会或合作社带动农民进行商品化生产和流通。三是改造传统合作经济组织带动型，主要是希望通过深化改革，把供销合作社真正办成农民自己的合作经济组织，解决农业生产发展与市场对接的问题。

虽然各种类型的合作组织在中国农村均有一定程度的发展，但仍存在许多问题，主要表现在以下几个方面：

（一）缺少立法和政策的支持

我国是亚洲除朝鲜之外惟一没有为合作社立法的国家，而强有力的法律保护和有效的政策扶持，是农民合作经济组织健康发展的根本保证。缺乏合作社立法及相关法规，既影响合作组织的充分发展，也影响合作组织的规范化发展。这里涉及两个方面的问题。一是缺乏合作组织立法，合作组织就缺乏法律地位，由此导致合作组织难以用独立的法人身份与各方主体进行交易，影响其活动的正常开展，其合法权益也难以得到保障。二是缺乏有关合作组织的法规，合作组织就缺乏赖以遵循的统一规则，这就为各式各样所谓的“合作组织”的存在提供了土壤，合作组织也就难以做到规范化发展。

农民合作经济组织是农民自愿组织起来，开展互助经济的合作组织，有一定的公益性，不同于一般的工商企业。因此，从某种意义上说，扶持农民合作组织，也就是扶持农业、扶持农民。当前农民合作组织在很多地方发展迅速，在当地农村经济发展中发挥了重要作用，但仍有不少地方领导对农民合作组织的发展作用认识不够，对如何从财政、支农资金、农业产业化开发、扶贫开发项目及税收等方面给予扶持，这方面的政策还不很明确，影响了发展速度，限制了规模的进一步扩大、档次的进一步提高。

（二）农民合作经济组织自身存在若干问题

首先是运行机制问题。我国建立了很多的农民合作经济组织，其中许多运行良好、发展势头很好，但仍有部分运作还很不规范，管理机制尚未建立，规章制度不健全，在经营方式上并不是纯粹意义上的互助合作形式，多数是“买断式”、“订单式”经营为主。特别是一些合作社融资渠道狭窄，缺乏必要的启动资金，助农服务的能力十分有限。一些合作社属松散性、季节性的临时组织，未正式挂牌办证，只是受利益驱动从事中介服务，直接影响了农民合作经济组织的健康发展。

其次是经营管理人员的素质问题。合作组织的入社社员绝大多数为农民，专业知识、政策水平、市场竞争能力、管理经验较为缺乏。目前，多数领头人是农村能人、村支两委领导或供销社下岗分流人员，在一定时期内可以适应发展的需要，但当合作组织发展到一定程度，管理和经营人才的缺乏就将是制约其发展重要因素。会（社）员的综合素质不高，人才缺乏，合作组织中的农民带头人大多数综合素质不高，适应市场经济的意识和能力不强，懂技术、会管理、市场开拓能力强的复合型人才更缺乏，这就造成对现代农业技术、生物技术、新品种的种、养、加模式技术缺乏，更谈不上国际技术标准、国家标准在组织内部实施和运用现代管理技术进行策划管理，从而导致对政府及政府部门的依赖性增强，很大程度上制约了农村专业合作组织的创新和发展。

（三）农民思想认识问题

合作组织发展之所以困难重重，还在于它的参与主体认识与参与不充分。从群众层面看，由于受长期计划经济的束缚及小农经济的影响，大部分农民对发展合作组织还存在一些顾虑和担心，入社的积极性不高，表现为“恐合症”和怕行政命令、“一大二公”等等。而且，虽然当前农民合作经济组织数量上呈现蓬勃发展，事实上，存在农户“被参加”合作社现象。很多合作组织都是为了完成上级政府下达的“农业基本现代化”考核指标，村干部通常用整个村农户户主身份证号到工商部门办理农民专业合作社法人登记。也就是说，相当部分农户连自己都不知道参加了合作社[3]。同时，有些地方领导对合作组织的宣传普及工作做得不够，农民对合作组织的价值特别是它能给农民带来的实惠认识不够，它对农村经济的巨大促进作用并未被人们所充分认识。

三、发展农民合作经济组织的对策

(一) 加快立法进程，加强各地政府支持，为合作组织发展创造良好条件

“制度是行为规则，并由此而成为一种引导人们行为的手段。它们通常都要排除一些行为并限制可能的反应。因此，制度使他人的行为变得更可预见。它们为社会交往提供一种确定的结构。[4]”我国必须加快对合作组织的立法工作，赋予合作组织以合法的地位。通过给予合作社民事主体地位并制定合作社法，以保障合作社的正常经营活动和合法权益。《合作社法》立法滞后，合作社法人地位没有确立，使得正常的经营活动和合法权益得不到保障。只有保持制度上的稳定性，才能保证组织健康稳定的发展。

其次要加强政府对合作组织发展的支持。在我国合作组织建成壮大的过程中，其作为一个民营自助的组织是很难承担起发展农业的重任的。政府首先应当充当一个“有为”的角色，使合作组织成为一个民营官助的组织。尤其是在合作组织成立初期，政府要从各方面给予支持，扶助合作组织的发展。

在这里有一点必须避免的是，虽然合作组织从某种意义上来说也是一种公共服务，但公共行政的新公共管理这一当代行政改革理论的核心是民营化，要赋权于民。合作社初期，政府可能大力参与扶助合作社的建立。但要记住合作社的本质是民办、民管、民受益。在合作社发展成熟以后，政府要退出对合作社的干预，使合作组织成为农民自己的、真正的自治组织。防止合作组织对政府的过于依赖，使其成为乡镇政府的“二级组织”。使政府角色真正实现从“有为”到“无为”的转变，使合作组织真正实现民营化。

(二) 加强合作组织自身的建设

通过立法规定合作组织的服务职能，才能使各合作组织能明确自身的现职和义务，更好地为农民服务，做到有法可依，有法必依，切实维护好农民的利益。合作社作为一种特殊的经济组织，不同于一般的以赢利为唯一目的的经济组织，而是由具有共同业务需要的弱势群体所组成，是一个为社员服务的互助组织，所以要求社员具备“人人为我，我为人人”的互助精神。政府在其中要开展合作教育和培训，保证合作社事业的顺利发展。政府可以往各合作组织派送技术员(其工资可由政府负担)，从技术上给予合作社支持。对合作社的带头人要加强教育培训，培养出懂市场、真心为农民办实事的带头人。

(三) 广泛宣传，提高农民对合作组织的认识

按照布坎南的公共选择理论：在政治交易中，个人是自己利益的最好代表，“没有个人利益也就没有集体的利益，追求个人利益是实现集体利益的前提与保障。[5]”农民应是合作组织最积极的参与者及最大的受益者，只有民富，才有国强，

才会有整个农村和国家的发展。目前，社会各界特别是农民对举办合作组织的重要性和紧迫性认识不足，缺乏有关知识和经验，政府和有关部门必须运用多种形式，加大宣传教育力度，努力提高广大农民群众的思想认识和参与意识，使其真正认识到兴办合作组织是适应现代市场农业、致富奔小康的“朝阳产业”，从而正确处理政府推动与农民自愿的关系，调动两个方面的积极性。同时，要坚持农民自愿参加合作社，实行民主管理合作社，决不能用行政命令的方式强行推行合作社。

我国农民合作经济组织尚在起步阶段，对政府与合作组织及与治理的主体——农民之间如何建立一种良好的合作关系，尚有待探索。相信在各方的大力推动下，合作组织在当今缩小我国城乡差距、促进农业现代化方面将是大有可为的。

参考文献

[1] 徐旭初，黄祖辉. 农民合作组织的制度建设和立法安排国际学术研讨会综述[J]. 动态，2004(3).

[2] 王超英. 中国改革第 52 次国际论坛：“中国农民组织建设”观点集萃[J]. 中国改革论坛，2004(6).

[3] 江苏农村合作社达 5 万多家 农户“被参加”现象亟待解决[OL]. 中国江苏网，2014-01-26 http://news.jschina.com.cn/system/2014/01/26/020105139.shtml

[4] [德]柯武刚，等. 制度经济学[M]. 韩朝华，译. 商务印书馆，2002.

[5] 汪翔，等. 公共选择理论导论[M]. 上海人民出版社，1993.

现代农业生产体系的思考

张　睿

（南京市房屋征收管理办公室）

摘　要：十八大以来，关于农业现代化的讨论不断深入，通过分析发达国家现代农业的特点，从中得到可借鉴的经验，如何在高速的城镇化发展过程中，稳步推进农业生产现代化，保证城乡发展步调的一致。本文首先分析了美国、日本、荷兰三个发达国家的现代农业产业情况，结合本国国情提出了目前我国发展农业现代化的必要改进，从中找寻适合本国的发展途径。

关键词：现代农业；生产体系；发展路径

党的十八大以来，习近平同志就做好“三农”工作发表了一系列重要讲话。我们要认真贯彻落实精神，积极稳妥推进城镇化，加强社会主义新农村建设，做到城镇化和农业现代化相互协调。目前我省城镇化率达到63%，全国城镇化率为50%，我省处于领先水平。而从反映农业现代化的主要指标看，目前我省农业机械化率为71%，农业科技进步贡献率均为60%，全省的农业现代化正处在快速成长阶段。在这样的时代背景下，农民这个词汇的意义已经发生了改变，不再意味着是一榔一锹、面朝黄土背朝天的传统农民，而是高科技、高素质的新型职业。

这样的改变，其直接推动力就是城镇化进程的不断推进，实际上城镇化和农业现代化是两个相互区别又相互联系的概念。城镇化对于农业现代化有着巨大的影响，其影响有正有负。正效应体现在城镇化使得生产性要素向农村转移，包括资金、材料、土地、人才等等，直接带来的改变就是农村家庭资产原值的增加，农民收入水平也有大幅上升，进一步对消费层次带来了变革，这样的改变发生在农村生产生活的方方面面。与此同时，城镇化也对农业现代化带来了负效应，最为明显的就是农村劳动力的转移，农村人力资本的溢出效应使得高素质的农村劳动力转移到二、三产业，而留下的劳动力则素质偏低，这对于现代农业科技的推广增加了阻碍；另外还有耕地资源的减少，从1991年到2011年间，我省耕地面积减少了50万平方公顷，为了保证总产品的产出，更需要通过科技手段来增加单产，对于现代农业科技提出了更高的要求；同时生态环境也产生了恶化，许多耕地受到了污染，不适宜继续进行耕种，生产环境质量的下降和农产品品质和安全的要求产生了一定的矛盾。

面临以上的形势，我们需要思考的是，如何在高速的城镇化发展过程中，稳步推进农业生产现代化，保证城乡发展步调的一致。本文首先分析了美国、日本、荷兰三个发达国家（以下简称三国）的现代农业产业情况，从中找寻适合本国的发展途径。

发达国家的农业发展模式，都是根据自身的优势来选择的结果。美国国土面积大，从事农业生产的人口较少，其优势在于耕地充足，因此积极开发适合大面积耕作的农业生产方式，包括机械化和生物育种。日本和荷兰是典型的地少人多型国家，也充分利用自身人口资源丰富、劳动力成本相对较低的优势，大力发展小农经济。美国主要考虑要素是人力资本边际效应的最大化，而日本和荷兰所需要考虑的是土地成本。

一、三国农业发展优势与可借鉴经验

（一）因地制宜发展适合本国国情的服务体系和服务模式

各国都建立了适合其本国国情的服务体系和服务模式，美国是典型的规模农业，从事农业的劳动力少，因此利用耕地集中的优势，大力发展农业机械化、信息化和生物育种。而美国发达的农业市场体系、农产品期货市场和农业保险服务正是解决了规模农业所面临的生产、运输和价格波动等风险，为美国农业现代化发展提供了坚实的基础。而日本和荷兰因为耕地面积少、地形复杂，不能采用规模农业的发展模式，而是选择了小农经济的发展模式。同时为了克服小农经济的分散性，两国都建立了强有力的农业合作组织，为分散的农户提供技术、供销、信息及金融等多种农业服务，并借助农业合作组织的影响力打开国际市场。

（二）现代农业发展呈现出高投入、高产出的特性

无论是美国的机械化、信息化、生物育种，荷兰的设施农业，还是日本的生物技术，都体现出现代农业发展的一个共同特征，即高投入。但如果没有高产出，这种模式就无法持续，而高产出不仅是指农产品产量，因为农产品都有最大产出上限，产量不可能无限增加，更重要的是其内在价值的增加。在农产品产量相对稳定的状态下要想提升产出，就只能增加农产品附加值，而且必须依靠服务业来实现农产品增值，使农业生产从产量最大化向价值最大化转变。产品的竞争力除了体现在数量和品质上，更多地体现在品牌、信息等服务要素上，依托服务业建立起来的高附加值农产品，将是未来农业发展的重要趋势。

（三）农业社会化服务的专业化、市场化程度增强

比较日本和荷兰的农业服务可以发现，随着全球农产品市场竞争的加剧，综合性的农业社会化服务（如日本农协）效率要低于专业化的服务（如荷兰农业合作社）。日本农协的服务范围几乎包括了与农村、农户相关的生产、生活的方方面面，运营成本相对较高。而荷兰的农业合作社从经济性质来看是为成员谋求利润的专业化企业，经营方向非常专一，具有明确的专业化经营目标。其明显的企业性质，确保了合作社成员的利益一致，大幅提高了经营效率，降低了经营成本，并且根据

市场发展形势，农业合作社不断进行合并，专业化程度持续提高，规模不断扩大。因此，建立专业的、适应市场运行规律的农业社会化服务组织，是提升现代农业社会化服务水平的最佳渠道。

（四）私营农业合作组织更具市场竞争力，是发展主流

日本的农协既是经济组织，又带有一定的政治色彩，具有半官半民的性质！因此受政府的保护和政策支持较多。同时，日本的农民以兼业为主，过度的政策保护和兼业的生产模式，导致日本农民在农业生产中的创新性、积极性和主动性不足，降低了其农业发展的可持续性。而荷兰的农业合作社独立于政府，政府除给予少量的税收优惠外，不进行任何的补贴和资助。在缺乏政府保护和市场竞争激烈的背景下！荷兰农业合作社不断改善自身的组织结构和内部管理模式，完善自身的运行机制，体现出极强的生命力和竞争力。因此，以赢利为目标的私营农业合作组织更具有市场竞争力，是未来农业合作组织发展的主流。

（五）通过教育培训服务培养高素质的农业从业人员

对比美国、日本、荷兰现代农业的发展特点，现代农业是一个结合科技、资本、设备、创意等要素的综合生产过程，必须有与之相匹配的高素质的农业从业人员。因此，通过教育培训服务来提升农业从业人员的素质，也是实现农业现代化的一个重要环节。

二、推进农业现代化建设的几点对策

经过思考和分析，结合我国的土地制度和农业生产实情，本文提出以下四点，对于推动农业现代化、引导新型农民的转型有着促进作用。

（一）民间资本引入

引导鼓励社会资本投入农业现代化建设，充分发挥国家政策对民间资本投资农业的导向作用，国家在政策、税收、信贷等方面都应向民间资本投资农业倾向，给予最大的支持。社会资本对于高效产出的追求有利有弊，利处在于，能够使得资金达到最有效的利用，资金的投入点和投入内容都将更加明确，弊端则在于会有一味追求利益最大化而忽略环境保护、耕地保护的可能，因此需要国家在支持的同时，予以监督和保证。

（二）高质人才返引

随着农业科技的进步，农村对于广大高素质人才而言，不再意味着交通封闭、努力读书才可离开的山沟沟，而是可以大有作为的广袤天地。国家应有意引导相关农业、环境、经济人才回归农村，将新思路和新想法带到田地。一是农业生产技术的提高，有了来自国家和社会资本的支持，对于大范围内农业生产机械化的革新是重要推动力，高素质的人才对于机械、技术、方法的理解和实践都有更高的效率和执行力；二是农业经营思路的变革，从简单的农家乐、生态农业旅游，到专业性强的农产品深层加工，再到信息化的农产品销售，对于传统的农业种植、收割、销售整

体的方式，都带来了冲击和机会，这些无法通过普通的培训使农村劳动力接受，需要引导有能之士回归农业，为之努力。

(三) 生产条件提升

耕地是农业生产的前提，耕地的数量和质量都需要严格把控，土地的保育和恢复工作需要进一步加强，高质量的耕地是提高农产品产量和质量的保证，尤其在当前对于农产品安全提出了更高要求的时代，人们对于食品安全越来越重视，从根本上保证种植的安全，就是杜绝耕地的污染。同时，水利是粮食稳产增产的重要基础。要加大农田水利建设投入力度，不仅仅要重视大型水利工程，也要重视田间地头的沟渠，解决农田灌溉“最后一公里”问题，不断提升农田水利建设水平。

(四) 农业产品升级

在确保粮食稳产增产的前提下，树立现代市场理念，打造一批在全国乃至世界叫得响的农产品品牌，不断提高农产品附加值和竞争力。打造品牌。首先是专业性，产品的类别不可过多，应精选适合当地的农作物皮重，进行深入研究，保质保量，成为该农作物的著名生产基地；第二是加工的深入性，应大力发展农产品加工业，延伸农业产业链，提高农产品附加值，不仅仅销售直接收获的农产品，可通过制作点心、提纯制片剂、养生食品的制作等，深入挖掘产品的价值；第三是品牌性，把握好生产和管理的每一道管卡，健全覆盖“从农田到餐桌”的食品安全控制体系，不可让某些企业因一时之利而破坏地区的品牌效应。

三、推进农业现代化建设须注意的问题

在推进农业现代化建设的同时，也有需要注意的问题，现代化建设不可盲目进行，不可无限制，需要从以下几方面注意：

(一) 营造生态一流的农村人居环境

不可忘记保持农村的本来面貌，农村的现代化和城镇化有着本质的区别，现代化的农村代表着一种高水平的新型生活方式，要保持农村原有的生态风貌。与城市相比，农村山青水碧、田园秀美、空气清新，这是最宝贵的财富、最独特的魅力。在推进新农村建设过程中，必须保留乡村风貌、体现乡村特点、传承农耕文化，而不能完全照搬城市建设模式，弄成不土不洋的“四不像”。要突出规划的先导作用，注重因地制宜，突出地方特色，不断提升新农村建设水平，使乡村之间各美其美、美美与共。

(二) 基础建设结合农村特点

要深入开展垃圾无害化处理、水环境和农村面源污染治理，保护好清洁水源、清洁家园和清洁田园。坚持镇村联动、城乡一体的方向，积极发展农村教育、文化、卫生和社会保障事业，特别是水、电、气、路、网络等基础设施建设要实现全覆盖，逐步实现从有到好的转变，不断提高农村基本公共服务水平。

只有在保障农村原有风貌的基础上进行农业现代化建设，才能保证城乡结构

健康发展。在未来，农村和城市代表的只是生活方式的不同，在基础设施、教育、生活水平上没有巨大的差距，人们对于城市和农村的选择，只是喜欢清静和喜欢热闹的区别，如此，便是达到了现代化农村的建设目的。

参考文献

[1] 伍国勇. 基于现代多功能农业的工业化、城镇化和农业现代化"三化"同步协调发展研究[J]. 农业现代化研究，2011(4):385-389.

[2] 黄庆华，姜松，吴卫红，张卫国. 发达国家农业现代化模式选择对重庆的启示——来自美日法三国的经验比较[J]. 农业经济问题，2013(4):102-109.

[3] 高海珠. 西方发达国家现代农业发展研究[D]. 吉林大学，2007.

[4] 折小园. 现代农业园区规划研究与实践[D]. 西北农林科技大学，2013.

[5] 邓秀新. 现代农业与农业发展[J]. 华中农业大学学报(社会科学版)，2014(1):1-4.

[6] 孔祥智，李圣军. 试论我国现代农业的发展模式[J]. 教学与研究，2007(10):9-13.

[7] 徐胜. 江苏省现代农业园区的建设及规划研究[D]. 南京农业大学，2008.

对我国粮食安全的思考

顾洪斌

（九三学社港闸支社　港闸区农水局）

摘　要：我国是人口大国，人多地少，近年来进口粮食大幅增加，尤其是二胎政策的放开，人口数量高峰的来临，工业化、城镇化造成耕地面积的大幅减少，东海南海纷争不断，都对我国粮食安全形势构造了威胁，我们应未雨绸缪，早作准备，确保我国的粮食安全。

关键词：粮食；安全

我国拥有13亿人口，是人口大国，每年从国外进口大量粮食，近年来我国粮食进口量有增无减，2013年我国从国外进口粮食7 000万吨，2014年进口量约1亿吨，其中70%以上是大豆。

粮食是特殊而敏感的产品，粮食供给即使出现一些细小的问题，都可能引发人们不必要的恐慌，导致市场剧烈波动，进而影响社会稳定。

我国工业化加快对农业生产造成巨大压力，对本不稳固的粮食安全体系提出新的挑战。同时，城镇化建设加快推进，建设用地不断蚕食耕地面积。国土资源公报显示，2009年全国批准建设用地57.6万公顷，比上年增长44.6%。土地资源的有限性，决定了建设用地会对粮食生产产生一定的"挤出效应"，直接造成耕地面积减少，粮食供给能力减弱。

中国需要养活13亿人口，然而城镇化建设和工业扩张加剧了耕地的流失，复合肥料的大量使用造成农业投资生产率下降，还伴有水资源短缺和环境污染加剧等问题。所有这些结合起来，已经足以迫使我国在世界经济中无奈地受限于粮食。

基于"谁来养活中国人"的悲观预期，个别国家欲把"粮食武器"作为控制我国的战略选择，世界主要产粮国进一步强化对粮食出口的政治干预，一些粮食主产国颁布了粮食出口禁令，给我国粮食供给造成一定负面影响。

如果我国的粮食消费大量依赖进口，我们面临的不仅是巨大的财政压力，而且还有巨大的政治和道义压力，以及保障有效进口的巨大压力。

目前，美国亚太再平衡战略，造成东海、南海形势紧张，纷争不断，一旦发生战事，海上运输线若被封锁，粮食进口受阻，对我国的粮食安全造成更大压力。

依靠国际市场已无法保障我国粮食供给和粮食安全。粮食安全始终是关系着我国国民经济发展、治国安邦、社会稳定和国家自强自立的全局性重大战略问题，我们对此必须要有清醒的认识。正如习总书记所讲，我们的饭碗要装自己的粮食，必须从战略高度，采取措施，增加粮食供给能力，保障国家粮食的绝对安全。

为切实保证我国粮食安全，提出以下对策建议：

一、控制人口数量、发展养老事业

据国家人口计生委预测，未来十年我国人口仍将以年均800万～1 000万的速度增长。专家预测：2020年，我国人口总量将达到14.6亿，人口总量高峰将出现在2033年前后，达15亿左右。人口增长导致口粮需求刚性增长。按照人均400公斤/年口粮消费量计算，2010年口粮消费需求为5.48亿吨，2020年和2033年前后，我国口粮需求总量将分别达到5.84亿吨和6亿吨。口粮需求数量呈现出持续攀升，如不从人口上加以控制，将可能引发我国更大的粮食危机。因此我国实施多年计划生育这一国策不能改，不能回到越穷越生，越生越穷的老路，人口越多消耗的社会资源、自然资源就越多，环境资源就恶化。我国已步入老龄化社会阶段，不能靠增加生育、人口增长来解决社会老龄化问题，政府必须大力发展、扶持社会化养老事业，解决失独家庭、独生子女家庭因子女工作忙，无力或无时间赡养老人问题，只有解决了人们普遍关心的老有所养、老有所依的这一社会化问题，才能从根本上解决计划生育中控制人口增长这一核心问题。我国在未来的十年二十年甚至三十年的时间内，人口要不增反降，希望我国人口呈现负增长，从目前的13亿下降到10亿，甚至更少，人口减少是缓解我国粮食安全最直接、最有效的手段之一。不可否认，有些“专家”提出的放开二胎，增加人口，解决“养老金缺口大”“用工荒”这些眼前所带来的所谓人口红利，而忽视了人口膨胀所带来的恶果。从长远来看，如不控制人口增长，每年将增加800万～1 000万的人口，相当于每年增加一个小国家的人口，后果不堪设想，势必会消耗大量的社会物质资源，后患无穷，造成粮食危机、环境危机、生态危机，将人类引向灾难，实不可取。只有解决了社会化养老问题，加之政府正确的宣传引导、政策扶持，将人口由正增长变为负增长，才能减少人口数量，提高人们的生活质量，消灭贫困，消灭贫穷，才能实现国家的长治久安。

二、加强监管、严守耕地红线

严守18亿亩耕地红线，是根据现阶段我国人口现状作出的论点，18亿亩耕地是我国人民最基本的“口粮田”。

从2000年开始，全国多数地方大肆建设开发区、工业园区，导致城市化、城镇化的无序扩张，造成土地资源大幅减少。国土资源部数据显示，我国耕地面积在十年内减少了1.24亿亩，离18亿亩的红色警戒线已是咫尺之遥。这些减少的耕地，基本都是经济较发达地区的城郊结合部，曾经都是肥沃良田。

耕地是我们赖以生存的命根子，保障国家粮食安全的根本在于守住耕地。守住18亿亩耕地就是守住13亿多人的饭碗，就是守住国家粮食安全“生命线”。在全国性大开发、大建设背景下，如何能守住这18亿亩耕地，是各级党政部门必须要考虑的问题，必须树立正确的政绩观，不能再以搞开发、消耗耕地、GDP增长论英雄，作为领导晋升晋级的标准，好好为子孙后代想一想。纪检监察部门可以考虑将地方土地纳入专项巡视范围，而国土部门执法也不能再和稀泥，让软手段硬起来，不能只局限于对干部考核对土地违法进行一票否决，该法办的就法办，“只有重典才能治乱”，因为耕地是我们子孙后代赖以生存的命根。

三、改变饮食习惯、调优产业结构

近年来，国家为节约粮食倡导了良好的社会氛围，在全社会开展了“光盘”行动，吃不了“兜着走”、“打包”等行动，确实起到了珍惜爱惜粮食的效果，但浪费粮食，吃不了随意倒掉粮食现象还时有发生，这暴露了国家对粮食安全的宣传和监管措施不力。从我国每年进口的庞大粮食数量和趋势中，可以看到我国的粮食安全形势依然十分严峻。我们除要大力宣传节约粮食、珍惜粮食变为公民的自觉的行动外，在饮食结构的调整上，也能对我国的粮食安全起到一定缓解作用。水稻、小麦、玉米是我国的三大作物，也是我国居民传统的食物来源，但三大作物产量增产潜力已十分有限，跟不上人口增长的步伐，因此能否向俄罗斯学习，适当增加产量相对较高的土豆(学名:马铃薯)种植面积，这一问题已引起农业部门的重视。

土豆在俄罗斯享有“第二面包”的美称。在俄罗斯，几乎一年四季每顿饭都离不开土豆。俄罗斯每年人均土豆消费量为100公斤左右，几乎与粮食的消费量差不多。近年来俄罗斯通过政策扶持，优化种植结构，从前苏联时期的粮食进口国，重新成为粮食出口国，每年出口粮食2 000万吨，在乌克兰危机中有效抵御了以美国为首的西方国家的经济制裁。

土豆在我国栽培历史悠久，全国各地广泛栽培，分布广泛。我国土豆栽培从南到北分布不匀，由于品种不同，自然条件不同，产量相差较大，从全国各地的产量来看，亩产量从几百至5 000公斤不等，因此要发挥各地的区域优势，通过政府扶持，市场化运作，因地制宜地发展土豆生产，同时要发展土豆加工业，贮藏运输业，当土豆生产过剩，价格偏低甚至亏本时，国家要提供保护价收购，并建立预警机制，避免生产过剩，从战略高度，促进土豆产销健康稳定地发展。

与小麦、玉米、水稻相比，土豆全粉储藏时间更长，在常温下可长期贮藏，一些国家把土豆全粉列为战略储备粮。随着全球人口的快速增加，在未来世界出现粮食危机时，只有土豆可以拯救人类。土豆亦菜亦粮，便于加工贮藏，作为战略物资恰如其分。

我们在日常生活中，要提倡鼓励土豆的消费，逐步养成食用土豆的饮食习惯，以消费带动土豆生产的发展，以增加土豆的食用份额来减少三大谷物的消耗，通过土豆消费多样化，来改变人们传统的饮食结构，使之成为我国的第四大主粮食品。

同理，要发展蔬菜生产。蔬菜因其产量比谷物高几倍，也要引导人们多消费，以多饮食来促进蔬菜业生产的发展，政府对这些调优的品种要引导扶持，通过市场化运作、保护价收购，促进蔬菜业健康稳定发展，同时要对蔬菜产销情况建立并发布信息预警机制，让菜农及时调整种植计划，以免丰产不丰收，物贱伤农，挫伤菜农的生产积极性，并在贮藏加工销售上给予相应的扶持。

在酒类上，要逐步改变人们的饮酒习惯，变白酒为果酒，让白酒逐步淡出人们的饮食消费圈，倡导果酒消费。目前，我国白酒年产量在 700 万吨左右，耗粮约 1 400万吨。若能将果酒替代白酒，每年可节省大省的粮食。我国果类资源丰富，质优价廉，利用它们酿出的酒，不仅味道鲜美，口感较好，有益健康，酿酒转化后可长期存放，因此提倡果酒消费，降低粮耗。

四、加强国际合作、建立国外粮食生产基地

2014 年中央经济工作会议提出的六大工作任务中，第一项就是保障粮食安全，而建立海外粮食基地，确保国家粮食安全，是我国实施农业走出去战略的重要内容。

据了解，美国、日本、韩国等都在海外发展粮食生产基地，而且时间比我国要早。

习近平指出：中国粮食安全靠中国自己。走出去是我国实施农业战略的重要内容。

按照重点开发周边，稳步拓展非洲，积极发展欧美的工作思路，黑龙江企业把在俄罗斯境内生产的优质大豆、玉米等粮食运回国内销售，满足了国内粮食加工企业需求。吉林省先后与菲律宾、缅甸、泰国、俄罗斯、朝鲜、哈萨克斯坦、赞比亚、津巴布韦等国家和地区开展农业合作。

我国海外粮企在资金、融资、签证等方面有诸多不便，要与海外国家协商沟通，为海外粮企提供尽可能多的便利，对海外基地生产的粮食回运中在通关、仓储等方面提供绿色通道。对国内外粮价收购要制定保护措施，在粮价波动时，制定相应的应急机制，确保粮价相对稳定，使农企、农民有种粮积极性，力争生产的粮食多运回国内。今年中央一号文件提出："加快千亿斤粮食新建仓容建设进度，尽快形成中央和地方职责分工明确的粮食收储机制，提高粮食收储保障能力"，这是保障我国粮食安全的重要手段，确保从国外运回的粮食要有仓储，要优先入库。

五、保护农业生态环境、确保农产品质量安全

在确保粮食数量安全的同时，又要确保农产品的质量安全。目前我国环境总体在恶化，治理能力远远赶不上破坏速度，生态环境破坏的程度在加剧。农作物生长于特定的环境中，不可避免地受到各种环境因素的影响。如果农业环境受到污染，环境中的农作物及其产品将难以逃脱被污染的命运。保护农业生态环境，防止农业环境污染是发展无公害、绿色农业的基本要求，是保障农产品质量安全的前

提。中华人民共和国农产品质量安全法》明确“禁止违反法律、法规的规定向农产品产地排放或者倾倒废水、废气、固体废物或者其他有毒有害物质”，并明确要求“农产品生产者应当合理使用化肥、农药、兽药、农用薄膜等化工产品，防止对农产品产地造成污染”。

产地环境质量安全是农产品质量安全的基础。保护环境就是保护我们自身安全。农产品质量安全法已颁布实施多年，关键要向农民做好普法宣传教育，同时要明确环保、食药、农业等部门职责范围，加强执法检查，要严格执法，秉公执法，对那些破坏生态环境的企业或个人要决不手软，绳之以法，不能局限于一罚了之。对于已污染的农田要加于整治修复，对未污染的农田要加于保护，尤其要加强对水资源的保护。对污染企业要关停并转，新开企业，对今后可能造成的污染要进行评估，不合要求不能开建，不能一评了之，企业和评估负责人要对今后可能出现的环境污染负责，终生承担法律和经济赔偿责任。还农业生态环境天蓝、地绿、水清，农田一片净土。

在农业生产上要按无公害、绿色食品生产要求组织生产，严禁违禁农药的使用和掌握用药安全间隔期，产品质量安全实行可追溯管理。要加快土地流转，让一家一户的零散土地流转给种田能手、农业专业合作社，集中连片种植，便于标准化机械化生产。要做好转基因农产品的质量安全的鉴定工作，要把农业种质资源牢牢掌控在我国手里，防止我国种子及农产品质量安全受控于国外。

参考文献

[1] 樊增强. 我国粮食安全问题不容忽视. 红旗文稿，2011(22).

新形势下地方农产品质量安全体系建设的思考

朱新开

（扬州大学农学院）

摘　要：通过查阅资料、会议座谈、走访等方式，初步分析了江苏省地方农产品质量安全生产与监管面临的难题，提出了一系列的建议。完善相关法律法规，依法安全生产和监管；构建统一的地方各级安全生产与监管机构，理顺监管体制机制；健全农产品生产过程管控机制，从源头提升质量安全水平；完善农产品安全生产的日常督查与监管制度，及时消除安全隐患；健全农产品质量安全责任追究机制，确保各项措施落到实处。

关键词：农产品质量安全；生产机制；监管机制

农产品质量直接关系人民群众身体健康，关系社会和谐稳定，是现代农业建设的重要组成部分。近年来，随着农产品品种和数量等“量”的限制不断消除，广大消费者对农产品质量和安全等“质”的要求越来越高。特别是十八大以来，中央对农产品质量安全提出了“四个最严”的要求，各地将农产品质量安全放在了越来越重要的位置上。我省也在不断加强对农产品质量安全的管控，基层监管队伍得到充实，监管和检测能力逐步加强，农产品质量安全合格率稳步提高，全省连续多年未发生重大农产品质量安全事件。但面对新形势、新要求，如何全面落实中央和省里决策部署要求，充分发挥地方农产品质量安全体系建设与监管机制构建，进一步完善体制机制、提高监管效力、在更大范围和更高层次上保障食用农产品消费安全，满足广大消费者期望，仍是当前农产品质量安全体系建设的重点和难点。笔者通过查阅资料，与各级地方农产品安全管理机构人员交流访谈，走访基层农产品质量检测与监管机构，初步调研了现阶段我省农产品质量安全体系建设面临的难题，提出了构建地方农产品质量体系的建议。

一、地方农产品质量安全体系建设面临的难题

1. 农产品生产与经营高度分散，生产者与经营户对农产品质量安全的认知比较薄弱，无意或不经意违反农产品质量安全的问题还比较突出

虽然我省农业现代化发展迅速，但农业基础薄弱的现状依然长期存在，广大分散经营的农户仍然是目前我国和我省农产品生产的主体，他们的农产品质量安全

意识及认知程度直接影响着他们的生产行为，而他们的生产行为则直接决定了农产品的质量安全水平。高度分散的生产经营模式直接影响农产品质量安全监管效率，虽然近几年建立了一定数量的合作社、家庭等规模化的生产与经营组织，但基数仍很大，据江苏省农业委员会初步统计，截至 2013 年，全省仅农民专业合作社和家庭农场就有 7.4 万余家。由于当前农产品生产经营分散，标准化生产水平不高，生产者的自律意识还不强，据冯忠泽和李庆江(2007)对包含江苏在内的 7 省市 9 个地区相关调研数据显示，农户对农产品质量安全的关注度为 27%，远低于对价格(53%)和销路(51%)的关注度。可见广大生产者(农户)在农产品生产过程中，重点考虑的是自己的经济利益，而对事关人们消费安全的农产品质量安全没有引起足够的重视，农产品质量安全意识和可追溯意识较差，对有关农业投入品合理使用规定及符合标准的生产操作规范不了解。目前有一些农户受经济利益的驱使，为了增加产量或经济目的，滥用化肥、农药和兽药，甚至使用激素、禁用兽药以及禁用添加剂等，使得这些物质在农产品和食品中含量超标，对人们的身体健康形成了潜在的危害。

2. 农产品质量安全涉及多环节，但生产与监管制度创新不足，体制机制有待进一步完善

抓好农产品生产与加工过程中的投入品生产、销售和使用的监管工作，是农产品质量安全工作的重要保障。但在新形势下，随着改革的不断深化和农产品质量安全生产与监管工作的日益深入，我省现有的生产与监管机制也面临着越来越多的挑战。一方面农业投入品涉及多环节(农业投入品质量及经销、生产、初加工、销售等)，包括农业种植业、养殖业生产中使用的农药、肥料、种子、兽药(渔药)、饲料、饲料添加剂，用于农业初级产品生产、加工、储运的保鲜剂、防腐剂、添加剂等材料及其他用于农产品，都是可能影响农产品质量安全的物品。造成了负责农产品安全的部门较多，虽然各有分工，但却存在不同程度的职权叠加，由于职责不清，这种链式监管看似完备，在生产过程和市场流通中，部门间协作沟通最难，出现“多头指挥”、“谁都管谁都不管”的现象。但是容易出现相互扯皮现象。如食药监的新三定方案出台后，虽然明确农产品质量由农业与食药部门分段监管，并明确了分界点，但实际操作中仍不可避免出现分歧和争议。再如在农业部门内部，虽然都成立了专门的农业执法大队及其他的农产品质量安全监管机构，对农产品质量安全监管具体负责，但对生产过程的直接管控，以及同产业部门间协调配合等尚缺乏相应的量化考核要求。同时调查时还发现，不同的监管部门还是处于一种各自为政的局面，只对自己涉及的部分比较熟悉，而对于整个监管链条的其他部门的监管工作和做法知之甚少，不能达到“集中力量，突出重点”，也难形成合力，同时还造成了人力、物力、财力的浪费。另一方面由于当前农产品生产组织化程度还不高，农产品生产经营过程中的不安全因素增多，标准化生产技术、各种监管难以有效地落实到具体的生产经营主体，鲜活农产品难以包装标识，一旦有质量问题追溯有困难；特别是环境恶化导致农产品重金属污染、病虫害高发等各类风险隐患不断加大，农产品质量违法手段花样翻新，行为更加隐蔽，责任主体难追究。

3. 农产品优质不优价，广大消费者关心的农产品质量信息与国家监测指标不协调，信息不对称，市场调节作用难发挥

农产品是一种消费品，只有在消费之后才能知道农产品是否具有安全性，而不能从其外表看出，因而在农产品市场上，广大消费者对农产品质量安全非常关注，但消费者对生鲜产品的选择依据往往集中于价格、新鲜程度、口感等相对直观要素上。这主要是因市民需求质量指标与市场监管质量因指标、生产者（农户）生产实际质量指标之间的不对称造成的，广大消费者则多自身的需求出发，仅考虑自身消费安全，更关注产品的新鲜度、保质期、农药超标、价格等，造成国家、省、市公布的农产品质量合格率很高，而广大消费者不认同的现象比较突出。由于信息不对称，对农产品质量安全程度往往无法把关，因而造成农产品"优质不优价"，进而导致"劣币驱逐良币"的"逆向选择"。为提高农产品质量而采取的减少或不使用农药、检测、追溯、包装等成本无法在销售上获得补偿，使生产者保证农产品质量、提供优质农产品的成本大大增加，客观上限制了农产品质量安全水平的整体提升。

4. 监管人员严重缺乏，基层检测体系不完善，数量与质量不适应现在日趋变化的农产品质量安全的检测与监管需求

农产品质量检测体系是保障农产品质量安全体系的重要组成部分，也是农业部门提高为农服务水平的基本手段。行政管理机构在管理过程中的态度如何、措施是否得当、效率高低等都显著影响农产品质量安全体系的发展和完善，而农产品质量体系的发展与完善又直接关系到农产品质量安全问题。监管队伍人才水平问题也是制约农产品质量安全问题的因素，专业技术人才匮乏，导致监管工作缺乏权威性，难以得到认可。对专业知识掌握不到位，监管出现误差、漏洞问题以及品德不过关，出现私自收受好处、利益，在监管过程中开绿灯、降低处罚、监管标准等，也是造成农产品质量安全问题的因素。

目前普遍存在的问题是：一是监管人员严重缺乏，人员队伍不稳定。据统计，全省 72 个涉农县区监管科在编人员才 141 人，平均每个县 1.96 人。全省挂牌的 926 个乡镇监管站实有在编人员才 1 100 人，且这些监管人员并非专职，特别是乡镇级别，主要是依托其他单位设立的，投入到农产品质量安全监管工作上的精力及时间有限。村级协管员的性质及待遇等没有得到明确，基层源头监管作用还没有得到很好的发挥。二是农产品质量安全检测技术支撑能力不强。目前全省县级农产品质检机构平均工作人员只有 4～5 人，普遍存在着专业技术人才缺乏、仪器设备不齐全等问题。四是监管经费投入不足。据统计，目前平均每个镇级财政投入农产品质量安全监管经费的不足 3 万元，县级用于农产品质量安全监管经费在 2 万～20万不等，还有 15％的县没有任何监管经费。

5. 问题农产品处罚力度偏轻，生产与经营者投机心理重，保障机制（补偿机

制、优价体系等)没有有效实施

虽然我国2006年出台《农产品质量安全法》,但是在法律责任方面惩处力度不足以震慑违法违规者,多数处以罚款或停止销售,还缺乏专门法律法规从生产、加工、储藏、销售等从田间到餐桌的各个环节的生产经营行为和相应社会关系的系统性立法。如在实际违法违规行为处理中,农业、质检、工商、卫生、药监、环保、公安等各部门均有管辖责任,但是对农产品质量安全的违法违规现象却出现执法范围模糊、处罚过轻、处理不力现象,且多数以行政处罚为主,少有刑事处罚打击,造成处理不力,不足以震慑违法违规行为,这也是农产品质量安全重复发生的关键原因之一。

由于农产品市场存在严重的信息不对称,不仅存在劣质品淘汰优质品的"逆向选择"问题,还易使生产者产生投机心理,引发农产品生产的"道德风险"行为。消费者普遍认为,在超市或连锁店等有固定销售场所和稳定销售规模的购物场所购买的农产品的农药残留少,质量安全更有保证,但是,在实际选择中,消费者更倾向于到菜市场或者批发市场购买食用农产品。同时,消费者对认证食用农产品的认知水平和消费欲望比较高,但实际消费有限。农户如果按照消费者的意愿进行操作,则必将增加生产成本,这就造成了农户降低生产成本和消费者需要安全食用农产品的矛盾。因而造成农户生产无公害或绿色食品的成本高,但价格得不到保障,且没有有效的补偿机制保证,种植或初加工效益难以保证。

由于农产品检验检测、认证、商标注册等都存在一个门槛成本,对于小规模生产者而言,农产品质量安全信息成本就会显得有点高,同时农产品质量安全信息又具有较强的较低价格外部性,因此需要政府对农产品质量安全信息供给给予补偿,否则将会对农产品质量安全带来极大的消极影响。

6. 宣传渠道不畅,媒体正面宣传报道不足

消费者比较相信政府提供的农产品质量安全信息,并认为政府目前最应该加强对农产品质量安全信息虚假标注的监管。但是,不同研究者调研发现,消费者认为政府需要做的工作中,发布农产品质量安全信息排在最后(17%~42%)(冯忠泽和李庆江,2007,2008;http://wenku.baidu.com,2011)。同时在农产品标注的信息中,消费者最为关心的是生产日期和保质期,价格次之,对其他信息关注度不够。这一方面可能是因为消费者认为发布信息并不能从源头上控制农产品质量安全,另一方面也可能与目前发布食品安全信息的有多个部门,造成消费者无所适从,降低了信息发布的权威性有关。

同时,广大媒体热衷于报道问题产品,这样能吸引眼球,这一方面能反映出目前监管中是存在这样的问题,但由于不是对农产品质量作全面性的、深入的报道,容易误导消费者。加之政府部门发布的农产品质量信息相对较少,造成网络上看到"问题产品"很多,似乎市场上就是"问题产品",造成监管工作上的被动,广大消费者认同感比较低。

二、新形势下强化农产品质量安全体系建设的建议

规范农产品质量安全生产流程和监管机制，保障农产品质量安全，关键是完善体制与机制建设，不断建立完善农产品质量安全各项安全生产与监管制度。

1. 尽快完善相关法律法规，为农产品质量安全生产和依法监管提供法律依据

随着我国食品安全监管体制改革的不断深化和食品安全相关法律法规，特别是《食品安全法》的修订，目前《农产品质量安全法》等农产品的相关法律法规已不适应当前监管工作的需要。应尽快修订《农产品质量安全法》、《农药管理条例》、《生猪屠宰管理条例》等法律法规，从法律层面推动落实农产品质量安全属地管理责任，进一步强调农产品质量安全生产者的首要责任，推进在乡镇设立农产品质量安全监管派出机构，建立新的食品安全监管体制下农产品产地准出市场准入对接机制。各级地方政府应根据自身农产品安全生产需求，制定反映地方特色家产品安全生产的规范文件，从而为农产品质量安全生产、依法监管、督查与处罚提供法律依据。

2. 构建统一的地方各级安全生产与监管机构，理顺监管体制机制，为农产品质量安全监管提供基础保障

要抓住地方食品安全监管体制改革的机遇，同步强化农产品质量安全监管体系，进一步充实基层农产品质量安全监管力量。

（1）成立省级和地市级农产品质量安全监管协调机构。2014 年《中共中央关于全面推进依法治国若干重大问题的决定》中提出要“推进综合执法，大幅减少市县两级政府执法队伍种类，重点在食品药品安全、工商质检、公共卫生、安全生产、文化旅游、资源环境、农林水利、交通运输、城乡建设、海洋渔业等领域内推行综合执法，有条件的领域可以推行跨部门综合执法。”因此建议借鉴美国等发达国家经验，建议在多部门联席会议、多个部门共同监管的基础上，成立类似于食品安全委员会性质的专职的农产品质量安全工作委员会，主任由政府领导直接担任，成员单位由农业、食品药品、卫生、质监、工商、公安、海关等相关部门组成，明确成员单位职责分工，并在农业部门设立办公室，负责协调指导日常的农产品质量安全管理工作和正常措施的制定、落实等。

（2）着力完善基层农产品质量安全生产指导体系与监管体系。明确各个管理层面的农产品安全生产与监管责任，变“职责不清”为“权责明晰”，按照“横向到边、纵向到底”的原则，建立分级责任，一级抓一级，一段衔接一段，领导负总责的农产品质量安全生产与监管体系。尤其是要强化县、乡两级安全生产与监管体系建设。在不增加基层机构的前提下，将乡镇农技推广服务中心更名为乡镇农产品质量安全生产与监管公共服务站，挂农技推广服务中心牌子。如此，不仅可以更好地落实镇级农产品质量安全生产与监管责任，还能进一步强化农业标准化生产技术的推广，从源头提高农产品质量安全水平。

(3) 健全村级农产品质量安全协管员队伍。农产品生产主体分散、面广量大，村级农产品质量安全协管员相当于农产品质量安全信息员，能够协助政府及有关部门对农产品生产过程进行监督，进一步充实和加强农村群众对农产品生产过程的监督，保证农产品生产环节的质量安全。各地可结合实际，制定出台村级协管员管理办法，明确日常监管工作要求及规范，以“政府聘用、购买服务”的方式，稳定协管员队伍，进一步延伸农产品质量安全监管触角。要依托健全的镇村监管队伍网络，对辖区内农产品生产经营主体全面建档，大力推广“三定一考核”(定对象、定人员、定任务，年终绩效考核)的“一对一”监管模式。

(4) 强化部门协作。农产品质量安全是个复杂问题，要主动与食药监、公安等部门交流、沟通，加强协调配合，建立起信息沟通机制和协作机制，针对监管过程中发现的问题，及时将监管情况、监管信息通报相关部门，按照新的食品安全监管体制下的部门分工要求，探索如何更好地发挥农产品质量安全市场倒逼作用，研究建立农产品准出准入制度，共同推进农产品质量全程监管，实现合格入市、出了问题可追溯、促进产销衔接的目的。

3. 健全农产品生产过程管控机制，从源头提升质量安全水平

(1) 加强农业生产投入品安全质量检测与监管。建立定期与不定期相结合的农业生产投入品质量检测制度，确保农业生产与初加工过程中的投入品的安全。因地制宜推进农资农技连锁经营、政府集中采购统一配送等模式，切实加强高毒农药定点经营管理。强化对农资销售网点的经营档案管理，确保农资商品的来源可追溯、去向可查证，从源头把住投入品质量安全关。制定严格规范的农业投入品安全使用规范，控制农业化学投入品的施用数量和质量，提倡绿色栽培与绿色生产，减轻或控制农产品生产过程中的化学污染，从源头上提升农产品的质量安全等级。

(2) 进一步提高农产品标准化安全生产技术普及率。加快推进农产品安全生产标准的制定和应用，加大标准化示范建设和推广力度，宣传指导生产者树立质量安全责任意识。加大标准化生产技术普及力度，将安全生产技术标准编印成明白纸、简易挂图等发放给农产品生产者，引导农产品生产企业和合作社控药、控肥、控添加剂。要集成生物防治和绿色防控技术，加大蔬菜上市前最后一次使用生物农药的补贴力度。

(3) 加快农产品质量安全追溯管理体系建设。以“三品一标”获证产品为重点，鼓励龙头企业、农民专业合作社贯彻实施《食用农产品质量安全追溯管理规范》省级地方标准，推行产品质量追溯管理，重点督促农产品生产企业、农民专业合作经济组织在包装物上标注或者附加标识标明品名、产地、生产者、生产日期等内容，对无包装的农产品采取附加标签、标识牌、标识带、说明书等形式标明农产品的相关信息。并在此基础上，由点及面、逐步扩大，使全省规模以上农产品生产主体基本实现质量追溯管理。

4. 完善农产品安全生产的日常督查与监管制度，及时消除安全隐患

（1）强化风险预警监测，变“事后处理”为“早防早管”。要立足及早发现、切实预防的原则，注重抓好重点企业、重点产品、重点时段的风险监测和隐患排查。要在稳定农产品农兽药残留例行监测力度的基础上，加大对农产品中重金属、生物毒素及未知污染物的快速排查等风险普查，强化会商分析和结果应用，集中排查和治理带有行业性的隐患，严密防范系统性风险。各相关部门发现农产品质量安全问题的相关信息，应立即组织调查核实，在适当范围内采取必要的控制措施。对不属于自身管理职责管辖范围内的事项，要及时通报情况、移交线索，建立严格的农产品安全问题报告移送制度。

（2）加大“检打联动”，着力解决突出问题。各地应切实将农产品质量安全监管执法作为农业综合执法的重要组成部分，完善的农产品质量安全监管执法体系，针对各类农产品质量安全违法违规行为，坚持露头就打，始终保持高压态势，严打非法添加、制假售假等行为，斩断非法利益链，让一切“潜规则”失效。同时，加强行政执法与刑事司法的衔接，严格落实“两高”司法解释，加强与相关部门的协作，集中查办一批大案要案，端掉一批“黑窝点”，严惩一批违法犯罪分子，充分发挥司法震慑作用。

（3）加快普及农产品信息化安全生产与监管技术，在全省推广应用省级农产品质量安全监管信息系统，做到监管队伍、监管对象等基础信息底数清、情况明，实现基层日常巡查、质量抽检等监管工作的规范化、痕迹化，及检测工作联机联网、自动上传、数据共享，实时了解各地监管工作开展情况，促进基层监管工作规范有序开展，提升监管工作效率和水平。

（4）健全农产品质量社会辅助保障体系。农产品质量安全具有公共物品属性，加强农产品质量安全生产与监管，最终是为了保障消费者的食品安全。同时，由于目前我国农业生产以小规模、分散化农户为主，农户具有生产劣质农产品的动机。为此，各级政府宜根据自身经济能力和社会需求，应尽快建立健全不同层次的农产品质量优质优价体系、处理产品补偿机制等社会辅助保障体系。实现农产品市场实现信息对称，优质品市场和劣质品市场得到分离，提高生产者生产安全优质产品的积极性。一定出现重大性灾害或国家政策性宏观调控时，由政府实施补偿措施，保障生产者的利益，实现农民收入受损补偿制度化。

5. 健全农产品质量安全责任追究机制，确保各项措施落到实处

按照“属地管理”和“谁主管、谁负责”的原则，构建质量安全问题问责机制、农产品质量安全监管渎职机制，建立质量问题黄牌警告、诚信降星机制等。建立监管人员自律体系，真正建立和落实好各级政府对农产品质量负总责的责任体系，做到农产品质量安全守土有责，强化农产品质量安全监管部门协调，做到权责一致，切实依法履行监管职能，确保监管到位。全面落实农产品安全监管责任制和责任追究制。

（1）抓好农产品质量安全绩效评价。建立完善的农产品质量安全监管绩效评

价机制，明确督查责任，建立科学的绩效评价标准，变“应付了事”为“绩效评价”。尤其是加强对县乡政府农产品质量安全监管工作的考核力度，制定考核评价办法，强化督查督办，层层落实属地管理责任。

（2）推进农产品质量安全诚信体系建设。建立诚信经营星级（服务等级和经营等级等）评定和违法违规“黑名单”制度，对不法生产经营者，依法公开其违法信息，努力营造良好的信用环境。通过诚信体系建设来调节生产经营主体的收益，从评定方面进一步强化生产经营主体的质量安全意识和素养，推动落实生产者首要责任。

（3）明确过错责任，变“趋利避责”为“按律问责”。建立农产品质量安全责任追究机制，按照“权责对等、过罚相当”的思路，建立健全农产品质量安全监管责任追究制，细化过错追究种类，对过错行为、过错责任追究方式和惩戒措施都作出明确规定，实施有错必究、有责必问。

（4）构建社会共治格局。应强化舆论和社会监督，变“有限监督”为“无限监督”。建立农产品质量安全有奖举报机制，利用新闻媒体等曝光农产品质量安全违法违规行为，发挥社会各方力量在农产品质量品安全监督中的作用，引导广大群众参与农产品质量安全监督，营造全社会共同关注农产品质量安全的良好氛围。

参考文献

[1] 陈从梅. 农产品质量影响因素及对策研究[D]. 天津大学，2006.

[2] 刘东梅. 农产品质量安全对策研究[D]. 西北农林科技大学，2004.

[3] 徐建堂. 山东省农产品质量监控体系研究[D]. 中国农业大学，2005.

[4] 曲洪岩. 农产品质量安全亟待加强[J]. 新农业，2012(5).

[5] 李铁林. 我国农产品质量安全生产补偿机制研究[D]. 中国农业科学院，2013.

[6] 安法根. 农业标准化生产问题研究[D]. 山东农业大学，2009.

[7] 陈廷贵，黄波. 日本良好农业规范的实践与启示[J]. 世界农业，2010(5).

[8] 冯继康. 美国农业补贴政策：历史演变与发展走势[J]. 中国农村经济，2007(3)：75-80，82.

[9] 李晓辉. 完善我国农业补贴的若干思考[J]. 鸡西大学学报，2012，12(1).

[10] 王韧. 欧盟农业保险财政补贴机制及启示 [J]. 求索，2011(5).

[11] 周英. 完善我国农业补贴制度[J]. 中国经贸导刊，2009(22)：38.

[12] 祁胜媚. 农产品质量安全管理体系建设的研究[D]. 扬州大学，2011.

[13] 冯忠泽，李庆江. 农户农产品质量安全认知及影响因素分析[J]. 农业经济问题，2007(4)：22-26.

[14] 冯忠泽，李庆江. 消费者农产品质量安全认知及影响因素分析——基于全国 7 省 9 市的实证分析[J]. 中国农村经济，2008(1)：23-29.

[15]祁胜媚，杜垒，封超年. 消费者对农产品质量安全的认知行为及影响因素分析——对江苏省扬州市消费者的调查[J]. 江苏农业科学，2011，39(2)：534-537.

农业现代化进程中粮食安全问题研究

高　凛

（江南大学法学院）

摘　要：农业现代化的首要任务就是解决14亿人口的吃饭问题，而粮食安全水平是我国农业现代化的重要标志。粮食是关系到经济发展和社会稳定的基础，保障国家粮食安全始终是治国安邦的头等大事，是关系国计民生的重大问题。2015年中央"一号文件"的主题是农业现代化和农业改革创新，其终极目的都是为了保障国家粮食安全。目前，"谁来种粮"、"怎么种粮"成为保障粮食安全的关键问题，需要从现代农业的视角来探讨国家粮食安全保障问题。

关键词：农业；农业现代化；农村；粮食安全

农业是国民经济的基础，粮食安全问题是一个全球性的问题，作为世界上人口最多、也是粮食消费量最大的国家，中国粮食问题将对世界经济产生严重影响，解决我国粮食问题必须立足于国内自给，因为中国的粮食产业是国际粮食市场供给所无法替代的。当前，保障粮食安全是我国农业现代化的首要任务。人口与耕地、粮食矛盾是农业资源优化配置的最大障碍。2014年中央农村工作会议强调，"推进农业现代化，要坚持把保障国家粮食安全作为首要任务。"2015年中央"一号文件"再次突出强调了粮食安全问题。

一、农业现代化与粮食安全的内涵分析

《中国大百科全书·农业卷》对农业现代化的表述是：用现代工业、现代科学技术和管理方法武装和改造传统农业的过程。有学者认为，农业现代化首先是一个从传统农业向现代农业的转变过程。也就是说，农业现代化是从以直观经验和手工工具为基础的传统农业转变为以现代科学技术、生产资料和经营管理方法为基础的机械化农业，从自给自足农业向商品农业转变和发展的过程。其次，农业现代化是一个国家或地区将其落后的农业生产部门尽快实现现代化以适应工业化迅速发展需要的各种手段的总称。从根本上说，农业现代化既是一种从传统农业向现代农业转变的过程，也是一种为加快这一转变所采取的种种对策措施的总和。

从概念上来看，农业现代化是指用现代科学技术和现代化工业来武装农业，用现代经济管理的科学方法来组织和管理农业，提供劳动者的科学技术水平，把落后的传统农业转化为具有当代世界先进水平的现代农业。简言之，农业现代化就是农业由传统农业向现代农业不断转变的一个动态的发展过程，即实现现代农业的

过程。农业现代化的过程包括两方面内容，一是农业生产方式的现代化，二是农业组织管理的现代化。

联合国国际粮农组织(FAO)对粮食安全的界定是："粮食安全是指这样一种状态，任何人在任何时候，都能够从物质、社会和经济上获得充足、安全、富有营养价值的食物来满足其积极健康的膳食需要以及食物偏好。"同时，FAO还把粮食安全这一抽象的概念进行了拓展，即粮食的可供应量、粮食的可获取性、粮食的利用率以及粮食供给的稳定性。其中，粮食的可供应量侧重于宏观层面，指一个国家和地区通过国内生产或者进口可以获得的粮食数量。粮食的可获取性偏重于微观个体，指个人获取足够粮食以满足自身日常营养需要的能力。粮食的可利用率更加关注粮食的质量问题，强调通过适度的饮食、清洁的水源以及卫生和保健来支撑人们生理上的营养平衡。粮食供给的稳定性是指在面临任何突发情况或者周期性事件时，一个国家或地区都能够确保全体居民获取足够的粮食。

一般而言，粮食安全就是人类对粮食需求的满足。它包括结构、数量、质量的安全和有效供给。我国粮食安全最基本的内容是数量安全。现阶段我国粮食安全的新战略是"以我为主、立足国内、确保产能、适度进口、科技支撑"。

二、农业现代化与粮食安全的相互关系

我国农业现代化的根本任务是满足国民经济发展和公民生活水平不断提高之后对粮食和农产品的需求。依据我国的现实国情，国民经济发展首先要面对的就是解决13亿～14亿人口的吃饭问题，保障粮食安全并提高其能力。现阶段，我国农业现代化的主要内容和基本目标是，不断提高农业劳动生产率，提高土地生产率，满足我国人口增长与经济发展对粮食和农产品的需求，其核心是保障我国粮食安全，并提高粮食安全水平。在我国，没有国家粮食安全及其水平的提高，就不可能实现农业现代化。可以说，粮食安全水平是衡量我国农业现代化的重要标志。

保证粮食安全是建设现代农业的重点难点，也是发展现代农业的关键领域。只有实现农业现代化，才能真正保障国家粮食安全。

三、农业现代化中粮食安全存在的问题

联合国粮农组织最新数据显示，2011～2013年间，全球共有8.42亿人口无法满足自身的饮食能量需求。这意味着有略低于1/8的世界人口可能长期遭受饥饿，难以获得充足的食物来维持其生活，这些人口绝大部分居住在发展中国家。我国是一个拥有13多亿人口而人均耕地面积仅占世界平均水平1/3的发展中国家，随着城市化进程的加快，人均耕地面积日渐减少。我国人口总量的日趋上升和人均农业资源的日趋下降，对粮食供给与需求的平衡，构成了世界上任何国家难以比拟的巨大压力。从现阶段来看，粮食产需缺口还在逐年加大，粮食安全形式依然十分严峻。我国粮食生产虽然实现了"十一连增"，产量已达到1.2亿万斤，但区域、

品种矛盾仍然突出，进口和库存压力加大，化肥农药过量使用，质量安全存在隐患，农业环境治理任务艰巨，保障国家粮食安全面临着保数量、提质量的双重挑战。此外，农业生产成本快速攀升、大宗农产品价格普遍高于国际市场、部分农产品过于依赖进口等问题直接影响到我国的粮食安全水平。

（一）耕地数量减少、质量下降

据国土资源部发布的《2013年中国国土资源公报》，截至2012年底，全国共有农用地6.46亿公顷。其中，耕地1.35亿公顷，林地2.53亿公顷，牧草地2.20亿公顷。但人口基数大，人均耕地仅1.52亩，远不及世界平均水平的3.38亩。随着城镇化的快速发展和推进，城镇建设用地不断扩大，大量耕地和基本农田被占用，耕地迅速减少。城镇化的快速发展也使环境问题也更加突出，直接影响耕地质量。另外，农村中还存在着大量耕地浪费现象。由于我国耕地面积逐年减少，种粮效益低，粮农缺乏积极性，这将成为阻碍我国粮食生产发展的主要因素。

（二）农村劳动力数量减少、素质下降

在城镇化过程中，农村大量的有知识、有文化的青壮年劳动力纷纷向城市转移，农村劳动力素质下降，造成农业主体弱化及农村劳动力短缺，阻碍了农业生产现代化的推进。农业劳动力短缺致使一些地方无人种粮，缺乏科学种粮的知识，严重影响粮食生产的发展。

（三）人口与粮食消耗增加

到2020年，按照全国人口年均增长率约0.5%增速，总人口估计约为14亿人左右，城镇化率约为65%和城镇人口约9亿人计算，我国城乡居民直接消费的口粮和间接消费的饲料粮可能超过6亿吨，再加上种子用粮、工业用粮和生产加工流通环节等不可避免的损耗，粮食消费和消耗总量可能接近8亿吨。粮食刚性需求量不断增大，加上总人口的自然增长，未来很长一段时间内口粮消费总量在总消费量中的比重仍然会持续增加。

四、农业现代化进程中关注粮食安全

当前，世界粮食日趋紧张，全球粮食危机已是不争的事实。粮食稳定是社会稳定和经济发展的基础，保障粮食安全是我国经济工作的重要任务。面对粮食生产和供求的新形势，在农业现代化进程中应采取以下对策：

（一）加强粮食生产的生态基础

从长远来看，保证国家粮食安全需要保持粮食生产稳定并力争有所增加。现代粮食种植技术的大量应用、农业基础设施的改善，使得粮食生产抗风险能力大大增强。但是，粮食生产受气候影响大的状况并没有改变。农业是受气候变化影响最显著的部门，相关研究表明，全球气候变暖一方面会引起地球气候系统深刻变化，导致气候异常，增加旱涝灾害频率；另一方面会改变农作物的生长条件，扰乱农作物的生长规律，造成粮食减产。大量科学研究表明，气候变化会给各个国家的粮食生产造成不利冲击，给世界范围内的粮食安全带来消极影响。粮食生产的稳定与发展，很大程度上取决于农业生态环境的稳定。因此，保障粮食安全最根本的还是要加强粮食安全的生态基础，改善农业生态环境。

（二）保证粮食质量和食用安全

一是防止水源污染和土壤污染，保护粮食生产的自然环境。加强城市污水和工业污水的治理，防止污染良田。二是降低农药的污染，推广使用高效、低毒、低残留的农药；研究推广绿色的防治虫害的方法，尽量降低农药的使用量。三是防止粮食储运和加工环节的污染。

（三）农业支持政策对粮食安全的积极作用

农业支持政策在促进农业发展和保障国家粮食安全中具有是十分重要的意义。实施农业支持政策是世界通行的做法，为许多国家所采用。从 2004 年开始，中国不断加大对农业发展的支持力度，从取消农业税到初步建立以种粮直补、农资综合补贴、农机具购置补贴、良种补贴四大补贴为主的强农惠农政策体系，并出台了重要农产品的最低收购价制度和临时收储政策。中国正处于由传统农业向现代农业的转型升级时期，面临着不断变化的社会经济环境。为了适应复杂变化的国内外形势，中国的农业支持政策将不断进行调整和完善。

（四）加大农业科技投入

粮食生产的投入，包括经济支撑和生产资料、科学技术的投入。我国农业科技化水平与世界农业发达国家相比还存在一定的差距，政府应加大对农业技术研究方面的资金投入，采取科技兴农政策措施，提高我国粮食自给率，维护我国粮食安全。通过科技进步提高单产是解决未来耕地下降及需求上升的有效途径。保障粮食安全，提升粮食生产能力，必须依靠农业科技创新。面临“资源稀缺、生态脆弱、传统粮食生产模式难以为继、粮食增产空间越来越窄”的新常态，2015 年中央“一号文件”提出要在提供粮食综合生产能力上挖掘新潜力，除继续加大对农业基础设施投入、农田水利“最后一公里”等问题的关注外，更重要的是牢牢把握“科学是第一生产力”，推动农业科技创新在关键领域取得突破，使其成为支撑我国粮食持续增产的不竭动力。通过加大投入，可以改善生产条件，提高粮食生产效益，稳定粮农的生产积极性，确保我国粮食的数量安全。

（五）健全粮食安全保障体系

可持续的粮食安全战略要求立足当前，着眼长远，数量和质量并重，开源与节流并举，在维持粮食总体供需平衡的同时有效应对市场波动和突发事件、照顾弱势群体、提供社会救助，因而需要一套完整的保障体系为粮食的生产、流通和消费各环节及其相互联系提供保障。粮食安全及其水平的提供是一项长期而艰巨的任务，粮食问题要想获得长期安全保障，就必须健全国家粮食安全保障体系。粮食安全保障体系由两部分构成，一是粮食供给系统，它包括生产、储备、流通和贸易，是保障体系的主体。粮食生产应建立基本农田保护区，稳定粮食播种面积，提高粮食产量，建设商品粮基地。储备在粮食供给中起辅助调节作用。流通是国家对粮食的有效控制。贸易是开发利用国际农业资源和国际粮贸市场，调节国内供求关系，促进国际交易。二是粮食保护支撑系统，它包括国家从政治、经济、法律等方面对粮食实施保护。或者说，粮食安全保障体系应包括生产保障、粮食储备、市场流通、质量监管、区域协作和宏观调控等几方面内容。中国粮食安全保障体系的建立，应充分借鉴已有的国际经验，结合中国实际，解决以下问题：①提高粮食综合生产能力；②促进现代粮食流通和加工产业发展；③完善粮食质量标准与监测体系；④改善粮食储备和调控；⑤强化粮食安全责任。这几个方面密切联系，并与粮食安全领域的各项综合性议题与行业专题相互交织在一起，需要统筹考虑、综合规划。

结语

粮食安全是关系我国国民经济发展的全局性重大战略问题，确保我国粮食安全是实现全面建成小康社会目标的基石。未来一个时期，中国仍将处于工业化、城镇化的快速发展阶段，有效地保障国家粮食安全至关重要。中国的粮食安全问题不仅仅是一个粮食问题、经济问题，更是一个社会问题、国际问题。

参考文献

[1] 王碧峰. 关于我国粮食问题的讨论综述[J]. 经济理论与经济管理，1995(6).

[2] 陈士辉. 农村人口问题与农业现代化[J]. 农业现代化研究，1992(1).

[3] 许云飞，金小平，等. 关于实现农村交通现代化的思考//中国科学院中国现代化研究中心编. 农业现代化的趋势和路径[M]. 科学出版社，2013：70.

[4] 谢小立，周敬明，刘新平. 粮食安全：我国农业现代化的任务与标志[J]. 中国人口资源与环境，2001(3).

[5] 马骏，龚新蜀. 中亚国家粮食安全问题研究[J]. 世界农业，2014(8).

[6] 谢小立，彭佩钦，刘新平，易爱军. 长江中游三省粮食安全与水问题对策//长江流域洪涝灾害与科技对策[M]. 科技出版社，1999：217-222.

[7] 李炳坤. 我国粮食生产区域优势研究[J]. 管理世界，1996(5).

[8] 方言. 认真落实粮食政策　确保国家粮食安全[J]. 宏观经济管理，2015(2).

[9] 贾贵浩. 城镇化进程中粮食安全问题及对策[J]. 宏观经济管理，2014(8).

[10] 周向阳，吴建寨，朱孟帅，孔繁涛. 世界粮食安全冲击因素前沿研究进展[J]. 世界农业，2015(1).

[11] 周曙东，周文魁，林光华，乔辉. 未来气候变化对我国粮食安全的影响[J]. 南京农业大学学报，2013(1).

[12] 何昌垂. 粮食安全：世纪挑战与应对[M]. 社会科学文献出版社，2013：309.

国家粮食安全的主抓手——科技创新[①]

刘　琨

（江苏理工学院）

摘　要：在对国内外粮价变动的趋势及原因分析基础上，重新界定中国粮食安全概念；在对新中国成立以来粮食生产情况分析基础上，解析目前中国粮食生产困境的根源；尝试提出解决中国粮食安全的新路径，即提高科技创新水平、加大政策支持力度、提升粮食安全保障能力。

关键词：粮食安全；科技创新；主抓手

一、国家粮食安全题解

（一）国内外粮价变动趋势及原因

2008年全球粮食危机后粮食供给总量未发生明显变化，其本质是粮价上涨过高对全球粮食安全格局形成冲击，导致部分国家无力购买，尤其对低收入国家粮食安全保障形成了实质性挑战。目前粮食危机主要原因是石油价格波动导致生物质能源发展，二因素相互作用引起全球粮食价格上涨。

2008年全球金融危机导致国际石油价格显著下降，并在2009年短暂地减缓了粮食价格上涨的步伐，但是2010年以后国际粮价上涨势头开始强劲。越来越多的人把粮食作为一种投机商品，又导致了粮价波动放大效应。因此，未来国际粮食价格仍将难以下降，并可能大幅度波动，国际粮食市场面临的不确定性会不断增加。

近些年中国粮食连年丰产，但粮食价格仍持续走高，主要原因如下：一是供应偏紧，粮食需求结构转变而导致的，即伴随着国内人均肉奶蛋消费增加，导致饲料粮供不应求。二是成本上升对粮价上涨的影响，其中包括人工成本、土地成本、农机使用成本、化肥农药等生产资料成本。人工成本、土地成本的提高是工业化、城镇化的必然结果，农机使用成本、电力和化肥农药价格的上涨，实际上是能源价格上升所导致的。三是流动性过剩对粮价的影响，主要体现在通货膨胀与粮价之间的因果关系上。粮价对通货膨胀有着重要影响，但不是通胀的推导因素，2008年

---

① 本文部分数据、观点来源于江苏省农业科学院庆祝建院80周年学术报告会刘旭院士学术报告。

以来整个社会货币发行过多及其对整体物价的带动作用，引起粮食生产成本、物流费用的全面上涨。[1]

(二)“粮食安全”概念重新界定

传统“粮食安全”概念存在一定的模糊性。为了更好地制定粮食安全政策，必须区分食物安全(Food Security)、口粮安全(Grain Security)、饲料安全(Feed Security)三个概念。国际上衡量粮食安全的主要标准为食物能量，粮食安全更准确的应该表述为“食物安全”。

从国家战略的角度来界定“粮食安全”概念主要包括以下内容：

1. 总量保障的充分安全

保障中国口粮消费95%以上粮食由本国生产，利用国际市场在小范围内进行余缺调剂，满足多样化消费需求。

2. 总体保障的必要安全

保障中国的饲料和工业用粮需求绝大多数为本国生产，利用国际市场进行必要补充。

3. 基本保障的可调安全

保障国人积极和健康的膳食需求和食物喜好，使其具有科学的营养价值和绿色的食用标准，在世界食物市场可调的基础上保障食物安全。

4. 主体保障的可控安全

在可控制安全水平和范围内，充分利用两种资源和两个市场，保障中国农业生产的可持续发展和农产品供给稳定持续提高。

从现实角度来说，中国的“食物安全”形势并不乐观。以2010年中国大豆进口为例，当年进口大豆5 480万吨，约占中国粮食总产量5.4亿吨的10%，考虑到大豆的亩产只有口粮的1/3，把进口大豆换算成种植面积，约占中国耕地面积的28%，这样中国的“食物自给率”只有70%左右，“食物安全”形势非常严峻。

此外，中国进口大豆主要目的为榨油和制造豆粕饲料，以提供更多的肉蛋奶制品，从这个角度来说，中国的“食物安全”也表现为“饲料安全”。中国的“口粮安全”表现为一个时期内主要粮食品种即稻谷、小麦等作物的自给率稳定为95%左右。

二、新中国成立以来粮食生产的紧平衡

(一) 粮食产量与技术措施

中国粮食作物的生产自1949—2011年的62年中发生了翻天覆地的变化。粮食总产从1949年的1 132亿公斤，经1958年的1 977亿公斤，1978年的3 048亿公斤，1998年的5 123亿公斤，2011年的5 712亿公斤，2014年达到6 070亿公斤的历史最好水平[2]。

粮食播种面积则从1949年的16.5亿亩上升为1956年的20.45亿亩，以后逐渐经1958年的19亿亩，1978年的18亿亩，1998年的17亿亩，2003年降至14.9

亿亩最低点，到2011年恢复到16.58亿亩，2014年进一步恢复到16.91亿亩[3]。

粮食单产则从1949年的68.6公斤/亩，经1958年的104.5公斤/亩，1978年的168.5公斤/亩，1998年的300.1公斤/亩，2011年的344.4公斤/亩，一路攀升到2014年的359公斤/亩[4]。

20世纪70—90年代，中国粮食总产增加值、单产增加值等各项指标均处于峰值，主要原因是技术措施得当，农业科技推广的效果明显，而进入新世纪后，各项指标开始急速下跌。

(二) 人口增长与人均粮食百分比

中国人口增长率不高但绝对量大，人口增长和收入增加改变消费结构带来的粮食需求年均增长率仍将达到约1%，这就要求从现在到2030年，我国必须保证粮食的年均增长率在1%以上才能满足需求。在保障口粮95%自给率的基础上，2020年人口不超过14亿，粮食播种面积必须要保障不少于16亿亩，亩产要达到350～360公斤，粮食综合生产能力必须达到5.6亿吨；2030年人口不超过15亿，粮食播种面积必须要保障15.5亿亩，亩产要达到390～400公斤，粮食综合生产能力必须达到6亿吨。2030年以后要实现既定的"1146"目标，即全国人口稳定在15亿，播种面积稳定在15亿亩，1人1亩播种面积，亩产达到400公斤，粮食综合生产能力超过6亿吨。

近十几年中人口增加与人均消费粮增长百分比合计超过1%的年份仅有4次，大多数年份在1%以下，离原定的目标还有较大差距。中国的粮食播种面积从1958年开始，每20年减少1亿亩，目前播种面积与1949年基本持平，为中国历史最高播种面积的80%。中国的粮食单产增速在改革开放前为每年3.4公斤/亩，在改革开放后的前20年为每年6.6公斤/亩，但最近13年又为每年3.4公斤/亩，形势不容乐观。

(三) 粮食生产困境

1. 刚性需求未变与粮食增长变缓

中国人口每年增加在0.5%左右，人均需求增长0.5%左右，合计为每年粮食总需求增长1%，这种情况至少持续十年或更长一段时间。据权威机构测算，我国人口将在2034年达到15亿的高峰值，我国人均粮食需求可能会在430～450公斤时达到基本稳定，中国粮食生产能力在2020年应为5 600亿公斤，2030年应为6 000亿公斤。

目前，中国的南粮北运格局已经转变为北粮南调趋势，由于内陆水资源分布的不均衡和产粮区水资源的严重短缺，中国耕地已从1970年的20.89亿亩、1990年的19.51亿亩下降到2008年的18.26亿亩，而且高产田比例下降，低产田比例上升。由于城市化推进，大量农用地转变为建设用地，中国的粮食播种面积从2000年的1.085亿公顷增加到2009年的1.090亿公顷，随着中国城市化的进一步推进，耕地面积可以预计还会进一步减少。此外，我国年均粮食单产逐年增长率呈现出较大的波动，与年均至少保证粮食总产增长1%以上的需求相比，还有较大的差距。

2. 种粮收益低与劳动力老弱化

农民种粮的比较收益低是新中国成立以来长期存在的问题。目前，农民每亩地年均净收益不过几百元，只相当于一个劳动力打工七八天的收入。尽管近些年政府出台了各种专项补贴政策，但对于多数粮农或粮食主产区来讲这些补贴仍然无法弥补其经营的机会成本。种粮的比较收益低或机会成本高，直接引发了农村青壮年劳动力大量甚至“过量”地进入城市务工，农业劳动力结构老弱化的趋势愈加明显。

中国正处于传统农业向现代农业的转型时期，如果仅靠留守老人、妇女和儿童进行粮食生产，现代农业是无法建设成功的。当然，有专家认为，农业劳动力老弱化是今后很难避免的趋势，随着农业机械的不断推广，田间作业将主要由农户外部来统一提供，劳动力年龄的作用会逐步减少，但在丘陵、山区、贫困地区农业劳动力的体力依然十分重要。[5]

中国种粮效益低，导致农民积极性受到严重影响，南粮北运的主要原因就在于此。如果不能提高种粮农民收入，粮食生产则无法保障，粮食播种面积不可能再从16.5亿亩扩大，只能有所下降，据测算到2020年播种面积可能降至16亿亩以下，2034年可能只有15亿亩，对中国的粮食安全形成巨大威胁。

3. 单产增加举步维艰与科技手段尚不确定

粮食作物播种面积和单产水平是我国粮食生产能力增长的两个关键要素，其中单产水平的稳步提高是提高我国粮食综合生产能力的核心驱动力，稳定粮食作物播种面积则是其必要条件。在人口持续增长、耕地能力日趋减少、资源日益紧张、环境不断恶化和全球气候变化等多重压力下，持续提高主要粮食单产是确保我国中长期粮食安全的战略主攻方向。

据测算，每年每亩要递增3公斤，到2034年可达413公斤/亩，如果那时播种面积保持在15亿亩，则总产在6 195亿公斤，届时人口处于15亿人口最高峰，人均413公斤/年，比2011年人均占有量426公斤还低13公斤，因此每年单产递增必须超过3公斤，才可以完成实现我国粮食安全的总体平衡，但是要实现这样的单产增加确实举步维艰。

有专家指出农业技术进步和生产效率提高对中国农业增长至关重要，然而现代农业技术进步的不确定性给现代的粮食安全带来了新的问题，转基因作物虽然可以减少农药的使用量，并降低病虫害造成的损失，被看做未来解决世界饥饿问题的一个重要手段，但其仅仅是减少了潜在的损失，对作物潜在产出的增加却非常有限，其安全性尚不确定，该技术对保障中国粮食安全的作用充满了不确定性。

三、粮食安全问题的解决路径

(一) 提高科技创新水平

农业科技进步是提高粮食和食物安全的技术保障。根据国家中长期和“十二五”农业科技发展规划，在加大对农业科技投入的同时，切实推进农业科研和推广体系的改革，加速包括转基因技术在内的现代生物技术的产业化速度，创造优越市场条件吸引大型企业参与农业科技创新，并使其成为未来科技创新的重要主体，使农业科技进步成为粮食和其他主要农产品增长的驱动力。[6]

据专家测算，科技进步在粮食增长中具有非常重要的促进作用，其中主要是：良种、栽培、土壤、植保，其贡献分别为33.8%、34.1%、17.9%、14.2%。应该大力推进农业科技的自主创新，用优良品种、先进栽培技术、耕地综合治理、病虫害综合防控等科技成果来支撑粮食生产、保障粮食安全。

(二) 加大政策支持力度

粮食价格政策至关重要，中国的粮食价格一直在权衡“消费者利益”和“农民收入”。对于贫困和发展中国家而言，恩格尔系数高导致的高粮价会造成社会不稳定；但是，压低粮价又会打击农民种粮积极性，从长期来看不利于粮食安全。随着中国居民收入的增加，恩格尔系数不断下降，居民的支付能力不断增强。政府应尽量减少对市场的干预，让粮价适当上升，增加农民种粮积极性，从而保证长期的粮食安全。[7]

保障农民和主产区的粮食生产积极性，需要通过一系列有效的价格政策、补贴政策、收储政策、进出口调控政策来实现。实践表明：价格政策对农民生产行为的作用比其他所有政策来得更直接、更有效。2000—2009年，中国粮食增产的总因素里价格因素的贡献占到一半左右。但是，当前的粮食最低收购价格政策仍然存在不利于粮食安全的因素，价格支持对稻谷生产的正面影响尚不够显著，农田水利设施的完善程度和稻谷生产的净利润水平会明显影响稻谷生产。同时，价格支持政策在开放市场的情况下运行成本很高，没有表现出比市场调节更高的优势。因此，应该把优化粮食价格支持政策的作用效果作为中国粮食流通体制改革的方向。

(三) 提升粮食安全保障能力

1. 实施国家农业基础设施更新和完善工程

农业基础设施是保障粮食和其他农产品安全的物质基础。加大对农业生产和市场的基础设施投入，提高农产品的供给能力、抵御自然灾害能力和农产品市场的稳定。在加大农田水利基本建设和中低产田改造投入的同时，提高对市场物流和食品安全监管等基础设施的投入。

2. 促进国际技术转让与贸易合作

推动发达国家通过无偿或有偿形式向发展中国家转让农业生产技术，提高我国的粮食生产能力。建立和完善同北美洲和南美洲国家的玉米和大豆贸易伙伴关系，美国、巴西、阿根廷等国家是我国大豆和玉米等粮食进口的主要来源地，可以考虑在平等互利的基础上，与这些国家签订中长期的粮食贸易协议。

3. 建立国际粮食储备制度

从长期来看，随着居民收入的增长，中国食物进口必然会进一步扩大。世界上很多国家(地区)粮食生产潜能还很大，这些地区包括美国、巴西、俄罗斯、乌克兰以及哈萨克斯坦等前苏联国家。不过，这些国家(地区)，尤其是前苏联国家的粮食出口可能存在一定政治风险。为了提高出口粮价，前苏联国家正在筹划成立所谓粮食“OPEC”组织，垄断世界出口。为了保障中国的粮食安全，中国政府必须注意分散风险，中国可以联合东亚的一些国家(地区)，包括日本、韩国等，建立联合储备制度，以减少保障粮食安全的成本和风险。

随着全球气候环境激烈变化，中国粮食安全内涵不断延伸，建立和完善粮食安全预警体系日趋迫切。将粮食安全上升到战略规划高度，已经体现出中国政府对粮食安全问题的极大关注。要保证 13 亿人的吃饭问题，需要全社会的共同努力。捍卫中国的粮食主权，也需要 13 亿人的共同努力。胡锦涛同志曾经说过：解决农业的出路问题是要靠政策、靠改革、靠调动广大农民的积极性，从长远和根本上来讲，还是要靠科学技术。因此，开辟中国农业发展的广阔前景，保障国家粮食安全的主抓手还在于农业科技创新。

参考文献

[1][5] 胡小平，星焱. 新形势下中国粮食安全的战略选择 [J]. 中国农村经济，2012(1)：92-96.

[2][3][4] 国家统计局关于 2014 年粮食产量的公告[EB/OL]. http://www.gov.cn/xinwen/2014—12/04/content_2786682.htm.

[6] 黄季焜. 新时期国家粮食安全战略和政策的思考[J]. 农业经济问题，2012(3)：4-8.

[7] 于晓华，Bruemmer Bernhard. 如何保障中国粮食安全[J]. 农业技术经济，2012(2)：4-8.

加强农业科技创新　促进实现农业现代化

徐　洁

（镇江市丹徒区机械水利局）

摘　要：发展现代农业，实现农业现代化，促进农业增效、农民增收的根本途径在于科技进步和科技创新，已成为全社会的共识。但产学研脱节、产业链不健全，创新资金不足、手段落后，激励机制不健全、体制不完善等问题，却严重阻碍了现代农业发展的要求。只有明确农业科技创新方向，加快推进农业科技创新，才能全面促进农业现代化的实现。

关键词：农业科技；创新；农业现代化

发展现代农业，实现农业现代化，促进农业增效、农民增收的根本途径在于科技进步和科技创新，已成为全社会的共识。全省各级政府及有关职能部门紧紧围绕农业现代化建设，全面加强农业科技创新体系建设，不断提升农业科技创新能力，不断拓宽产学研合作领域，不断扩大多元化推广格局，通过农业科技成果转化与推广，推进农业新品种、新技术、新模式在区域范围内的适生发展，为农业生产提供产前、产中和产后科技服务，积极调整农业结构，提高农业综合生产能力和经济效益，促进农村农业的整体发展，农业增效、农民增收明显。

一、农业科技创新存在的问题

我们在看到成绩的同时，也感到农业科技创新在促进农民增收方面还存在很多薄弱环节，远不能满足发展现代农业、实现农业现代化的要求，主要表现为：

（一）资源整合利用不够，产学研脱节，产业链不健全

目前，农业科研方向、任务的调整还不能适应新阶段区域农业产业发展的需要，与本地的涉农高校院所在科研和推广上尚未达到应有的密切程度，尤其是科技链与产业链的严重脱节，科技研究、科技创新的成果转化率不足50%。

（二）农业科技创新资金不足，手段落后

与工业科技投入，各地在农业科研上的投入比例还很低，主要表现为经费缺乏、渠道单一和来源不稳等三个方面，而资金的缺失和不到位却使得农业科研的稳定性和连续性得不到保证，从而使得农业技术推广成效大打折扣。

（三）农业科技创新激励机制不健全，体制不完善

目前，还有不少地区的农业科技创新激励机制仍未建立起来，创新体制还不完善，主要表现为农业知识产权所有人在知识产权转化过程中得不到应有的回报，这

在很大程度上挫伤了农业科技人员的积极性。

（四）农业科技推广人员专业化比例偏低，队伍不稳

调查表明，近年来基层农技服务人员专业化比例仅在30%～50%之间，混编混岗现象突出，农技人才的培养、使用缺乏必要的保障机制，待遇偏低、保障不力、队伍不稳的问题依然存在。

（五）农业科技产业辐射带动力不强

大部分农业园区的发展重点大都还处在种养殖等一产上，基本上停留在“低、短、小”粗放式上，农产品精深加工创新技术和大型加工企业匮乏，具有较大影响的品牌和专业销售市场不多，带动辐射能力不强。

二、推进农业科技创新的几点建议

现代农业发展的根本出路在于科技进步。只有加快推进农业科技创新，才能全面促进农业增产增效，加快农业现代化的实现。就此我们建议：

（一）着眼长远，明确农业科技创新方向

加快推进农业科技创新，必须首先明确农业科技创新方向。一是要着跟与长远，超前部署农业前沿技术和机械研究，让我们的农业机械化应用程度、育种、无害化病虫害综合防治、产业化、标准化、有机食品的论证及市场化运作等，要和国际接轨，力争在世界农业科技前沿领域占有重要位置；二是要立足我国基本国情，结合当地的农业生产与耕种情况，坚持以产业需求为导向，从农民的实际需要出发，力争把“论文写在大地上，成果留在农民家”。三是建立以现代农业技术理论为基础的作物增产理论体系，突破关键核心技术，重点加强农业物联网、精准农业、农业云服务、移动互联等领域关键共性技术攻关，开发粮食生产新品种，构建技术应用新体系，建立技术新标准，加大示范应用力度。

（二）搭建平台，提升农业生产信息化水平

一是充分利用现有的互联网技术，建设农业大数据分析应用平台，开展农业生产过程、环境与资源、市场和消费监测预测，为推进农业精准化管理提供支持；二是通过“农业大数据”平台，打造个性化、智能化农产品现代物流技术体系，扶持一批具有一定规模、设施齐备和服务功能健全的配送中心和科技型物流企业，构建现代农业物流网络体系；三是开展农产品质量可追溯技术创新，重点突破人工智能生产、精准监测控制、农产品药残快速诊断检测等关键技术，综合运用现代网络技术、数据库管理技术和条码技术，实现食品链从生产、加工、包装、运输到存储、销售所有环节的信息查询，建立健全食品质量保障技术体系。从而形成具有鲜明特色的区域优势产业，突破农业面源污染防控技术，实现农业生产无害化。

（三）整合载体，加快科技支农成果转化

一是整合当地高校和科研院所优势资源，加快农技研发中心、重点实验室和科技服务站等载体建设。加快组建农业产业技术创新战略联盟，围绕当地主导、特色

产业和新兴产业发展中的科技需求问题，围绕种业创新、农机装备、丘陵农业开发、高效生态种养业、农产品精深加工等课题，集中时间，集中力量，集中资金，进行联合攻关，打好攻坚战和整体战；二是加强与国内外合作交流，积极引进、消化和利用农业发展最前沿信息和技术，建立和完善联席会议制度，由政府牵头，科研院所和相关部门参加，定期就农业科技发展进行专题研究，积极推动本市现代农业快速发展。三是加快科技成果转化基地建设和农村“科技服务超市”建设，在成果转化上下力气求突破，倾力打造有本地特色的应时鲜果、水产养殖、粮油加工等农业科技示范园和特色产业板块，不断提高科技创新对农业的贡献率。

（四）细化政策，积极鼓励科技为农服务

农业科技创新与推广最薄弱的环节在基层，迫切需要科技人员到一线去，让农民直接受益，这就需要大胆制定激励政策，应本着“敢闯敢试、先行先试”的原则，以“农业科技入户工程”为抓手，及早制定有关政策，积极鼓励科技人员进村入户到园区服务、创业，真正解决为农服务“最后一公里”问题。一是调动农业科技工作者积极性，最大可能地组织和发动一批像赵亚夫式的农业科技领军人才和创新团队，深入生产一线，手把手、面对面帮助农民及时解决生产技术问题，及时为农民提供农产品市场信息。二是广泛开展科技特派员活动，宣传党的科技政策，加强农业技术推广，鼓励科技人员带头创业、带头示范、带头致富，民共同致富。三是有效集中农村实用人才培训资源，提高“持证农民”比重，培养出一批活跃在农产品生产与销售之间的农民经纪人，依靠合作社、专业户等建好科技示范基地，以推广主导品种和实施主体培训，形成一大批草莓种植能手、水产养殖大王等新型农民，成为农民问得着、留得住的“乡土专家”。

（五）强化队伍，全面形成科技助农网络

一要进一步严把农技人员素质关。首先要通过考试考核，对确实不能胜任农技推广服务的人员，要尽快予以调整；对具备一定基础，但专业知识、技能有所欠缺的人员，要加快专门培训，使其尽快胜任工作，并要结合当前形势，不断开展农技人员继续教育，更新知识，提升技能；其次，对农技人员岗位的缺额，扩大选聘范围，不局限于本镇、本村，实行“逢进必考”，要特别注重把大学生村官选聘和村农技员选配结合起来。二要进一步落实农技人员相关待遇。公共财政必须担负起相应的资金保障责任，彻底消除农技人员的后顾之忧，而开展农技推广所需的工作经费，以及必要的办公设备所需资金也应纳入本地年度财政预算给予保障，并逐年有所增长。对于基层反映比较突出的农技人员职称评定和聘用问题，要解放思想，敢于突破，使职称评聘向基层倾斜，以充分调动镇、村农技推广人员的积极性。三要进一步深化农技人员管理考核。要以文件的形式明确的农技推广各项任务，建立农技人员绩效考核机制，要把政府、主管部门、农民的认可程度作为农技人员考核标准，每年度进行一次考核检查，并对绩效优秀的要给予物质和精神上的奖励，对表现不够好的农技人员，以及经过培训仍不能胜任工作的，要进行批评、直至调离或辞退，切实做到奖罚分明，彻底打破大锅饭和铁饭碗。

注重科技创新　推进传统农业向生态农业转型升级

朱　明　邓　立　于力革

（江南大学）（无锡力夫生物技术有限公司）（江南大学）

摘　要：主要探讨了现代生态农业的内涵与功能，发展生态农业的重要性、急迫型与可行性；以无锡为例，分析了生态农业发展现状，生态农业发展的瓶颈及制约；提出了通过科技创新，推进传统农业向现代有机农业和都市农业的转型与发展的对策与建议。

关键词：生态；科技；农业

一、现代生态农业的基本概念

现代生态农业从广义上说与传统"工业"农业（完全依赖化肥，农药，生长激素，饲料添加剂等化学物质以及基因工程发展起来的所谓"工业"农业）是根本不同的。现代生态农业以保护生态为根本，其核心是有机农业。其中，在现代化城市周边的，采用生态农业方式发展的特色农业，观光农业，休闲农业等又称为都市农业，是现代生态农业的重要组成部分。都市农业是利用城市间的间隙，包括耕地、山地、水面，从事种、养业等经济活动，为城市提供鲜活农产品、生态、旅游、休闲产品的现代农业。具有满足都市消费需求的经济功能和降低农药化肥污染，提高城市和周边地区环境质量的生态功能。

有机农业产品是指原料来自建立的有机农业生产体系或采用有机方式采集的天然产品，整个生产过程遵循有机产品的加工、包装、储藏、运输要求，在生产流通过程中，具有完善的跟踪审查体系，通过独立的有机产品认证机构认证的产品。

有机农业生产方式是科学发展观在农业实践中的体现，是科学发展观的重要体现。有机农业是指遵照有机农业生产标准，在生产中不使用化学合成的农药、化肥、生长调节剂、饲料添加剂等物质，而是遵循自然规律和生态学原理，协调种植业和养殖业平衡，采用一系列可持续发展的农业技术，维持持续稳定的农业生产过程。

发展有机产品产业，具有十分重要的意义：有利于建立人与自然和谐关系，促进生产发展、生活富裕和生态良好；增强保护和改善农村与农业生态环境，推动农业结构调整和产业升级，发展生态经济，构筑新的经济增长点；提高农产品、食品质量和安全水平，保护城乡人民群众身体健康；克服国际市场针对农产品、食品设置的“绿色壁垒”，促进对外贸易；发展有机农业，不仅可以向社会提供无污染的安全食品，而且可以大幅减轻环境污染，有利于恢复生态平衡。

我国有机农业总体上仍处于初级阶段，虽然中国有机农产品的发展始于20世纪90年代，但是一直没有受到特别重视。但近年来，随着人们及对食品安全和生态保护的日益重视，以及“三农问题”与“入世后中国农产品的市场化问题”也在很大程度上推动了中国有机农业的发展。目前，随着国家对有机食品扶持政策的出台和宣传力度的加大，中国有机农业将迎来新一轮发展高潮。

据有关报道，2014年底，有机食品国内年销售额达到百亿元左右。尽管总量很大，但在全国范围内，有机食品销售额仅占常规食品销售额的1%以下，发展空间巨大。据预测，未来10年，我国有机食品生产将保持年均30%～50%的增长速度，占农产品生产面积及总量的份额将达到1%～3%，在我国出口农产品中的比重将达到甚至超过5%，在国际有机食品市场中的份额将达到或超过5%，我国将成为世界第四大有机食品消费大国，有机食品消费量占食品消费总量的2%～3%。

由于有机食品比普通食品更安全，更健康，因此，在农产品市场化竞争日益激烈的形势下，有机食品开发已经成为增强农产品市场竞争力的途径之一。

如今，北京、广州、深圳、大连、杭州及上海等一批经济实力雄厚、城市化水平较高的大城市，都把发展生态农业作为改善生态环境，促进城市发展水平、实现传统城郊经济向现代农业转化、推动城乡经济融合、统筹城市经济和农村济全面发展的一条有效途径。

二、发展生态农业的重要性、急迫型与可行性

“十二五”时期是无锡市国民经济和社会发展的关键时期，也是经济增长方式转变到“新常态”的重要转折时期。应该抓住发展有机农业与都市农业的有利时机，从我市实际出发，积极探索具有时代特征、中国特色、无锡特点的现代生态农业，对于引领无锡农业传统农村经济转型，促进无锡太湖流域水污染的根本治理，提高无锡食品安全质量，促进无锡生态文明进一步提高，具有重要的作用。

数年前，国务院在江苏无锡举行的“三湖”污染防治座谈会上明确指出，要贯彻落实科学发展观，就必须严格控制农业面源污染，发展生态农业，尽快减少化肥农药施用量。

太湖水污染来源主要是由工业废水、农业废弃物、农用化学品及人畜粪便等造成的。无锡市政府明确把2020年作为太湖治理的重要时点，实现“太湖无锡水域无劣五类水”、“太湖无锡水域水质稳定达标，水质提高到四类甚至三类”的阶段性目标。作为太湖周边面广量大的农村地区农业化学污染的治理是改善太湖水质量的非常重要的一环，因此，推动无锡传统农业向现代生态农业转型具有非常重要的意义。

由于无锡经济发展水平在全国处于领先地位，政府有较好的经济实力来进行有机农业都市农业的投资与运作。无锡地区科技力量较强，信息化程度较高，国家211工程中以轻工为特色的江南大学能为无锡建设生态农业提供科技和人才支持，这些为无锡生态农业发展架构了良好的平台。另外，无锡所在的华东地区消费水平较高，交通运输便利，区位优势明显，自然条件独特，为观光与休闲农业的发展和农业功能的拓展提供了重要的承载地。生态农业可望形成较好的产业链，带来较好的生态与社会经济效益，发展空间广阔。

三、生态农业发展现状及制约因素

近年来，无锡围绕生态农业规划，积极打造农产品知名品牌，已初步形成了一批产地特色、农业特色的生态农业产品和企业。如阳山水蜜桃，太湖翠竹茶叶、太湖草鸡、甘露青鱼、鸿山葡萄等一批知名特色品牌，形成了一些以生态为本的农业企业，如龙寺农业生态园区、唯琼农业生态农庄等。另外，无锡的精细蔬菜、高档花卉苗木、特种水产、规模畜禽等设施化高效产业正在迅速崛起，如阳山水蜜桃科技园区、阳光农林生态园、红豆高科技产业园等。

尽管已经取得了不少成绩，但我市现代生态农业在特色、规模、品牌以及营销等诸多方面都还存在着很多不足。

首先体现在生态农业的核心领域有机农业在我市发展缓慢，重视不足，使生态农业最重要的提升无锡的生态环境效益的目标远未达到。许多部门对改善生态环境缺乏兴趣，不愿投入，而且借生态农业或都市农业为名，变相上项目，搞低水平的重复建设。

其次是产业特色不明显，结构趋同，重点不突出；农产品深加工产品不多，附加值不高、竞争力不强；产业化程度低，龙头企业规模小而少，带动力不强；缺乏统规划、政策引导和整体指导，管理体制和机制不适应，农业社会化服务体系建设跟不上都市农业发展的要求。

另外，我市生态农业发展也面临着用地受限、农业领域人才素质不高、缺乏市场竞争力、农产品质量市场准入和监督机制不健全等诸多不利因素。

四、推进传统农业向现代生态农业的转型与发展的建议

发展生态农业的根本目的是实现生态效益、经济效益和社会效益的统一。无锡能否真正建设生态农业，关键取决于政府的支持，而政府的支持，最重要的就是有效的政策激励机制与保障体系。由于政策方面的原因，使得农民不能对土地、水等资源进行有效的保护。而农产品价格方面的因素，有时也成为生态农业发展的一个限制因素。对于无锡地区经济发展较好的农民来说，较高的经济效益，可能会成为刺激他们从事生态农业的基本动力。

作者作为江南大学的教师以及九三学社文教工委的成员，曾经多次参加生态

农业园的参观和考察，也研究了部分国内外建设生态农业的成果与资料，在此提出个人的一些初步的观点和建议。

生态农业总体发展思路应该以科技创新为核心，以服务城市、富裕农民、优化生态为核心，以推进农业产业化经营为重点，以发展都市观光、体验农业为突破口，以建设标准化、专业化、规模化农产品基地为基础，着力构建全市农业发展的新型体系。

（一）加强园区建设，充分发挥生态农业的示范带动功能

要充分发挥农业科技园区集成农业技术、连接市场与农户、辐射农业科技信息和技术培训的作用，选择典型区域，建设基地成规模、产品有特色的示范园区，发挥都市农业的示范带动功能。重点发展有机农业、旅游观光农业，大力开发生产有机食品与绿色食品。

（二）扶持壮大龙头企业，延长生态农业产业链条

按照"扶优、扶大、扶强"的原则，通过扶持、引进、重组等，培育壮大一批起点高、规模大、带动力强的龙头企业。充分发挥农业资源特色和优势，依托农产品生产基地，大力发展农产品精深加工，延长产业链条，提高农产品附加值和综合效益。积极支持发展一批具有国际市场竞争力的外向型龙头企业，充分发挥出龙头企业对产业基地的促进和带动作用。

（三）加强政策扶持力度，增加生态农业的投入

加快建立"政府扶持、业主为主、社会参与"的投入机制。各级应对生态农业区的基础设施和公共服务设施建设等方面的投入给予项目和资金的倾斜，设立专项资金，扶持与引导。对开发过程中将会出现的农业资源整合、土地流转、工商登记、银行贷款等在政策上予以支持。制定吸引外商资本、工商资本、民间资本参与休闲观光农业区建设的优惠措施，鼓励他们以协作、参股、合作、独资等多种形式参与建设。同时，应积极鼓励农民以土地、资金入股等方式参与建设，形成多元化、多渠道的投融资体制。

（四）加强生态农业的宣传，扩大生态农业社会影响

营销是生态农业能否成功的关键所在，是提高生态农业产品品牌的关键所在。通过农业节等对外形成宣传的品牌，推动生态农业发展。借助新闻媒体推介力度，扩大影响，使生态农业的经济社会效益都取得较好收获。

（五）构建循环型生态农业体系，实现可持续发展

把产业建设与生态环境保护有机结合起来，大力发展都市绿色经济，加大农业污染的综合防治力度，采用行政和市场手段，最大限度低减少农用化学品使用量。大力推行有机农业，促使产业与生态环境建设同步发展的良好局面。建立和完善农业废物回收和利用通道，提高农业生产过程中废物循环利用水平，将废物的最终处理量降至最低。在农业生产过程中，大力推广清洁生产，实现生产过程污染减量化，资源的再使用和再循环利用，建立区域都市农业循环经济圈。

（六）加大生态农业技术的推广，建立中国特色的生态农业体系

有机农业生产的实施主体是农民，要尊重农民的首创精神，培养和引导农民的科研意识。对传统农业技术进行整理，在整理中完善、提高和推广，建立中国特色的有机农业生产技术体系。

（七）加强生态农业的认证监管工作，保证生态农业产品质量

认证行为对农产品生产有很大的导向作用，认证工作直接影响到农产品生产和市场“两头”的质量，是行业健康发展的关键所在。规范化的有机农产品认证工作，在提倡农业清洁生产的同时，也保护了生态环境。在保障农产品质量安全的同时，也有效控制了农业污染。强化了企业和农民的责任意识、标准意识和法制意识。

（八）通过发展生态农业，促进生态价值观的培养

开展市民生态环境教育，通过每年的世界水日、世界环境日、世界动物日等纪念或活动日，积极开展群众性生态科普教育活动。通过生态农业园建设，建立生态环境教育示范基地，将生态园区中的湿地、湖泊、滩涂等建设成集生态教育、生态科普、生态旅游、生态保护于一体的生态文化教育基地。

科技创新在苏北经济欠发达地区农业产业集聚初级形式中的SWOT分析及探讨

冯 伟

（江苏省宿迁市人民医院）

摘 要：当前，随着农村城镇化和工业化改革进程的加快，苏北农业必然要顺应发展规律必须从传统农业向现代农业转变，增长方式也要从资源依赖向科技依赖逐步转型。本文运用SWOT分析方法，从保障生产、促进民生、农业产业融投资三方面对苏北经济欠发达地区的农业产业集聚中形成的初级自发形式进行充分，从而对苏北经济欠发达地区农业科技创新本身的优势与不足进行比较客观清晰的认识，做到知彼知己、趋利避害，进而把握苏北现代农业科技创新在农业产业集聚中的问题和外部制约机制，以便及早发现存在问题的根源，寻求解决问题的对策。

关键词：科技创新；农业产业；SWOT分析

近年随着江苏加大苏中苏北建设，特别是对苏北经济欠发达地区进行政策支持以及苏南苏北对口扶持以后，苏北地区经济得到了长足地发展和进步，但是与苏南经济发达地区相比较仍然存在数量级上的差别。当前苏北经济欠发达地区经济建设和社会生活仍是延续以农业为支柱产业，兼顾发展工业及服务业等第三产业的形式。与此同时当前农业仍然以传统的家庭承包制为主，农户土地经营规模小，现代农业技术普及不足，现代农业规模化经营制度尚未建立，而同时由于青壮劳动力外出务工等原因导致农村高素质劳动力流失现象非常严重，均限制了科技创新在农业产业中的发展应用。当前，随着农村城镇化和工业化改革进程的加快，苏北农业必然要顺应发展规律必须从传统农业向现代农业转变，增长方式也要从资源依赖向科技依赖逐步转型

SWOT分析是通过研究与相关产业发展相关的优势、劣势、机遇与挑战，找出有利因素以及不利且需要回避的因素，发现问题，调整发展思路，制定相应发展策略。本文就是运用SWOT分析对苏北经济欠发达地区的农业产业集聚中形成的初级自发形式进行分析，从而对苏北经济欠发达地区农业科技创新本身的优势、劣势进行比较客观清晰的认识，做到知彼知已、趋利避害，进而把握现代农业科技创新在农业产业集聚中的问题和外部发展机遇，以便及早发现存在问题的根源，寻求解决问题的对策。

一、科技创新在苏北农业产业保障生产方面的优势、不足及对策

(一) 优势与不足

1. 土地初步形成集约化利用，但仍然不足

农村土地虽然仍以生产家庭联产承包责任制为主，但由于大量苏北农村青壮劳动力外出务工，导致大量土地资源采取自发流转以及集体外包等形式，形成了农业产业集聚的初级自发农庄形式或集体农庄形式，土地资源得到初步地集约化利用，使得农业机械化水平得到相应提高，部分扭转了传统农业发展中存在的浪费、污染严重和效率低下的状况。但苏北经济欠发达地区农业产业仍然沿袭了一些小农经济的弊端，无法形成大规模地集约化生产，限制了农业的产业化、规模化发展，特别是由于缺乏长期规划及政策延续，导致集聚的初级农业产业以短期效益为主。大部分仍然采用不合理的耕作方式，粗放生产，重用轻养，土壤肥力在不断下降，农作物产量的提高依赖于化学农药和工业化肥。高投入、高产出、高能耗的生产方式给农村的原生态环境带来沉重负担。

2. 结合地方特色，已形成一定规模的设施农业，但力量薄弱且缺乏相应质量标准

结合地方农产品特色，已形成一定规模的设施农业，特别是苏北部分地区以传统地方花卉、苗木、蔬菜生产等为发展契机，把分散的农户组织起来，联合经营生产，提高了农业规模化、产业化、集约化水平。其中苏北地区设施园艺占全省总规模的67%。但在我国加入WTO以后，国际市场竞争加剧，近年国内市场发展出现转型和一定的不稳定性均导致对农业产业的生产无法进行科学的预测，如果盲目生产，农业初级产品特别容易缺乏竞争力，导致增产不增收的结果。同时作为农业初级产品的生产者，农户或农业企业在承担市场风险方面力量还显得单薄。而在苏北经济欠发达地区形成的初级农业产业化又缺乏完善的标准体系，农产品生产技术规范和操作规程少，农业技术指标和产后标准落后，农产品生产全过程没有完善的质量控制体系，质量检测、技术服务和实施标准等与现代农业产业发展的要求差距仍较大。少数生产者无法按照技术标准生产的现象时有发生，甚至还有受利益驱动故意违反标准和规程的现象，导致农产品市场秩序不稳定，无法满足现代农业发展、质量监控和安全以及流通贸易的要求。

3. 信息化得到一定程度的发展利用，但规模度及利用度仍不足

近年随着计算机网络技术的发展，信息化科技创新日新月异。在苏北地方政府的大力主导下，苏北初级农业产业集聚企业也充分利用信息化服务平台，发展电子商务，部分具有特色产品或具有特殊手工艺地区采取特色农业集聚形式发展，形成“一村一品一店”的初级产业发展规模。同时部分地区利用数字农业信息服务平台进行农产品推广，引导农民进行网上交易，降低了农产品贸易成本。但是信息化建设过程中往往以销售为主要特点，仍然存在产品服务单一的劣势。同时各个信

息化平台间缺乏互联互通，跨地区、跨学科、跨专业的科研人员无法共享农业科学研究的硬件设施和数据资源，无法充分提高农业科技资源的利用效率。

(二) 对策分析

1. 为了发挥农业科技创新，应在逐步完善推进农村城镇化改革的同时改革现有的农村土地承包制度

以土地使用权的转让为中心，应使农户合法合理地拥有土地的使用、收益和让渡权，从而有利于推动土地的适度集中，达到一定的规模经营，最大限度地发挥农业创新科技在土地等农业资源中的作用。同时结合农业产业生产周期长，单位收益较低的特点，地方政府应该出台长期配套政策，鼓励基础农业产业集聚，完善市场机制，大力发展具有规模优势的大宗农业产品精加工及清洁生态加工技术，发展具有地方特色的农业产品加工和功能食品开发技术，提高农业生产经营中的规模效益、社会效益，并逐步树立品牌效益。在促进农民多元化增收的同时有利于农村劳动力随产业转移，提高农村人力资本的质量。逐步向设施标准化、产业规模化，监控智能化、产业网络化，生产体系工厂化等方向发展，形成摆脱自然的全新农业产业集聚技术体系。

2. 引进产业转化成果，加大科技创新投入，增强二次科技创新能力

“十二五”期间我国在转基因生物新品种培育、中低产田改造、节水农业、工厂化农业、智能化、光伏产业、数字化农业、空间遥感及海洋农业产业等方面均形成了大量原创性科技专项成果，大大提升了现代农业发展的引领能力，也加强了对农业自然风险不可预见性因素的科技预防和应对能力。地方政府应当及时组织相关部门和企业跟进成果转化，适当引进国内外先进农业科技成果，增强二次科技创新能力，以形成具有苏北地区特色的现代生态农业，促进新的经济增长点的形成。2010年江苏县级以上政府部门所属研发机构经费支出中，农业科研投资占农业国内生产总值的比重仅为4.46%，借助成果转化，苏北地区政府还需要加大农业产业关键技术和关键环节的创新经济投入，从而达到事半功倍的效果。

3. 以特色农业产业集聚为契机，加强科技创新农业产业发展标准体系建设

当前苏北各地根据地方农业特点，逐步形成相应的特色农业经济产业初步集聚，在此过程中要把特色农业发展成真正的集聚产业以及高效农业甚至是面对国内外市场的外向型农业产业，就需要按照政府引导＋市场运作的原则，尽快建设农业环境、农业关键技术、产品质量分级、深加工食品安全与保障、物流配套等方面的体系标准，建立与产业发展相配套的地方法规和标准，推进农业相关产品生产、加工、流通全过程的标准化建设。加强无公害（绿色、有机）产品加工领域的质量标准体系和检测技术。以特色产业如目前的花卉苗木、蔬菜为重点，建立农产品外贸出口标准，有效控制化学农药残留指标和重金属、微生物指标，严格制订产品质量标准和生产技术规程。并以地方法律法规形式严格监督生产、加工、管理、营销、物流等全过程，在农业产业发展建立各层级均可追溯的诚信体系，并逐步形成品牌优

势，发展创建农业标准化示范基地。在种植、加工、储存、运输、销售一体化模式下，促进农产品生产、加工的规模化、产业化、专业化，提高农户及农业企业抵抗市场风险的能力。

4. 继续加强信息化建设，提高农业科技创新资源的利用效率

利用信息技术构建科技资源共享平台，实现科技资源共建共享，已成为有效组织和开展农业科技服务的主要形式。当多平台信息技术互联互通并应用于农业产业，可以大大改善农业产业的地域性和可控程度，特别是随着农业环境遥感、产量监测、智能控制技术的应用，将为实现农业产业的精准化控制与决策，构建农业生产精准化、农业装备智能化和生产环境可控化的技术体系，发展基于信息化平台的预约式生产，建立基于信息技术的现代集约型农业生产提供科技支持。而农业科技创新还促进了生产领域的拓展，如农产品深加工与综合利用以及高产值高效益的工厂化种植。同时仍以农村城镇化进程为平台，逐步推动建立立体式数字农业信息服务系统，使之成为连接市、县、乡、村的数字化农业信息服务平台，以此为基础加强网络信息的开发利用，促进农业产业集聚从生产、销售、物流、产品监控与监测、产品信息回溯反馈等配套服务业的发展。

二、科技创新在苏北农业产业保证民生方面的优势、不足及对策

(一) 优势与不足

1. 城镇化及农业产业发展集聚，促进农村人口生活品质提升同时带来环境问题

随着苏北农业产业发展，并以地方特色农业产品形成初级集聚，伴随着农产品生产的科技创新发展，农村城镇化的快速发展和苏南工业向苏北转移的发展利用，均促使苏北经济欠发达地区近年国民生产总值及农业生产规模逐年以高于全省的速度发展，并以此以契机吸引大量原来外出务工具有较高技术水平的劳动力回归，促进了农村农业经济及相应配套工业经济的快速发展，带动了城镇化乡村周围的第三产业特别是服务业的发展，物流业的快速发展同样提升了农村生活品质，使得社会主义新农村无论在物质还是精神生活方面均是社会发展以来无以比拟的。但是在相对落后粗放的农业生产方式下，伴随农业生产成本如种子、化肥、农药等农业生产资料价格增长的形式下，不仅不利于资源利用率和劳动生产率的提高，而且对环境资源的破坏日益加剧，农村生态环境保护的压力不断加大。确保农业可持续发展已经成为全球共识，对资源节约型、环境友好型科学创新为内涵的生态农业的需求也越来越迫切。

2. 农业产业集聚化快速发展，水资源使用矛盾突显

苏北虽然是水资源特别是优质水资源相对比较丰富的地区，但由于农业是地球淡水资源的主要用户，我国又是世界上严重缺水的国家之一，人均占有水量仅相当于世界平均水平的 1/4。随着工业化、城镇化进程的加快，生活和工业用水呈持续增加态势，未来农业用水量将出现零增长，甚至负增长，这将导致农业水资源

的供需矛盾进一步加大。随着农业产业集聚初级化的发展，各种自发农庄或集体农庄也意识到水资源利用的效率问题，产业集聚的基本要求即要降低单位生产成本，所以当前均不同程度地采取了农业科技创新的节水灌溉措施，但由于初级产业集聚中企业资本量有限，更由于短期收益率等经济指标影响，节水措施和手段还不到位，并且没有完全规模化利用。

(二) 对策分析

1. 加快农业科技创新步伐，转变落后的农业生产方式，发展现代农业

加大科技对农村环境保护的科技支撑作用，采用生物灾害防控技术、耕地保育技术、精确化肥施用技术、生态农业与环境工程技术、生物质综合利用技术等把农业发展、农业资源开发利用和资源环境保护有机结合起来，实现苏北农业向未来低碳环保生态型农业的可持续发展。同时大力推进农业产业化集聚，达到标准化、专业化、集约化、工业化生产，通过建设高效增收产业项目、投资休闲观光农业项目、培育省级生态健康企业等，发展设施农业、休闲观光农业、生态农业，提高农业品位，改善生态环境。

2. 加快农业科技创新，加快地方立法，发展现代农业同时促进水资源循环利用和保护

随着我国水资源环境保护立法和监督的加强，苏北地方政府应该结合地方特色加快农业用水立法，加强保护现有优质水资源，监督农业产业发展水资源开发利用技术，加快农业科技创新，重点发展农田土壤保水、精细灌溉、农田水肥精确调控等技术和设施设备开发利用。指导在产业集聚区开展集成水源开发、区域水资源调配、水源输送与管理、化学制剂精确使用、作物高效用水、抗旱节灌如微型灌溉、地下灌溉、营养液培植、膜下灌溉等技术措施，建设农业抗旱节水工程示范基地，大幅度提升农业抗旱节水技术水平，发展立体化农业、新型生态农业、新兴有机农业、新兴设施农业等高效节水的绿色农业模式。

三、科技创新在苏北农业产业投融资方面的优势、不足及对策

(一) 优势与不足

农业科技创新是现代农业发展中的关键环节和重要支撑，是实现农业高速稳定发展，确保农产品长期有效供给的根本出路。党中央、国务院高度关注农业科技的创新和推广应用，持续加大中央财政对农业科技的投入力度，利用农业发展银行等政策性信贷机构来保证财政农业科技投入比重，并通过建设稳定增长的长效机制来切实加大支持农业科技创新力度。苏北地方各级政府也予以了较大的资金扶持力度和配套政策支持。但由于农业技术在一定程度上具有公共产品的特性，具有长期性、非排他性和收益的不确定性以及微利性，导致目前苏北的农业产业科技创新投入仍以政府为主导，民间资本参与度不够，融投资创新乏力。一方面大量科技型初级产业集聚农业企业因缺乏抵押资产和担保单位而无法得到信贷支

持，另一方面民间融投资以短期收益为着眼点，往往单纯追求资本运营操作，更愿意投向短平快产品，风险投资等资本对本地农业科技企业和项目投入极少。

（二）对策分析

目前正恰逢各项产业转型阶段，房地产等产业发展乏力，此时更有利于引导融投资本进入农业产业领域健康发展，建立以政府投入为主导，民间资金积极参与的多元化农业投入产出机制。首先在风险可控的原则下，充分发挥政策性金融对农业科技发展的支持，降低贷款准入门槛，拓宽支持领域，加大投放力度，完善“政府推荐、银行审贷、多方监管”的农业科技信贷运行模式，实现企业、银行和社会的多方共赢。其次通过地方立法等措施有效加强对农业科技知识产权的保护，在形成完善的自我知识产权后就可以采用知识产权质押向银行申请融资，形成无形资产的资本化运作，也有利于农业品牌建设。再次需加强政府部门与金融监管机构的协调配合，对高利贷、非法集资等维持高压态势，确保金融资本合理流向农业产业等实体经济，充分调动民间资本投入到农业科技创新活动中，引导企业加强农业科技创新研究和推广，同时持续增加科技创新和科技成果转化的金融支持。

农业科技创新是现代农业发展的基础和支撑，在农业、农村经济发展中发挥的作用越来越重要，成为农业经济发展的第一推动力。苏北农业产业结构经历逐步调整后，产业结构向合理化方向进一步演进，但结构仍处于稳定的低端化自发状态，得不到快速有效的发展。因此，在产业转型及农业集聚发展的大环境下，分析探寻苏北经济欠发达地区农业产业结构优化中的科技创新制约因素，为打破农业产业结构低效均衡状态提供契机，有利于促进苏北农业产业经济的快速健康发展。

参考文献

[1] 甄若宏，周建涛，刘华周. 等. 江苏发展高效农业的 SWOT 分析及发展对策[J]. 农业科技管理，2006(6)：17.
[2] 韩子睿，董晶华，等. 江苏设施农业科技创新对策研究[J]. 江苏科技信息，2007(7)：3-7.
[3] 王济民，肖红波.“十二五”中国农业科技发展的战略需求、发展重点和对策建议. 中国农业科学，2011，44(11)：2398-2402.
[4] 江苏省统计局. 江苏统计年鉴 2011[M]. 北京：中国统计出版社，2011.
[5] 朱春江，唐德善，古龙高. 农业产业集群探析[J]. 农业经济，2012(1)：57-59.
[6] 工信部，农业部，科技部，商务部，文化部. 农业农村信息化行动计划(2010—2012 年)[R]. 2010.
[7] 中国科学院农业领域战略研究组. 中国至 2050 年农业科技发展路线图[M]. 北京：科学出版社，2009：1-156.
[8] 于义彬. 关于全面推进节水型社会建设的思考[J]. 水利发展研究，2006(06)：14-16.
[9] 雷波，刘钰，许迪，等. 农业水资源利用效用评价研究进展[J]. 水科学进展，2010.
[10] 高锁平. 农业利用创业投资问题研究[D]. 北京：中国农业科学院，2006.
[11] 韩长赋. 加快推进农业科技创新与推广[J]. 求是，2012(3)：33-36.

提升基层农技推广水平的探讨

卞　勋

（南通市通州区农业委员会）

摘　要：本文探讨在农业现代化建设新阶段，基层农业科技创推广存在的问题，提出相应的对策。本文在农业科技创新基本理论的指导下，广泛收集相关文献资料，对基层农业科技推广进行了研究。近年来，科技与经济结合，大大增强了科技自主创新能力，但由于农业科技工作长期积累的问题，加之科技本身的艰巨性和复杂性，基层农业科技推广体系还存在不少问题，如管理体制有待理顺、专业技术类别比较单一、农业推广效率低下等。本文最后还提出了提高基层农技推广水平的政策建议。一是建立"政产学研"合作机制，二是开辟更多研究基地，三是联办大学科技园，四是利用信息技术手段，五是激励涉农组织参与。

关键词：基层；农技推广；创新

总结改革开放30多年来农业、农村工作的成功经验，就是靠政策靠科技双轮驱动。农业科技推广工作旨在通过农业新技术转化应用和试验示范，提升科技对农业的贡献率，促进农业科技进步和农业现代化建设。近年来，我省贯彻落实创新驱动战略，农业生产水平和发展质量得到极大提高，已进入农业现代化发展的新时期，农业科技推广工作也为适应农业发展的需求，从单一的农业生产技术的推广逐步向农业新技术、新产品、经营新模式等农业创新要素延伸。为深入了解基层农业科技推广现状，更好发挥科技对农业现代化建设的促进作用，我们开展了调查活动并收集了国内相关文献的研究资料，通过对外省部分地区的农业科技推广模式的总结和比较，形成加强我省基层农业科技推广工作的对策建议。

一、基层农业科技推广主要成效

1. 基层农业科技推广发挥了桥梁作用

基层农业科技推广在农业新技术引进、试验示范和推广应用，提升农业科技含量上发挥了桥梁纽带作用。尤其在优质粮油、蔬菜、生猪、家禽、水产品等大宗农产品新品种引进与高产优质高效技术推广方面发挥了较大作用。全省粮食生产呈现"十一"连增，油菜单产逐年提升，菜篮子产品极大丰富。

2. 农业科技培训卓有成效

以南通市通州区为例：该区累计培训职业农民15 705人，职业农民持证率已达23.5%。培育了大批有文化、懂技术、会经营、能创业的现代新型农民。全区大众作物良种覆盖率达95%以上，新技术应用率达85%以上。

3. 农业科技服务形式多样

组织便民服务小分队深入田间地头为农村送去大量科普图书和实用科技资料。通过报纸、电视、网络等媒体发布科技信息，编辑出版科技专刊、组织编写《农村实用技术选编》等形式多样的方式，调动农民学科技、用科技的积极性。

二、基层农技推广存在的主要问题

1. 管理体制有待理顺

目前，我省乡镇农业科技服务机构大多采用“县乡（镇）共管，以乡（镇）为主”的管理体制，县进行业务指导，乡镇管理人财物。由于县级农业部门对基层站所调控手段有限，难以有效指导其开展业务工作；乡镇用人随意性较大，农业技术人员从事如招商引资、征地拆迁等中心工作的现象屡见不鲜。有些乡镇干涉农业科技推广的内部事务，影响推广工作的质量和水平。以通州区为例：2013年底全区各镇农业推广机构编制233人，实际在编在岗人数仅92人，在编不在岗人数10人，缺编人数131人。镇畜牧兽医站编制61人，实际在编在岗人数仅34人，在编不在岗人数7人，缺编20人。

2. 专业技术类别比较单一

县级农业推广机构专业较为明确、清晰，但也存在着相关专业服务人员业务不精、专业不对口，既掌握专业又精通综合型业务的人才缺乏等问题。乡镇农技推广队伍专业类别比较单一，传统种养业方面的专业技术人员较多，符合现代农业发展需要的复合型人才相对较少。传统种养业方面的专业集中了90%以上的农技推广人员，而设施栽培、农产品加工、特种养殖、市场营销等专业人才十分紧缺。此外，由于推广经费的短缺，基层农技干部大多是通过“干中学、学中干”的方式来提升业务水平，参加在岗系统培训和外出参观学习的机会相对较少，专业技能和综合素质难以满足实际推广工作需要。

3. 农业推广效率低下

一家一户的分散经营方式，造成本应该由社会承担的许多工作在家庭内部进行，由此弱化了对生产性服务的中间需求，同时也导致了农业服务业面临的资源分布相对分散、业态种类较少、集聚程度偏低等问题。从业者科学文化水平参差不齐，这些因素都限制了农业对各类生产性服务的消费，增加了农技推广的难度和成本且推广效率低下。

三、提升基层农技推广水平的对策建议

1. 建立“政产学研”合作机制

每县选择一所农业大学和一到两家农业科研机构与县级政府共同设立现代农业“政产学研”联盟，现代农业产学研联盟成立理事会，县政府制定合作发展的战略

规划、重大政策，协调重大合作项目，落实专项资金，加大对产学研联盟建设的扶持力度，增加对县校合作重点项目的资金补助，逐步建立和健全对新型农业技术推广体系建设工作和首席专家工作业绩的考核办法，项目立项向产业联盟倾斜的政策等；大学着眼高技术的基础研发工作，提供最新的技术和研究成果；科研机构着重应用技术的研究开发和工艺创新；乡镇农业推广机构组织试验、示范、推广；各类农业企业、合作组织将科研成果商品化。

2. 开辟更多研究基地

以农业科技园区为载体，依托一个实体、围绕一个产业、开发一个成果。农业科技园区是农业科技企业的基地，是地方政府与农业高校产学研合作的载体。高校与农业科技园区结合能充分利用园区的资源和设备进行农作物的栽培、育种以及农化、植保、园艺等方面的研究。鼓励大学教师深入农业第一线、农业科技园区工作，采取工作量减免、编制保留、岗位考核、职称聘任、资金资源支持等多方鼓励与激励机制，促进高校与农业科技园区有机结合。

3. 联办大学科技园

发挥高校在科研成果、技术、人才等方面的资源优势，充分利用社会在资金、市场、信息等方面的资源优势以及政府在土地、政策等方面的资源优势，联合创办农业大学科技园，加强产学研结合，把大学科技园建成农业高新技术企业的孵化器和技术创新基地，积极鼓励和支持师生带着科技成果和创新项目到大学科技园办企业，吸引社会企业到大学科技园建科技开发中心，通过多方协作培养创新创业人才，进一步深化产学研的有机结合。积极采用技术风险投资基金新机制，对园区企业采取有效的管理和投资操作制度，并给予优惠政策。

4. 利用信息技术手段

传统的农村科技信息传播方式由于受到时空限制、互动性弱等因素的影响，难以满足广大农民日益增长的个性化科技信息需求。要充分发挥电视、报刊等媒体和电话、即时网络等现代信息化技术手段，为农民提供快捷、准确的农业生产信息，对农民的需求做出及时的反馈，实现全方位、全覆盖农村科技推广服务。

5. 激励涉农组织参与

要积极引导多元化农业科技推广主体发挥辅助作用。首先，要大力扶持各种农业协会和农业专业合作组织。世界各国均十分重视农业协会在农业科技推广工作中的作用，法国、日本便是如此。通过大力扶持农业协会和各农业专业合作组织这个良好的载体可以十分有效地解决农户经营规模小、高度分散的问题，把推广工作落实到独立的农户，达到农业科技新成果、新技术进村入户，提高农民农业生产水平和生活质量的目的。其次，举办农民田间学校，创新农技推广平台。以农业科技示范基地为载体，建立农民田间学校，采取以启发式、参与式、互动式为特点的农民田间技术培训，改变传统的自上而下填鸭式的培训方式，通过举办形式多样的农民田间学校，进一步创新农技推广手段，使之成为快捷推动科技进村入户，切实解决农民生产中遇到技术难题的有效平台。第三、强化科技示范户培育与示范作用，在实施科技入户过程中，引入“双向沟通”“激励参与”“创新扩散”“横纵联动”等理念，丰富和创新现代农技推广理论。通过发放物化技术补贴、结对挂钩服务和统一挂牌、考核、调整等手段，不断增强示范户的荣誉感和责任感。培育一大批广大农民看得见、问得着、留得住的科技示范户。通过“专家—指导员—科技示范户—辐射带动户—更多农户”的农技扩散推广模式，有效地构建一传十、十传百、百传千、千传万的农技推广服务体系，实现“点亮核心指导一盏灯，照亮农户一大片”的良好社会效果。

参考文献

吴永芳. 常德市农业科技推广研究[D]. 湖南大学，2012.

当前农业科技推广的两难与可能的抉择

邰沛沛

（江苏农林职业技术学院）

摘　要：随着农业的进步和发展，农业科技推广工作中凸显出许多新情况、新问题，梳理这些问题并试图找出相应的思路和做法，建立适合我国农业发展的农技推广体系是本文着力所在。

关键词：农技推广；困境；出路

农业是人类生存和发展的基础，对农业生产的研究早在几千年前就开始了，现代最有影响力的研究成果当属舒尔茨在 1964 年出版的《改造传统农业》一书。舒尔茨认为对传统农业的改造是农业发展的必然趋势，对传统农业的改造必然要依靠现代农业科技，农业科技推广是连接科技与生产的桥梁，农业科技推广工作对提高农业劳动生产率举足轻重。

一、当前农业科技推广的两难

据世界粮农组织调查，全球农业科技推广经费逐年上升，在品种资源、遗传育种、基因改良、生态修复等方面取得了进展。但反观我国，农业基础研究薄弱，农业发展自主创新能力不足，表现在农业科技推广领域，当前呈现的主要问题有：

（一）性质："公益"还是"服务"

就广泛意义而言，"公益"与"服务"是有交集的。但在农业科技推广领域，对其性质的不同界定，会导致认识上、实践上的差异。作为"公益"意义的农技推广，常常局限于行政区划、直线管理的范围内，其推广对象更多的是区域范围内的农户，指导者主要是乡镇农技推广员，指导方式是以农技推广人员为中心。而作为"服务"，推广则扩展到社会领域，其对象是所有需要服务的"客户"，指导人员可以是行业领域的专家，指导方式以当事人为中心。

事实上，由于农业生产受天气、土壤、生产者技术水平、生产设施、市场需求、基层农技人员的相关素质等多种因素制约，目前我国多数地方基层农技队伍难以为农户提供有效的农技推广服务，兼之近年来社会对此项工作的需求强烈，"服务"意义上的技术推广在农业发达地区、农业大户等高端消费群中有日趋增长之势，与此相对应，各级各类的农民培训、项目工程、高等院校及研究机构的短期培训等，又将对农民技术指导的部分责任分解转移到体制外相关单位。

（二）功能：是帮助农民“增收”还是促进农业“增效”

一个时期农业生产的片面追求产量，致使农药、化肥、添加剂无节制的使用，农业产品的产量短期内提高了，但产值未必有大幅提高。相反，大量无节制化学品的使用，使环境、土壤、水源农业生态环境恶化，农业生产成本增加了，农产品质量安全得不到保障。这是典型的短期增收但没有增效的例子。再例如，推行免耕、休整、自然生长等，从长期大范围看，农业一定是增效了，但会短期影响农民收入。因此，农民“增收”和农业“增效”在一定历史时期内是难以调和的矛盾，怎样解决这些棘手矛盾是当前农业科技推广面临的问题和挑战。

（三）管理：“市场化”还是“政府行政管控”

农业科技推广是“市场化”还是“政府行政管控”，其核心区别在于由当事人还是由政府资助此项工作。“市场化”有助于吸纳社会资金，减少政府的投入；有助于依靠竞争机制提高工作质量；有助于避免对此服务的无节制需求。但私有化和市场化的做法会导致公众责任的弱化，当前在我国仍占很大比重的家庭（10 亩以内）种植户及处境不利者难以接受高质量服务。

农技推广工作实行“政府行政管控”，则有助于拉动社会对该项工作的需求；有助于避免无序竞争导致的劣质服务；有助于补偿某些经济效益低、社会效益高的公益服务。当然，它的弊端也是不言而喻的，我国目前的基本政府行政管控做法，一线农民常常得不到有效农事指导，加之农技推广工作缺乏有效评价考核机制，致使职权缺失、滥用等现象普遍存在。综上，两种做法各有利弊得失，怎样趋利避害将是未来农业科技推广工作需要直面的问题。

（四）效果：经济评价还是生态评价

农业科技推广的倡导者会理想的认为，每一项推广都是有意义或是有价值的。就推广对象个体而言，短期内促进其学习和工作，可能还增加了收入；对推广单位而言，也提高了生产效率；对社会而言，有效地开发了人力资源和资源利用。但进一步探究，上述着眼经济角度的关于效果的评述，实际上都是基于构想的理论评价。我们很难找到推广与这些后果之间的内在作用机制，甚至反问：“究竟什么是积极的效果？”理论上认为收入增加总是好事，其实未必。一些研究者也试图用实证的方法评价推广效果，他们借助观察、访谈、问卷调查、个案分析等手段获取数据，力求为评价农技推广提供更有说服力的依据。事实上农技推广要贯穿于农事活动的始终，有时其效果并非立竿见影，甚至后果是无形的，是难以衡量的。再加上我国当前农推工作的行政条块分割，农业科研、教育、推广各行其是，体系分散，没有形成合力，因此当前对农技推广工作作出有价值的判断尚需时日。

（五）队伍：“专职”还是“兼职”

农推人员的“专职”化，可以推进其队伍的专业化建设，拒绝那些只是略懂农业知识而对职业世界知之甚少的门外汉的“加盟”；可以保证推广人员有时间、有理由保持与不断发展变化的职业世界的紧密联系，为前来咨询的农民提供职业领域的第一手资料。但当前的事实是，专职农推人员工作大多没有有效的激励考评机制，工作岗位也多属于无挑战性的事业编制。在提供推广服务时，因收入低，也很少再有时间和精力提高自身的业务素养，基层一线农推人员专业水准较为薄弱。那么各农业院校、科研院所人员，他们本身不肩负推广职责，其研究项目与农业生产实际也不一定具有必然联系。因此，目前存在的问题是，基层一线专职推广人员因上述原因不能或不完全能够提供有效的服务，而体制外兼职人员不屑于或无义务进行农事推广活动。

二、可能的出路与走向

（一）建造高效率的农技推广服务平台

长期以来，我国的农业科技推广工作是计划经济体制下政府主导的管理体系，这种政府管理的做法，有力地保证了农业生产的开展、农业新技术的运用、品种改良、病虫害防治等诸多工作的开展。因此，我国在今后一段时间内仍然应继续政府对此项工作的投入，按照“制度化、专业化、社会化”的要求，建立健全农技推广公共服务制度，着力提高农技推广服务的质量和效率。

实际上，农业科技推广工作的有效开展，无论是农民抑或是政府都是受益者。从经济学的角度看，农业科技推广既是个人物品，也是公共物品。因此，政府与个人都应该为此项事业的发展承担相应的责任，我国当前农业的基础性和弱势地位，重长远而非即时的特点也必将呼应政府责无旁贷的投入到这项工作中。尤其是对应难度、投资、风险较大，具有公共产品特征和社会生态效益，而经济效益不显著的农业技术，应以政府主导组织进行，以行政组织推广的协调和执行成本较低，并有利于迅速推广普及。当前农村一家一户的农业与规模化农场同时存在，家庭种植难以承接农业技术，提升生产效率，又难以抵御市场风险。加之农业生产与局部地区的自然条件及生产水平紧密相关，基层行政组织能够比较准确地把握当地农业生产发展对农业科技的需求以及对农技需求的变化。

随着市场经济的发展，产业结构调整的加快及农业科技服务的丰富与完善，在坚持农业科技推广工作公益性的同时，对于关涉收入较大幅度增长的创新性技术开发、前瞻性技术的试验期，应适当引入市场机制。现阶段农业生产大户面临的选择也越来越多，因此单一的推广模式不再适合越来越复杂的农业经济发展，这就要求“公益性”推广与“服务性”推广并存，共同发挥作用。对于农业高新技术的推广可以采用有偿服务的信息咨询、技术转让、高新技术开发模式，完善相应的技术市场和市场机制，农技推广内容分类细化，区分共性与个性（特定时期，局部地区），前瞻性与实用性问题，基础性问题政府公益主导，投入成本较高的收入增长部分由市场机制补充。例如，江苏南部丘陵地区的茶叶种植大户，其种植和生产需要紧密关注市场消费变化，及时调整产量、产值以获取最大利益。改革开放以来，百姓的生活条件改善了，人们对高档茶的需求增长，种植户就要及时调整生产、研发，但近年因“三公”消费严格限制、消费者消费结构变化等因素，市场对高档茶的需求又有所改变。因此茶叶种植大户需要能够提供服务类农业推广机构，这类服务内容针对性强，咨询费用较高，只有农业大户能够有经济实力承担。当然在推行公益服务与经营服务相分离时，要制定相应的法律规章允许以盈利为目的的农技推广合法化存在，并保障其经营，畅通高效的需求反馈机制，形成高效竞争型的农推体系。让有条件的推广对象根据自己的实际需要购买农业科技服务。

（二）建设高水准的农技推广队伍

农业技术推广人员只有具有较高的素质才能保证农业技术推广工作的顺利进行，才能应对农业生产中不断涌现的新问题、新挑战。众所周知，发达国家农技推广人员都有严格的从业资格制度及在职教育培训制度。例如农业发达的荷兰，要求推广员每年参加一次短期培训，两年至少参加一次长期培训，每四到五年要更换一次工作岗位；除此之外农技员还拥有较高的社会地位和福利待遇，都是国家公务人员。正是有了一支高水准的农技推广队伍，才奠定了荷兰跻身世界农业强国的地位。

我国目前的农业科技推广体制基本上是县乡双重管理，体系的不顺客观上造成多部门共同管理，钱一事、事一人分离。农业系统管事，乡镇机构管人。工作性质定位不明，公益性与经营性模糊不清，基层一线的推广人员薪资待遇低，工作环境条件简陋。因为以上情况，农技推广队伍吸纳不到高素质、高层次的人员加入，农技人员学历偏低，且知识技能落后，更新难，导致农推服务工作运作效率低下，与现代农业发展和广大农民的需求存在较大差距。加之计划体制下农技推广项目的供给与需求相脱节，尤其是高等院校的科研与生产实际脱节更为严重，从事科技及推广的人员重经营创收，轻农技推广。农技推广项目化倾向严重，“资金＋行政”的形式推广，忽视地方优势产业发展及农民的需求。也因为农业科技推广的落后，导致农业科技投入对农业劳动生产率的提高没有充分发挥出来。

今后除了解决以上问题外，要着力建设一支高水准的农技推广队伍，完善农技推广人员量化工作指标和任务要求，提升基层农技推广的效率和服务水平，强化监督管理，保证推广队伍的工作效率和服务质量，及时更新知识，以便农业科技投入对劳动生产率提高的作用能够尽快和充分发挥出来。我国农业技术推广人员相比农业生产的需求来说严重不足。例如，苏南丘陵地区近年果树种植大户较多，2013年夏季，持续罕见的高温、干旱，许多农户种植的葡萄、梨等果树结果小，品质下降，产量锐减。在实施“挂县强农”富民工程果树栽培培训时，果树种植户参训、提问积极踊跃，可见一线农户对农技推广的迫切需求。因此，一方面，要加大对农业技术推广人员的培养，另一方面，要加快农业技术推广方式创新，积极利用网络等先进技术手段进行宣传，解决农业科技成果转化难的问题。

（三）建立高质量的农技推广信息网络

现代化进程决定了农业科技推广的速度和规模，现阶段由于农技推广工作的资金投入、农民的传统生活方式，以及农业科研机构、农业企业、政府机构等不同单位处于自身利益、技术水平等多方因素，农技推广工作不能有效实现信息共享，导致基层农业信息化水平低，且没有收集、处理、传播的大型全国性网络平台。农业信息服务表面的、直接的信息比例小，而前瞻性、预测性信息比例大；一般性信息繁多、复杂；而权威性、可用性信息缺乏，特别是中长期市场分析与预测、结合本地情况开发利用的信息资源十分匮乏。例如，江苏南部丘陵地区 2013 年许多种植户都投保了“台风”险，但 2013 年夏季并没有台风，相反持续高温、干旱无雨，导致该地区茶园大面积“日灼”病害，“挂县强农”富民工程专家给予农户及时指导，趋利避害，挽回了损失。因此，我们纵观我国的农业信息服务，局部、暂时性的信息仍然严重不足、导致了农民生产上的盲目性，伤农坑农事件时有发生，所有这些都是目前的农业信息服务不够全面、完善的真实写照，农业信息服务缺乏针对性，服务也还只局限于农业新品种和新技术的传统传播方面。

农业科技推广中直接受体是广大农民，但是目前在农村基层还是主要靠开会、办班、发资料等方式传播农业信息，这些传播方式决定了农民在整个科技推广过程中接受信息是被动的、单向的，对信息资源的利用当然也就缺乏积极性和主动性。农业信息传播的这种落后、被动及单向必然造成农业信息传播的滞后，直接影响农业推广中新技术、新成果有效地转化和利用，使得农民对新成果、新技术及新信息失去兴趣。再加之农业推广中开会、办班等推广措施流于形式，结果是农业信息传播效率非常低下。

事实上农技推广信息的畅通不只局限于单纯的改良农业技术提高农业生产水平这一层次，还应包括农场经营管理、农村社会经济生活等诸多方面。国家近年对“三农”问题的高度重视，使得高效农业的发展步入快车道。但是，彻底解决“三农”问题，设施农业、高效农业与现代农业的发展则需要依托高质量的农技推广信息平台。

我国已进入了信息社会，然而很多农业新技术、新品种被研究开发出来之后，就被束之高阁，难以真正应用到农业生产中去，这是典型的信息不对称及条块分割管理所致，造成农业生产资源的极大浪费。因此，建立高质量的农技推广信息网络，完善农技宣传推广机制，即研究—实验—论证—应用—推广—收益的良性循环，是当前农技推广工作刻不容缓的当务之急。信息化社会农业的发展需要新技术的支持，农民及时了解农业技术的进展状况，根据自己的条件和需要选择适合自身的生产技术，让农业技术的进步为农业生产服务。在农业信息资源利用方面，以提升真实性、可靠性和准确度、利用效率为重点，尤其是打破行政区划，提高局部地区信息资源交换利用方面探索新的发展思路。应把建立高质量的农技推广信息网络作为农村经济发展的一个新增长极来规划。围绕农业产业结构调整，推进农业现代化，实现由传统农业向现代农业的转变，由粗放型农业向效益型农业的转变，由封闭型农业向开放型农业的转变，从而增加农业效益，带动农民增收，促进农村可持续发展。

参考文献

[1] 2012 年中央 1 号文件. 关于加快推进农业科技创新持续增强农产品供给保障能力的若干意见[EB/OL]. http://www. sina. com. cn. 2012-02-01.

[2] Alston J M, Philip G P, Vicent H S. Agricultural R&D invest-ments and institutions in the United States [M]//Alston J M, Philip G P, Vicent H S. Paying for agricultural productivity. Baltimore: The Johns Hopkins University Press, 1999.

[3] 翟雪玲. 农业推广理论与体制改革研究[D]. 西北农林科技大学, 2001.

职业院校为我省农业现代化建设提供科技服务的调查研究

马丽华

（宿迁技师学院）

摘　要：在传统农业向现代农业转化的过程中，通过科技创新这一手段提高农业综合生产能力，为现代农业建设提供强大的人才智力支持。职业院校通过自身优势资源，开展农业科技咨询、科技创新、信息传递、技术培训、示范基地等服务，推广现代农业新技术、新成果、新品种和新方法，大规模开展农村实用人才培训，加快培养农村技能服务型人才、农村生产经营型人才，形成现代农业建设的科技支撑。

关键词：职业院校；农业现代化；科技服务

农业现代化是国家现代化的组成部分，加快推进农业现代化，重在培育有文化、懂技术、会经营的新型农民。建设现代农业，必须发挥农村的人力资源优势，大幅度增加大人力资源开发投入，全面提高农村劳动者素质，为现代农业建设提供强大的人才智力支持。职业院校通过自身优势资源，开展农业科技咨询、科技创新、信息传递、技术培训、示范基地等服务，推广现代农业新技术、新成果、新品种和新方法，大规模开展农村实用人才培训，加快培养农村技能服务型人才、农村生产经营型人才，促进农业现代化。本文在对苏北某市部分乡镇调查研究的前提下，分析研究职业院校为我省农业现代化建设提供科技服务的途径。

一、职业院校为农业现代化建设提供科技服务的背景

（一）“三农”始终是我党工作的重中之重

农业丰则基础强，农民富则国家盛，农村稳则社会安。“三农”始终是政府工作的重中之重。在传统农业向现代农业转化的过程中，迫切需要现代工业、现代科学技术和现代经济管理等先进手段，通过科技创新这一手段提高农业综合生产能力，形成现代农业建设的有力支撑。当前我省处于加快推进农业现代化建设进程的历史阶段，在党和国家大力发展职业教育政策促进下，作为以培养实用型人才为目标的职业院校必将有更加迅猛的发展，在培养农村技能人才、高素质农村劳动者方面继续发挥不可替代的作用，对我国农业和农村经济的发展起到积极的促进作用。

（二）农村对各方面涉农应用型人才的需求越来越大

随着农业现代化建设的开展，国家对农村基础设施建设和农村公共事业的大

规模投入，我国农业和农村经济开始发生深层次的变革，农业产业结构迫切需要升级，农业科技含量急需大幅度提高，农业的外向度、关联度日益扩大，农业产业化、国际化、现代化正成为我国农业发展的主流方向，对各方面涉农应用型人才的需求也越来越大。我国农业从业人员的素质低，科技在农业增长中的贡献率只有39%，为有效实施农业现代化发展战略，必须大范围培养农村实用型人才和技能型人才，其中农业生物、农业信息、农业机械与设施、农业化学、农业管理、农产品加工、农产品质量安全检测、农副产品经营、农村物流配送等九类应用型人才是农业现代化建设中急需的。

(三) 职业院校是担任培训农村致富带头人的主力军

目前，农村教育发展滞后、技术推广力度不够，农民接受再教育培训的机会少，缺乏农业生产技术骨干和农村脱贫致富的带头人，在一些科技含量高、市场潜力大的产品开发中受到限制，农业生产科技应用整体水平较低，农产品市场竞争能力差。而苏北地区农业结构主要以粮食生产为主，是农民的主要经济来源，随着农业结构调整推进、农业增长方式转变、农业科技投资力度进一步加大、先进实用技术不断应用与转化，农业现代化建设对所需的农业生产技术骨干和农村脱贫致富带头人的要求越来越高，这样的时代机遇下，职业院校成为农业生产技术骨干和脱贫致富带头人进行培训的主力军。

二、职业院校为农业现代化建设提供科技服务的实施依据

(一) 政策依据

《国务院关于进一步加强农村教育工作的决定》明确提出要求“充分发挥农科教结合的重要作用。通过建立定点联系，参与组建科研生产联合体和农业产业化龙头企业，转让科技成果等方式，积极开发和推广农业实用技术和科研成果，支持乡镇企业技术改造和产品更新换代。”与普通院校相比，职业院校能够发挥独特的作用，在人才培养上更加强调职业技能的培养与实践性教学，强调紧密联系生产实践第一线，把实践性教学贯穿于人才培养的全过程，把教学活动与生产实践、社会服务、技能推广及技术开发紧密结合。现代农业靠的是高科技投入，包括生物技术、信息技术、耕作技术、节水灌溉技术等，使农业的增长方式由单纯依靠资源，转到主要依靠提高资源利用率和可持续发展能力的方向上来。目前农业科技水平产业化水平低，经营粗放是制约农业发展的最大障碍，农业的根本出路在于加快农业科技创新，加大科技成果的转化和推广力度，加快农业科技进步，增强科技对农业的支撑力，这是目前农业现代化建设中的迫切任务。

(二) 现实依据

农业现代化建设的主体是农民，要靠有文化、懂技术、会经营的新型农民，对农民素质提出更高要求。现代农业要求从根本上转变农民传统的生产方式、生活方式、价值观念。据相关数据显示：中国目前农村劳动力中，小学及以下文化水平者

占 38.2%，初中文化程度占 49.3%，受过专业技能培训者仅为 9%，劳动力文化素质不高，从事非农产业的职业技能缺乏，严重制约农业产业结构调整、农技推广与农产品的深加工。在经济全球化的竞争局面下，对技术工人的需求日渐迫切，另一方面农村有众多富余劳动力需要转移，转移的层次高低不仅影响国家竞争力，也直接决定农民收入状况，因此，做好农村职业教育和技能培训，使广大农民适应农业现代化建设，是一项重要的战略任务。

三、苏北某市部分乡镇农村科技培训的调查分析

(一) 调查目的

农民是农业现代化建设的主导力量，是推动农村经济社会发展的主力军。在科技高速发展的今天，了解他们的科技培训情况，对更好地开展农村科技培训教育等服务工作，促进农村经济的发展有着重大的意义，同时也为开展好农村科技培训提供参考依据。笔者选取苏北某市部分乡镇进行调查，共发放调查表 3 000 份，回收 2 851 份，调查情况如下：

(二) 调查情况

1. 青壮年比例

被调查者年龄结构 16～25 岁的占 15.5%，26～50 岁的占 60.6%，50 岁以上的占 23.9%。

2. 劳动力文化程度

被调查者小学学历及以下占 15.0%，初中学历占 49.2%，高中(中专)学历占 33.7%，大专及以上学历占 2.1%。

3. 就业类别

被调查的农村从业劳动力中，从事第一产业的占 42.1%，从事二三产业的占 57.9%，其中从事二产占 34.3%，从事三产占 23.6%。

4. 科技培训需求

调查结果显示需求培训种植技术 31.6%、养殖技术 25.1%、家政培训10.3%、电脑网络 9.5%、创业技能 8.5%，其余数据分列在心理健康、子女教育、保健知识、烹调营养等与生活相关的需求，其中以子女教育方面和身体保健知识最为需求。

5. 学历教育需求

调查数据显示每年参加培训的农民达到受调查总数的 70.4%，较以往有所提高。参加培训的主要方式为半天的短期培训及田间地头指导，占培训形式的 67.8%。大部分农民比较喜欢这种现学现用的针对性培训。有 56.2%农民渴望接受学历教育。

6. 求致富、想发展的理念

85.6%的被调查者形成求致富、想发展的共识，参与农村改革热情空前高涨，对农业现代化建设充满信心和力量，思想境界有了提高。

（三）调查分析

(1) 课题组成员对回收 285 份调查表进行数据汇总分析，认为农村从业劳动力 26～50 岁所占比例大 60.6%，以青壮年为主。

(2) 农村劳动力科技素质较差。被调查者中初中学历占 49.2%，虽然农村劳动力高中及中专比例已经有很大提高，但高等学历人才比例依然偏低，在当今社会科技是第一生产力的现实中与现代化发展差距很大。

(3) 被调查者就业方向以二三产业为主。从具体行业看，在非农产业中，从事制造业比例最高，从事批零贸易住宿餐饮业占 12.8%，目前农民更倾向于选择在工厂做蓝领工人，而选择在商店做营业员、在宾馆饭店做服务员的热情有所减弱。

(4) 被调查者科技培训需求日趋多样化，与生产相关的需求仍然占多数，农村劳动力已从单方面提升家庭增收向提升生活质量转变。

(5) 超过一半的被调查者渴望接受学历教育，并愿意为学历教育支付一定金额的学费。

(6) 85.6%的被调查者形成求致富、想发展的理念共识。彰显出随着社会主义农业现代化建设和改革开放的不断深入，农民思想观念发生了新的变化，对农业现代化建设充满信心和力量。

（四）存在的问题

通过对科技服务农村的相关现状进行分析，我们认识到目前农村科技推广体系还不健全，推广力度还不够，推广过程中还存在着许多亟待解决的问题。

1. 对开展农村科技培训工作的重要性认识不够

一些乡镇、村委会只是就培训而培训，把对农户进行科技培训当做一般性、阶段性工作，对开展科技培训的目标、效果以及对现有教育培训资源的利用方面认识不足，特别是新形势下如何构建农民科技培训体系以及农民科技培训工作的长效机制缺乏认真研究和思考，造成培训形式单调，培训方法简单，走形式，培训效果不佳。

2. 农村劳动力参加培训比例不高

农村劳动力职业技能培训和创业培训，能够有效提高农民工的整体素质和就业创业能力。但当前农村务工人员接受各类培训的比例不高，不利于他们对新工种、新生产技术的掌握，不利于获得更好的工作，不利于农民自发创业，也不利于提高农民收入。调查资料显示，目前部分乡镇农村劳动力从业人员参加过技术培训的占 37.2%。其中参加农业生产培训占 11.3%，参加非农业生产培训占 16.4%，学徒工和其他培训占 9.5%；外出农村务工人员参加过技术培训占 46.4%。

3. 培训资源不足，体系不健全

从调查情况来看，现有的农村劳动力培训机构主要是县区农民科技教育培训中心（农广校）、涉农部门的服务中心、镇农民文化技术学校。这些培训单位分属于不同的主管部门，培训条件差别很大，工作中存在着各自为政的问题，各部门缺乏必要的了解和主动的配合。能够开展培训的也大多集中在县或镇举办培训班，很少能下到村，况且许多培训是大杂烩式的培训，师资水平参差不齐，培训内容一般停留在农业技术、机械加工等几个工种，与真正意义上的技能培训和农民需求差距很大。因此，迫切需要对现有的培训资源进行合理地整合，健全培训体系，以发挥其最大作用。

4. 政府相关部门扶持力度不够

提高农民科技素质，光靠农民自身力量是远远不够的，政府相关部门应加大扶持力度。要尽快盘活整合农技推广机构的人才资源，增强农业技术推广普及的针对性和实效性。对于农民职业教育应建立学历教育、技能教育、专项教育、素质教育相结合、尽可能吸纳农民的职业教育体系。比如对农民的技能培训内容应包括农业、林业、畜牧业、渔业生产、流通技术、绿色安全食品加工、保鲜技术、卫生知识及生态保护多方面知识。建立起农民职业教育体系的保障措施，建立规范统一的农民职业证书发放体系；建立促学激励体制，对学有成效的农民可给予适当奖励；可采取岗位轮换、外出学习、继续教育、自学考核、任职资格考核等措施，促进农业教育体系中技术人员的更新知识、提高素质，以保证教育质量。

四、职业院校为农业现代化建设提供科技服务的对策

农村劳动力整体素质包含文化教育层次、科技意识和技能水平、思想观念等多个方面，提升农村劳动力整体素质是一项系统工程、长期工程，当前应着力加强农村劳动力培训工作，并以此为切入点，灵活施策，标本兼治。农村劳动力培训要以“新型农民科技培训”为重点，切实解决农业科技知识、农民致富信息传播“最后一公里”、“最后一道坎”问题。为此，建议从以下几个方面入手，科学严密开展农村劳动力培训。

（一）制定详实的培训计划

培训前首先做好调查摸底工作，充分了解参训农民的培训需求及文化素质状况，根据农民的培训需求和素质状况，再制定培训计划。做到培训工作有准备、有组织、有目标、有重点、有收效。

（二）遵循因材施教的原则

因人而异，分层培训。可把培训对象划分成三个层次：初等农业技术培训、转岗职业技能培训、中高等学历教育。初等农业技术培训主要针对 45 岁以上农民和即将走上农业生产领域的新生劳动力。转岗职业技能培训主要针对 45 岁以下，有转移输出愿望的农民和即将走出校门的初高中学生。中高等学历教育主要针对村干部、专业户、农村经济组织的负责人和具有一定培养前途的能人。不同区域，技术水平和培训需求存在不同程度的区域性差异，在教材开发上，要立足当地农村生产实际和农民需求，编写农民一看就懂、一学就会、一用就灵的“乡土教材”。

（三）确立结构合理、科学、丰富、实用的培训内容

加强农业技术培训。对不离乡从事农业生产的农民，紧紧围绕农民增收，按照农业结构调整和发展现代农业的要求，加强粮食增产技术、集约化养殖技术、特色高效农业生产技术的培训。对想外出打工的农民，大力开展职业技能培训，重点在培训特色上下工夫，争取塑造自己的培训品牌。注重科普培训和短缺技术培训。在搞好技术培训、技能培训的同时，要加强科普培训，既要满足农民现阶段技术、技能的需求，又要全面提升农业劳动者的文化科技素质。目前农村存在大量的短缺技术，诸如高附加值农业、出口创汇农业、生态型农业的生产技术、农畜新品种应用技术等在农村中非常短缺。因而农民培训工作更要注重短缺技术培训。在农业现代化建设进程中，会兴起很多新型农业和其他产业，如农村工业、新型服务业等。要注重宣传引导，做好超前培训，为农村科技的发展做好技术准备工作、观念意识导向工作。加强政策知识培训。主要是对村干部进行农村政策培训，增强其政策意识，使之掌握党和国家当前关于农村工作的相关政策，提高其政策水平和运用政策解决现实工作中出现的问题和矛盾的能力。

（四）采取灵活多样的培训方式

坚持多形式、多层次、多渠道，采取分散培训、长短班结合、分流教育、科普之冬（春）、科技咨询、现场指导、空中课堂、网络培训等多种形式，并坚持做到五个结合：一是课堂讲授与示范基地培训相结合，二是集中培训与分类指导相结合，三是系统培训与专项培训相结合，四是面授与各种媒体培训相结合，五是传统媒体与现代媒体相结合。培训中采取"互动式"现场教学，培训时间要适应农时、农事。积极开展定点、定单、定向、委培，鼓励校校、校企、校镇之间联合开展培训。

（五）利用现代化培训手段，搞好网络、多媒体培训

把具有信息量大、覆盖面广、方便快捷、生动直观的数字化多媒体培训形式，应用到农村劳动力培训工作中。并充分发挥广播、电视、网络、报刊等多种媒体优势，提高培训的时效性。如发挥电视这一大众媒体，图文声像并茂、覆盖面广、喜闻乐见、培训成本低的优势，创办"农事直通车""农家乐""帮你致富"等农业栏目；建立"农村科技广播站"利用农村大喇叭宣传农业科技知识和法律法规；实施"村级信息公路"建设，通过卫星电视网建立村级远程农民学校。

农民是农业现代化建设的主体，提升农村劳动力整体素质，大力培养农村实用人才，加强农村富余劳动力转移是当前和今后较长一个时期农村劳动力培训工作的中心任务，职业院校要担当起为农业现代化培养高素质人才的历史使命，自主自觉参与农业现代化建设，发挥自身优势，突出自身特色，做好科技下乡与支教工作，推广农业科技应用水平，实现产业的良性、可持续发展，完善农业现代化建设产业链条，打造本土现代农业的知名品牌，促进农业向高产、优质、高效、安全、生态方面发展，促进农业现代化建设。

参考文献

[1] 国务院关于进一步加强农村教育工作的决定[Z]. 国发〔2003〕19 号.
[2] 中共中央国务院关于推进社会主义新农村建设的若干意见[Z]. 2005-12-31.
[3] 中华人民共和国国民经济和社会发展第十一个五年规划纲要[N]. 光明日报，2006-03-17.
[4] 中共中央办公厅,国务院办公厅. 关于引导和鼓励高校毕业生面向基层就业的意见[N]. 人民日报,2005-07-05.
[5] 许辉. 如何推进农村全民创业[J]. 宿迁论坛,2009(1):31-32.

以信息化带动江苏农业现代化建设

于力革

（江南大学）

摘　要：信息化是改造中国传统农业、发展现代农业的重要组成部分，是建设新农村的重要突破口，也是中国加速实现农业现代化的必由之路。信息技术在农业生产技术的推广和提高农民的科技素质方面将起到推动作用。本文从信息化的内涵，信息化的必要性以及信息化建设过程中存在的制约及相应对策进行相关阐述。

关键词：科技；信息化；农业；计算机

去年年底习近平总书记亲临江苏视察指导工作并发表重要讲话。这是江苏发展史上具有里程碑意义的一件大事。习总书记在讲话中提出了“五个迈上新台阶”，强调江苏要推动现代农业建设迈上新台阶，力争在全国率先实现农业现代化。习总书记的重要讲话，高瞻远瞩、内涵丰富、深刻精辟、语重心长，对于江苏今后乃至更长时期的发展，都具有重大的指导意义。

信息化的基本特征主要体现为：一是互联网和计算机技术的普及应用，主要表现为网络化、数字化，并推进全球化进程的加快；二是知识的生产作为主要生产形式，主要表现为人力资源更为重要；三是服务业的经济社会结构占主导，主要表现为社会经济结构的转型；四是社会生产率和产业效率的大幅度提高，主要表现为生产过程中的自动化、智能化、电子化等；五是服务系统综合化，主要表现为业务的综合性和行业的合作性。信息化发展阶段主要分为三个阶段：第一阶段是就绪阶段，该阶段信息基础设施、计算机、互联网普及率急剧上升，信息化水平快速提升；第二阶段是应用阶段，表现为传统产业信息化改造逐步展开，社会、文化信息化加快发展，信息化向纵深方向发展；第三阶段是影响阶段，体现为信息技术产业继续保持快速增长势头，信息技术推广逐步深化，新兴产业蓬勃发展，数字化、智能化、自动化、电子化等全面推进，全球化趋于一致，信息化水平日益显著。

一、江苏农业的一些基本概况

江苏自然条件优越，农耕文明悠久，自古便是“鱼米之乡、富庶之地”。近年来，江苏以实施农业现代化工程为抓手，坚定不移地巩固农业基础地位，稳定发展粮食生产，加快发展高效农业，提升农业产业化水平，促进农业转型升级，现代农业建设成效显著、可圈可点。农业产出效益稳步提高，粮食生产稳定发展，2014 年全省粮食总产 698 亿斤，比上年增产 13.5 亿斤，实现“十一连增”。高效农业加快发展，全省高效设施农业面积超过 1 136.5 万亩，占耕地面积 16.5%；高效设施渔业面积 272.8 万亩，比重达 23.8%。深入实施科教兴农战略，农业物质装备技术水平持续提升。全省农业科技进步贡献率 64.2%，高于全国平均水平 8 个百分点。实施农业信息服务全覆盖工程，全省农业信息化覆盖率达到 55%。加大农田水利建设和农业综合开发力度，全省旱涝保收农田比重 76%，高标准农田比重约 50%。积极推广农业机械化新技术、新机具，农业综合机械化水平达 80%。农业产业化经营加速推进，按照区域化布局、专业化生产的要求，培育发展新型农民合作组织、农业龙头企业，大力发展农产品加工流通业，推进农产品加工集中区建设。经过各级各方面的共同努力，江苏以占全国 3.8% 的耕地，生产了占全国 6% 的粮食，养活了占全国 5.8% 的人口，创造了人口密度最大省份粮食总量平衡、口粮自给的不凡业绩。

二、江苏农业建设面临的问题

经过多年的不懈努力，江苏农业建设取得可喜成绩。但随着经济发展进入新常态，农业和农村发展的内外部环境条件正在发生深刻变化，加快江苏现代农业建设也面临许多新矛盾、新问题，突出表现为“四大制约”。

(一) 土地资源紧缺制约

江苏的基本省情是人多地少，耕地后备资源紧缺。随着工业化、城市化的快速推进，每年要新增建设用地 40 万亩左右，耕地面积逐年减少。2004 年至 2013 年，全省耕地面积由 7 225 万亩下降为 6 932.6 万亩，9 年减少 292.4 万亩。今后各项建设还得占用一部分耕地，即便占补平衡，每年仍要净减 10 万亩左右，而且新增耕地的质量相差较远，耕地资源已成为江苏农业发展最大的制约因素。

(二) 生态环境制约

江苏农业资源开发利用强度高、弦绷得紧，经济发展又对环境造成了较大影响。据调查数据显示，江苏单位面积农药、化肥使用量是世界平均水平的 3 倍以上，农膜回收率只有 60% 左右，农业复种指数高，农业面源污染不容忽视，加上工业、生活等污染，农村环境问题较为严峻，对农产品质量安全和农业长远发展造成的影响不容忽视。

(三) 劳动力成本制约

江苏已进入工业化中后期，城镇化率已达 64.1%，非农产业的快速发展吸纳了大量农村劳动力。随着工业化、城镇化的快速推进，发达地区农业从业者结构发生了深刻变化。大量青壮年劳动力离开农村进入城市，江苏近年来农村劳动力以每年 25 万的速度转移，目前全省转移就业总量已超过 1 840 万人，比重超过 70%，农忙季节缺人手，农业出现兼业化副业化，农民出现老龄化、女性化、低文化。随着农村劳动力大量转移和务工收入提高，直接推高了农业用工成本，导致农忙时节用工紧缺，老弱妇孺成了种地“主力军”。

(四) 国际农产品价格制约

近年来，江苏逐年提高最低收购价格和临时收储价，小麦已连续八年实行最低价收购，水稻也连续两年实行最低价收购。目前，我国主要农产品价格已超过国际市场价格，在大量进口低价农产品冲击下，农产品继续提价遇到了“天花板”。

三、以信息化建设全面促进农业现代化建设

信息化就是培育、发展以计算机为主的智能化工具为代表的新的生产力并使之应用于农业领域的过程。信息化建设是一项系统工程，其载体主要包括农业产前、产中、产后等过程的农业生产、经营管理、决策的信息化等。信息化通过上述方面对传统农业产生影响，对农业现代化的促进作用体现在农业现代化体系的各个方面。

(一) 信息化促进现代农业产业结构的优化

科技是第一生产力，创新是第一驱动力，先进的物质装备和技术水平是现代农业最显著的特征。以计算机和现代通信技术为主的信息技术在农业上的广泛应用，能促进农业产业化过程信息化、高效益化。农业生产率将大幅度提高，生产成本下降。坚持农村基本经营制度和家庭经营在农业中基础性地位，加快培育新型农业经营主体，打造现代农业发展的主力军，构建一般农户集约化生产、新型经营主体规模化经营和农业社会化服务为特征的现代农业经营体系。粗放式大批量生产和高消耗的农业生产模式将被高度集约式的“高产、高效、优质”生产模式所代替，农业产业中服务、销售比重逐渐加大，劳动密集型比重下降，技术密集型和知识密集型的比重将提高。农业产前、产中、产后规划将更加合理，联系更加紧密，这些都促进了农业产业结构的进一步升级和优化。

(二) 信息化提高现代农业经营管理水平

应用现代信息技术创造的智能工具改造和装备农业各部门，建立农业信息网络体系，可为农业服务、生产、销售等各阶段的经营管理决策者提供强大的技术手段和高效、畅通、丰富的信息渠道，将农业各阶段经营管理提高到一个新水平，解决管理效率低、调控不及时等问题，促进管理科学化、合理化和最优化，从而加快农业的全面发展。利用农业信息技术中的管理信息系统和决策支持系统技术辅助农业决策者、经营者进行包括农业生产方案选择、过程控制、农事管理、施肥配方、成本核算、产品销售等工作，将使农业生产实现以最小投入获取最大利润，从而提高农业生产的效益。

(三) 信息化可以提高农产品的市场竞争力

随着市场经济的推广，在我国已经加入 WTO 背景下，农业经济产业建设在整个农业现代化建设中的比重越来越大。其中，农产品的销售占有很大比重。目前，获得农产品生产、交换主动权的关键之一，就是对及时、全面、重要信息的掌握。

所以，无论是国际市场竞争还是国内市场竞争，农产品竞争力的核心都是信息化的发展水平。只有拥有先进的网络信息技术和手段，才有可能在激烈的市场竞争中取胜。信息化还可以减少农产品的市场交易风险。培育优势农产品品牌和市场体系，发展电子商务、连锁配送等现代流通业态，搞活农产品流通，既要站稳国内市场，又能占领国际市场，不断提高江苏农业的市场竞争能力。农业现代化的一个重要特征是生产目标充分地满足市场需求而不是自给自足。现代化的农业需要及时了解国内外农产品生产状况和社会需求，这就要求农业生产者必须在充分了解国内外市场需求的基础上组织生产。农业生产、分配与消费的各环节以市场经济规律来指导和调节，而这必须有及时、准确、可靠的信息作保证。相对于工业而言，农业对信息的需求更为迫切。农民在生产什么、生产多少的决策方面具有很大的盲目性和滞后性，从而使农产品的生产和交易风险加大。而信息技术的广泛应用可以使农民按照市场需求选择生产，并适时销售自己的农产品，这同样构成了农产品竞争力的一个组成部分。因而，从经济角度看，实现农业信息化是农业发展的客观要求，也是农业现代化的重要内容。

（四）信息化提高农业生产力水平

信息化对农业生产力水平的提高主要体现在提高农业生产技术、加强农业生产管理、加快先进经验技术的传播等方面。借鉴国际经验，加快物联网、云计算、大数据等新一代信息技术在农业生产经营和管理服务上的应用，提升农业信息化水平。提高农业生产技术方面，就是大量应用信息化装备，通过对环境等的监测控制，减少资源浪费，提高作物产量。信息化的农业生产要求农业生产环节上要达到一个“精准”的目标——在耕作的整个过程中利用高技术手段实现在准确的时间、准确的空间对所需生产要素如种子、水、肥、药等投入准确的量和监测工作，实现精确作业。信息化的农业生产需要对自然环境条件的控制进行更加严密和精确的计算，提供及时可靠的气候、环境、资源等信息。这种过程的实现必须依靠信息技术去获取、处理、分析有关的数据信息，并通过信息技术对相关设备进行控制。农业生产管理包括农田基本建设、农作物栽培管理、农作物病虫害防治、畜禽饲养管理、养殖管理等各个方面。加强对上述领域的信息化，实现信息的自动传输和计算机自动控制。由计算机分析数据并进行模拟运算，确定最佳的管理方法，可以大大提高农业生产效率和管理水平。现代化农业需要生产者充分掌握高新技术。当前，我国大部分农业从业人员的知识水平偏低，科技种田的素质亟待提高。而农业信息化的优越性之一就是对先进经验、技术的快速传播。信息技术通过网络和多媒体技术把农民急需的专业生产技术和最新的应用经验快速地传播到各地，打破时间和空间的限制，使广大的农业和农技推广人员可以获得最新技术去指导农民生产。加快提高农业物质装备和技术水平，充分发挥江苏科教和人才优势，强化科技支撑与创新驱动，运用现代物质与装备，以内涵发展提升产业，给现代农业插上腾飞的翅膀。随着新一代农民知识水平的提高和网络的发展，农民可直接从网上获取最先进的农业生产技术，并及时地运用于生产之中。

(五) 信息化带动农民素质提高及生活现代化

农民是农业生产和发展的主体。农业发展的根本目标是增加农民收入，改善农民福利，提高农民素质。农民素质包括文化素质、经营管理素质、思想道德素质和身体素质等，通过农业信息化建设，农民可以通过远程继续教育、网上大学等方式来提高自身的文化水平和科学素质。高新科学技术广泛应用于农业，可使农民的生产技能和生活质量大为改观。

四、结论

综上所述，经济全球化趋势下计算机信息技术在农业生产范畴的应用，切实满足了农业生产的各类技术需求，对于推进现代化农业发展发挥了有效作用，全面提高生产效率的同时，也大大降低了生产成本，值得更大程度推广使用。尤其在未来科技不断发展的过程中，信息化技术对现代农业的支持力度，也将得到更深层次的强化完善，助推我省农业的持续稳定发展。努力推动江苏现代农业建设迈上新台阶，奋力开创江苏“三农”工作新局面，为建设经济强、百姓富、环境美、社会文明程度高的新江苏做出应有贡献。

参考文献

[1] 徐鸣. 推动江苏现代农业建设迈上新台阶[J]. 唯实，2015(1):4-6

[2] 陈威，郭书普. 中国农业信息化技术发展现状及存在的问题[J]. 农业工程学报，2013，29(22):196-205.

[3] 惠碧仙. 关于我国农业经济信息化发展的思考[J]. 西安财经学院学报，2012，12(33):23-26.

[4] 王晓丹. 中国农业信息化建设存在的问题及对策[J]. 现代农业科技，2011(1):196-201.

完善我国现代农业信息服务体系建设的研究

龚　震

（苏州海关）

摘　要：农业信息是农业发展决策的重要依据，也是农业经营的重要依据，因此建设完善的农业信息服务体系对服务农村经济发展非常必要。本文分析了完善我国农业信息服务体系建设的必要性和可行性，研究了存在的问题，并有针对性地提出了完善我国农业信息服务体系的对策建议。

关键词：现代农业；农业信息；服务体系；存在问题；对策建议

我国是一个农业大国，农业是我国的基础产业。然而，我国农业产业从业人员素质较低，农业科技发展相对滞后，农业生产环境在工业化、城镇化的挤压下日益严峻，多重因素综合作用，导致农业成为我国一个相对比较弱势的产业。因此，如何有效加快农业发展是摆在我们面前的非常紧迫的问题。随着我国市场经济的快速发展，农业产业也由原来的卖方市场转变为买方市场，但是农民缺乏相应的市场应对能力，农产品生产与市场销售难以有效对接，制约着我国农业的发展。这就要求完善农业信息服务体系，及时准确地为农民提供相应的服务，按照市场经济规律科学地引导农民和农村经济发展，引导个体农民按照市场需求去发展特色种植业，运用网络平台将农户和消费者直接连接起来，集聚全国的大量市场需求，打破农产品流通的瓶颈制约，实现农村经济由数量型经济向效益型经济转变，倒逼传统农业向组织化、集约化的现代农业转变，从而增加农民收入、推动我国现代农业的健康发展。

一、完善农业信息服务体系建设的必要性

农业信息服务体系是农业生产与市场需求之间的纽带，农业信息提供的速度、质量直接影响农村经济的发展。

（1）在当前农业产品处于买方市场的前提下，国家制定的宏观调控政策必须通过农业信息服务体系传达到农民手中，这种信息传播的时效性直接关系到国家宏观调控效果的好坏，所以农业信息服务体系的建设是推动农业产业市场化的重要手段。

（2）当前我国农业经济主要是以家庭生产经营为主，农民依靠自身的力量很

难获取急需的大量信息，加上农民整体素质相对较低，分析与处理信息的能力有限，广大农村地区信息沟通不良也成为限制农村经济发展的重要因素，这就需要专业的农业信息服务部门及时、快捷地提供相应的信息。

二、完善农业信息服务体系建设的可行性

随着我国经济的快速发展，农村地区基础建设逐渐配套完善，同时，由于地方政府的大力支持，面向农业信息服务体系的建设取得了很大成就。

1. 政策支持

十八届三中全会明确提出加快构建新型农业经营体系，鼓励农村发展合作经济，扶持发展规模化、专业化、现代化经营，向农业输入现代生产要素和经营模式。各省市都在拓宽眼界和思路，探索发展农业电子商务，尝试用信息技术来牵引农业经营，增加农民收入。

2. 农业信息基础设施建设不断完善

目前，全国各省市大都建成了高速、宽带、大容量的信息基础网络，例如农业科技服务 110 工程，农村信息化示范市县，各项种质资源、选育种、栽培、销售信息库，为我国农业信息化打下了良好基础。

3. 农副产品电子商务市场潜力大

互联网，已经成为一个巨大的商业交易市场，网络销售为农业发展带来的巨大机遇，但是我国通过电商流通的农副产品比重很小，电商潜力远未发挥。

三、我国农业信息服务体系建设中存在的问题

目前我国农业信息服务体系建设取得了很大成就，但从实际运行效果来看，仍然存在诸多急需解决的问题，并且在服务农业发展方面也存在较多的缺陷，与农民期望之间还存在较大差距，主要包括：

1. 农业信息化基础建设发展不完备，适用范围不广

我国农业信息服务体系建设缺乏统一规划，各地建设情况极不平衡，东部地区建设相对领先，中西部地区建设进程相对缓慢。信息服务体系建设还处于起步阶段，目前仅有部分企业在硬件、软件和人才等方面具备条件，而其专业化程度也不高，在运营中存在一些困难。同时，现有的涉农信息分别由不同部门归口管理或负责，缺乏统一协调的管理机构，信息资源难以共享。而各部门依靠各自独立、各有薄弱环节，以及不同规范的信息系统进行信息采集与资源开发，标准不统一，方法不规范，资源采集与体系建设都存在着交叉重复，不仅造成信息资源总量的不足，而且存在重复投资和人财物的浪费，也给信息用户带来很多不便，降低了农业信息的权威性和指导作用。

2. 农业服务信息供给需要之间不匹配，利用效果不佳

我国现有的农业信息服务体系主要是由政府部门主导建设，信息的收集、发

布、利用都是采用行政手段推进，信息的时效性和针对性较差，无法结合本地区实际，突出各自县域的优势，与农民的直接需求之间存在较大的差异。农业信息传播与交流是个动态过程，既有信息的传递，同时还存在信息的反馈。信息不仅能被传播出去，更为重要的是要被接受利用。农业信息采集的现实情况是：宏观信息多，微观信息少；面上信息多，区域信息少；过时信息多，时效信息少。农民文化知识水平一般较低，无法分析和甄别海量的市场需求信息。他们需要的是简单易懂的科教信息，而农业信息分析提供的往往是未经加工的原始信息，很少有经过专家研究和分析的权威性信息；而且农业信息推广员服务意识不足，宣传效果较差，导致农民对部分信息的信任程度低，信息的利用效率也低，

3. “数字鸿沟”造成农村信息传输的“最后一公里”问题，加大了农业信息服务的难度

农民上网的普及率还很低，据农业部对全国 31 个省（区、市）的最新调查资料显示，全国农民上网的平均比例只有 0.2%，而且集中在东部地区，西部地区的上网率几乎为 0。究其原因，除了相对昂贵的计算机和上网费用等客观因素以外，上网浏览信息不一定能得到直接的回报也在一定程度上制约了农村信息化的迅速普及。目前，农民获取信息的手段仍然以广播和电视为主，很多农业信息传播方式仍是农民之间口口相传，很多信息都是由乡镇领导传达至村支书，村支书再零星传达。即便在安装了宽带的农村家庭中，很多农民也不信任网络的传播信息，但农业信息服务体系却是以网络为基础建立的，这也导致该体系难以达到预期的服务效果。

4. 农业信息员队伍人才不足、素质不高，难以满足需要

现代农业信息服务体系主要是通过信息导向、咨询服务为领导决策服务，为基层和农民服务，这就要求信息人员具有较高的素质。从目前情况看，我国还没有建立起一支真正意义上的农业信息服务队伍。现有信息服务人员素质参差不齐，大多没有经过专门培训，对信息服务业务不熟，而且身兼数职，职责不明确，影响了信息服务的质量。同时，海外农产品市场信息采集人员少，信息采集覆盖面窄，不能及时有效地获取国际市场信息，严重影响国内农产品对国际市场的开拓。

四、完善我国现代农业信息服务体系的对策建议

农业信息服务体系建设相对滞后，农民生产经营缺乏有效的信息支撑和引导，已成为影响农业和农村经济结构战略性调整的一个重要因素。作为公益型、基础性事业，农业信息服务体系建设具有需求迫切、基础薄弱、覆盖面广、受益民众多的特点，因此，分析其存在的主要问题，提出切实可行的发展策略，对于进一步完善农业信息服务体系具有重要的现实意义。

1. 完善农业信息服务体系基础设施建设

发挥国家主渠道的作用，加大投入力度，将农业信息服务体系作为国家一项必

要的基础设施，列入政府的基本建设预算，并相应增加农业信息财政专项预算。同时，要根据各地实际，注重基层信息服务体系硬件与软件建设，完善农村地区农业信息传输和转化系统，有效推动报纸、网络、广播、电台信息的共享与整合；加强农村宽带网络基础设施建设，加强涉农信息平台建设，加大应用软件的开发力度，提高农村信息基础设施的科技含量，提高农村信息终端普及率和利用效率；建立农民可接受的电子商务形式，创设良好的信息服务环境，着力构造全国性的农产品展示平台、采购交易平台、信息发布平台，推动信息资源开发和信息服务的发展。

2. 加强基层农业信息服务专业队伍建设

重点做好县乡级农业信息服务队伍建设，采取以政府为主导，充分调动民间资本投资建设，设置事业化单位或者半盈利组织等多元化的信息服务主体，加强专业人才队伍的建设，大力引进高校毕业生充实到宣传队伍之中，以加强信息加工和宣传效果。依托农村成人学校和农技推广中心因地制宜地进行农业信息服务，充分发挥农技推广人员和农村成人学校学员的作用，联合其他涉农部门，依靠村组干部、农村经纪人、产业化企业、中介组织和经营大户，通过培训考核和资格认证，建立农村信息员队伍。依靠这支队伍，既可以把农业信息及时传递到基层，使信息服务做到“上门”“入户”，真正落到实处，又可以广泛收集农民对科技，农业生产经营等诸多方面的需求意见，反馈到农业信息服务体系乃至决策层，使领导者、农技推广者、农村成人教育工作者知晓农民的需求和呼声。

3. 建立规范科学的信息发布制度

从农业信息传播的实践来看，很多地区农民既在及时准确的信息中受益颇丰，也有部分农民深受虚假信息的危害，这是因为目前对信息发布渠道的监管不够严格，部分违法分子利用农民求富的心态，广泛散播和宣传虚假信息，由此误导或者诱导农民上当，导致农民损失严重，所以建立科学规范的信息发布制度，提高农业信息服务体系的权威性具有重要的现实意义。另外，从农民对农业信息的需求上来看，大部分地区在宏观上主要集中于国家政策法规、病虫害防治以及科学施肥技术的应用上，微观上更集中于农产品的销售信息方面，所以农业信息服务部门既要考虑农民的宏观信息需求，也要考虑农民的微观需求。政府主管部门应当建立省级或者市级信息发布制度，同时发布农产品经营与需求预测信息，指定专业的信息传播机构发布信息，最后由基层的农业信息服务组织传播至农民手中，这也是提高我国农业产业信息化进程的重要手段。

4. 促进农业信息服务方式的多样化

根据不同信息内容的特点和不同用户的特点，选择适当的传播方式，推进传统媒体与电子信息网络的结合，建立各具特色的农业信息发布窗口，扩大信息的覆盖面，丰富信息服务方式，解决信息传播“最后一公里”问题。鼓励、推动社会各类信息服务主体的发育成长，延伸信息服务网络。除政府部门外，各种农业专业协会、科研推广机构、中介组织以及各类信息咨询服务企业也都可以成为直接的信息服务主体，使农业信息服务体系的建设及开发利用逐步走上有偿使用、维护更新、服务社会的良性循环轨道，政府的服务方式更多转向组织推动和管理监督。

5. 促进农业信息资源的共建共享

经过多年努力，涉农部门、农业高校、科研单位的农业信息资源都已经具备了一定的基础，但基本是“各自为政”，尚未形成合力，封闭的信息流使不少具有相当价值的信息“待字闺中”，造成资源浪费。因此，由相关部门组成我国农业信息服务体系建设的最高决策机构，使各部门科学定位，各司其职势在必行。只有在统一领导与协调下，才能推进涉农信息资源的集成和整合，确保农业信息的全面、系统和权威，切实提高信息服务的整体效能。

农业信息化的现状与对策

王　卿

（中国联合网络通信有限公司常州市分公司）

摘　要：信息化和农业现代化都被赋予了国家战略的地位，信息化应该贯穿于农业现代化建设的各个方面，在与信息化战略深度融合之后，现代化的农业将更好、更持续、更健康的发展。现今虽然我国的农业现代化和信息化发展已经取得了很大成就，但是仍然存在着一些问题。本文分析了农业信息化可能存在的问题，并从宣传、规划建设、人才培养等多个方面提出了解决建议。

关键词：农业现代化；农业信息化；现状；对策

党的十八大报告指出，要“促进工业化、信息化、城镇化、农业现代化同步发展”。这既是对过往经验的总结，更是对实现现代化的重大的战略选择。信息化应该贯穿于农业现代化建设的各个方面，在与信息化战略深度融合之后，现代化的农业将更好、更持续、更健康的发展。因此，重视农业信息化，并且科学的做好农业信息化必将更好地促进农业现代化的发展。

一、农业信息化发展的现状

在过去的多年发展中，信息化的网络设备连接起了千家万户，网络穿越了钢筋水泥的阻隔，带来了城市各个行业生产经营方式的转变，以及更便捷的人际关系和生活方式等。目前信息化的网络止在农业现代化的过程中大显身手。

《江苏新农村发展系列报告(2013)》显示，截至 2013 年底，在江苏省农村，网民规模已经达到 991.95 万人，农业电商平台已超过 9 000 个，农业市场主体达 3 856 个，电子商务交易金额达 5 690 476.7 万元。

同时，农业部数据显示，到 2013 年底，全国所有的乡镇均有 3G 网络覆盖，行政村的宽带覆盖率达到 91%，超过 4 700 万户农村用户已有宽带接入；农村网民占网民总量的 28.6%，达到 1.77 亿人；农村移动电话已经超过 200 部/百户，增长非常迅速；目前已经基本建成了覆盖部、省、地、县四级的农业门户网站群，已建成了超过 4 万家的涉农网站；基本形成了以高校、国家和省级农业科研院所、信息化骨干企业为核心的农业信息化创新体系。

二、农业信息化存在的问题

农业信息化化虽然在各级政府的引导下取得了一定成绩，但是仍然存在着一定的问题和困难。

(一) 农业信息化基础设施的建设有待进一步加强

1. 现平台无法提供一站式服务

目前已建成的农业信息平台数量虽然较多,但单平台信息内容相对单一,缺少有效的整合,无法向农民提供一站式的信息服务。

2. 信息化基础架构不完善

2014农业信息化高峰论的数据显示,我国目前没有通宽带的行政村超过了5万个,农民家庭拥有计算机比例低于30%,超过70%的农民还没有真正意义上利用互联网。还没有专门负责信息化工作机构的县级农业部门比例超过40%。

3. 现代农业信息化手段应用有限

在农业生产过程中,从土地检测、作物生长情况监测,使用农机耕作、到农产品收获和检测仍以传统的方式为主,现代化、信息化的手段(如基础数据自动搜集、精准施肥和用药、自动播种和收割、病虫害遥感监测等)应用非常有限。部分农业领域的信息化技术应用还处在试验或者示范的阶段,农业信息化建设缺乏顶层设计,造成资源浪费、低水平重复建设。

(二) 农业信息化专业人才匮乏

由于长期以来农业信息化人才的培养力度不够,造成了目前既懂信息技术应用、又懂得农业技术的农业信息化人才非常紧缺,农业信息化人员的匮乏影响了农业信息化、农业现代化的进程。

(三) 农民信息化意识不高

农民的信息化意识和信息化水平远远落后于社会信息化发展的速度,大部分农民仅通过互联网获取简单信息,能够有效利用信息的农民还比较少,农民的信息化意识有待提高。

三、农业信息化的对策及建议

(一) 加强农业信息化基础设施建设

1. 建设农业信息化云平台

目前,随着信息化的推进,农业部的12316三农综合信息服务中央平台已经建成,它是一个,多种渠道、多种形式、多种媒体相结合的平台,目前该平台已经对接了11个省的三农综合信息服务数据的支撑监管,通过这个既便捷有通畅的渠道,可以及时地了解农业生产、经营过程中的各问题或者诉求。如果以12316服务基础为依托,充分整合各个平台的农业气象、农作物"四情"监测、农产品供求、农机作业调度、农产品检测等数,形成农业信息化大数据库,通过云服务,各有需求的人员和机构可以按照自己的需求进行信息获取、查询、监测、上报等,这样不仅可以向农业从业人员提供一站式农业信息服务,还可以大幅降低各级政府的系统和软件开发成本,节省了大量的投资和时间,可以有效地提高农业信息化的规模和进程。

2. 借力移动互联网、完善基础架构

目前拥有计算机的农民家庭比例不足30%，但是农村移动电话每百户超过200部，同时3G网络覆盖到全国所有乡镇用户，在移动通信向4G升级换代的过程中，建议推广通过移动互联网进行信息最后一公里传递。政府统一规划，并加大农村移动互联网信息通信基础设施（主要是通信基站、通信管线、无线监测传感系统等）建设力度，使得农民不论在田间还是在住所，随时随地都能进行农业生产相关的监测数据上传、相关信息获取、农机具的远程控制等交互。

同时建议进一步完善农业部门尤其是先机农业部门专门负责信息化工作的机构，加大对农业信息化的推进力度。

3. 新技术应用、成果推广

来自2014农业信息化高峰论的数据显示，北京、黑龙江、江苏、天津、上海、安徽、内蒙古、新疆等8个省区市先后启动实施了各自所承担的国家物联网应用示范工程和农业物联网区域试验工程，并取得了阶段性重要成果。后续需要进一步推广已成功的试验成果，促进农业信息化的发展，加快推动农业现代化的进程。

（二）人才培养

在不断完善基础设施建设的同时，对农民信息化素质和能力的提高的培训，可以通过传统的和信息化手段相结合的形式进行。

首先，农业信息服务队伍可以起到对农民的现场培训和传帮带作用。建议各级政府和高等学校、科研院所进行合作，积极开展技术培训，提高农业信息服务队伍的素质。争取在近两到三年内培养出一批能够熟练操作计算机、了解物联网，并熟悉互联网、移动互联网、农业电子商务平台等网络技术的应用的农业信息服务队伍；另外，建议设定准入的制度，加强农业信息人员的资格认证，争取培养出一批素质高、技术硬，既精通信息化技术，又有农业知识背景的综合型人才。

同时建议利用移动互联网作为载体，农业科技人员和专家们可以将相关技术资料、培训视频和课件等发布到云平台上，供广大农民随时查阅和学习。

（三）加大宣传、提升百姓意识

各级政府要加强宣传教育，提高全社会对农业信息化的认识。比如通过各种媒体进行相关宣传，针对农民创新宣传形式，让广大农民更容易理解和接受，提高农民的信息化意识，推进农业信息化发展。

四、小结

未来农业信息化和现代化将获得巨大发展，大数据、云端、卫星导航、物联网等新兴技术将逐步应用到土地检测、作物生长情况数据采集、产量分析、农机自动化耕作、食品安全保障、农产品电商等农业生产和经营的环节；未来的农产品将更加安全、新鲜，农产品的品牌化还将带来农民收益的大幅提升；可以预见信息化将引领农业发生巨大变革，与信息化的全面和深入的融合，将为农业现代化腾飞插上翅膀！

参考文献

[1] 徐延东，魏墨济. 农业信息化带动农业经济发展的作用机理研究[J]. 科技信息，2014(08).
[2] 魏晓涛. 农业信息化带动农业经济发展的模式分析[J]. 北京农业，2014(15).
[3] 何锋，李俊杰. 我国农业信息化对农业技术效率的促进作用研究[J]. 农业网络信息，2014(08).
[4] 陈星霖. 农业信息化对农业经济发展的影响及促进作用[J]. 北京农业，2014(12).
[5] 楚琼湘，曹虎山. 农业现代化背景下湖南省农业信息化发展现状与建议[J]. 湖南农业科学，2014(2).

把握战略机遇期　加快发展江苏农村电子商务产业

纪习尚

（国家统计局南京调查队）

摘　要：农村是下个五年我国电子商务发展的“蓝海”。发展农村电子商务，加快农产品进城，让农民享受城市人的网络消费服务，是实现农业现代化的必由之路。本文通过分析江苏农村电子商务发展的现状和存在的问题，并与先进地区的成功模式相比较，提出了江苏省发展农村电子商务的路径建议。

关键词：农村；电子商务；江苏；物流

“农村电子商务”，是指“三农电子商务”，即农业、农村、农民的电子商务，主要包括农村信息基础设施、物流体系建设，农业标准化和产业化，农产品在线销售，农资和消费品的网上采购等。2015 年中央一号文件《关于加大改革创新力度加快农业现代化建设的若干意见》指出：“支持电商、物流、商贸、金融等企业参与涉农电子商务平台建设”，“开展电子商务进农村综合示范”，显示了中央对发展农村电子商务的高度重视。农村电子商务是实现农业现代化的重要抓手，对农业现代化的引领作用明显。对加快农业转型升级，促进农村青年创业就业，带动农民增收，提高农民生活水平等具有重要意义。

我国电子商务产业发展迅猛，目前已经超过美国成为全球最大的网络零售市场。据商务部数据，2014 年前 3 季度，我国电子商务交易额达到 8.6 万亿元，同比增长超过 20%；网络零售交易额达到 1.8 万亿元，相当于同期社会消费品零售总额的 9.6%[1]。但我国农村电子商务发展的整体水平相对落后，据统计，2013 年我国农产品交易总额约 4 万亿元，只有 20% 是通过电子商务实现的；据阿里巴巴提供的数据，2014 年“双十一”，农村消费仅占全部消费额的 10%[2]，农村电子商务的发展有很大的想象空间。

一、江苏省农村电子商务发展现状和问题

江苏位于长三角经济区，2013 年，长三角地区电子商务交易额已达到 4 万亿，在全国占比 39.5%，是中国电子商务发展的核心区域。江苏经济发达，腹地广阔，具备发展农村电子商务的良好土壤，2013 年全省电子商务交易额在约 1.2 万亿元，网络零售额约 1 800 亿元。但从目前情况看，江苏省电子商务情况并不乐观：

(一) 省内比较,城乡差距大

江苏地势平坦,人口稠密,经济基础好,城镇和农村居民收入在全国排前列,农村居民购买力高。但与城市相比,农村电子商务发展水平较低。一是物流"最后一公里"问题尚未解决,物流配送是电子商务的基础工程,但大多数快递企业只配送到县城或乡镇驻地,很多农村地区还是物流盲点;二是网购基数低,根据抽样调查数据,2014 年,城镇常住居民人均网购支出是农村居民的 6.2 倍。电子商务城乡差距较大。

(二) 全国比较,处于第二梯队,与经济发展水平不相符

与京、浙、沪等电子商务发达地区相比,江苏省电子商务不占优势。缺乏淘宝、天猫、京东等一流品牌,规模较大的电商仅有脱胎于家电销售企业的苏宁易购一家。2014 年第 3 季度中国网上零售 B2C 市场交易规模前十的电子商务企业,从总部所在地看,位于北京的有 5 家,上海的 2 家,江苏只有苏宁易购一家;从总的市场份额看,浙江占 52.0%,北京占 22.5%,江苏只占 5.1%[3]。江苏省 GDP 居全国第二位,电子商务发展水平与发展水平不相符。

(三) 农村电子商务未达连片发展的态势

江苏省重视农村电子商务的发展,政策层面,2014 年下半年,江苏省出台了《关于加快电子商务发展的意见》,明确提出"扶持农村电子商务加快发展"。为加快发展农村电子商务,开展了"电子商务进农村"示范县和示范村工作,共确定了 7 个示范县,18 个示范村,通过示范村的经验提供和带动作用,促进全省农村电子商务的发展。但从整体看,农村电子商务尚呈自发发展的态势,虽然有徐州的木制家具、苏州的大闸蟹等一些聚集带,但规模不大,尚处于点状发展阶段,未呈连片发展的态势。发展水平也不高,一是缺乏龙头企业,二是缺乏创新型的本地化垂直化电商。

二、我国农村电子商务的已有模式分析

电子商务是新兴产业和高端服务业的重要组成部分。得益于我国经济社会的快速发展,短短十年间就创造了一个巨大的产业,造就了阿里巴巴、京东等世界知名企业。在城市电子商务增长放缓的情况下,农村成为下个十年电子商务发展的爆发点,各地政府以及企业进行了一些积极探索,形成了一些成功的模式:

(一) 企业主导的本地化电商——遂昌模式

遂昌县是浙江省西南部的一个山区县,交通不便,物流成本高,靠现有的"四通一达"等民营快递企业自发提升物流水平不太现实。遂昌模式是龙头企业主导的本地化模式,由成立于当地的浙江赶街电子商务有限公司自建网点,与不建设实体渠道的"轻模式"相比,是一种"重模式"。其整体架构包括县级运营中心,村级电子商务服务点两层。前者负责一县的物流分拨、快件集散、业务管理、村级服务点的培训等,一般采取自营模式。村级服务点采用租用门面或与小超市合作的方式,配

备联网电脑，聘用专业人员，为所在村提供快件收发、网络代购、农产品代售、话费充值等服务。这种模式通过自建县村两级物流节点，对快件进行再集散，一定程度上克服了农村物流配送在空间和时间上“密度低，成本高”的劣势；通过村级服务点，打破了农村电商的“信息化”和“消费习惯”障碍。从发展情况看，截至 2014 年 11 月底已建成村级服务站 1 100 多个，县级服务中心覆盖浙江省 13 个县市区，并扩展到四川等全国十余省份。

（二）政府机构主导的新乡“合作社”模式

与浙江等电子商务发达地区具有广阔的创业土壤不同，位于中原的河南省新乡市缺少自发启动农村电商的本土企业。市场资源难以配置时，政府应该适时扶持和引导。这一模式由“新乡市美丽乡村农民专业合作社”主导，由县级物流仓储中心和村级电子商务服务点组成。物流体系建设采取自建＋合作的方式，商品先配送到自建的县级仓储中心，然后由第三方物流公司、乡村巴士等运输到自建的村级网点，合作社对到村级网点自提的村民提供一部分补贴，用复合物流的方式平衡了成本和时效；村级电子商务服务点的功能与“遂昌模式”的村级服务点类似，配备上网设备，提供网购培训、农资和消费品代购、农产品代售等，是功能较完备的双向电子商务服务点。

“合作社”模式整合了农资销售商，平台开发商、物流等资源，由于可以借用“合作社”已有的渠道和人脉资源，具有先天的优势。囿于物流体系建设，目前只服务新乡和鹤壁两个地级市。截至 2014 年底，已设立村级网点 300 多个。

采取政府主导模式的还有浙江省的“电子商务进万村工程”，由省商务厅牵头，选择一家企业具体实施农村电子商务服务业平台的建设运营。

（三）电商巨头的“乡村代理人”模式

2014 年以来，各大电商加紧布局农村市场。在电商企业中排名第二的京东商城从 2015 年初起，农村电子商务战略提速，渠道下沉至农村地区。京东的农村电子商务战略分为两个体系，第一个体系是合作模式的“京东帮”服务店，一般以县为范围，提供大家电的物流、安装、维修服务；第二个体系，也是京东农村战略的核心体系是“京东县级服务中心”和“乡村推广员”模式，县级服务中心负责一县的市场营销、物流配送、产品展示，推广员的招募培训等；乡村推广员负责向一村的农民进行“电商布道”，负责培训电子商务技能，代客下单等。由于京东商城采取“自营物流、自营采销体系”的经营方式，乡村推广员除了宣传品牌，促进销售外，还可以将优质农产品引入京东销售。

与前两种模式比，京东在村一级没有建设网点，而是采用了“代理人”方式，是一种较轻的模式。

（四）“品牌代理”的通榆模式

吉林省通榆县拥有优质的杂粮、杂豆等农产品资源。与自建平台、自建网点的经济发达地区相比，通榆采用了一种更“轻”的模式。即委托一家企业，将通榆的优质农产品以代理或者贴牌的方式,在全国各个主要电子商务平台包括淘宝、天猫、京东、一号店等销售。这种方式避免了平台、物流、网点建设的投资,见效快。但只是一种单向电商,侧重于"农产品进城",对"消费品下乡"仅具有拉动作用。

表一　四种模式的比较

	主导方	主要特征	自建物流网点	覆盖范围	投资情况	电商模式
遂昌模式	企业	县级服务中心,村级服务站	是	全国	大	双向
新乡模式	政府机构	县级仓储中心,村级服务点	是	本市	大	双向
京东模式	企业	县级服务中心,乡村推广员	是	全国	大	双向
通榆模式	政府	代理销售	否	全国	小	单向

三、江苏省进一步发展农村电子商务的路径建议

江苏省发展农村电子商务具有三大优势。一是地理优势。江苏省平原面积占全省面积的70%以上,山地丘陵仅占不到10%,地势平坦,交通便利,物流成本相对较低;二是购买力优势。江苏省常住人口达7 939.49万,2014年全省人均生产总值居全国各省区首位,城镇居民人均可支配收入居全国第4位,农村居民人均可支配收入14 958元,居全国第2位,消费基础广阔,农村购买力较强;三是信息化基础优势。2013年末,宽带接入用户为1 431.5万户,每百户农民家庭拥有电脑36.5台,移动电话218.8部[4],具备电子商务发展的信息化基础。

将江苏省实际情况与本文讨论的"遂昌"、"新乡"、"京东"、"通榆"等四种模式进行SWOT分析,提出如下建议:

(一) 大力支持第三方"物流中转站"网络的建设

农村地区物流包裹密度低,平均配送距离长,单件包裹配送成本高于城市。电子商务发展的三要素:物流、信息化基础设施、消费群体在农村地区都要培育。建议加大乡镇、中心村"物流中转站"的建设,由第三方物流企业在一县、一地或者跨地区综合布局中转网络,延伸配送范围。各家快递企业的包裹配送到中转站后,由中转站重新组合,统一配送到村。政府对"物流中转站"提供税收,土地占用费优惠等方面的扶持政策。

(二) 加快农产品标准化、产业化步伐

据支付宝2013年度数据,江苏居民网上支出额列全国第五位,网络消费百强县前十名江苏占四席,消费力强。但与浙京沪等电子商务发达地区相比,电子商务的销售侧偏弱,缺乏龙头企业和创新型企业。农村电商要走产业化之路,必须提高标准化农产品的供应能力。江苏省有阳澄湖大闸蟹、高邮咸鸭蛋、南京雨花茶等一

大批特色农产品，建议农业和质监部门加快农产品标准化建设，制定标准，增强标准化农产品的供应能力。鼓励苏宁易购、焦点科技等大型电商企业等企业加快下乡步伐，创建一批优质农产品品牌。

（三）吸引更多高端电商人才来江苏农村创业，建设农村电子商务示范区

人才是发展的基础。电子商务作为高科技产业，人才尤其重要。“遂昌模式”的实现，正是因为有到本地创业的互联网科技人才。建议结合江苏省“333 高层次人才培养工程”，加大电子商务科技领军人才、科学技术带头人的引进力度。根据电商领域薪酬相对其他行业高的特点，给予更大的资助和扶持力度。结合省商务厅开展的农村电子商务示范县、示范村工程，鼓励和支持电商创业人才建设农村电子商务示范园、示范区等。

（四）借助“科技孵化器”，扶持创新型、灵活型农村电子商务产业

电子商务，尤其是农村电商目前正处于快速发展期，机会较多，突破口也较多。应该抓住有利时机，从办公场地、项目启动资金、税收优惠等方面，鼓励 90 后、80 后等青年科技人才投身农村电商的广阔蓝海，以高端、精细化农产品销售为突破口，建设一批“小而精”的农村电商企业。应学习吸收先进地区的经验，为我所用，如武汉的垂直农产品电商“攻城蛋”，只卖一种农产品——有机绿壳鸡蛋，以城市的高收入群体为目标客户，取得了不俗的业绩。

（五）加强和大型电子商务企业的合作，争取创建“农村电商示范省”，促进农村电子商务产业整体发展

密切关注淘宝的“千县万村”、京东的农村电商战略发展情况。2015 年这一农村电商大发展之年，抓住各家电商正在加紧布局农村的有利时机，主动沟通，推介江苏农村电商在地理、购买力、信息化基础设施上的自然禀赋和发展优势，争取将江苏全省作为各大型电商的“农村电商示范省”，整体推进农村电商发展水平。

（六）发挥农民合作社优势，加快农产品进城步伐

农民个人一般不具备将农产品搬上网上销售平台的能力。农民合作社作为农业经营户的共同体，具备整合农资购买、农产品供应等要素优势。借鉴河南省新乡市美丽乡村农民专业合作社的模式，政府搭建桥梁，对接合作社和大型电商企业，充分发挥合作社产销两方面的优势，让优秀农产品进入电商平台销售。

参考文献

[1] 商务部. 2014 年商务工作年终综述之十七：完善环境 促进应用 推进电子商务持续健康发展.

[2] 阿里研究院. 农村电子商务消费报告.

[3] 易观智库. 中国网上零售市场季度监测报告 2014 年第 3 季度.

[4] 江苏省统计局. 国家统计局江苏调查总队. 2014 年江苏统计年鉴.

加快农业信息化建设　助推现代农业特色发展

——以苏州市样本为例

李　静　桑　前

（九三苏州高新区基层委员会）

摘　要：走中国特色农业现代化道路，是党中央作出的重大战略决策。农业信息化是现代农业的一项重要内容。本文分析了苏州农业信息化的现状及问题，研究农业现代化进程中如何充分利用信息化手段，让现代农业更好地服务于政府的决策管理，服务于市民的食品安全，服务于农民的增产增收，对农业信息化建设提出了对策建议。

关键词：农业；信息化；现代农业；质量检测

走中国特色农业现代化道路，是党中央从全局出发，针对农村发展的新情况、新变化、新形势、新任务顺势而为作出的重大战略决策。十八大报告提出："坚持走中国特色新型工业化、信息化、城镇化、农业现代化道路，推动信息化和工业化深度融合、工业化和城镇化良性互动、城镇化和农业现代化相互协调，促进工业化、信息化、城镇化、农业现代化同步发展。"研究农业现代化进程中如何充分利用信息化手段，让现代农业更好地服务于政府的决策管理，服务于市民的食品安全，服务于农民的增产增收，具有现实意义。

一、农业信息化的作用

现代农业是质量效益型、集约型农业，必须在保障必要数量平衡的基础上，优先质量和效益，以增强农业产业的市场竞争力。现代农业建立在资源环境可持续发展的基础之上，依靠现代科技，获得较高的土地产出率、资源利用率和农业劳动生产率。现代农业不仅包括第一产业领域（种植业、养殖业等），而且包括农产品生产、加工流通、农村工业、社会服务、文化产业等多种产业集群。它不是通常所说的第一产业，而是真正意义上的产业链系统，实现了种养加、产供销、贸工农一体化的高度组织化、规模化生产，产业功能由单一生产功能向集生产、经营、服务等多功能方向转变。

近年来，信息技术在农业领域的广泛应用，使农业在生产、经营和管理上都产生了重大变革，转变了农业生产方式，促进了农业生产力的提高，农业信息化已成为现代农业中一项重要内容。

1. 加强农业信息化建设是发展现代农业的重要内容

农业信息化是现代农业的重要标志，在驾驭农村市场经济中处于前置性的基础地位。利用现代信息技术和网络开展有效的信息服务，可以使农产品顺利进入市场，进而实现农业增产、农民增收。用现代信息技术全面改造和装备农业，对农业生产的各种要素进行数字化设计、智能化控制、精准化运行、科学化管理，能够降低生产成本，提高产业效益。利用信息技术汇集、处理动态经济信息，为宏观决策和管理提供支持，可以促进政府职能转变和业务职责优化重组，以现代经营管理理念，实现管理与运行机制的现代化。

2. 加强农业信息化建设是建设社会主义新农村的迫切需要

在新农村建设中，不仅农业生产需要信息化，农村的政治、经济、文化、社会等都离不开信息化建设。从农业生产方面看，现代信息技术可以指导生产者、经营者、管理者提高生产效益。从农民生活方面看，借助多种信息传播媒体可以提高农民生活素质。从农村管理方面看，通过建立面向基层的电子政务系统、小城镇信息化管理系统、农村社区管理信息系统等可以提高乡村基层政府的执政能力和办事效率。

3. 通过农业信息化建设，可以消除城乡之间信息占有和利用的差别，建立城乡之间信息传递、互动、交换的平等关系

通过运用信息技术，可以使有限的农业资源得以优化配置，有助于推动传统农业的升级改造，提高劳动生产率。通过建立农业信息网络平台，搭建政府与农民沟通的桥梁，可以使农民及时、方便地获得政府提供的公共服务，使他们搭上“信息快车”，走上“信息高速路”。做到足不出户，能知天下事，能使他们产品走出去、技术引进来、钱袋子鼓起来，使他们真正感受到信息化、数字化的温暖。真正使农民和农村在农业信息化建设中受益。

二、苏州农业信息化的现状

随着我国信息业的快速发展，现代化农业信息工程日益受到人们的重视，农业信息和农业信息技术是现代农业信息化的核心，是农业现代信息化的重要标志。充分利用农业信息技术是推进我国农业现代化进程的重要手段和有力措施。“十一五”期间，苏州农村信息化发展迅速，建成开通农业（农林、水产）门户网站 9 个，市级专业网站 3 个，实现农业信息网络“镇镇通”，并且大部分上网乡镇都达到农业部规定的乡镇农业信息服务站“五个一”标准。苏州大力推进“信息进村入户”工程，实现了“新农村建设带动农村信息化、农村信息化促进新农村建设”的双向互动，取得犷显著的经济效益和社会效益。

苏州市始终坚持按照城乡一体化发展的新要求，把现代农业作为一项基础产

业、不可替代产业和生命产业，作为率先基本实现现代化、提升经济社会全面协调可持续发展水平的重要内容。目前，苏州市已经完成的信息化系统有：农产品质量检测系统、动防报送系统、森林防火系统、水生动物疫病远程会诊系统、海洋渔船定位监控、农业项目管理系统、办公自动化系统和短信系统。下面简要介绍几种系统：

1. 农产品质量检测系统

该系统为大型的、上规模的农田或合同农户建立了农田电子档案，实现了有机生产的产前提示、产中预警和产后检测，通过将各生产企业数据汇集到农业管理部门，构建平台数据库实现了二维码扫描、短信、上网等方式的检测，从而保证了产品的质量。

2. 水生动物疫病远程会诊系统

由安装有摄像头的三目显微镜、电脑及网络组成。将采集到的水生动物病害标本置于显微镜下摄影，连同病害数据通过系统发送到国内鱼病防治专家，并自动以手机短信提示，专家们将收到图像、资料及时做出诊断，并提出防治建议。

3. 农业项目管理系统

为了提高科技项目管理水平和管理效率，使科技管理走向信息化、科学化，建设完成了农业项目管理系统。该系统包括科技计划管理、科技成果管理、科技人力资源管理、项目查询统计管理和项目信息和申报指南发布等内容。

三、苏州农业信息化存在的问题

苏州市农业信息化工作取得了可喜的成绩，具备了一定基础，但农业信息化建设明显存在地区间发展不平衡，面向农村、农民的科技市场信息服务不到位等问题，还不能够完全适应现代农业和农村经济发展的要求。

1. 农业信息化基础设施薄弱，投入不足

苏州市农业信息化设施建设已有了一定基础，但县、乡、村信息化基础设施仍比较薄弱，投入不足问题突出，运行经费的不足也限制了信息资源的深度开发、信息服务的广泛开展和技术设备的充分利用。

2. 农业信息化顶层设计缺位，管理亟待加强

苏州市虽然已经在信息化方面取得了很多成绩，但在农业信息化方面还缺少顶层设计，管理机构的职能还亟待加强。同时，由于农业信息化人才资源不足，许多工作无法全面系统地开展。

信息资源缺乏有效的整合开发，共享程度低，大量农业信息处于部门所有、相对封闭的分散状态，在信息分类分级、指标术语、收集渠道和信息应用环境等方面还没有形成统一的标准体系，信息结构不合理，存在重复开发问题。

3. 农业信息化服务队伍不健全，缺少服务体系

农业信息人员整体素质较低，队伍建设滞后，难以满足推进农业信息化的要

求。全市的农业信息资源开发利用需要一支过硬的队伍作保障。信息服务机构虽然已经建立起来,但多数为兼职人员,全面开展农业信息化服务的能力和水平有限。这些农业信息工作机构还没有充分发挥其决策协调作用,社会各界对发展农业信息化的认识不够充分。

4. 农业信息化建设偏重基础建设,缺少软件服务

当前农业信息化建设偏重基础建设,对农业信息化建设的重要性、紧迫性、艰巨性、复杂性、长期性和系统性缺乏足够的认识。在农业信息化建设过程中,没有重视软件服务。信息发布渠道不畅,政府市场监管和服务能力不强,广大农民难以获取有效信息服务。

另外,农民收入水平、整体科学文化素质较低,组织化程度也不高,加大了农业信息化普及的难度。

四、农业信息化建设的对策建议

根据我国"十二五"农业信自北发展的指导思想和发展目标,结合苏州市农业信息化的现状和存在的问题,提出了总体需求和体系框架。

1. 信息化推动现代农业特色发展的总体需求

(1) 进一步满足服务农民增收的生产信息化与电子商务需求。以大田作物、设施农业园艺蔬菜和果树、特色经济作物等为对象,重点利用物联网等现代信息技术,围绕农情监测、精准施肥、智能灌溉、设施农业生产、温室智能管理、病虫草害监测与控制等方面的信息化需求,加快物联网技术在畜禽养殖、水产养殖、温室大棚和露地作物栽培等领域的示范应用,实现动植物生长环境远程监控可视化、管理决策智能化、生产控制自动化、农产品电子商务普及化,促进农业市场和产业链形成。推进农产品电子商务进程,树立电子商务诚信标杆企业,促进优胜劣汰,加大电子商务培训力度,形成一批农产品电子商务示范区。

(2) 进一步满足服务市民的农产品质量安全保障与追溯需求。以种植业、养殖业的产物为对象,重点利用智能感知、无线传感、智能控制等现代信息技术,把监管数据通过市民容易接受的移动终端(手机)发布,让市民买到安全可靠的农产品,实现农产品质量全过程追溯,让市民吃得安全,吃得放心。同时地方特色农产品的质量安全保障与追溯更有显著的示范作用,在彰显地方特性的基础上,以点带面,增强全市农产品质量安全保障能力。

(3) 进一步满足服务政府的资源使用监管、执法与管理需求。政府在现代农业管理中起着重要的保障作用。构建市级总控中心、现代农业数据中心,落实农产品和药品准入证和准出证制度,开发土地资源监管、农产品质量监管、现代农业执法系统,能有效提升农业行政管理效率以及服务"三农"的能力和水平。

2. 信息化推动现代农业特色发展的体系框架

加快推进物联网等新一代信息技术在农业上的应用,积极发展智慧农业、感知

农业、进一步提高农业劳动生产率、土地产出率和资源利用效率，提升农业生产信息化水平，加速传统农业向现代农业转变。

(1) 农业地理信息系统。包括：①农业地理信息系统。以计算机技术为基础，以遥感技术、地理信息技术、北斗全球定位技术、人工智能技术和网络技术为支撑，通过对农业基础数据的采集和整合，实现对农业资源动态监测及产业分布的全方位直观展示，为农产品质量监管、农产品产销对接等各类应用管理系统提供基础公共数据、资源分布定位和空间分析服务。②农业无人机系统。以动态巡查的方式与现场勘查来监测农业资源使用情况，满足当前国土、农林、环境等时间缩短、分辨率提高、常态化发展的动态监测需求。

(2) 农产品质量监管系统。包括：①基地(农业产业园)监管系统。由监控现场、主控中心和远程管理三级组成，主要供管理者掌控温室大棚、养猪场内的实时情况，对突发紧急情况进行远程调度指挥。②特色农产品监管系统。通过物联网的传感器技术采集所需检测环境的参数，使用无线网络把参数传输到远程数据服务器，针对大气、水质、农业资源环境的各种参数变化构建评价指标体系。采用物联网技术，实现远程、自动、实时的资源环境参数采集，以便对特色农产品的生长进行监管，并对突发农业资源环境污染状况做出预警。③农产品质量追溯系统市民客户端(APP)系统。采用移动互联网技术，在现有屠宰厂、蔬菜批发市场、菜市场、超市、团体采购单位等肉类蔬菜追溯系统的基础上，市民采用移动终端设备(手机、iPad 等)实现对农产品质量的可追溯功能，实现"从农田到餐桌"的质量追踪管理和全程质量控制。

(3) 农产品产销对接系统。包括：①面向"淘宝、京东"等电子商务平台的官方服务系统。建立面向农产品电子商务的第三方监管服务平台，推介优质地产农产品，规范网上业务的开展，提供完善的安全保障、安全的网上支付和有效的管理机制，真正实现面向电子商务平台的产销对接模式，让网络手段更好地为农民所用，增加农民收入。②农产品价格指数官方发布系统。在公共场所位置设立数字媒体播放器，连接各种显示设备，如液晶电视、液晶显示器、等离子电视、LED 屏等，发布农产品价格、农业示范区展示等各种类型的多媒体信息。③特色农产品 O2O 交易系统。基于 O2O 营销模式设计，以企业内部管理为纽带，将线上交易(online，电子商务系统)和线下交易(offline，加盟连锁店经营管理)连接起来，实现线上交易线下服务，线下交易线下结算，统一会员管理、统一配送管理、统一销售管理、统一业务流程，提升特色农产品品牌商的市场价值，增加加盟商收入，为消费者提供优质服务。

(4) 现代农业执法管理系统。优质的执法管理有利于现代农业的持续发展，有利于减少人力和物力投入。农业执法部门建立一套便携移动化、覆盖全面化、综合查询化、高效管理化的农业执法管理系统，可以很好地融合诸多移动办公、监察执法、综合信息查询等功能，全面规范执法流程，实现信息的快速共享、传输和管理，建立完备的农产品执法监督体系，提高执法水平。

(5) 农业物联网应用示范系统。加快物联网技术在水稻种植、阳澄湖大闸蟹养殖、食用菌种植、东西山茶叶种植、果园精细化种植等苏州特色的不同农业领域中的示范应用，实现动植物生长环境远程监控可视化、管理决策智能化、生产控制自动化、农产品质量监督管理全程化，促进农业物联网应用市场和产业链的形成。

(6) 信息服务综合管理系统。结合省级、市级和县级农业管理单位在农业管理等方面的需求，坚持以满足市民对信息的基本需求为重点，以促进农业和农村经济发展及农民增收为目标，设计集信息采集、发布、处理、存储、开发应用为一体的综合应用系统，为农业决策部门、管理部门、行业协会、普通农户和有关机构提供农业资源管理与决策支持手段，为社会提供全方位的农业信息服务，全面提升农业信息资源整合共享水平和面向"三农"协同服务能力。

3. 加强培养农业信息技术人员和农技推广队伍

加快农业信息技术人才的培养，各农业院校建立农业信息的专业，开设农业信息技术与管理的课程，或者举办农业信息技术的培训班，培训各种水平的农业信息技术人才。有条件的普通中学、职业中学、农业技术学校应开设计算机应用基础课及农业信息检索与服务课，利用短期培训等形式对农业科技人员、农民技术员和文化程度较高的农民进行培训，使他们成为能够为农业信息化建设贡献一份力的专业技术人员。要进一步稳定农技推广队伍，积极发展农村教育特别是职业技术教育，培育农业技术人才，促进农业科技成果迅速转化为生产力，使农业从传统的粗放的劳动密集型向集约的技术密集型转变。在农业经济技术中，以农、机、电一体化和生物工程技术为突破口，带动农村信息技术和一系列相关的适用、实用技术产业的发展，提高农业产业的信息含量和技术含量。在农村教育中，要充分利用广播电视、刊物出版、农业信息网络以及因特网等先进的信息技术手段，提高农民的科学文化素质.

江苏特色农产品网络营销瓶颈与对策研究

乔维德

（无锡开放大学）

摘　要：特色农产品开展网络营销可以扩大市场时空范围，加快特色农产品的流通，提高特色农产品的竞争力。从网络营销意识、网络营销设施配备、网络营销人才、网络营销物流配送、网络营销安全等五个方面对江苏特色农产品网络营销存在的问题进行分析，并针对存在问题提出加快建设特色农产品物流基础设施、加强特色农产品网络营销者培训、塑造特色农产品网络品牌、加强农产品网络营销保障建设等建议与对策。

关键词：特色农产品；网络营销；瓶颈；对策

大力发展特色农业，推动特色农产品向优势产业转化，是实现农民增收的一条有效途径，也是转变农业发展方式、优化农业产业结构、提升农产品市场竞争力的重要举措。因此，如何帮助农民推销特色农产品是当前各级政府面临的难题。随着互联网技术的日趋成熟，电子商务已成为 Internet 应用中最为重要的领域，网络营销正在蓬勃发展。江苏作为全国经济发展大省，各区域的特色农业在不断发展壮大，由于江苏区域内独特的自然气候条件以及独一无二的耕作与养殖方法等，形成了丰富多样的特色农产品，如阳澄湖大闸蟹、盱眙龙虾、阳山水蜜桃、东台西瓜、泗洪大枣等。但因为受历史和传统因素影响，我省的多数农产品市场并未及时适应市场经济发展"新常态"的需要，仍采用传统农产品营销管理体制，没有及时有效转变营销模式，再加之特色农产品生产带有季节性、区域性和分散性，从而导致特色农产品与市场需求存在一定的脱节，难以又快又好地满足广大消费者对特色农产品的多样化、优质化和动态化需求。江苏省大宗农产品产量大，区域特色农产品种类多，农产品流通销售压力大。2014 年，江苏省提出农业信息化工作要聚焦农产品电子商务，拓展网上营销新渠道的思路。大力发展特色农产品电子商务，可以充分利用互联网推展特色农产品的信息传递，减少特色农产品流通环节，降低农产品交易成本，增加农民收入，促进江苏农村经济的发展，推进江苏新农村建设。

一、江苏特色农产品网络营销瓶颈

（一）特色农产品网络营销意识薄弱

近年来，虽然电子商务已经得到越来越多人的认同，但是，农产品网络营销的发展过程相对还比较缓慢。对于特色农产品网络营销，很多农产品经营者及消费者还没有完全接受。对于农产品生产者和经营者来讲，采用网络营销需要一定的资金和技术投入，而且网络营销市场还有一段时间的市场培育阶段，短期利益不明显；对于消费者尤其是中老年人来说，一些特色农产品因保质期短和产品差异大等因素，消费者对网络有不信任感，习惯于在农贸市场或者超市购买，不太关注网络上的特色农产品销售消息。通过调查和不完全统计，全省仅有二成的农产品实行了网上推销，且仅限于阳澄湖大闸蟹、南京盐水鸭等少数富有江苏品牌特色的农产品。而大多数特色农产品企业仍然采用传统的营销方式，有不少企业开展的网络营销也仅仅停留在网上宣传的较低层面，特色农产品网络营销的总体成效不大。

（二）特色农产品网络设施配备不足

目前，美国约 2/3 农民人均拥有一台计算机，因农业生产需要每周上网时间平均不少于 2 小时。近年来，江苏省信息网络基础设施得到了较大改善与发展，但网络设施在农业上的投入明显不足，尤其是山区及经济欠发达农村地区，受制于地方经济社会发展水平滞后、互联网接入条件不足、硬件设备落后等因素，大多数特色农产品生产者与经营者，甚至农民专业合作社、农业龙头企业，计算机和网络的配备水平还远没有达到实现农产品网络营销的标准，制约了特色农产品网络营销的发展。

（三）特色农产品网络营销人才匮乏

由于特色农产品的经营场所主要处于乡镇或农村，经营规模较小，很多都是家庭作坊式的。农产品经营者对网络营销缺乏足够的了解，主要精力仍集中在传统营销工作中。在这样的环境氛围中很难培育真正的网络营销人才，也无法吸引真正的网络营销专业人才来此工作。所以，随着传统农产品营销模式向现代农产品网络营销模式的转变，传统的农民和农业企业也需要向现代“网农”和“线上营销”转变。但目前江苏省农村劳动力文化程度总体不高，真正懂信息、懂科技，具有特色农产品知识又富有网络营销理念及经验的现代专业人才很少。据调查显示，江苏区域尤其是农村地区，网民的年龄结构普遍偏低，而且大部分以学生为主，这些学生当中几乎没有人是真正从事或愿意从事农产品生产及销售的。部分具有现代营销理念的农产品经营者表示知道网络营销，但对网络营销误解并等同于网络销售，对网络营销不够重视或者不知道该从哪里着手。当前大多数的农业企业都认为网络营销人才匮乏是制约特色农产品电子商务发展的主要因素和最大困惑。

（四）特色农产品物流配送体系不健全

物流配送是开展网络营销的重要环节，农产品网上销售必须借助传统的物流才能将其送至消费者。由于农产品需要保鲜，易发霉腐烂且不易保存等特点，所以，实现特色农产品网络营销的关键是要建立高效率、低成本的农产品物流配送系统。但从当前江苏省的特色农产品网上销售情况来看，部分地区的特色农产品物流发展还相对滞后，物流配送效率不高，第三方物流不能全面覆盖江苏的乡镇和农村，省内有的县域特色农产品在采摘、运输及存储等物流环节的损失较大。而且目前物流基本都是常温物流，这对于有保存温度要求的大部分特色农产品的远距离运输带来了较大的难度。

(五) 特色农产品网络营销安全性不高

网络营销必须以信用为基础，而目前农产品网络交易主体的信用程度不是很高，网络上的交易还缺乏一定的监管体制。在交易中时常会出现欺诈、拖欠货款及农产品质量等问题。农产品电子商务中的网络经常会受到病毒的攻击，网上银行账号和密码有可能被网络间谍软件盗取，加之相关法律法规不健全，网络安全问题已成为影响特色农产品网络营销的制约因素。

二、江苏特色农产品网络营销策略

(一) 加快建设特色农产品物流基础设施

特色农产品的网络营销离不开物流，而物流在很大程度上依赖于特色农产品的交通运输、仓储等基础设施建设。首先，政府要继续加大对交通基础设施的投入，解决省内公路交通网在各地区间的发展不平衡瓶颈，重点改善作为特色农产品重要输出地的苏中和苏北农村地区的道路状况，保证特色农产品及时、便捷地从田间地头安全运出。其次，加强特色农产品储存及冷藏设施的研发，引进国外先进运输设备和技术，发展各种特色农产品专用运输车。加强保鲜冷藏库的建设，确保冷藏农产品的质量。再次，在农村地区创建快捷、高效的综合型农产品物流配送中心，以实现江苏特色农产品向全省、全国乃至国外的专业配送。

(二) 加强特色农产品网络营销者培训

要推进观念创新，积极利用广播、电视、墙报、黑板报、农村书屋等途径，广泛宣传网络知识在农产品生产经营中的作用，充分彰显农产品网络营销人才培养的重要性和紧迫性。加大农产品网络营销人才的培训力度，动员社会力量共同培养农产品网络营销人才。全省各地区应结合农民培训、科技入户、职业农民培育等工作，多举办由农产品经营人员参加的农产品电子商务培训班。大力发展农村职业技术教育，充分利用本地区的高职院校的教学资源，分批组织农民进行学习，开展特色农产品网络营销培训，提升农民应用网络技术、计算机技术和商务技术的能力，从而创造条件鼓励并吸引广大农民主动参与特色农产品的网络营销。此外，江苏省内的普通高校以及高职院校应高度重视农产品网络营销人才的培养，要将专业设置与产业结构进行有效对接，把电子商务专业人才培养与区域农产品营销结合起来，从而为我省农业企业和特色农产品电子商务发展提供应用能力强的网络营销专业人才。

(三) 塑造特色农产品网络品牌

目前，江苏的农产品网络品牌数量相对全省的经济发展水平而言仍显不足，因此，江苏迫切需要打造更多更优质的特色农产品网络品牌。为适应特色农产品网络营销发展的要求，政府应加大对农产品标准化建设的投入，积极实施特色农产品品牌战略，把标准化生产和管理引入特色农产品生产和网络销售的全过程。可以根据消费者需求变化，依托各地特色农产品历史悠久、源远流长的文化底蕴，在特色农产品品牌培育中，注入当地浓厚的人文、风土气息，塑造特色农产品品牌的个性特色，丰富特色农产品品牌的文化内涵，提升特色农产品品牌的核心价值。各地区可定期举办农博会、农产品贸易洽谈会、招商会等形式进行特色农产品区域品牌的宣传和推广，并充分利用具有国内或国际影响的“南京国际梅花节”、“扬州烟花三月经贸旅游节”、“无锡太湖国际樱花节”、“金湖荷花节”等平台实施特色农产品的整合营销，推介网络营销整体项目，还可运用区域品牌及其包含的资本进行发展、延伸，结合产业和产品档次，突出江苏特色农产品区域品牌的核心价值和“兼容性”，树立美好的特色农产品区域品牌形象，提升江苏特色农产品品牌的知名度和美誉度。

(四) 加强农产品网络营销安全保障

目前，在江苏各区域农产品网络营销的现实状况中，用于网络营销的电子商务信息平台有的是政府部门建设，有的是电子商务专业院校与供销部门共同研发，也有的是农产品贸易企业自行搭建。但这些平台都是由相关部门或企业自主开发运行，并且自主进行农产品的信息发布、产品服务、网上销售、广告制作发布等网络营销行为，而缺少政府的统一组织与管理。为构建高效安全的农产品网络交易环境，保证特色农产品网络营销的安全运行，政府应充分发挥农产品网络营销中的主导作用，积极引导、扶持和推动农产品网络营销的发展。建立健全农产品信息法律法规体系，加强网络监管，建设安全可靠的网上支付系统。加快农产品的标准化示范基地和标准体系建设。制定全省统一的农产品网络营销的规范制度和市场准则，为江苏特色农产品网络营销提供完善的法律环境和制度保证。

参考文献

[1] 夏青松.宿州市特色农产品网络营销策略研究[J]. 宿州教育学院学报，2013，16(4)：62-64.
[2] 丁天明.江苏农产品物流体系发展研究[J]. 物流技术，2013，32(8)：37-40.
[3] 陶应虎.与市场经济相适应的农产品网络营销体系的构建[J]. 安徽农业科学，2010，38(24)：13478-13479.

私人定制
——农业产销模式的创新

张云松
（扬州市工商局）

摘　要：私人定制是通过QQ群、微信群、微博群等把消费者和生产者联系起来，直接由消费者在网上下订单，由农民去生产，对于所选种的品种、田间的管理、病虫害情况、施肥施药情况双方完全开放交流。这种模式是一种理念的创新，它的目的就是利用“互联网+”产生的新业态挑战原有的旧模式旧关系，倒逼出一场农业改革，从而在源头上保证我们的餐桌安全。

关键词：私人定制；“互联网+”；创新；食品；安全

最近媒体上炒得沸沸扬扬的中国游客到日本高价买大米事件，从某一个角度暴露了公众对我国农产品安全的不信任。众所周知，中国当代农业过度依赖化肥、农药，直接产生农产品质量的源头污染，间接影响到公众餐桌的安全。建立从源头到餐桌的全产业链安全，这是终极目标。近日，国务院办公厅印发《2015年食品安全重点工作安排》，对2015年全国食品安全重点工作作出部署。工作安排坚持问题导向，着力加强源头治理，强化过程监管，完善法律法规，构建统一权威监管体系，提高食品安全治理能力，切实保障“从农田到餐桌”食品安全。加强监管以及监管方式的创新，从环节中找问题其实是治标之策，理论上在从源头到餐桌这个过程中哪个环节都不能出问题，但从有关职能部门的监管经验来看，哪个环节都不能有效管控，哪儿都有可能出问题。加强农产品生产源头的管理，总是百密一疏。许多问题到了媒体曝光了，监管部门才知道出了问题。

公众对农产品质量的不信任，一方面是管理部门的监管不到位问题，一方面是普遍的社会道德问题，两者归结起来，就如柴静的纪录片《穹顶之下》里，有一个监管部门的领导关于非法改装车问题接受访问时所说：“有90%的企业都从事非法改装的时候，监管是没法进行的。”其实这也是农产品质量监管问题的困境，但我们认为这只是表象，监管永远是治标，远非治本之策，所以一定要找到问题的根源，问题的实质。这个问题的实质就是农产品附加值过低和产销体系出了问题。农产品附加值过低导致价格的差异化无法形成，使得农民的赢利空间过小，例如在我们江苏农村，青壮年劳力大都外出务工，老人一般在家里务农，这说明了务农的赢利无法成为家庭的主要经济收入。赢利空间的过小导致过度依赖化肥、农药，甚至高毒而廉价的化肥、农药，农民一般把田分为两部分，一部分自己吃的，不用化肥、农药，自称绿色环保；另一部分卖给别人吃的，尽量降低成本投入，不惜使用最有廉价最高效（甚至是国家明令禁用的）的化肥、农药。在产销体系方面，尽管有关部门积极推动家庭农场、农业专业大户等等，但总的思路仍然停留在因地制宜，能生产什么，就销售什么的传统模式上，并不能真正改变思路走向以销售定产的模式革命。

今年全国两会期间，提得最热一个词是"互联网＋"，李克强总理在答记者问的时候曾风趣地说："这使我想起最近互联网上流行的一个词叫'风口'，我想站在'互联网＋'的风口上顺势而为，会使中国经济飞起来。"其实如果我们换一下思路，用"互联网＋农业"角度去认真地思考当代农业所面临的困境，许多问题就会迎刃而解了。当然我们还要先分析另两个问题：第一个问题是中国游客到日本买大米事件，它说明了消费的个性化潮流，当今的消费者，特别是90后、80后消费者追求个性化，追求消费品的差异化。第二个问题是，互联网用户量和移动电话用户量，据国际电信联盟（以下简称"ITU"）发布《2014年信息与通信技术》报告称，到2014年底，全球互联网用户数量达到约30亿，其中2/3来自发展中国家。此外，移动宽带普及率也将达到32%。工信部公布的2014年1月份通信业经济运行情况。数据显示，1月，移动互联网用户总数达到8.38亿户，在移动电话用户中的渗透率达到67.8%；移动互联网接入流量1.33亿G，同比增长46.9%，户均移动互联网接入流量达到165.1M，其中手机上网流量占比提升至80.8%，月户均手机上网流量达到139.3M。移动互联网用户总数达8.38亿户，2G上网用户数5.28亿户。2015年的移动互联网用户量和在移动电话用户量我们虽然没有得到公布数据，但是可以肯定这些数据已处于一个上升的趋势。

当今的大多数食品消费者在价格和安全的选项之中，首选的是安全，为此不惜海外代购洋奶粉等等。尽管某些食品事件仅仅是个案，但是经过传媒的放大，渐渐变成一种全社会的食品安全信任危机。如何化解这种危机？重要的是让消费者获得知情权，有必要全环节、全流程的知情，这种知情需求在互联网的时代技术上是轻而易举就能做到的。

既然消费者对食品安全有着较高的要求，那么为什么不在源头的农作物种植上就让消费者来提要求、来监管？从这个思路出发，就是让消费潮流引导种植数量、规模和质量，说穿了就是让农业从以"推销为主"的模式逆袭到"以销定产"的模式上。以销定产可以分为以经销商定制为主的规模化的模式和以个人定制为主的小众化的模式。在调查中，我们发现在中国做一个农民确实不简单，其个人角色是风险投资者、生产者、农技员、推销者的混合。在工业社会里这些角色都是有分工的，但我国的农民却要合而为一，其实农民是最艰苦的，都是蛮拼的，但有关部门、有些专家学者们还要把农业现代化的任务交给他们，说"在农业现代化建设的过程中，最艰巨、最难的是人的现代化，是农民的现代化"，今年农业部把江苏作为农民培训推进示范省份，我们认为这是多此一举，在"互联网＋"的时代，农民会比某些农业部官员们更现代化。当下最流行的一句话就是“有钱就是任性”，既然消费者有钱难买到餐桌的安全，那么何不任性一下，提倡让消费者来“任性”地私人定制农产品？

私人定制理念的灵感来自网上一款“开心庄园之快乐种菜”的游戏，这款游戏是以农场为主题的悠闲类游戏，玩家扮演一个农场主，经营自己的农场，让自己扮演的农场主慢慢的富有起来。游戏中可收获的植物多达数十种，并且植物拥有不同的特性。除了复杂的种植系统，同时还加入了独特采摘系统，使种植过程不再枯燥，让玩家与游戏中邻居之间形成了很好的互动。这款游戏之所以风行就是抓住了城市人潜意识里对农产品安全问题的忧心，在虚拟的世界里自己种菜自己做主。当然这也是现实里的悲哀，消费者无法把握现实的选择自由，只有退缩到虚拟的世界里，以玩家的角色来回避现实的焦虑。现在，当我们用“互联网＋”的思维来重新诠释游戏和农业这两个概念的时候，我们突然发现思维完全被颠覆了，我们立即会提出这样的假设：如果让这款游戏现实化，我们是否可以坐在家里做个真正的农场主？把我们在虚拟世界里的要求直接以指令的形式发给真正在现实世界里种地的农民这未尝不是一个新的尝试。在新的模式里从源头到终端变成了消费者和农业工人（或农场管家）双向的互动关系，他们的利益联系就是定制和生产的封闭链式结构。概括起来说这就是农业的私人定制，它具有以下特点：

（1）它是“互联网＋”的农业实践化，它通过 QQ 群、微信群、微博群等把消费者和生产者联系起来，直接由消费者在网上下订单，由农民去生产，对于所选种的品种、田间的管理、病虫害情况、施肥施药情况双方完全开放交流。

（2）由于现在智能手机的功能较为齐全，技术上完全做到根据消费者的要求随时把农作物的生长情况通过图片或视频的形式上传，让群里面的成员分享。

（3）由于私人定制是小众化时代的产物，定制者的要求可能会很苛刻，这就倒逼种植者进行土壤的改良、灌溉系统的改造、新技术的引进以及自身素质的提高。在农业的现代化建设过程中，最艰巨、最困难的是人的现代化，是农民的现代化，我们认为这种现代化的推动不应该被动的，由外部的组织去灌输的，而应该是从人趋利的天性出发，让他们主动的、迫切的要求自身进行现代化的改造，而私人定制这一模式正是这种利益驱动的诱因。

（4）由于私人定制模式是定制者和种植者之间点对点的联系，它取消了种植到消费之间的中间环节，中间环节的利润可以由种植者和定制者通过互相协商分享，这极大地提高了农产品的附加值，使农业种植更加有利可图。

（5）无需担心私人定制者的个体属性使得定量过小而不适宜种植，互联网中群的作用不可小看，群内的成员呈一个开放型的结构，成员之间通过各种交流和合作，他们一提出订单肯定是最优的方案，最经济的数量。

农业的私人定制完全是互联网时代的产物，它具有广泛性和易于操作性，因为互联网技术的飞速发展，智能手机、电脑的普及为它提供了物质基础。它不仅为农业现代化注入了新的内涵，而且对国民经济发展起了积极的影响作用：

（1）促进了农村土地的整合。在群的模式里搞种植，激发了人的潜能，发挥了一部分人的聪明才智，势必会造就一些新的种植大户，这些种植大户会对土地提出新的要求，这就活跃了农村土地市场，承包、转包、抵押等多种形式的运转需求最终会推进农村集体产权制度改革的深入。

（2）由于私人定制者拒绝被污染的耕地、水源，拒绝高毒的肥料、农药，这就倒逼种植者加强农业生态治理。主动要求职能部门治理农业环境突出问题，保证农业的可持续发展。倒逼种植者加强农业面源污染治理，深入开展测土配方施肥，自觉的应用生物有机肥、低毒低残留农药，开展秸秆、畜禽粪便资源化利用和农田残膜回收。

（3）可以吸收社会资本投向农业和农村，由于群是一个开放的结构，对于在农业的投资需求方面，种植者不一定就是单一的投资者，因为互联网有互联共享的特点，只要种植者道德上可信、有一个完美和有说服力的方案，就可以在群内"众筹"到所需的资金，群里的定制者同样也是投资者。

（4）私人定制者不缺乏去田地里实地考察的热情，甚至他们还要在闲暇和家人一道去享受难得的田园风光，他们还可能进一步要求可以到农户家里住一住，或者一起参加劳动，需求产生市场，这就促进了私人农庄和农业观光产业的发展。

（5）由于种植的农产品到私人定制者手里需要物流的配送，这就加快了农村物流业的发展，因农村物流业的发展带来了大量的就业机会。

（6）许多农产品，特别是蔬菜，保鲜要求高，促进了农产品保鲜产业和冷链物流业的发展。

农业的私人定制目前只是一个设想，只是一个理念，它需要推广，而这个推广需要三个层面支撑：

一是农业主管部门。应该及时出台鼓励性的政策，建立各地土壤、气候、适宜种植作物、市场供需、农技服务等情况的大数据平台，与有关网络平台合作对各个私人定制群能实时监测。

二是基层农村组织。因为基层农村组织与农民接触多，易于在农民中宣传推广，榜样的力量是无穷的，可以采用先扶持典型，再由典型去影响他人的方式。

三是城市的社区组织。往往一个社区就是一个登记点，可以采取社区先集合居民登记数量，统一向某个种植者定制，渐次由居民自行登记定制的方法。

总之，以上三个层面的互动才能构建好农产品产销新模式，这种模式是一种理念的创新，它的目的就是利用"互联网＋"产生的新业态挑战原有的旧模式旧关系，倒逼出一场农业改革，从而在源头上保证我们的餐桌安全。

最后要指出的是本文所指私人定制的种植业同样适合于养殖业。

浅议江苏发展高效农业循环经济产业的途径

吴建敏[1]　何尧平[2]　俞　申[3]　曹雪林[4]

（1.常州市渔政监督支队；2.常州市农业委员会；
3.九三学社常州市委；4.江苏科力农业资源科技有限公司）

摘　要：通过农业持续发展、农民持续增收、农村环境优美、农产品质量安全四个层面探析发展高效农业循环经济产业是现代农业的必然选择；从政策环境、项目支撑、科技成果三个方面归纳了良好的发展基础；提出了各级政府部门应从规划引领、政策导向、法制保障等多个层面加以科学推进，具体思考了农村农业废水处理达标利用、沼气能源产业化开发利用、农业固体废弃物多级利用、设施化农业生态循环产业和城镇化阳台立体循环农业五条途径。

关键词：高效农业；循环经济；产业发展

高效农业循环经济产业（以下简称农环产业）是高效农业与农业循环经济产业的有机融合，是现代农业的一种主要表达形式。通过规模适度、合理组装、科技开发和成果转化等一系列手段，促进资源循环利用和生产优质安全特色农产品的产业，是集资源节约集约、产出高效优质、生态良好可持续的农业生产经营方式。

一、现代农业的必然选择

今年中央一号文件《关于加大改革创新力度加快农业现代化建设的若干意见》指出：国内农业生产成本快速攀升，大宗农产品价格普遍高于国际市场，如何在“双重挤压”下创新农业支持保护政策、提高农业竞争力，是必须面对的一个重大考验。我国农业资源短缺，开发过度、污染加重，如何在资源环境硬约束下保障农产品有效供给和质量安全、提升农业可持续发展能力，是必须应对的一个重大挑战。城乡资源要素流动加速，城乡土地分工基本完成，如何在城镇化深入发展背景下加快新农村建设步伐、实现城乡共同繁荣，是必须解决好的一个重大问题。我省农用地资源禀赋不足，环境污染问题较为突出，农业资源与环境制约更加明显。农作物秸秆、畜禽养殖废弃物、病死动物等农业废弃物（以下简称农废物）处理尚未有效解决，长期不当使用农药、化肥、兽药和化学添加物等农业投入品对农业生产与生态环境负面影响没有得到根本改善。因此建立农环产业体系，大力发展农环产业应成为现代农业建设的重要内容。

（一）农业持续发展的根本途径

农业持续发展必须具有可持续的生产条件和生态环境。改革开放以来，我国农业发展主要以消耗资源、牺牲生态、恶化环境为代价[1]，由于大量使用农药、化肥、农膜、兽药和化学添加物等农业投入品（以下简称农投品），造成农田土壤质量退化，动物抗药性增强。农田土壤养分元素的有效含量减少，地力下降，土壤耕作层板结，土壤团粒结构及容重结构变差，造成农田土壤种养失衡[2]；动物抗药性增强带来动物疾病频发，广谱抗菌药物用量增加。由于以上农投品的大量使用造成的农业面源污染与工业污染，使土壤和水体中的重金属等有毒物质的残留集聚严重，胁迫农田土壤和农业用水的生产能力，导致农业生产条件和生态环境的恶化。控制和修复农业生产条件和生态环境的根本途径就是通过发展高效农业循环经济产业，以农业废弃物处理高效利用为主线，以生物生态技术为支撑，大量消减化学农投品使用，促进农业可持续发展。

（二）是农民持续增收的必由之路

农民增收不仅要产的多，更要产的好、卖的好。我国农业科技发展习惯以增产为主要目标，这在短缺经济时代是必需的。目前我国大宗农产品价格在国际市场压力下提升空间不大，如何提高单位土地产出效益和降低生产成本应成为农业科技研发的主攻方向，推进农环产业模式就成为必由之路，第一，改善和提高农业生产条件生态环境质量，为高效农业提供物质基础；第二，以农废物循环利用增值，降低农业投入品成本；第三，以农业生物生态技术防控动植物疾病，减少农产品生产损失；第四，以生产优质安全特色农产品，提升农产品市场竞争力和附加值；第五，以建立农环产业联盟，提升农产品品牌效应和抗风险能力。

（三）农村生态环境优美的坚实基础

长期大量使用农投品，污染农村水土环境，农业生产产生的农作物秸秆焚烧、食用菌渣与废弃蔬果乱堆乱放、畜禽废弃物乱排乱放、病死动物乱丢乱扔、水产养殖尾水随意排放以及农村生活废弃物等造成大量农业面源污染和生活污染，不仅对农业生产环境造成破坏，而且对农村生活环境造成破坏，同时也造成农业生产资源浪费。如何减少农业面源污染和生活污染，从根本上改善农村环境，最重要的途径就是依靠科技的力量，化腐朽为资源，按照“三 R”法则，发展农环产业，实现农业投入品使用的“减量、减量、再减量”和农业农村废弃物的“利用、利用、再利用”，从而有效优化农村生态环境。

（四）农产品质量安全的可靠保障

大量使用农投品和农业生产环境恶化，不仅会导致产出的农产品品质、品相、品味变差，更是农产品质量安全的主要风险隐患。通过发展农环产业，提高生物有机物质投入比重，改善农业生产环境，减少动植物疾病，可有效降低农投品用量，实现提高农产品品质，大幅降低农产品质量安全风险。

二、具有良好的发展基础

（一）具有良好的政策环境

十八大提出加快发展现代农业，大力推进生态文明建设。2013 年国务院提出

"十二五"时期循环经济发展主要指标要求农业灌溉水有效利用系数大于 0.53，秸秆综合利用率 80%[3]；2014 年中共中央、国务院一号文件《关于全面深化农村改革加快推进农业现代化的若干意见》提出建立农业可持续发展长效机制，促进生态友好型农业发展，开展农业资源休养生息试点，加大生态保护建设力度；2015 年中共中央、国务院一号文件《关于加大改革创新力度加快农业现代化建设的若干意见》提出走产出高效、产品安全、资源节约、环境友好的现代农业发展道路。实施耕地质量保护与提升行动。立足各地资源优势，大力培育特色农业。严格农业投入品管理，大力推进农业标准化生产。加强对企业开展农业科技研发的引导扶持，使企业成为技术创新和应用的主体。加强农业面源污染治理，深入开展测土配方施肥，大力推广生物有机肥、低毒低残留农药，开展秸秆、畜禽粪便资源化利用和农田残膜回收区域性示范，按规定享受相关财税政策。落实畜禽规模养殖环境影响评价制度，大力推动农业循环经济发展。

(二) 具有明确的项目支撑

国家和省市县都有对农环产业相关领域的扶持项目，国家层面有粮食直补、农资综合补贴、良种补贴、农业机械购置补贴、产粮大县奖励、生猪大县奖励、"粮、棉、油、糖"高产创建补贴、农作物病虫害专业化统防统治补贴、重大动物疫病防控补贴、菜篮子产品标准化生产补贴、农民科技培训补贴、粮食主产区综合生产能力建设、高标准农田建设补助、小型农田水利建设补助、耕地质量建设补助、优质特色农产品高效种植养殖基地建设补助、农村沼气池建设补助、草原生态保护补助及奖励、扶持农民专业合作社发展等补助。省市县还有相应配套项目，除此以外，江苏省还有太湖水环境治理专项、省级现代农业发展项目、农业废弃物资源化利用、农业三新工程、农民培训工程、农业信息工程、农产品质量安全等。

(三) 具有可行的科技成果

全国农业循环经济成果丰硕，以江苏为例，已经建立了农业循环经济保障体系，实施了农村农业"三位一体"沼气利用模式[4]，林果-蔬菜立体种植模式，林果-畜禽种养结合模式，稻-鸭(鱼)共作模式，鱼-菜共生模式，水产循环水养殖模式以及农田测土配方施肥、畜禽水产生态健康养殖等；开展了农作物秸秆和畜禽废弃物能源化、肥料化、饲料化、基质化综合利用，如秸秆制油走上产业化[5]，全面推广有机肥和水稻育秧基质[6]，病死畜禽无害化处理生产有机肥[7]，江苏省农科院开发了氮磷养分循环利用技术并成功应用[8]，农村污水处理集中管护等。

三、发展途径的几点思考

江苏农业现代化水平全国领先，全省农业科技贡献率达 63.2%，居全国第一[9]。发展高效农业循环经济产业应成为现代农业持续发展的主攻方向，各级政府部门应从规划引领、政策导向、法制保障等多个层面加以科学推进。一是要科学规划，合理布局。以土地容量为重点，实施农村城镇化与农业现代化有机融合的区域布局，形成区域化农环产业；二是要完善政策，整合项目。变碎片化的各类扶持农业项目整合为合法化、安全化、农机化、生态化、信息化“五化一体”的现代农业项目，并从税收、金融、科技、教育等方面制订激励政策，鼓励农业废弃物多元层级利用产业发展，合力推进农环产业；三是加强立法，依法监管。修订完善涉农法律法规和标准，明确发展农环产业的各类责任主体与奖惩措施，依法保障农环产业发展。具体可从五条途径发展：

（一）推行农村农业废水处理达标利用

将农业生产废水和农村生活废水处理达标排放模式调整为达标利用模式，调整后农业生产废水和农村生活废水等有机废水处理将集中处理氨氮、重金属、氰化物、石油类、挥发酚等污染物，而将总磷、总氮等农业生产所需养分进行循环利用，一方面减轻废水处理成本，大量减少污染物排放总量；另一方面结合农田灌溉水肥一体化，增加农业有机肥料，减少化肥农药等农业投入品使用量，促进农业增收与污染治理双赢，实现良性循环。加强废水处理—鱼菜共生—农田灌溉等循环系统工程建设，实施政府购买废水处理达标利用管护服务，促进农业生产废水和农村生活废水处理达标利用模式的有效运行。

（二）推进沼气能源产业化开发利用

江苏农村农业沼气工程建设总量具有较大规模，但沼气利用率偏低，沼气工程是农村农业废水处理的主要设施，沼气能源利用是沼气工程运行的关键所在，沼气更是新能源的重要组成部分。因地制宜研究开发沼气利用和提升沼气附加值应作为高效农业循环经济产业的重要课题，加强产学研合作，在产气效率、气质净化、压缩灌装、储运方式、光电转化等方面组织科技攻关，提高利用效率。在沼气资源丰富的农业现代化产业园区和特色乡镇采取农村农业废水集中沼气处理，实现管网供气用于农业生产和农村生活用气。沼气集中处理供气实行企业化运作，物业化管理，政府给予享受新能源和废弃物利用等项目补贴及免税政策。

（三）推行农业固体废弃物多级利用

农村生活餐厨垃圾、农作物秸秆、畜禽废弃物和病死动物及农产品加工下脚料等固体废弃物面广量大，资源丰富，应当按照无害化处理、利用效率优先原则进行多级循环利用，建立工业化、生物化、饲料化、能源化、基质化和肥料化等多元层级利用产业模式，以多级利用提高农业废弃物附加值，同时减少农业化学投入品使用，优化农业生产方式和农村生态环境。

（四）推进设施化农业生态循环产业

在农业现代化产业园区建设中，应重视农业生态循环产业的布局配套，按照生态学、生物链和循环经济原理，建立科学的农业生态循环系统，研究配套与农业生态循环产业相适应的生产设施，促进农业循环产业链的构建与整合，推进一、二、三产的融合，提升现代农业发展空间。鼓励发展高效农业循环经济产业联盟，主要包括资源联盟、经营联盟、科技联盟。集聚相关联的企业集群、科研院校等产学研力量，推进设施化农业生态循环产业发展，通过联盟深化产业发展合作模式，创造产业优势，增强市场竞争能力。以“资源共享、优势共创、产业共建、合作共赢”，实现互补强化壮大联动发展。

（五）推行城镇化阳台立体循环农业

农村城镇化建设应注重农民劳动生产特性，鼓励发展阳台立体循环农业，使农民转为居民的同时，让农民离田不离农，既满足农民劳动需求，又扩大农业生产空间。城镇化阳台立体循环农业是新型农业生产方式，以农业废弃物开发种养基质、营养液、生物制剂等，实施无土有机生产，提供营养性、环保性、观赏性、体验性于一体的鲜活农产品，结合互联网，实行线上线下销售供应，形成老年人种养、年轻人销售的家庭农场新业态。具有广阔的发展前景，是农民持续增收，保障城乡供给的新途径。

参考文献

[1] 李荣生. 浅论中国发展农业循环经济及战略意义[J]. 中国农业信息，2012(5)：24-26.

[2] 张臻. 基本农田保护耕地质量调查与建设——雨花台区基本农田保护耕地质量调查报告[J]. 农民致富之友，2014(6)：9-10.

[3] 国务院. 国务院关于印发循环经济发展战略及近期行动计划的通知[W]. 国发〔2013〕5号，2013-1-23.

[4] 汤丽斌. 我国农业循环经济的发展模式及典型案例分析[J]. 韶关学院学报，2013，34(05)：104-107.

[5] 芮曼菁，李金堂. 秸秆制油：走上产业化[N]. 常州日报，2015-2-14(A2).

[6] 刘丽媛. 水稻基质育秧：让垃圾变至宝[N]. 江苏科技报，2013-07-01.

[7] 顾玲. 苏州：病死畜禽“变”有机肥[N]. 中国畜牧兽医报，2014-03-16(04).

[8] 常志州，黄红英，靳红梅，马艳，叶小梅，薛利红，杨林章. 农村面源污染治理的“4R”理论与工程实践——氮磷养分循环利用技术[J]. 农业环境科学学报，2013，32(10)：1901-1907.

[9] 贺广华，申琳. 江苏领跑农业现代化经济大块头农业硬身板[N]. 人民日报，2014-01-08(01).

转变畜牧业生产观念
推进畜牧业健康发展

孙静泉

(淮安市淮安区动物卫生监督所)

摘　要: 随着人民生活水平的提高,肉、蛋、奶等动物食品在人们膳食中的比重不断增加,然而速生鸡、健美猪、毒奶粉等一个个新词的出现,不断打击人民群众的消费信心,直接影响了人体健康和畜牧业的发展。本文就如何转变畜牧业生产观念,推进畜牧业健康发展,并就自己多年的工作经验,提出了一些具体做法和建议。

关键词: 畜牧业; 畜禽养殖; 生产观念

畜牧业是农业和整个国民经济的重要组成部分,发展畜牧业对增加农民收入、推进农业现代化,促进经济社会发展具有极为重要的战略作用,而近年来不断出现的重大动物疫病和违禁药物、兽药残留等问题,使消费者对畜产品的信任不断受到冲击,"民以食为天,食以安为先",转变畜禽养殖生产观念,推进畜牧业健康发展,既是现代畜牧业的首要特性,也是现代畜牧业的首要目标。

一、当前我国畜牧业发展现状

改革开放以来,中国畜牧业发展取得了举世瞩目的成就。畜牧业生产规模不断扩大,畜产品总量大幅增加,畜产品质量不断提高。特别是近年来,随着强农惠农政策的实施,我国畜牧业生产呈现稳步、健康发展的态势,主要畜产品持续增长,生产结构进一步优化,畜牧业继续由数量型向质量型转变,许多地方畜牧业已经成为农村经济的支柱产业,成为增加农民收入的主要来源,畜牧业产值占农业生产总产值的比重超过30%,畜牧业已经成为我国农业和农村经济中最有活力的增长点和最主要的支柱产业,畜牧业产业收入已经成为农民家庭经营收入的重要来源。

二、目前我国畜牧业发展存在的问题

(一) 规模集约化养殖程度低

目前我国畜牧业生产模式是散养农户、中小型专业户、规模养殖场并存,小规模、散养户所占比例仍很大,这部分散养户与科学化、规模化、集约化生产的现代养殖业相比相距甚远,尤其在思想意识方面不能适应现代化养殖业的需要,其饲养水平、饲养条件相对较差,疫病防治意识薄弱,防疫措施不够完善;人畜混居,很容易造成动物感染疫病。

(二) 养殖者整体素质不高，安全意识淡薄

长期以来我国从事畜牧业生产的多以农户为主，农户文化素质较低，质量安全意识淡薄，对畜禽养殖中滥用抗生素、添加违禁品的危害性认识不足，普遍存在关注畜禽疫病防治而不注重质量安全，部分农户唯利是图，缺乏法制观念，更缺乏社会责任感和诚信意识，甚至为了一点小利铤而走险。

(三) 滥用抗生素现象严重

畜牧业滥用抗生素现象由来已久，饲料里添加抗生素已经是普遍现象，因其具有预防细菌性疾病、提高饲料利用率、促进机体生长发育等诸多优点，已成为许多养殖户不可或缺的“至宝”。目前，我国养殖户(场)主要集中在农村和城乡结合部的郊区，大部分从业人员只有初中乃至小学文化，没有或缺乏科学养殖技术和兽医知识，不懂得合理用药的方法，不清楚抗生素残留的危害，部分养殖户仅凭着经验饲养，畜禽无病“防病”意识太强，诊断疾病水平较低，凭感觉用药问题突出。随着畜禽疾病的复杂化，诊断难度的加大，滥用药率高达 60%～90%。过量、长期使用抗生素情况普遍存在，据了解，我国养殖户(场)用药剂量普遍加大 2～3 倍；多者甚至加大数倍至十几倍；人药兽用现象依然存在；另外，养殖户(场)为了追求经济效益，使用诸如瘦肉精之类的违禁饲料添加剂现象时有发生，从而导致畜产品安全问题日益严重，如同一颗隐形炸弹，从各条食物链源源不断侵入人类肌体。

(四) 环境污染严重

我国大部分养殖场均建于房前屋后的空地或承包地中，因其总体数量大、规模小、布局分散，养殖场不仅对周边地区带来了环境污染，还在许多地方造成了畜禽养殖场主与居民的环境纠纷。过去一些地方将规模化畜禽养殖作为产业结构调整、增加农民收入的重要途径加以鼓励，环境意识相对薄弱，污染治理严重滞后。我国长期以来又把环境工作重点放在工业污染防治上，对畜禽养殖场的污染防治缺乏相应的措施和管理经验。大部分畜禽养殖户只注重养殖增收，不重视环境保护，部分地方政府存在重发展、轻环境的意识，致使畜禽养殖污染日趋严重。国家环保总局统计表明，畜禽粪尿及废水的污染负荷超过工业废水和生活污水的总和，养殖场的污染不仅影响农村经济发展，而且危害农民身体健康。

(五) 畜禽养殖技术推广不力

我国传统的畜牧养殖技术已经跟不上现代化的畜牧养殖要求，虽然畜牧养殖方面的科技研究工作在我国一直很受重视，但是长期以来我们的科技研究成果转化率不高，一些地方政府对科研成果的转化工作没有足够重视，许多“高产、优质、高效”的畜禽品种推广只停留在口头上，此外，我国从事畜牧业生产的人员素质普遍偏低，因而畜牧业养殖技术的推广存在一定的困难，一定程度上阻碍了畜牧业可持续发展的进程。

三、我国现行的畜牧业生产观念

(一) 科研工作者重利益轻公德

近年来,科研人员开发出了上千种添加剂,为了追求利益最大化,某些科研人员置社会公德于不顾,将一些添加剂在没有进行毒理、病理实验的情况下直接推广使用,也有的将一些违禁药品合成同类化合物后进行改头换面,从而直接导致了许多畜产品安全事件的发生,我国养殖户大部分只有初中乃至小学文化,不可能想出什么东西能够让猪长出更多的瘦肉,也肯定不懂什么化学成分能让蛋黄又好看又流油,更不可能发明出一种让牛奶中蛋白质含量增加的东西,所有这些具有一定科技含量的产物的出现,均可直接表明某些科研人员已成为滥用添加剂的始作俑者,而随着新的添加剂不断涌现,未来还可能出现更多问题。

(二) 畜牧生产者重数量轻质量

养殖业作为一个高风险行业,面临市场风险和价格风险等的多重夹击,俗语说"养猪的不如贩猪的,贩猪的不如杀猪的,杀猪的不如卖肉的",养殖行业的大部分利润都被商贩赚了,事实上,养殖户承担的风险要比商贩大得多,因为他们熟悉供销双方的价格,价格高时赚得多,价格低时赚得少,商贩旱涝保收,最后亏得永远是处于产业链上游的养殖户。其收益率与风险系数不成正比,在多重风险的夹击之下,附加值较低的养殖行业对畜禽成活率的要求极为苛刻。例如按照要求,肉鸡在在出栏前一段时间必须遵守休药期规定,但为了防病提高成活率,一些养殖户靠持续使用抗生素来增加成活率,提高利润,这在很大程度上造成了畜产品质的下降。

(三) 畜牧业监管者重发展轻环境

大部分畜禽养殖户只注重养殖增收,不重视环境保护,部分地方政府存在重发展、轻环境的意识,致使畜禽养殖污染日趋严重。而对养殖行业的环境执法,执法单位慎之又慎,监管力度不大,造成了一些地方畜禽养殖业越发展,农村环境越恶化的恶性循环局面;其次畜禽养殖业的管理部门有农业、环保、卫生等多个部门,各部门协调配合不畅,影响了畜禽养殖业的监督管理,给养殖业排放污染提供了空间,增加了污染防治难度。

四、转变畜牧业生产观念 推进畜牧业健康发展

(一) 加大处罚力度,杜绝"伪科学"

一些危害食品安全的所谓新技术,例如"瘦肉精"、"苏丹红"、"三聚氰胺"等新名词的出现,如果没有专业学者和科技人员的研发和推广,是不会被广泛普及的。对于此类违反科学伦理,打着科学旗号的"伪科学"现象,应尽快完善相关法律法规,建立约束和问责机制,加大处罚力度。

(二) 规范用药方式，严厉整治滥用抗生素现象

1. 积极推行兽用处方药管理制度

目前养殖环节用药现状及存在的突出问题在于，养殖户在畜禽疫病防治过程中，长期超量使用抗生素，导致细菌耐药性不断增强，同时农业部已经明文规定的休药期，由于缺乏强有力的监管手段，一些养殖户为追求养殖利益的最大化，无视规定，在畜禽出栏前仍继续使用抗生素。建议加快执业兽医队伍建设，加强对合理使用抗生素技术的培训，积极推行兽用处方药管理制度，明确用药责任主体，对易产生药物残留和耐药性的抗生素，必须凭处方购买，规范养殖户用药行为。

2. 完善兽药使用档案

养殖户(企业)要建立完善的用药记录制度和兽药使用档案，其内容主要包括兽药名称、剂量、用法、疗程、用药时间、停药时间、产品批号、兽药生产企业名称、处方人、用药人等。

3. 尽快单项立法，杜绝抗生素滥用现象

目前，许多制药厂商具有高端模仿高级抗生素能力，兽用抗生素与人类抗生素临床更新同步，售价低廉。而对于违规销售抗生素，我国却没有明确的处罚条例。建议尽快单项立法，杜绝抗生素滥用现象，同时还需要饲养措施、饲养环境、产业政策及专业法规的积极配合，真正使生物饲料添加剂发挥作用，从而从根源上解决养殖业滥用抗生素问题。

(三) 强化畜产品质量管理 推进畜牧业健康发展

1. 增加投入，完善畜产品检测的长效体系

国家应加大对畜产品质量安全检测体系建设的后续投入，特别是在县乡财政困难的情况下，不断加大对快速检测设备和检测经费的投入，采取定期和不定期相结合的方式，加大对药物残留和违禁药物含量的检测，杜绝检测死角，使不合格畜产品无处遁形。

2. 加强执法队伍建设，提高执法者的综合素质

加强动物检疫、监督执法人员的业务培训，强化动物卫生监督机构的管理，提高执法人员的综合业务素质，逐步建立健全搞好动物检疫执法中所必需的通讯、交通、取证、办案等设备设施，提高动物检疫队伍装备水平。

3. 严格产地、屠宰检疫，建立畜产品可追溯制度

按照从生产地到销售地每一个环节可相互追查的原则，建立畜产品生产、经营记录档案登记制度，其内容包括来源、配种、免疫、畜牧业投入品的使用、屠宰、运输及流通环节的生产信息档案，建立可追溯制度是实现畜产品质量安全不可缺少而又非常重要的措施。

(四) 加强农村畜禽养殖污染治理 实现畜牧业的可持续发展

密切关注规模养殖场的粪污排放问题，把发展畜牧业同清洁家园结合起来，进一步配套完善相关设施，实现净化排放，保护环境，防止污染，具体做到以下几点：

1. 加大宣传，提高养殖户的环保意识

充分利用各种媒介，在农村广泛开展环境保护宣传教育活动，改变农村脏乱差的陋习，养成良好的生活习惯，让养殖户形成自觉保护环境的意识。

2. 完善相关法律法规，加大处罚力度

现有的《畜禽养殖污染防治条例》仅对规模化养殖场（养殖小区）提出明确的治污要求，而对农村散养户的管理还没有明确的法律规定，建议对散养户提出明确的治污要求，对于治污不力进而严重污染环境的养殖户要实施批评教育，并进行相应的处罚。

3. 加大资金投入，加强基础设施建设

对于传统的散养户，特别是年饲养数量在 10 头（只）以下的散养户，加强管理的同时，加大对畜禽养殖减排的资金投入力度，安排专项资金，实施综合利用和污染防治，并切实加强散养户的基础设施建设，解决粪污排放问题，确保减排设施正常运行。

4. 合理开发，力争促成粪污资源化

加大与科研院所在畜禽养殖方面的合作，重点开展清洁生态养殖、沼液深度处理、畜禽粪便无臭处理、有机肥深加工技术等方面的研究，就地转化，将畜禽粪便转化为有机肥，既解决环境污染问题，同时亦可带来一定的经济效益。

5. 加强监管，严格执法

农业、环保、卫生等部门要加强对养殖场的监管力度，联合执法，成立畜禽养殖综合治理领导小组，并定期监测养殖场的排污情况，严格执法，加强监管，对于污染严重的养殖场要责令停产，限期整改。

参考文献

[1] 依卿. 浅析富宁畜牧业发展中存在的问题及对策[A]//第二届云南省科协学术年会暨高原特色农业发展论坛论文集[C]. 2012.

[2] 金尔光，钱运国，陈洁，华娟，童伟文. 武汉高效生态畜牧业发展思路探讨[A]//“两区”同建与科学发展——武汉市第四届学术年会论文集[C]. 2010.

[3] 周小林，高继芳，金文虎. 转变畜牧生产方式 推进畜牧业现代化进程[J]. 四川畜牧兽医，2006(4).

[4] 吕津. 畜禽滥用抗生素问题亟待解决[J]. 北方牧业，2007(2).

[5] 金铭. 养殖业滥用抗生素：食何以堪？[J]. 生态经济，2011(8).

[6] 唐利燕. 抗生素残留的危害和防范措施[J]. 江西畜牧兽医杂志，2010(4).

[7] 刘水玉. 尽快解决畜禽养殖场粪水污染问题[N]. 江苏农业科技报，2000-07-05.

[8] 叶意如. 防治农村畜禽养殖污染刻不容缓[N]. 光华时报，2009-10-27.

关于我省乡村休闲旅游业可持续发展的对策建议

陈　凯

（常州市牛塘化工厂有限公司）

摘　要：乡村休闲旅游起源于欧美发达国家，是一种集人文、生态、休闲等于一体的新型业态。江苏各地乡村人文浓郁，旅游资源丰富，且人均可支配收入高，城镇居民因带薪休假而具备闲暇时间，我省乡村休闲旅游得以蓬勃发展。不过，我省乡村休闲旅游具有多而散，小而弱，同质化严峻等问题。结合存在问题，给出了我省乡村休闲旅游可持续发展的对策建议。

关键词：农业旅游；乡村休闲旅游；休闲旅游；江苏；建议

截至今年，中共中央已连续17年将中央一号文件锁定“三农”，说明党中央对“三农”问题的高度重视。习近平总书记首先在江苏提出“四个全面”的战略布局，并提出建设“经济强、百姓富、环境美、社会文明程度高”的新江苏。如何积极践行“四个全面”，深入贯彻习总书记对江苏工作的新要求？推进城乡一体化，尤其是农村地区协调快速发展是落实总书记新要求的重要环节。结合江苏实际，在一些地区发展乡村休闲旅游，是解决当地“三农”问题，特别是农村富余劳动力致富的有效举措，对于促进我省城乡结构优化具有重大意义。

早在19世纪30年代欧洲已开始了农业旅游，休闲农业与乡村旅游是当今旅游发展方向之一。江苏农业历史悠久，河汉古街众多，农业经营类型多样，乡村民俗风情独特，农业农村农民文化资源丰富，发展乡村休闲旅游具有优越的条件、巨大的潜力和广阔的前景。

一、江苏乡村休闲旅游发展态势

（一）总体成就

江苏是国内乡村休闲旅游发展较早、产品和市场成长比较成熟的地区。乡村休闲旅游产业规模不断壮大，成为江苏旅游业发展的重要增长极，在旅游强省建设和旅游业转型升级发展进程中发挥了积极作用。

据省旅游局等有关方面的数据，到2014年底，全省拥有全国农业旅游示范点、特色景观名镇村数量均列全国首位；全省拥有全国休闲农业与乡村休闲旅游示范县8个，全国休闲农业与乡村休闲旅游示范点16个、全国特色景观旅游名镇村22

个、国家级历史文化名镇村20个、全国农业旅游示范点124个。省内公布的四星级乡村休闲旅游区(点)220家、三星级乡村休闲旅游区(点)190家。形成特色各异、业态丰富的田园农庄、乡村俱乐部、乡村度假区、乡村酒店、农家乐、休闲农庄、山水人家、采摘篱园等多种类型的乡村休闲旅游经营企业近1万多家。据不完全统计,全省规模以上乡村休闲旅游区(点)直接从业人员已经达到约40万,带动间接就业300余万人。

(二)主要经验

1. 各地重视江苏乡村休闲旅游发展

全省各级党政部门重视和大力支持乡村休闲旅游的发展,成为促进经济转型发展、推进农业结构调整、统筹城乡发展的积极举措。南京、无锡、常州、扬州、连云港等地制定了农业旅游三年行动计划和观光农业发展规划,南京将乡村休闲旅游纳入政府考核目标。

2. 特色初现

全省乡村休闲旅游覆盖农、林、牧、副、渔等业态,乡村休闲旅游产品类型丰富、特色鲜明、复合性强,形成现代新农村、高科技农业、古镇古村落、休闲观光、度假休闲、农俗节庆、农家乐等多种形态的优势产品集群。高淳县整合丘陵生态和农村风貌资源,按照国际标准精心打造了绵延50公里的桠溪"国际慢城"乡村生态旅游带,创造了中国乡村休闲旅游首个国际品牌。

3. 发展活力较强

江苏乡村休闲旅游经过多年培育、壮大和创新,在全省旅游产业中几乎占三分之一,在苏南旅游业发达地区已占半壁江山,形成特有的发展模式。各地立足农业资源,依靠市场拉动,形成产业融合,延长农业产业链,使乡村休闲旅游产品向特色化、产业化、规模化和集聚化方向转变。

二、江苏乡村休闲旅游存在的主要问题

(一)顶层设计不够

1. 管理机制不完善,缺乏高层统筹

乡村休闲旅游区涉及农村社区发展、小城镇建设、农业结构调整、旅游业发展、环境保护等方面。目前各级政府尚无一个健全的管理机构对乡村休闲旅游发展进行统一的协调与管理,政府主导作用没有充分发挥,宏观管理较差,造成许多乡村休闲旅游地出现在利益方面多头管理、各自为政,在问题目前无人管理、互相推诿,经营者的利益、游客的问题政府职能部门无力解决,严重制约了乡村休闲旅游的有序发展。

2. 缺乏整体规划控制

许多乡村休闲旅游区缺乏总体规划,一哄而上、修路造房、重复建设、低层次开发、环境破坏现象严重。不仅造成资源、财力、人力、物力的巨大浪费,也使乡

村休闲旅游产品品位不高、产品生命周期短，影响了乡村休闲旅游的可持续发展。

(二) 自我评估不够

经营者和地方政府对本地资源状况分析不够、对开发乡村休闲旅游地所需要的条件认识不足。往往简单以为现有的农田、果园、牧场、养殖场的开发利用便能建成乡村休闲旅游区，对开发、建设乡村休闲旅游地所需要的其他资源条件包括农业资源基础、乡村自然景观及文化景观基础、区位条件、社会经济条件、旅游基础设施条件、投资条件等认识不足。许多乡村休闲旅游经营者凭热情、“摸着石头过河”办旅游，对最终会把乡村休闲旅游办成什么样，能形成什么样的规模和影响心中无数。

多数乡村休闲旅游经营者与开发商总是一相情愿地把所有的城市居民纳入乡村休闲旅游客源市场的范围。其实，乡村休闲旅游对居住在具有城乡一体化特征的中小城市难以产生足够的吸引力，这主要是因为中小城市的工业化和城市化程度较低，市民对城市附近的乡村较为了解，乡村风景对他们缺乏强烈的吸引力，有些居民从乡村迁居不久，旅游欲望不如大城市的居民那样强烈。因此，乡村休闲旅游的目标市场值得进一步研究。

多数乡村休闲旅游经营者对于乡村休闲旅游地吸引游客至关重要的一些因素如地方特色、乡村环境、服务水平与质量往往重视不够；他们乐意在主体建筑、设施设备上花钱，而不愿在经营特色、服务质量、社区环境方面投入；他们多以经验经营，学习别人的先进管理经验的要求不强烈；单兵独斗多，团结协作少，致力于树立景区形象的意识不强。

(三) 发展隐患较多

1. 对乡村生态环境负面影响显现

(1) 空气质量恶化。乡村原有的清新、自然、带泥土气息的空气品质正伴随着乡村休闲旅游的发展、游人的进入以及供游客乘坐的交通工具的大量进入在日益下降。

(2) 环境承载压力较大。游客遗弃的饮料瓶、食品袋，经营者遗留的生活垃圾，开发商抛弃的建筑垃圾等固体垃圾在乡村休闲旅游区的水面、路边、河岸、田间到处可见。

(3) 植被普遍缩减。乡村休闲旅游地的植被面积正随着乡村休闲旅游的发展在减少。不合理的开发建设、破坏性的建设、无规划的道路、餐馆、娱乐场所建设、游客的随意采摘与践踏都是乡村休闲旅游地的植被被破坏的祸首。

2. 对乡村社会文化环境影响负向

乡村文化被城市文化所同化。乡村的弱势文化向城市的强势文化缴械。乡村文化特质保持面临较大风险。乡村朴实的民风和生活秩序被破坏。游客的生活方式影响着乡村居民生活方式。

（四）“硬”服务与“软”服务均有待提高

乡村休闲旅游发展所依托的基础配套设施相对比较落后，发展旅游很大程度上依赖的是政府的大力支持，基础设施也是，还处于不完善状态。旅游服务等“软”服务虽然随着乡村休闲旅游的发展不断提高，但是要支撑其继续发展还需要进一步的提升。

（五）多而散小而弱，同质化竞争严峻

乡村休闲旅游产品单一、未形成系列，乡村各种资源未能充分有效的利用。许多乡村休闲旅游活动只是“吃农家饭、干农家活、住农家房”，产品雷同、品位不高、重复较多，不能满足游客多层次、多样化和高文化品位的旅游需求。

许多乡村休闲旅游产品只是在原有生产基础上稍加改动和表层开发，缺乏创新设计和深度加工，文化品位不高、特色不明显，难以让游客感受和体验乡村休闲旅游地的形象，从而影响了乡村休闲旅游发展的后劲。

三、对策建议

乡村休闲旅游已经成为江苏旅游经济的新增长点和合理兼顾农村产业结构调整、农民小康与城市居民休闲旅游的多重需求的有效载体。乡村休闲旅游不仅能推动资金、技术、人才、市场以及部分城市服务功能向农村转移，促进农村经济转型和农民就业致富，还能统筹城乡发展、缩小城乡差距、化解经济发展与生态保护矛盾。发展乡村休闲旅游不仅能刺激消费、扩大内需，促进产业转型升级，还能在改善生态文明，展示美好江苏发展成就中发挥积极作用。

结合我省乡村休闲旅游业发展的实际，提出如下建议：

（一）优化管理机制，搞好顶层设计

1. 完善省级乡村旅游协调机制

省乡村休闲旅游协调小组可以挂在省旅游委下，如此可将乡村旅游发展纳入全省科学化、规范化和法制化的轨道。实施统筹规划，把乡村旅游融入江苏经济社会发展大局，实现乡村旅游与相关行业的深度结合，协调发展，形成一个各方和谐、左右顺畅、内外衔接的乡村旅游发展格局。

2. 推进乡村休闲旅游规划引领工程

将乡村休闲旅游发展列入相关部门的考核目标范围，按照数量增长、质量提升、工作推进等内容，进行目标分解和目标考核，细化考核措施，使各项任务落实到位。

3. 规范乡村旅游行业管理

推进乡村旅游工作标准化，按照乡村旅游国家标准和行业标准，规范乡村旅游饭店、旅行社、乡村旅游景区（点）、乡村旅游车船公司、乡村旅游娱乐购物场所等各类乡村旅游单位和个人的经营服务行为，建立统一开放、竞争有序的乡村旅游大市场。

(二) 引导乡村休闲旅游业差异化发展

1. 因地制宜实施不同的发展路径

随着乡村休闲旅游的蓬勃发展，我国乡村休闲旅游的新形式表现多样化，称之为新业态类型，其主要可以归纳为：农家休闲型、民俗风情传统文化型、村寨与古镇型、农业生产体验型、乡村休闲度假型、农业科普教育型、体验运动型、康乐型、乡村商务会所型。对于不同的经营个体，应结合自身特点，选择适合的一种或多种类型，加以创新应用。

2. 保持独特的乡土气息

在乡村休闲旅游开发中，一方面必须有意识在乡村营造一种"可印象性"的整体氛围，另一方面又必须通过宣传把它推向市场，形成鲜明的乡村意象。"江南农村"——周庄等都是靠这种方式树立起鲜明的乡村意象，并进而推动乡村休闲旅游发展的。认真分析乡村的历史发展过程，从中探寻乡村发展的文脉、生活习惯的演变、民俗风情的沿革，挖掘其特色魅力及其表现形式，在保护的前提下开发出具有浓郁乡土气息的乡村休闲旅游产品，使农村天然、朴实、绿色、清新的环境氛围，天趣、闲趣、野趣融和一体的乡村休闲旅游产品更具有独特的魅力。

3. 开发特色化产品

加强休闲娱乐、民俗风情及"绿色产品"等特色产品的开发，做到不流于浅层次的观光游览，不局限于旅游资源的表面现象，才能更富于观念和感情的沟通与体验，让休闲者在原汁原味的农村生产、生活中感受田园风光，感悟民间文化的独特魅力。

4. 体验为王，注重参与性

乡村休闲旅游经营者要充分利用当地特有的农家气氛及农事活动，使旅游项目贴近农家生活，营造出一种真正的"农家乐"。如邀请旅游者与渔民一起随船撒网捕鱼，和农民一起防线织布，制作工艺品、绿色食品，一起参加民族节庆活动；可以根据季节的推移、经济作物成熟期的不同，推出具有知识性和乐趣性的、新的农家旅游项目，如举行采茶节、竹笋宴、桃花节、杨梅节、百合宴等。通过提炼民俗文化和农耕文化，让旅游者体验返璞归真和乡野的乐趣，通过收获劳动成果使旅游者从中获取一定的知识，满足旅游者寓教于乐的需要。

(三) 坚持走可持续发展之路

(1) 推进乡村休闲旅游品牌推广工程。大力构建乡村休闲旅游营销平台。

(2) 推进乡村休闲旅游人才培养工程。推行乡村休闲旅游的职业经理人制度和全员培训，对乡村休闲旅游经营管理人员免费轮训。

(3) 推进乡村休闲旅游资金扶持与政策创新。创新财政专项资金投入方式，建立和完善乡村休闲旅游融资担保体系，鼓励企业、社会资本和民营资本投入乡村休闲旅游。

(4) 注重生产、生活的环境友好。加强环境保护和开展各种形式的生态环境教育，提高乡村休闲旅游开发者、管理者、旅游者的环保意识。大力发展和开发绿色产品、生态产品，要提倡和引导在乡村休闲旅游活动中使用各种生态和自然的、无污染的设施设备，要设立“公众教育馆”，对旅游者进行生态环境保护教育，培养其生态学人格。建立“生态监测站”，对旅游活动造成的乡村生态环境变化进行定位监测。建立“以生态促旅游，以旅游养生态”的可持续经营模式，从旅游收入中拿出一部分用以支付维持良好环境质量的成本投入。

参考文献

[1] 罗美安，向风行．生态旅游经济的发展与管理浅析[J]．旅游研究与实践，1999(01)．
[2] 田至美．生态旅游发展持续性和利益化的实现途径[J]．旅游研究与实践，2002(02)．
[3] 楼凌雁，李国振，胡巍．乡村休闲旅游资源的开发利用[J]．旅游开发与市场，2002(02)．
[4] 李克强．论我国经济的三元结构[J]．中国社会科学，1991(03)．

江苏省农业生产经营主体培育研究

曹炳汝　王建华

（九三学社江南大学委员会　江南大学区域发展研究基地）

摘　要：发展现代农业是建设社会主义新农村的首要任务，而农业科技作为发展现代农业的根本推力，是探索农业生产经营主体的科技需求演化模式的重要理论基础。文章以江苏地区的农户为实地调研对象，深入分析了四种农业生产经营主体及其特征，构建出四种主体科技需求演化的系统动力学图示，并尝试将不同生产经营主体进行耦合，预测这些组合的科技需求演化效率，为现代农业发展中主体间合作模式的创新提供范式参照。

关键词：经营主体培育；科技需求；培育政策；江苏农业

《中共中央关于全面深化改革若干重大问题的决定》指出，要加快构建新型农业生产经营体系。我国农业产业虽然起步较早，但现代农业发展却较为缓慢，究其原因在于现代农业科技的转化应用不足。从当前新型农业生产经营主体多元发展的实际情况来看，传统的小农经营模式仍将长期占据主要位置，而农户科技水平偏低这一事实将严重制约新型农业生产经营主体培育工作的开展。据此，在对科技需求要素加以考量的基础上，如何设计相应政策创新农业生产经营主体，成为推广农业科技和提高农业科技转化率的关键，也成为促进农村改革和解决“三农”问题的重要内容。

一、研究现状

（一）农户科技需求的影响因素研究

针对农户科技需求、新型农业生产经营主体培育的影响因素及政策等问题，国内学者已进行了相关研究，并积累了丰富的研究成果。从农户自身的角度，李后建研究发现，农户是否采纳循环农业技术的动力来源于内化或认同的心理过程，知觉有用性和知觉易用性是影响农户采纳该技术的关键因素，农户收入水平和受教育水平也会在一定程度上影响其技术采纳意愿，一方面，农户会接受农技专家的信息，将其整合到自身的认知系统中，然后内化成自己对技术的看法；另一方面，农户会参考其他农户的效果，倘若效果明显，则农户倾向于认同。[1]高启杰以 125 家农业科技企业调研的第一手资料为基础，也得出了相似的结论。研究发现，资金状况、企业的技术水平、企业的战略、关键技术人员发挥作用的程度、主要领导的支持程度、企业文化等企业内部因素是影响其技术创新能力的关键因素，相比之下，政府的政策、外部的合作机会、外部市场环境的变化、与顾客沟通情况等企业外部因素对技术创新能力的影响相对较弱。[2]

从推广方式的角度，何得桂指出现行我国的农技推广单位是按行政区域划分，始建于计划经济时代，很可能会造成不必要的资源重复和浪费，从而否认了如今的农技推广能力，认为它难以适应农村产业发展和基层民众对科技的需求，更严峻的是，随着市场经济的深入发展，原有农业科技的推广方式越来越难适应现今要求，这些方式忽略了提高农户素质，存在缺乏有效分工与活力，“网破、线断、人散”的现象。[3]梁红卫通过研究得出农户对科学技术的作用普遍持认同态度，但对科技的有效需求却明显不足，原因在于两者之间缺乏一个有效的双向交流与传递的中介组织，单个农户难以直接参与科技市场的交换，科研单位的一些农业科技成果难以转化为现实生产力，无法获得市场回报，缺少中介组织，双方的目标都无法实现。[4]

从科技需要的角度着手，廖西元等总结了50%以上的农户当前最需要的农业科技成果有三类:新品种、新肥料和新农药、新的栽培技术。不同地区、不同文化程度、不同种植规模、不同收入水平的农户对科技需求的顺序有所区别。东北地区农户优先需要新农药肥料，西部地区农户优先需要省力省工技术、节约成本技术，华东、华中地区农户急需防虫技术、新农药、提效技术；专业大户急需提效技术，规模户急需新型农机设备，一般小农户优先需要防虫害技术；小学文化程度的农户偏好新农药肥料，初中及以上文化程度的农户更需要提效技术。[5]陈印军等为全面了解西部地区农户对农业科技的需求情况，对西部地区 1 000 多个农户进行了入户调查，结果显示农户对增产技术的需求仍处于首位，提高产品质量技术居第二位，减轻劳动强度和降低生产成本的技术分别居第三位和第四位，这确实与我国东部经济发达地区存在明显差异。[6]

(二) 农业生产经营主体培育的影响因素研究

影响农业生产经营主体培育过程的因素错综复杂。陈家骥等指出农户的分化与流动是“大户”出现的前提条件。[7]梁红卫认为农民专业合作社是促进农业科技创新及转化的有效载体。[4]肖云等通过研究发现，在中国，政府扶持和合作社所提供的技术服务确实有助于农户增收，农户通过组织实现个人利益最大化的意愿比较强烈。[8]孙亚范等则指出了农民专业合作社一些反向的影响因素，合作社成员对于投资入股、稳定参与合作社合作和扩大社内规模的意愿并不强烈，未能形成稳定、持续成长的内在发展机制；成员对合作社制度的认知水平、对合作社服务和合作收益的满意程度、对管理层的信任程度、合作社盈余返还分配制度和社员股金制度是否健全以及成员在合作社中的某些角色差别是影响其合作意愿的主要因素；此外，合作社实行自由退出的制度、家庭经营产品的价格波动幅度大则对成员扩大生产规模的意愿具有显著的负向影响。[9]陈灿等通过实证分析发现关系治理对农业龙头企业与农户的合作绩效具有显著的正向影响，农业龙头企业如果能够合理运用关系治理的手段，就能有效提高其与农户合作的绩效水平。[10]刘洁等比较全面地分析了影响农户农业企业化经营的七大可能性因素，其中农户户主特征、农户家庭特征、农地流转市场调整频率、社区及政府对规模经营的支持这四种因素的影响显著，而非农就业难易程度、获得农业社会化服务难易程度、农产品价格波动幅度这三种因素的影响不显著。[11]

（三）农业生产经营主体培育的政策研究

何秀荣认为，政府为扩大农场规模，鼓励土地流转，使得土地向种田大户集中，这在一定时期内，对于某些地区的农户扩大规模起到一定作用，但这种方法不具有长期性和全局性。[12]马九杰等研究发现，虽然税收优惠、信用担保、用地便利及优惠和贴息奖励有效吸收投资，扶持了农业企业，但资金问题仍然是“三资”型农业企业所急需解决的最大问题。[13]黄祖辉等指出现阶段新型农业经营主体培育与发展的基本思路：一是加快要素市场取向、农村土地经营使用权、金融制度的改革，以适应新型主体发展要求；二是政府做出一些农业扶持方式转变，提高扶持效率；三是创造农业人力资源环境，扩大新型主体的发展力量；四是建立农业退出进入机制，创新新型主体发展机制。[14]

围绕上述问题相关学者对于如何培育新型农业生产经营主体的研究还缺乏微观上对农业生产经营主体发展意识的培育与生产方式转型上的引导，而对于新型农业生产经营主体培育的相关政策出台较晚且不完善，相关条款细节仍有待进一步验证与修补；也少有研究将科技需求与不同农业生产经营主体培育结合起来进行差异性分析，以考量农业生产经营主体基于不同的科技需求要素应该如何转型。

二、科技需求的动力与阻力

农业科技贯穿于产前、产中、产后各个环节，农户在生产经营过程中可自发地内生出相对应的科技需求意愿。下文将以江苏地区的农户为例，对四种科技需求的动力与阻力加以分析：

（一）动力因素

1. 农村劳动力的缺失

劳动力是农业生产的基本要素，但从现有数据来看，农村从业人员正在逐年降低。2013 年江苏乡村劳动力为 2 806.13 万人，镇江市的劳动力数量甚至仅为 107 万人，这使得农户逐渐采用轻简栽培新技术来填补农村劳动力的空缺，即在生产过程中简化工序、节约公式、减轻劳动强度、降低生产成本、提高劳动生产率、提高情急效益的综合配套技术。由技术指导生产，用机械力代替人力的情况，使得农户对科技的接收多处于被动的状态。

2. 产能扩大的需求

新型农业生产经营主体的一个突出特点是生产集约化，集约化是在一定面积的土地上，运用先进科技和管理获得高产能的方式。江苏省连续五年农作物总播种面积维持稳定，无明显增长趋势，为了达到规模化经营，形成规模经济，亟须专项技术型科技的转化应用。

3. 产品柔性的增加

目前的农产品消费已不再只是满足于饱腹，而是追求名特优产品，市场上品质上佳的产品更易受到消费者追捧，面对激烈的市场竞争，农产品精细加工、深加工成为农户的选择方向。很显然，精细生产在粗放型管理下很难成功进行，生产经营主体转型才是实现专业化生产的重要保障。以扬州市双兔米厂为例，近年购入米乳汁制造专利，生产大米附加产品，赢得了高额的利润与超前的竞争优势。

4. 利益的追求

如今农户不再以维持生存为目的，而是以利润最大化为目标。由于农产品需求弹性特征不显著，假如农户保持当前的生产方式不变，仅进行规模上的增加，极有可能出现增产不增收的现象。因此，为了获取超额利润，接受并利用新科技，迎来的将是经济效益的迅速增加。

(二) 阻力因素

1. 资金不足

农户在具有科技需求意愿后，需通过有偿购买的方式将其转变为生产力，但经济承担能力从根本上牵制了农户初期对科技的需求动力。2014 年苏锡常地区农民人均收入达到 2 万 3 千元，而苏北地区农民人均收入只略微超过 1 万元，因此，农户个体，难独自承担一项科技引入的费用，如果盲目运用科技也易造成农户资金链的直接断裂。

2. 信息不对称

我国并非没有农业科技，每年研发的科技成果也不在少数，如江苏省 2013 年农业科技进步贡献率达到 63.2%，居全国第一，但科研院所研发出的新兴科技大多呈现单一化、学术化的特点，严重脱离农户的生产实际。农户对市场刺激反应迟钝、主动消化科技信息能力不足以及政府科技入户推广的成效低等信息不对称原因，导致科技信息与农户难以及时有效地对接。

3. 风险意识不强

对于成功可能性的评估，也是影响农户采用新科技成果的主要因素。一般来说，应用科技面临的是技术和市场双重风险，国家出台的"新农保"、"新农合"以及农业保险等政策也并未给农户在使用科技方面带来太多的保障，出于规避风险的保守心态，大多数农户在面临是否采用新科技成果的时候，直接反应是"再等等"。

4. 生产者素质不高

生产者自身的素质对于科技创新和新型农业生产经营主体的培育至关重要。据农业部的调查数据显示，我国务农农民中接受中等及以上教育的不足 4%，接受大专以上教育的不足 1%。在苏北地区，农户业主、职业农民整体素质不高，且中老年人已经成为农业的主要劳动力，加剧了人才培养的难度。目前苏北地区地方政府所提供的职业技术培训主要是在县市级设立农校，开展短期职业农民专技培训班，事实上，农业人才更需要的是培育而非培训，只是学习某项专业技术无法保证农业人才自主进行科技应用与创新。

5. 配套支持政策不完善

通过实地调查走访了解到，目前地方政府科技推广的力度远远不够，中央财政安排专项资金用于江苏基层农技推广体系改革与建设补助项目，但地方政府、地方组织在进行农业科技推广项目时，形式主义问题严重，为完成上级布置的任务，甚至存在花钱请农民来听讲座以提高听课人数的现象。以病虫害防治技术推广为例，只有手把手入户指导才能为农户提供与实际相适应的科技建议，才能避免"科技水土不服"现象的出现，而这需要有专业化、标准化的队伍与机构作支撑。此外，政府对农业推广的专项资金投入也较低。

三、不同农业生产经营主体的科技需求演化

不同的农业生产经营主体有其各自不同的特点，在科技需求上也存在明显差异。同时，还要注意到，科技需求并非完全是一种静止的状态，而是一个动态的演化过程。

(一) 专业大户

专业大户是指从事某一种农产品生产、具有一定生产规模和专业种养水平的农户，专业大户由普通农户发展而来，也是发展成为家庭农场和专业合作社中坚力量的重要储备。养殖大户养殖的种类与数量较大，在养殖管理方面，倾向于育种和防疫的科技；种粮大户的土地规模普遍较大，在人力相对薄弱的形势下，对农业科技的需求倾向于农用机械。专业大户业主的教育程度较低，对于科技的需求处于被动，科技需求演化的过程相对较长。在实地走访中发现，在苏北一些科技信息接收缓慢的地区，同一区域内种粮大户之间对科技的采用会出现相互博弈的情况，最终往往会选择相同或相似的科技，形成某一特定科技集中发展的区域趋势，其科技需求演化过程如图 1 所示。

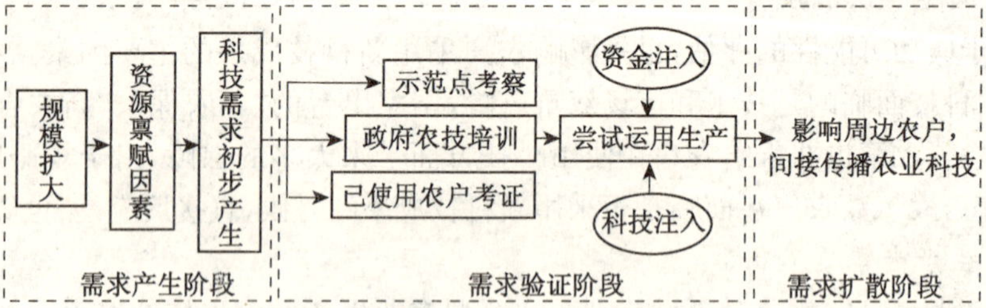

图 1　专业大户科技需求演化示意图

金坛市成为国家粮食丰产科技工程项目的 19 个承担县市之一，示范面积达到 20 万亩。该市直溪镇杨家舍村一组的仇锁坤如今已经成为江苏远近闻名的种粮

大户，尽管只有小学二年级的教育水平，但在当地已种植耕地达 150 多亩田。1992 年起就在自购地上种粮，积累了颇为丰富的种植经验。他抓住地区政府对科技扶持这一黄金时期，积极参加政府组织的农业技术培训，又集资十多万元购置大型农机，用于插秧与运输，在水稻品种的选择上也是经过多方考察与亲测，他所种植的武运粳亩产最高 1 500 斤，小麦亩产 1 100 斤，超过同地区其他农户亩产 20%以上，当种植达到一定规模时，在农服站帮助下，自修最新的水利系统，2013 年农业产值已达到了 35 万元。此外，借助自己的农机向周边农户提供代耕、代插、代育服务，仇锁坤已从生产专业大户发展为服务专业大户，同时也提高了其他农户的生产效率和专业化水平，实现了双赢。因此，专业大户的培育过程简单，有效整合了细碎化土地，便于所属合作社及政府的管理，是单项农业科技试点的最佳载体，但专业大户自身的科技需求意识并不强，需要有关组织对其科技意识进行培养和引导。

（二）家庭农场

2013 年中央一号文件首次提出了发展家庭农场。家庭农场是指家庭成员作为主要的生产劳动力，从事农业呈现规模化、集约化、商品化特征，以农业收入为家庭主要收入来源（80%以上）的具有本地农村户籍的新型农业经营主体。我国的家庭农场模式由家庭联产承包责任制发展而来，是未来国内农业发展和农业科技推广的后生力量。江苏一些地区的相关政策中也陆续提出了家庭经营、土地适度规模、一业为主、集约生产、市场化经营、企业化管理等特征，从中可以看出家庭农场有别于其他农业主体的一些优势。就江苏家庭农场的发展情况来看，目前这些方面特征并不明显，但却指明了未来家庭农场的发展道路——须建立在现代农业科技全面充分推广的前提下。农业部在发展家庭农场的七项条件中指出，家庭农场收入应以农业收入为主，农业净收入占家庭农场总收益的 80%以上。由此可见，家庭农场成员的兼业程度非常低，家庭内部分工就可形成一个生产单位，家庭成员成为生产、技术、销售骨干，经营管理权集中、自主性高，他们对于科技的需求不会像专业大户那样片面和单一，而向更全面的现代化农业科技倾斜，其科技需求演化过程如图 2 所示。

姜堰市在 2013 年被确定为国家农业改革与建设试验点，鼓励创建示范性家庭农场，在全区构建农业新型经营体系，新增规模经营面积 12 万亩，已注册家庭农场达到 103 个，农业适度规模经营比重达 62.1%。该市卞玉梅是曙光家庭农场的一位农场主，承包了 300 亩土地，自主经营，粮种向当地红旗种业、姜丰种业等公司购买，并由相关机构送货上门，她所属区域的合作社提供全程的机械设备，实现机械化生产，少量的雇佣工人和主要家庭成员就可完成全部的工作。2013 年订单份额已占当年收成的 70%，一年的收入达到 40 万元。除了关注一些有形的农业科技达到稳产增质外，她更关注一些无形的农业科技，比如农产品市场信息、未来农业生态建设等，希望拓宽销路、实现循环利用资源。

家庭农场的兴起缓解了农业生产者的劳动压力，真正打破了传统模式下小农

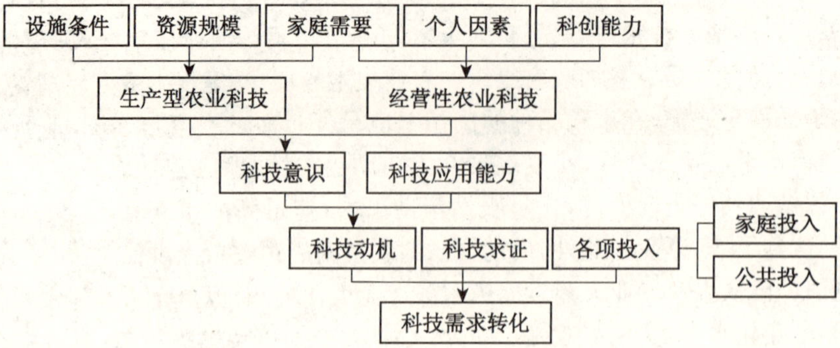

图 2　家庭农场科技需求演化示意图

经济的种种制约，实现了从家业到职业的转型，而非仅仅是生存的保障。家庭农场的形成和发展对农业科技的依赖性较高，它不仅面临着机械化、集约化生产方面所需的科技需求，在经营方面还面临着更为突出的企业化、产业化的科技需求。

(三) 农村专业合作社

农村专业合作社是以农村家庭承包制为发展基础的互助性经济组织，类似农业产品的生产经营者或同类农业生产经营服务的提供者、使用者自愿合作、民主管理。现代农村专业合作社的发展较早，总体已初具规模。2012 年，江苏省工商登记的农民专业合作社总数达 57 566 家，工商登记的合作社成员总数达 1 213.23 万户。合作社一直被公认为是科技推广的最佳载体，国家新兴农业科技若只是依靠政府农机推广部门，无法与农民实际生产直接联系，势必会阻碍科技向生产力的过渡与转化；合作社作为集聚组织，可以拥有足够资金购买新的科技，又是多方科技传输的枢纽，这些一方面可实现大户与散户的科技共享，另一方面，作为企农之间的中介，既可提供企业初期的科技试点，又可辅助普通农户完成市场化产业化路径下科技发展的初步转型。合作社主要的科技需求偏向专项农业科技与农村科技信息化，其科技需求演化过程如图 3 所示。

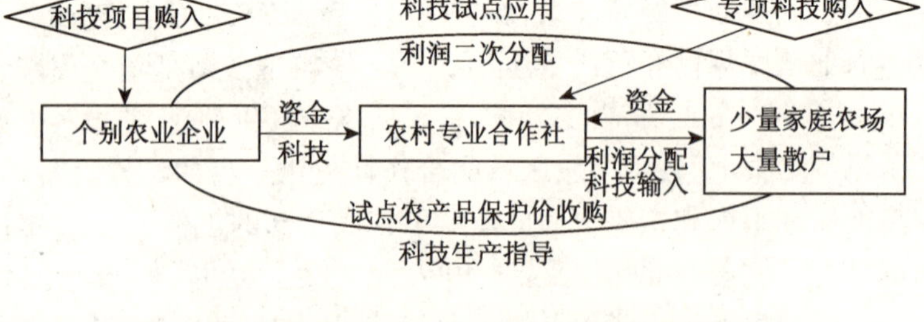

图 3　农村专业合作社科技需求演化示意图

在“中国茧都”——盐城市东台市富安镇蚕丝业几十年来发展颇具规模，1998

年7月鼓励当地蚕农自愿入社，成立了蚕农合作社，由于区域特色经济发展突出，合作社扩充速度极快，注册有7.5万户蚕农，由龙头企业江苏富安茧丝绸股份有限公司牵头，联结11家缫丝企业，并入富安、台南、五烈三镇的蚕桑基地35 000亩，现有桑园共15.2万亩，分春、夏、秋三期供货，年产量达到9万担(4 500吨)。在当地的技术指导站、物资供应站、蚕茧收烘站等设立办公室，为合作社社员从蚕种统一催青、蚕用物资配套供应，到小蚕共育、防病防毒、技术指导和蚕茧交售等各个环节提供技术服务。依仗特色经济的区域化发展，蚕农合作社的科技凝聚力和品牌辐射力。但基层的农村专业合作社在数量扩充和规模扩大的情况下，普遍存在核心成员专业的科学素养较低，合作社管理者决策的单一化，使得是否能够做到科技多样化已经成为合作社面临的巨大挑战，出现了合作社空有形式，为了成立而成立，科技推广渠道的目标也化为空谈。

(四) 农业产业化龙头企业

农业产业化龙头企业是“集成利用资本、技术、人才等因素，将农户通过各种利益联结机制相联系，带动其进入市场，使农产品生产、加工、销售相互促进、有机地结合，在规模经营指标上达到相关标准并经政府有关部门认定的企业”。龙头企业与农户的紧密关系，如何在农业产业化龙头企业生产经营过程中完成科技需求演化，并辐射带动其他农户的科技应用，实现区域的增效增收受到重视。与龙头企业密不可分的关键特征是产业化，产业化是提高产业效率，实现各个利益主体间组织化的必由路径。龙头企业是构建农业支柱产业的关键力量，龙头企业的产品科技含量，科技开发能力在四种农业生产经营主体中处于领先地位，同时，与其他传统农业主体不同的是，龙头企业在科技运用后，需直接面对和抵御市场的竞争与风险，其科技需求演化过程如图4所示。

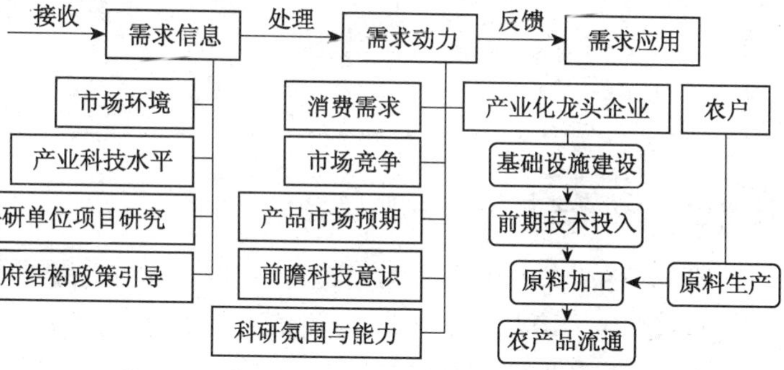

图4　产业化龙头企业科技需求深化示意图

江苏省龙农业头企业数量较多，多依托本区域特色经济发展，如兴化的粮食、富安的蚕茧、泰兴的银杏。泰兴是银杏之乡，江苏同源堂生物工程有限公司正是一家银杏深加工的龙头企业，2012年被评为泰州市农业龙头企业，自己公司内部设立完备的研发机构，对外与中国林科院、中国林业大学食品深加工方面的机构合作，承担了一些国家级、省级的科技研究项目。泰兴市曾经种植有较大规模的银杏，但近年来已陷入困境，银杏并不能作为主要粮食，市场对食用银杏的需要量不是很大。生产银杏深加工制品的企业成了银杏的主要消耗者，同源堂今年新投资1 500万的科技研究项目，扩大银杏固体和液体饮料、银杏果酒、银杏茶叶的多样化、多元素的建设，同时，公司也在附近多个乡镇与农户签订种植基地的合作项目，聘请技术专家从栽培源头进行质量控制，保证最终成品达到产业标准的质量要求。

面对龙头企业的科技需求，政府和科研单位多是给予，甚少有从企业自身科技需求出发，为某种需求启动科技项目，企业也并未养成自主立项以解决迎合市场的科技需求的习惯。长此以往，龙头企业内部会有创新程度降低、科技主动需求减少的可能，科研单位未来需要“自降身份”，更多地建立与龙头企业的双向合作，更及时地解决针对性的科技需求。

四、农业生产经营主体耦合对科技需求演化的效率分析

农业生产经营主体培育强调的是创新多种农业生产机制与模式的耦合，不同的主体之间合作对科技需求演化的效率各不相同，如表1所示。

表1　不同农业生产经营主体耦合对科技需求演化的效率分析

	科技信息感知效率	科技项目资金支持程度	科技计划效率	科技项目执行效率	科技转化为生产力效率
农技服务站＋专业大户	低	低	较高	较低	较低
家庭农场＋专业合作社＋农技服务站	低	较高	较高	高	较高
高等院校/科研所＋专业合作社	较高	中等	中等	较高	中等
高等院校/科研所＋龙头企业＋普通农户	高	高	较低	较低	较高

五、农业生产经营主体培育的政策建议

现代农业的长远发展，靠的是科技与政策，二者缺一不可。随着农业市场化、产业化进程加快，农业生产经营复杂化，农业主体更加综合，这不仅给农户提出主体转型的要求与挑战，也考验着政府对农业生产经营主体的培育工作。

（一）对于专业大户做好统筹衔接

专业大户扶持难度较低，但并不能只是财政支持。当地政府应注意，本地农村要积极稳健地发展规模经济，有效的农业主体不等于大规模，适度规模经营才是农户维持长久发展的前提条件。初具企业家意识的专业大户抗市场风险的能力有限，政府需为他们提前做好防范工作，从基层实际和市场需求考虑，做好政策性财

政奖补资金以及商业性金融保险的统筹衔接工作。

（二）对于家庭农场给予政策支持

每年的农业政策性文件数量庞大，是否能够真正施行、惠农到户，是农业行政人员亟须解决的问题。在土地适度规模经营和鼓励发展家庭农场的政策下，作为土地流转后农村家庭的最佳载体选择，各地培育家庭农场的积极性颇高，但也发现在江苏一些乡镇，政策解读得不规范，对家庭农场概念的理解普遍存在片面性，甚至出现了误解，农技部门需要对农户进行正确的政策解读和指导。

（三）对于专业化合作社加强监督考核

政府对专业化合作社考核的偏向需正确扭转，考核因素的侧重点应放在质量、科技上而非数量与规模，主体推广并非一味接纳，对于合作社的审批需要慎之又慎。另外，对合作社的支持也多是财政补贴，如果只是形式化的金融支持，一些合作社就会为了获取政府补贴而成立，最终往往落于徒有其表。

（四）对于产业化龙头企业进行系统规划

龙头企业对其他主体有带动作用，作为科技需求的重要供给主体，龙头企业在整个农业产业链中发挥突出作用，农业产业化是一条完整的产业链，政府所要做的，不只是提供人才、技术以及金融等单一的政策支持，而是需要提供能辅助形成产业化的一系列政策。

新型农业生产经营主体的培育工作已经进入新阶段，各地对主体转型的积极性都颇高，并已从中取得了一定的经济收益，同样需要重视的还有主体培育与科技需求之间的关系，培育出好的主体并非只为形式，而是要领悟这些主体在农业科技应用方面的优越性，基于不同的科技需求，构建出最有利于科技应用的各主体组合的模型。农业作为弱势产业，政府需要持续增加对各种生产经营主体的补贴与扶持，政策导向既不应刻意鼓励哪一个，也不应刻意非议哪一个，要支持多种形式的主体，多种主体组合的形式共同发展。

参考文献

[1] 李后建. 农户对循环农业技术采纳意愿的影响因素实证分析[J]. 中国农村观察，2012(2)：28-66.

[2] 高启杰. 农业科技企业技术创新能力及其影响因素的实证分析[J]. 中国农村经济，2008(7)：32-38.

[3] 何得桂. 科技兴农中的基层农业科技推广服务模式创新——“农业试验示范站”的经验与反思[J]. 生态科技，2013(2)：141-144.

[4] 梁红卫. 基于农民专业合作社的农业科技创新及转化[J]. 社会科学家，2009(2)：69-72.

[5] 廖西元，陈庆根，王磊. 农户对水稻科技需求优先序[J]. 中国农村经济，2004(11)：36-43.

[6] 陈印军，杨瑞珍，尹昌斌，胡清秀. 论西部地区农村科技传播与普及体系建设[J]. 中国软科学，2003(4)：13-18.

[7] 陈家骥，杨国玉，武小惠. 论农业经营大户[J]. 中国农村经济，2007(4)：12-17.

[8] 肖云,陈涛,朱治菊.农民专业合作社成员"搭便车"现象探究——基于公共治理的视角[J].中国农村观察,2012(5):47-96.
[9] 孙亚范,余海鹏.农民专业合作社成员合作意愿及影响因素分析[J].中国农村经济,2012(6):48-71.
[10] 陈灿,罗必良.农业龙头企业对合作农户的关系治理[J].中国农村经济,2011(6):46-57.
[11] 刘洁,刘永平.农户农业企业化经营的影响因素分析——以河北省558个农户为例[J].中国农村经济,2007(4):18-31.
[12] 何秀荣.公司农场:中国农业微观组织的未来选择?[J].中国农村经济,2009(11):4-16.
[13] 马九杰,朱勇.公司农场:农业及涉农产业直接投资的决定因素与政策效应——基于企业调查的描述性分析[J].中国农村经济,2004(3):21-80.
[14] 黄祖辉,俞宁.新型农业经营主体现状、约束与发展思路——以浙江省为例的分析[J].中国农村经济,2010(10):16-56.

浅议政府在新型农业经营主体发展中的作用

王　珅

（六合区发改局）

摘　要：近年来，各类新型农业经营主体不断发展，已成为构成农业转型升级和粮食增产、农业增效的主要力量。然而，我国新型农业经营主体发展时间较短，其发展过程中还存在一些问题，政府应从协调多种关系、强化要素保障、加强人才培养、长效机制建立等四个方面对其经行引导和帮助。

关键词：新型农业经营主体；存在问题；政府作用

三农问题一直是政府和学者关注的焦点，党的十八大报告中提出“发展农民专业合作和股份合作，培育新型经营主体，发展多种形式规模经营，构建集约化、专业化、组织化、社会化相结合的新型农业经营体系”。党的十八届三中全会的《决定》则进一步强调加快构建新型农业经营体系。作为现代农业经济发展的重要基础，我国新型农业经营主体发展还处于起步阶段，面临不少问题，政府有责任在其发展过程中给予积极帮助，从而促进我国现代农业健康稳定发展。

一、新型农业经营主体的内涵

（一）新型农业经营主体的定义

有学者将其定义为“具有相对较大经营规模、较好的物质装备条件和经营管理能力，劳动生产、资源利用和土地产出率较高，以商品化生产为主要目标的农业经营组织”。

（二）新型农业经营主体的特征

党的十八大报告中将其特征归纳成四点，即集约化、专业化、组织化、社会化。从实践来看，新型经营主体具有以市场化为导向、以专业化为手段、以规模化为基础、以集约化为标志的基本特征。

（三）新型农业经营主体的分类

新型经营主体的经营方式：一是家庭经营，包括专业大户、家庭农场；二是合作经营，包括专业合作社、土地股份合作社；三是公司制经营，包括龙头企业、专业服务公司。

二、新型农业经营主体发展中存在的问题

我国新型农业经营主体起步较晚，进展还不平衡，面临不少问题：

(一) 从其经营方式来看

1. 家庭农场

我国家庭农场作为政府主导的新兴主体才刚刚起步，基本上由种养大户构成，数量较少，而且谈不上规模经营。目前我国对家庭农场缺乏统一的法律法规规范，基本处于摸索阶段。特别我国农村土地名义上为村集体所有，而实际上又掌握在分散的家庭当中，一方面使得农民缺乏对承包土地的完整所有权，事实上只有使用权，土地难以成为银行贷款的抵押物，难以进入市场流通，限制了金融业对新型农业经营主体形成的支持；另一方面由于土地流转机制尚不完备，特别是缺乏鼓励老年人放弃土地的补偿政策，土地流转的代价远远高于土地直接经济效益，因此家庭流入土地的积极性受到极大的影响，家庭农场的经营规模难以扩大，加之农业的比较效益不高，从而导致我国家庭农场发展缓慢。

2. 农民专业合作社

我国农民专业合作社虽然已经发展了一段时间，但在整个农业经营主体中，农民专业合作社数量少且规模小，农民专业合作社内部运作很不规范，合作的程度还不高，合作的效益尚未真正体现出来，普通社员从中获利少，因此对普通农民还没有形成应有的吸引力。虽然我国政府也出台了鼓励土地流转的政策，但由于各种配套措施不完善，农民并没有摆脱对土地的养老依赖，因此土地流转主要是短期流转，并没有实现长期彻底流转。

(二) 从其自身发展来看

1. 新型农业经营主体自身条件薄弱

集约化经营是提高农业产量和效益的重要途径，发达国家农业经营主体规模大，一般都以联合经营为主。德国一般家庭农场经营 2～100 公顷；加拿大家庭农场平均经营 300 公顷。而我国新型农业经营主体普遍数量少、规模小，发育不足，带动能力不强；自身运行不够规范，为了套取国家相关优惠政策而“虚假注册”、“注册后不运行”，有的享受了扶持政策但没有真正发挥作用；新型农业经营主体面临农业人才严重匮乏现象，而现有的农业人才中，老龄化现象突出。

2. 新型农业经营主体要素保障不足

由于工作指导和政策支持不足，目前尚未形成针对新型农业经营主体的扶持政策体系，主要表现在土地流转、农业设施用地、财政补贴三个方面：

(1) 土地流转不规范。规模化经营的前提是土地高度流转，“因为只有实行土地流转，才能实现土地相对集中，扩大农业的经营规模”。土地流转不规范的问题主要表现在：一是私下流转，我国现行的土地所有权为国家或集体所有，农民通过承包获得土地承包经营权，然而在一些地方由于种种原因土地未能确权(承包经营权)，使得土地不能正常流转，农户只能通过私下进行流转，且不能彻底流转，这一方面埋下了合同纠纷隐患，另一方面也给以后的确权工作造成了困难，影响了新型农业经营主体的形成及长远规划；二是土地立法不完善，目前“农村土地(农地)产权结构被分解为三种权利，其一是（土地）所有权；其二是（土地）承包权；其三是（土地）经营权（使用权）”，其中土地所有权为国家或集体，承包权是农民，经营权是土地流进方，需研究出台土地流转相关政策法律，对土地流转过程中农民的土地承包经营权和流入方的使用权予以保护；三是土地流转欠缺后续监管，目前对流转的土地进行“非粮化生产”较多，一些地方甚至打着农业的幌子，从事度假村或会所等非农经营，对农业生产乃至粮食安全构成威胁。

(2) 农业设施用地受限。根据《土地利用现状分类》的解释，设施农用地指的是直接用于经营性养殖的畜禽舍、工厂化作物栽培或水产养殖的生产设施用地及相应附属设施用地，农村宅基地以外的晾晒场等农业设施用地，分为生产设施用地和附属设施用地两类。为了加强农业设施用地的管理，国土资源部、农业部以国土资发〔2010〕155号文形式下发《关于完善设施农用地管理有关问题的通知》，通知中对农用设施用地范围、审核、监管予以规定，然而由于缺乏具体的操作细则，在实际执行中面临较大困难，尤其在农用附属设施用地上无法满足新型农业经营主体的需求，收割下来的粮食或者农作物无处堆放、晾晒。同时文件中明确“在以农业为依托的休闲观光项目以及各类农业园区，涉及建设永久性餐饮、住宿、会议、大型停车场、工厂化农产品加工、中高档展销等用地，不属于设施农用地范围，按非农建设用地管理”，新型农业经营主体中的一些以休闲观光、采摘为主的农民专业合作社，其用地被严格限制。

(3) 财政补贴激励不够。我国目前采取的是普惠制的扶持政策，虽然让全体农民得到了实惠，但不利于新型农业经营主体的培育。就江苏省来看，省财政不断加大新型农业经营主体财政资金支持力度，但财政补贴力度不均衡，2014年投入农民合作社发展专项资金2.2亿元，安排省级农业产业化经营龙头企业发展专项资金2.4亿元，省级示范家庭农场进行奖补资金1 000万元。在财政补贴的过程中，还存在很多人外出打工，土地临时委托他人种植，但自己却拿着国家补贴，这样形成了种田的人没拿到补贴、不种田的人仍然拿补贴的现象，没有起到鼓励种植的目的，而且承包了土地并没有种田的人也因不愿放弃国家补贴不愿让承包土地流转出去。因此不能有效提升新型农业经营主体的积极性，不利于新型农业经营主体的培育。

(4) 创业融资难以满足。目前农业创业融资主要依赖商业银行贷款，由于商业银行天生的趋利性，加上农村种养大户、家庭农场、农民专业合作社和中小型农业企业由于缺乏有效的担保抵押物，出现了融资贷款困难、贷款交易成本高以及贷款手续复杂等问题，导致新型农业经营主体培育过程中的资金需求无法得到满足。虽然政府出台了一系列扶持农村金融机构，特别是农村中小金融机构发展的政策，但是这些机构普遍监管困难，存在着系统性风险，且准入制度严格，制约了农村中小金融机构的发展小额信贷等扶持性贷款规模较小，远远无法满足新型农业经营主体的资金需求，使得新型农业经营主体发展缓慢。

三、政府在新型农业经营主体发展中的作用

(一) 处理好多层次关系

1. 协调承包经营农户与新型农业经营主体的关系

发展新型农业经营主体，不能忽视、排斥千家万户的承包经营农户。我国在相当长的时期内小规模兼业农户仍将在农业生产中占据相当比重，与各类新型农业经营主体长期共存，这是人多地少国家农业发展的普遍规律。从我国基本国情出发，广大承包农户是农业生产经营的重要基础，将与各类新型农业经营主体共同构建我国现代农业经营体系。在这一体系中，承包农户是基础，种养专业户、家庭农场是骨干，农民合作社是中坚，龙头企业是引领，农业社会化服务组织是支撑。政府在相关工作中，需正确协调承包经营农户与新型农业经营主体的关系，在重视培育新型经营主体的同时要维护承包农户的基础地位；在政策扶持的过程中，坚持兼顾效率与公平，让更多的农民分享体制机制创新的成果，同时要注意通过市场选择"优胜劣汰"。

2. 协调新型农业经营主体中各类经营主体的关系

由于农业各行业、各产品的特性不同，农业经营主体的构成特征也不同，因而在不同的领域和环节形成的优势各不相同。种养业生产环节因其需要劳动者具备高度责任心和主动性，及时对自然环境变化作出反应，对生产全过程负责适宜采取家庭经营方式；农资采购、农产品销售和农业生产性服务环节适宜采用合作经营方式，合作经营可以帮助农户提高市场谈判地位，解决单家独户办不了、办不好、办起来不划算等问题；农产品加工、物流环节适宜采取公司制经营，重点是做大做强农业产业化龙头企业，增强辐射带动能力，引导其通过订单收购、二次返利、股份合作等多种形式，与农户、专业大户、家庭农场、农民合作社等主体有效对接，形成"风险共担、利益共享、合作共赢"的紧密联结关系。政府在相关工作中要根据产业特性和经营主体特征，在不同领域不同环节，明确优先培育方向和政策扶持重点，充分发挥好各类经营主体的自身优势，各就其位、各得其所。

(二) 强化相关要素保障

1. 加强土地流转工作

土地流转是新型农业主体发展规模化和集约化经营的前提，政府应从规范土地流转、培育土地流转市场两个方面来做工作。规范土地流转方面，政府首先必须要对土地进行确权，通过明晰产权加快土地流转，其次必须修订有关法律法规，最大程度保证土地流转各方权益，最后还必须对土地后续流转进行监控，严格防止各类违法用地的情况发生。培育土地流转市场方面，政府应加强土地承包管理信息化建设，逐步建立土地要素向新型经营主体流转的有效机制，健全县乡村三级土地流转服务体系，引导土地平稳流转。

2. 健全配套扶持政策

一是放宽农业用地政策。新型农业经营主体在经营发展过程中,不可避免遇到农业建设用地指标不足的问题,为此一方面要加大对农用设施用地的建设,另一方面尽可能利用闲置土地资源发展各类新型农业经营主体,确保新型农业经营主体发展的需要;二是加大财政扶持力度及均衡度。健全农业补贴增量主要用于支持新型农业经营主体发展的政策体系。明确家庭农场与农户享受同等的税收政策。完善合作社、龙头企业、农业经营性服务组织税收优惠政策,把合作社作为单独纳税主体列入税务登记;三是完善养老、医疗保障政策。通过健全养老、医疗保障制度,使土地流转后手上无地的农民有所保障,加快土地养老到制度养老的转变,从而加速土地流转。

3. 培养农业经营人才

一是加强农业职业教育,加强内部从业人员培训,使之尽快向新型职业农民转变,同时面向专业大户、家庭农场经营者、合作社带头人、农民经纪人等新型职业农民,加强相关专业教育培训,注重培养农民创业的各种技能和经营管理的能力;二是有选择的重点培养。有重点地选择农村种养大户、专业户、打工返乡户、经济能人等具有一定经济基础、科技素质和创业能力的农民群体作为培植对象,发挥示范带动作用;三是加强校农合作。通过制定优惠政策、搭建与职业学校的共建平台、委托培养等形式引进人才;四是探索建立家庭农场经营者的职业教育制度。建立合作社带头人人才库,建设合作社人才培养实训基地,鼓励各类人才领办和参与新型农业经营主体,吸引毕业生兴办家庭农场和农民合作社。

(三) 深化农村金融改革

1. 加快建设相关金融体系

一是鼓励金融机构开发订单质押、农产品预期收入质押、大型农机设备抵押、畜禽圈舍抵押等适合于新型经营主体需要的金融产品;二是重点培育农村“内生”的金融组织。规范发展农村资金互助组织,引导农民专业合作社开展信用合作,鼓励发展真正的农村合作金融;三是建立政策激励与监管强制并重的办法,强化省、市、区三级金融机构的支农责任,改变农村资金外流的不利局面。

2. 创新农村信贷担保方式

一是规范规模经营主体的准入标准和条件,因地制宜推广各类法人规模经营主体,提高金融支持规模经营的可行性;二是针对新型农业经营主体信贷需求特点,加强政策性银行对新型农业经营主体贷款的支持力度,加强金融产品和服务创新;三是鼓励地方政府出资建立为农服务的担保公司等,鼓励金融机构将新型经营主体的应收账款和农副产品的订单、保单、仓单等权利,以及权属清晰、风险可控的大型机械设备、林权、水域滩涂使用权、房屋、厂房、汽车等财产纳入抵(质)押范围。

3. 鼓励参加农业保险

提高财政对新型经营主体购买农业保险的保费补贴比例。鼓励地方政府发展特色农业保险，适应设施农业快速发展的新形势。

(四) 建立长效发展机制

1. 建立行业协会

我国新型农业经营主体在成长中受政府政策、企业经营、环境变化、生产要素等制约，加之市场的复杂性及主体自身运行中的不规范行为，急需在政府指导下成立新型农业经营主体成立行业协会，由有能力的企业家来承担相应的行业服务工作。在此基础上，充分发挥农业行业协会的作用，提高农业行业协会对农民的影响力，通过农业行业协会协助农民开展土地流转、信息共享、权益维护、行为规范、纠纷调解等工作。

2. 加强相关投入

一是加大基础设施投入，一方面加大新型农业经营主体规范力度，建立示范性家庭农场名录，开展农民合作社示范社评定，推动完善合作社登记办法，一方面以农村道路提档升级、水利灌溉等项目为抓手，积极为农产品运输、灌溉等创造有利条件；二是引导、建立、放大区域性品牌，建立地方农产品区域特色；三是搭建信息平台，对市场进行预测降低农产品销售风险的同时，积极引入电商，拓宽销售渠道。

参考文献

[1] 陈晓华. 大力培育新型农业经营主体——在中国农业经济学会年会上的致辞[J]. 农业经济问题，2014(1).

[2] 汪发元. 中外新型农业经营主体发展现状比较及政策建议[J]. 农业经济问题，2014(10).

[3] 汪艳涛，高强，苟露峰. 农村金融支持是否促进新型农业经营主体培育[J]. 金融经济学研究，2014，29(5).

[4] 王国敏，翟坤周. 确权赋能、结构优化与新型农业经营主体培育[J]. 改革，2014(7).

因势利导　务实创新
加快推进农业社会化服务体系建设

王　敏

（扬州市邗江区农委）

摘　要：农业社会化服务体系，是指与农业相关的社会经济组织，为满足农业生产的需要，在产前、产中、产后各环节为农业生产经营主体提供服务而形成的网络体系。本文以邗江农业社会化服务体系建设为例，就农业生产的规模化、组织化、产业化对农业社会化服务体系的建设提出新思路、新途径。

关键词：农业；社会化服务；体系

农业社会化服务体系是农业的分工体系和市场体系的有机结合，是农业生产力和商品经济发展到一定阶段的必然产物。近年来，邗江区在城镇化进程中，按照"培育特色、打造亮点、提质增效"的发展思路，推动传统农业向现代农业转变，积极构建农业社会化服务体系，有力促进农业增产增效和农民增收。截至2014年，全区土地流转面积占粮食种植面积的21%左右，专业大户、家庭农场、农民专业合作社、农业龙头企业等新型农业经营主体不断涌现，农业生产的规模化、组织化、产业化对农业社会化服务体系建设提出了新要求。

一、开展农业社会化服务工作是顺应现代农业发展的必然要求

伴随经济社会发展，农村劳动力不断向城市转移，使得农业青壮年劳动力短缺、农忙季节短缺、区域性短缺问题突出，传统上由农民直接承担的农业生产环节越来越多地从农业生产过程中分化出来，由专门人员从事，并通过合同或其他组织形式，在市场机制作用下，同农业生产结成了稳定的相互依赖关系，形成一个有机整体。

1. 农业社会化服务体系的初步构建克服了家庭分散经营的局限性

此前，邗江农业生产方式以小农经济为主，在一定程度上制约了先进农业技术的集成应用，主要体现在水稻机插秧、小麦机条播、病虫害绿色防控等技术的推广方面。因其机械购置成本高、技术难度大、操作要求相对较高的原因，一般农户难以承受，导致出苗不足、田间药害、施药过程中人畜中毒、病虫防效差影响产量等情况时有发生。2007年至2009年间，邗江先后建立健全区、镇、村三级植保社会化服务网络，为农户提供水稻和小麦病虫害的统防统治服务，有效提高全区主要农作

物的病虫害防治水平，受到了农户的一致好评。此后，由植保社会化服务衍生出的从种到收的水稻病虫全程承包防治和农业综合服务，得到迅速推广。另外，机械耕翻，水稻机插秧，小麦机条播、机开沟，机械收割以及机械烘干等农事服务也越来越受到农户的欢迎。众多的服务项目使得农户种田越来越省力、省时、省心，而日益完善的服务体系将会使农民直接拿米袋子去装粮的“机械式”种田模式变为现实。

2. 农业社会化服务体系的有序运营调动了农业服务主体的积极性

经济学上，市场机制运转循环的原动力是市场活动参与者的经济利益。邗江农业社会化服务体系的主体是从农业生产活动中分化出的专门为其他农户提供服务的能人，只有这些能人的基本经济利益得到稳定保障，整个农业社会化服务体系才能有序运营。从目前邗江农业的发展态势分析：一方面农户对农业社会化服务的需求程度较高，服务利润空间较大。以水稻机插秧的产中环节为例，一般农户的机耕、育秧、机插、植保、收割等农事活动几乎都依赖于社会化服务体系，而这些服务的合计效益达 460 元/亩左右。深受农户青睐的小麦机耕、机条播和机开沟的一体服务的收益约在 100 元/亩。另一方面政府相关部门对农业社会化服务的扶持力度越来越大。农机部门的农用机械购置补贴，农业部门的植保机械购置补贴、专业化统防统治项目，农工办对从事社会化服务工作的合作社的政策扶持等一系列有力的推进措施，降低了社会化服务的运营成本，让农户享受到政府财政扶持的实惠，充分调动起服务组织与农户双方共同参与的积极性。据不完全统计，截止 2014 年底，全区拥有涉及机耕、机插秧、植保和机收等农业社会化服务的组织 126 个，从业人员 3 000 余人，中型以上农用机械近 2 500 台套，机耕、机播、机械植保、机收和机械化还田面积占粮食种植面积的比率分别达 100%、65.24%、92.55%、100%和 77.01%。

3. 农业社会化服务体系的良性发展增强了农业生产经营的创新性

近期，中共中央办公厅、国务院办公厅印发的《关于引导农村土地经营权有序流转发展农业适度规模经营的意见》中明确指出，引导土地流转经营权，“要因地制宜、循序渐进，不能搞大跃进，不能搞强迫命令，不能搞行政瞎指挥”，“要与农业社会化服务水平提高相适应”。对此，邗江农业职能部门充分认识到发展农业社会化服务体系的重要性和必要性：尽管随着工业化城镇化和农业现代化进程，农村劳动力大量转移，农户承包土地的经营权流转明显加快，但是邗江农业以一家一户为主的小规模经营方式短时间内无法彻底改变，只有完善的农业社会化服务体系，才能提高现阶段农业生产经营的组织化程度，从而开启小规模农业走向现代化之门。相比于一味地推进土地流转，建立在家庭经营基础上的社会分工模式更适合当地区情。解决家庭经营问题的关键是为其提供完善的服务体系，而不是贸然去改变家庭经营内在的内容。邗江农业社会化服务体系的构建正是在持续稳定家庭联产承包经营的基础上，将部分农业生产职能由社会化服务组织替代，进而构建一个降低农业生产者自身要求、提高农业生产效能、增加农业生产效益的新型生产方式，有力地回应农业兼业化、副业化的挑战。

二、传统农业向现代农业过渡中产生的问题

自邗江探索植保社会化服务工作起，就遭到有些方面的质疑。面对质疑和问题，邗江农业职能部门始终将农户的需求放在首位，不断创新和出台了一系列有力的推进举措，在服务模式从无到有、服务规模从小到大、服务成效不断被认可的发展过程中，逐步形成了特有的“邗江模式”，并在全省推广。相对于植保社会化服务而言，农业社会化服务体系属于综合服务范畴，其涉及的范围更广、管理的难度更大、服务的要求更高，显现出的问题也更为突出和复杂。

1. 农业社会化服务从业人员的结构素质体系不够理想

与农业生产存在一样的问题，大部分从业者的年龄相对较大，体力和精力难以应付高标准农业社会化服务的要求，而年轻人因活苦、人累、钱少、丢份等原因不愿从事此项工作，使得邗江农业社会化服务体系面临后继乏人的局面。另外，少数从业者的业务技能不精、责任心不强，也是社会化服务体系运作过程中的一个隐患。

2. 农业社会化服务的推动体系依赖于政府职能部门

在邗江农业社会化服务体系构建初期，为保证此项利民的重要工作能够顺利推进，区、镇两级农业职能部门直接或间接参与了服务组织的组建。虽然起到了立竿见影的积极作用，得到广大农户的认可，但职能部门的人手和精力毕竟有限，难以满足农业服务多元化的市场需求。

3. 部分项目资金扶持体系惠及范围较窄

从中央到地方的各级政府对农业社会化服务体系的建设十分重视，每年专项用于补贴此项工作的扶持资金数目较多，但在具体的操作过程中多数资金以物资或抵现的形式直接补贴给了种植大户，而只有少数种植大户为散户提供社会化服务，违背了制定扶持政策惠及更多普通农户的初衷。

4. 产前、产中、产后各环节的服务体系发展不够均衡

目前，农户在生产过程中可方便地享受到机械耕翻，水稻机插秧，小麦机条播、机开沟，机械收割等各类型的产中服务，产前服务中的农业保险服务也逐步开始完善。但随着近年来规模化种植在邗江的兴起，市场对金融服务、信息服务等产前服务和粮食烘干、贮藏、销售等产后服务的需求越来越旺盛，而这些项目是农业社会化服务体系下一步建设的重点和难点。

5. 农用机械的保养和维修体系仍为市场空白

在整个农业社会化服务体系中，各类农用机械是从业者赖以生存的重要工具。农用机械价格昂贵，农事活动适期短决定了机械必须随时待用，加之农机全年的使用频率低等原因，使得农业机械理应得到妥善的保养和维修。然而，农机仓库建设、农机日常保养和维修技能培训、易损零件的及时配送等问题亟须更好的解决方案。

6. 农业社会化服务效果的监督与鉴定体系尚未健全

众所周知，影响农业社会化服务效果的因素较多，譬如天气因素、农资品质问题、人为操作不当，甚至还有农机自身缺陷问题。因此，为了保证农业社会化服务体系能够良性发展，应及早健全监督体系规避服务效果不佳的风险，建立鉴定体系调查何方责任、防止服务纠纷产生。

三、让农民成为积极参与者和真正受益者是解决难题的最佳途径

实践证明，邗江农业社会化服务体系有利于优化农业资源配置和提高劳动生产率，有利于保障粮食安全和主要农产品供给，有利于促进农业技术推广应用和农业增效、农民增收。因此，面对农村劳动力大量转移，农业物质技术装备水平不断提高，土地经营权流转明显加快的局面，农业职能部门应加大对社会化服务组织的扶持、指导和管理力度，通过主体建设、制度建设、市场建设，强化和完善农业社会化服务体系。

1. 注重多元主体的培育和管理，逐步淡化职能部门在服务体系中的主导地位

在邗江开展农业社会化服务工作伊始，区政府及相关职能部门便通过直接组建社会化服务组织、将社会化服务工作纳入农业农村工作考核内容、设立区政府专项扶持经费、整合相关项目用于农机购置补贴等一系列行政行为，促使农业社会化服务体系建设驶入“快车道”。至今，农业社会化服务网络结构基本稳定，农户的需求也相应地不断增加，职能部门的角色由“主导”转向“引导”。一是做好新型服务组织的培育工作。充分利用种植大户、农村能人、大学生村官、农业龙头企业等社会资源，引导其发挥自身特长组建社会化服务组织，从而构建多元主体、多种形式的服务网络，化解无年轻人可用的危机，满足市场的刚性需求。二是做好相关扶持政策的落实工作。坚持“好钢用在刀刃上”，认真研判上级部门的扶持政策和项目要求，制定科学严谨且切实可行的区级扶持政策。在落实政策和实施项目的过程中，严格把关、全程监督、及时验收，确保种植大户和普通农户都能享受到实惠。三是做好社会化服务体系的协调和保障工作。通过调研、走访、座谈等形式，全面掌握整个社会化服务体系的运作情况，及时了解服务组织和农户的需求，科学调配种子、农药、化肥和农用机械等农业生产资料，协调相关部门解决农业生产配套用房的建设和农机维修点的设立等难题。

2. 注重服务品质的提升和稳定，逐步增强社会化服务组织的市场认可度

由于直接或间接地参与社会化服务组织，农业职能部门在社会化服务工作中担当“运动员”和“裁判员”的双重身份，不利于农业社会化服务体系的市场化运作。因此，亟须对农业职能部门的作用进行重新定位，将其从“运动员”的身份中解脱出来，更好地协助民间社会化服务组织提升服务的品质。一是完善社会化服务培训机制。组织相关人员开展针对性较强的业务知识培训，对从事机插、植保等关键环节的服务人员进行考核，合格后颁发上岗证。定期开展现场观摩会、座谈会等活

动，为全区从业人员提供相互学习和交流的机会。二是完善社会化服务监督机制。各农业社会化服务组织建立健全服务档案，详细记载作业时间、作业面积、作业人员、生产资料使用情况以及天气等重要信息，并随时接受业务主管部门和农户代表的监督。三是完善社会化服务鉴定机制。聘请农业科研院所和上级农业部门的相关专家、有经验的优秀机手、种田能手和农户等多方代表，共同成立区级农业社会化服务质量鉴定委员会，在发生服务纠纷时，根据实际情况出具权威的鉴定报告，为农户解决后顾之忧。

3. 注重服务项目的配套和完善，逐步适应土地流转和适度规模经营的发展趋势

随着中央对于农村土地制度改革的深入，邗江未来将会同其他经济发达地区一样，土地的经营权流转范围将进一步扩大，发展适度规模经营将是大势所趋。而邗江的农业社会化服务体系仍处于初步的探索阶段，与中央 2014 年一号文件中“大力发展主体多元、形式多样、竞争充分的社会化服务”的要求还有一些差距。因此，相关职能部需要准确把握当前农业发展态势，因势利导，未雨绸缪，切实增强农业社会化服务工作的预见性、主动性和创造性。一是延伸社会化服务链条，满足市场多样化的需求。在当前产中环节较为完善的基础上，将社会化服务链条向产前和产后的薄弱环节延伸，引荐实力雄厚的社会资本创立贷款担保、市场信息、粮食烘干、粮食加工、仓储物流和电子商务等服务项目，以满足未来社会化大生产的需求。二是配备高性能农用机械，满足土地规模化的需求。目前，邗江部分乡镇土地流转相对较快，据统计，全区现有 50 亩以上的种粮大户有 117 户，100 亩以上的有 59 户，1 000 亩以上的 7 户。而邗江大部分社会化服务组织配备的仍是轻、中型的耕种、植保机械，效能相对较低，无法满足规模化农业的生产要求。因此，必须鼓励种植大户或服务组织购买大型的高效高性能的技术装备，提升农业社会化服务水平。三是探索托管式服务模式，满足服务个性化的需求。当前，除了种田能人以外，许多社会人员也陆续投身规模化种植，其中有企业家、商人、医药代表等，他们当中大多数没有种植经验，更没有大型的农用机械，大部分农事活动必须借助外力。对此，可引导具备一定资质的社会化服务组织，提供类似于工商业的“外包服务”，签订服务合同，开展全程托管或主要生产环节托管服务。

完善农业社会化服务体系 加快农业现代化发展步伐

赵俊华

（九三学社镇江市委员会）

摘　要：高效的农业社会化服务，是农业现代化的重要标志。提高农业社会化服务水平既是促进农民增收的有效途径，也是推进现代农业发展的重要支撑，更是实现农业现代化的主要条件。找出深化农业社会化服务的着力点，才能有效地促进农业持续稳定发展。

关键词：农业；现代化；社会化；服务体系

随着农业生产力的发展和农业商品化程度的不断提高，传统上由农民直接承担的农业生产环节越来越多地从农业生产过程中分化出来，发展成为独立的新兴涉农经济部门。这些部门同农业生产部门通过商品交换相联系，其中有不少通过合同或其他组织形式，在市场机制作用下，同农业生产结成了稳定的相互依赖关系，形成一个有机整体。因此，农业社会化服务，是农业生产商品化发展到一定阶段的产物。而农业社会化服务最后形成一个完备的体系，则表明商品农业进入了高度发达的阶段。

从本质上说，农业社会化服务体系是指与农业相关的社会经济组织，为满足农业生产的需要，为农业生产的经营主体提供的各种服务而形成的网络体系。而与农业相关的社会经济组织包括政府公共服务体系，农村自发形成的农业合作经济组织，涉农企业以及农业院校、科研院所等。政府公共服务体系包括一些专门经济部门，如提供基础设施建设的服务体系，提供技术推广的服务体系，提供资金投入的服务体系，提供信息服务、提供政策和法律服务等等；提供的各种服务，包括农业产前、产中、产后的全面、系统、一体化的服务。如产前的生产资料供应（种子、化肥、农药、薄膜等）、产中的耕种技术、栽培技术、病虫害防治技术等等技术服务以及产后的销售、运输、加工等服务。

近年来，全省各地在工业化、城市化深入发展中同步推进农业现代化，围绕建设高效生态农业强省和特色精品农业大省，以农业“两区”为主阵地，以提升农业社会化服务体系为抓手，加强组织领导和政策扶持，坚持覆盖全程、综合配套、便捷高效，着力健全服务组织，系统整合服务平台，积极创新服务机制，加快发展服务产业，以家庭承包经营为基础，政府公共服务机构为主导、多元化和社会化的农业社会化服务主体所形成的服务体系基本形成。而各类服务主体更是在农业产前、产中、产后的服务上与农民经营有机结合，创新出了很多有效的农业社会化服务模式，从而为推进农业规模化、标准化、生态化发展提供有效支撑和保障。然而，服务体系不健全、发展不平衡以及社会化程度低等问题依然存在，尤其是农业社会化服务与市场脱节、与农业现代化不相适应、与农业生产发展需要相矛盾的问题，还较为突出。

农业社会化服务体系对于促进农业增效、农民增收，加快实现农业现代化所发挥的重大作用是不必赘言。但面对现阶段农民对社会化服务体系全方位、多层次的需求这一难题，找出深化农业社会化服务的着力点，有效地促进农业持续稳定发展，加快农业现代化的实现步伐，需要我们的政府、我们的专家进行长期的有效的探索。就此，我们建议：

（一）坚持政府主导，整合完善功能

把政府涉农部门的职责主要放在提高农业农村公共服务能力上，同时采取财政、金融、税收等手段，支持各类服务主体的发展，推动公益性、营利性、非营利性组织互相补充、分层发展，逐步实现公益性和经营性相结合、专项服务和综合服务相协调，并建立政府购买公共服务机制，切实改变政府包办一切和政企不分的现象。一是进一步理顺管理体制、明确县乡两级“条块”职责，建立健全管理制度，确保农技队伍的专业化、专职化，全面推进农技推广责任制度的组织、责任、保障、培训、考核激励、技术支持和项目实施管理等七大机制建设，切实提高公共服务组织运行质量。推进有条件的地方探索实行“管理在县，服务在乡”的体制，即乡镇农技人员的配置、调整以县为主，经费全额纳入财政预算，工作落实在乡镇，确保乡镇农技人员有足够的精力履行好为农服务职责。二是推进乡镇农业公共服务机构综合化发展，整合乡镇农产品营销、土地流转、农业保险、农村金融、农业信息、“三农”政策解读等相关服务功能，探索建立健全“3＋X”的多功能、一站式服务模式；加强乡镇与县级对口农业公共服务站（局、所）的系统整合，在工作任务、业务指导、项目安排等内容上力求统一谋划、通盘考虑、一体推进，避免乡镇因忙于多头应付而导致力不从心、降低工作效率。三是在落实有若干村（片）组成的责任区的基础上，按行业、经营规模等设立责任区内农业生产经营主体具体档案和台账，深化责任区内“网格”建设，登记好其现实和潜在的服务需求，建立联系制度，努力确保将每一个生产经营主体纳入到服务网格中来。四是优化农业公共服务资源配置，改变传统服务“单打独斗”的方式，积极推行分产业、分区域组团式的服务模式，由乡镇农业公共服务机构按服务需求，组织乡镇公共服务人员、乡土人才、社会化服务人员协同开展服务，对每一网格实施点对点、面对面的系统服务，提高服务的整体性。

（二）创新服务机制，完善信息资源

一是建立农技服务新模式。过去技术推广由村到生产队到田的方式现在已经基本失灵，目前承接技术应用的主体是农民合作社、农业企业、专业大户等新型农业经营主体，因此必须改变依靠行政层次逐级推广的旧方式，在健全县(市)农技推广中心和乡(镇)农业技术推广站的基础上，推行区域科技特派员制度，构建起“科技人员直接到主体、良种良法直接到田头、技术要领直接到受众”的农业科技推广新机制，鼓励科研、院校、企业等其他科技创新主体进入农技服务领域，培育多元化农技推广服务主体。二是以政府购买服务方式补充公共服务不足。比如充分整合或利用科研、院校、部门、企业等检测资源，加强农产品质量检验检测体系建设，健全农产品质量可追溯制度，推进农产品质量安全认证工作，完善和规范市场准入制度，切实落实农产品生产、收购、储运、加工、销售各环节的质量安全监管责任。再比如，加强农业气象灾害监测预测预警，完善农业气象服务体系，应对气候变化对农业生产的不利影响。三是整合、完善信息资源。农村信息服务体系应当实现“服务方向由注重为政府决策服务到为政府决策和生产经营服务并重、服务内容由侧重生产信息到生产市场科技等综合性信息并重、服务渠道由注重传统方式到传统方式与现代技术手段相结合并重”转变，并建设村级为农综合服务站(社)，协调涉农部门之间实现农业基础信息的实时交换和共享，形成农业信息综合服务体系。

(三) 加大支持力度，拓展经营载体

以基层供销合作社为基础，从农民最需要、对生产发展作用最大的科技服务、信息服务和产前、产后的流通服务入手，逐步拓展到多项服务、系列化服务；农产品市场具有一定公益性，政府要重视农产品市场建设，优化农产品市场布局，改造升级农产品市场，并授权供销社运营管理，为农产品市场建设创造宽松的政策环境，帮助市场装备现代信息系统，建立质量检验室和开展拍卖、连锁经营等；在经济发达地区，以适当的财政金融支持政策鼓励村级发展服务组织；在农业产业化经营发展较快的地区和行业，加大支持力度，扶持农业企业发展服务组织；对经济基础较薄弱地区，以公共财政支持为基础，引导社会资本参与公益性与营利性相结合的民营服务组织建设。

(四) 金融资金支持，扶持农合组织

县级以上财政应当设立扶持农民合作经济组织的专项资金，并向提供社会化服务的合作社倾斜；金融机构要采取多种形式，为农民合作经济组织提供多渠道的资金支持和金融服务，政府应当设立担保基金，为合作社融资提供担保服务；政府公共服务机构要更多地为农民合作经济组织提供信息、技术、培训等方面的服务；同时引导农民合作经济组织按照《农民专业合作社法》的要求完善内部治理结构，不断完善内部运行机制；在分配机制上对合作组织管理层给予适当激励，保证服务组织的顺利发展；规范利益分配机制，实行按股权分红与按服务交易额分红相结合的方式；建立健全合作组织的民主决策制度。

(五) 注重集体作用，发展村级经济

村级农业社会化服务直接与农户见面，是各层次农业社会化服务的基础，起着内联农户、外联政府部门和其他各种服务组织的纽带作用。要坚持把发展壮大村级集体经济作为巩固农村基本经营制度、加强农村基层组织建设的重要任务来抓，组织实施经济薄弱村“壮村工程”，因地制宜开发利用好农村集体资产、资源和资金，千方百计增加集体收入，提升村级组织正常运转水平，为各项农业公共服务和支农惠农政策“进村入户”提供有力支撑，为村内小型农田水利设施等公益事业建设提供统筹服务；切实加强农村基层组织建设，强化农业社会化服务体系建设的组织保障；明确村级集体经济组织功能定位，完善村集体服务功能；强化政府对村级集体经济组织的扶持力度；整合政府各类资源，充实完善村“四有一责”，集公益性与经营性服务于一体，为农户提供产供销一体化服务。充分运用好财政奖补政策，深入推进村级公益事业一事一议筹资筹劳全面开展，以增强村级组织自我服务能力。

（六）发挥示范功能，完善联结机制

进一步完善信贷担保、贷款贴息、用地用电等扶持政策，逐步增加农业产业化专项资金，支持龙头企业技术创新、品牌创建和生产基地建设；引导农产品加工企业向优势产区聚集，集中力量培育优势农产品加工业，拉长产业链，形成产业集群；完善龙头企业与农民之间的利益联结机制，鼓励农民入股农业企业，引导龙头企业投入高水平的社会化服务资源，使企业与农户成为责、权、利相一致的共同体；加快发展合作社之间、合作社与其他生产经营主体之间的联合协作，创新建立资源共享、优势互补、协作服务机制。

（七）完善民间组织，强化补充功能

要不断完善个体形式的民间服务组织，强化民间服务主体在农业社会化服务中的补充作用。首先要不断提高农村经纪人的服务能力，降低服务风险，加大政策扶持力度，为经纪人合法经营、文明经营创造公开、公平的竞争环境；其次要不断提高农村经纪人的组织化水平，做好组织、协调工作，充分发挥农民经纪人协会对行业的引领和自律作用；再次要不断加强对农村经纪人的培训，提高其业务素质，帮助他们掌握必要的法律、农产品营销和经纪业务知识，增强守法诚信经营意识。

（八）改革金融机构，提高服务能力

大力推进农村信用体系建设，对各类农业经营主体开展信用评级，并据此授信，以小额信贷为主，推进金融产品创新；推进抵押品替代机制创新，比如商业信用、信贷保险等，使农户和小企业摆脱“抵押品不足”困境；发挥农民专业合作组织的作用，增加对农户的信贷供给；对于真正贷给农民和农民专业合作组织的信贷资金，政府在政策上要给予减税或免税优惠，以此鼓励金融机构为三农服务。

苏州市农业综合开发的实践和思考

徐莉莉

（苏州市农业委员会）

摘　要：近几年苏州市农业综合开发对我市现代农业建设，农业产业结构调整，农业综合生产能力，农业市场竞争能力都有着重要的推进作用，同时对农业和农村生产生活条件和生态环境起到了改善的作用，带来了巨大的经济、社会和生态效益。

关键词：苏州；农业综合开发；现代农业

近年来，我市农业综合开发工作，严格贯彻落实国家和省有关农业综合开发政策规定，积极组织项目实施，规范项目监管，狠抓项目质量，取得了明显的成效。

一、我市农业综合开发的概况

江苏省的农业综合开发是由江苏省农业资源开发局，与财政部门联合监管的，我市、县也沿用由农委与财政部门联合监管模式。我省农业综合开发项目主要有以下类型：一是国家项目，分为土地治理项目和产业化经营项目两类；二是省级项目，分为丘陵山区开发、滩涂垦区配套、黄河故道开发、高沙土治理和采煤塌陷地治理项目五类。我市农业综合开发项目主要为国家项目和省级丘陵山区开发项目。

（一）国家项目

2002年以来，全市实施国家农业综合开发土地治理项目119个、开发面积96.02万亩，总投入达71 729.28万元，财政总投入57 688.84万元，其中中央财政投入达28 716.5万元。产业化经营项目（包括产业化经营财政补助项目和产业化经营贷款贴息项目）95个，总投入24 914.15万元，财政总投入10 765.98万元，其中中央财政投入6 846万元。两大类214个项目总投入达9.66亿元，各级财政投入6.85亿元，其中：中央财政3.56亿元、省级配套2.06亿元、市级配套0.24亿元、县（区）级配套0.99亿元。

（二）省级丘陵山区项目

由省级财政支农资金设立的丘陵山区等多类省级项目之一，我市吴中区自2006年后列入省丘陵山区农业综合开发项目区。据统计，自2006年以来吴中区已累计实施省级丘陵山区综合开发项目26个，开发面积7.8万亩，总投入4.05亿元，财政总投入1.13亿元，其中省财政7 572万元，市财政1 047.5万元，吴中区财政2 718.5万元。

二、我市农业综合开发取得的成效

通过国家农业综合开发项目的实施，加快了我市现代农业建设步伐，推进了我市农业产业结构调整，提高了农业综合生产能力，增强了农业市场竞争能力，有效地改善了农业和农村生产生活条件和生态环境。同时，我们围绕培育主导产业，加快地产特色、优势产业、龙头企业建设，充分发挥项目区、项目单位的辐射带动作用，为发展现代农业、增加农民收入、改善农村环境起到了积极作用，体现了国家农业综合开发的根本宗旨和整体效益。

（一）经济效益

通过国家农业综合开发项目的建设，一是促进了各市、区主导产业的发展，形成了地方农业特色。各地在开发项目建设过程中，紧紧围绕"优质水稻、特色水产、高效园艺、生态林地"四个百万亩总体规划，根据各自的地方特色，有重点的扶持自己的优势产业，例如以种植水稻为主的张家港、常熟、昆山等地将项目区集中规划在水稻种植区，连续扶持稻米产业，为水稻旱涝保收创造了条件。具有邻沪优势的太仓市，在开发建设水稻田的同时，通过改善基础设施和产业化项目的大力扶持，做大扶强蔬菜产业，突出优质蔬菜种植，大面积推广设施栽培，扩大定销蔬菜、出口蔬菜种植面积，项目区蔬菜经济成倍上涨。吴中的东山、西山则利用地理优势，通过丘陵山区的连续开发大力发展林果基地。通过连年的开发项目实施，各地的主导产业均得到了极大的发展，提高了农田产出率、增加了农业效益、增加了农民收入。同时，通过产业化项目的扶持，在优势产业、龙头企业的带动下，进一步加快了地方特色产业的发展，充分发挥项目区、项目单位的辐射带动作用。二是发展了一大批特色农业园区，推进了现代农业的发展。昆山大唐农业生态园、昆山巴城万亩葡萄园、吴江同里现代农业园区、太仓现代农业园区，都是在开发项目的率先扶持下，经过连年开发建设而成。而常熟市古里镇、吴江市同里镇、相城区望亭镇等地，也是通过开发项目的扶持，逐渐成为了当地现代农业的亮点。三是提升了我市农业生产效益。以 2012 年土地治理项目为例，项目实施后项目区大约新增粮食 1 278.97万公斤、油料 49.87 万公斤，带动项目区 3.135 1 万户共计 9.990 5 万人增加收入总额达 3 642.32 万元，帮助农户年增收约 1 162 元。而产业化项目的实施，带动我市年新增总产值约 18 亿元，年新增增加值约 2.14 亿元，年新增利税约 0.78 亿元，同时带动我市约 4.2 万户农户 11.5 万人年收入增加总额约 8 901 万元。

（二）社会效益

通过农业综合开发项目的有效实施，一是改善了我市的农业基础设施，方便了项目区居民的日常出行。农业综合开发项目重点建设泵站、沟渠、道路、桥涵和农田防护林等农业基础设施，通过农业生产条件的改善，使建成后的项目区达到了旱能灌、涝能排、农业机械能通行的效果。以 2012 年的土地治理项目为例，我市新增和改善灌溉面积 9 018 万亩，新增和改善除涝面积 5.42 万亩，新增节水灌溉面积 6.31 万亩，年节约水量 637.26 万立方米，增加农田林网防护面积 1.73 万亩，扩大良种种植面积 3.93 万亩。如吴中区东山、西山项目区通过修建上山道路、引水上山和建设泄洪沟渠，改变了原来晴天山上不能灌、雨天山下不能排的农业生产顽疾。自 2006 年实施丘陵山区项目建设以来，东山项目区建成 16 座排灌站、50 公里引水管网、60 只水库(蓄水池)、750 个集水池，使海拔 100 米以下山地灌溉覆盖率达 70%。在历史罕见的高温干旱天气中充分发挥了山区灌溉系统的作用，做到了大旱之年无大灾。同时，由于开发项目对路、桥等基础设施的建设和改善，使居住在项目区的村民出行和生产更便捷，特别是项目区砂石路和水泥道路的建设，改变了村民出行晴天一身灰雨天一身泥的尴尬境遇，成为了一项实实在在的惠民工程。二是带动了项目区周边其他产业的发展，促进了当地的劳动就业。例如大批现代农业园区的建成，如张家港市现代农业示范园区、太仓现代农业园区、昆山大唐农业生态园等，将城市与田园有机融合，相得益彰，更显城市生机和田园秀美，为各地特色生态旅游提供了丰富的资源。不仅带动了当地旅游业的发展，也为周边餐饮、酒店行业带来了不菲收益。更有当地百姓在项目区周边建起农家乐、农家餐馆等吸引来此度假休闲的游客，极大地提高了周边百姓的日常收入。此外，开发项目对龙头企业等实施产业化项目的扶持，也促进了当地劳动力的就业。以 2012 年产业化为例，由于开发产业化财政补助项目和贷款贴息项目的实施，实现了新品种引进开发、新技术推广运用和农民知识技能培训，延伸了我市产业链，帮助我市年新增就业约 4 000 人。

(三) 生态效益

农业综合开发是以现代高效农业为取向，现代高效农业既是高效农业又是生态农业。在项目建设中，各地严格按照生态农业建设要求进行总体规划实施，加强农田林网和防护林建设，推行农产品标准化建设，减少农药和化肥使用量，推广增施有机肥料，杜绝使用高毒高残留农药，倡导无毒无害生产，大力发展绿色食品和循环式生态农业，达到了保护农业生态环境和提高农产品市场竞争力的双赢目的。同时，吴中区东山、西山在省级丘陵山区项目的连续扶持下，通过修建上山道路、蓄水池、灌溉渠道、防护林等，对减少项目区水土流失、保护生态环境起到了促进作用。此外，这些基础设施的建设，也为东山、西山的森林防火做出了重要贡献、上山道路的修建和改善方便了消防人员和消防设备的上山，蓄水池的建造也方便了救火时就近取水，对项目区林业种质资源的保护起了积极的作用。

三、我市农业综合开发存在的主要问题和瓶颈

近几年我市的农业综合开发工作尽管取得了显著成效，但也存在着一些问题和发展瓶颈，主要表现在以下两个方面：

（一）客观原因

主要表现在：①我市连片未开发土地资源匮乏。由于我市属于典型的江南水乡的特点，土地资源本来就比较匮乏，我市农村普遍存在各自屋前屋后一片田的情况，耕地比较分散，不像苏北等地土地集中连片，再加上我市农业资源开发自 1997 年以来，开发面积总计达 126.07 万亩，而开发政策对于申报过的地块不允许二次申报，经过多年开发建设，横平竖直、毗连成片的大面积耕地越来越少。②某些开发政策约束。国开项目执行计划体制，计划是高压线，贯穿始终，不得随意改动。各类管理规定、标准全国一刀切，没有地区差别。省级开发管理部门为了与国开办保持一致，也是全省一刀切，没有南北之分，尽管项目资金偏重苏北，但管理要求南北同等。我们在项目实施中遇到很多难以解决的具体问题。如苏州是水网地区，但土地治理项目不能涉及养殖业，不得用于改造池塘；苏南劳动力成本高、建筑材料价格高等地区因素也都没有在我省的开发政策中得到体现。并且在我市，还表现在地方政策和开发政策上的矛盾，例如在开发项目工程招投标中，根据开发项目管理规定，规划设计单位等都必须进入有形市场进行公开招投标，而很多县区都只存在一家具有资质的设计单位的情况，如请外地设计单位又不便于平时项目的考察和跟进等。

（二）主观原因

主要表现在：①项目前期规划不够合理。一些地方在项目规划前没有做好充分的前期调研和科学论证工作，特别是一些项目规划缺少长远性，且没有和当地的其他规划相融合，导致有些项目存在建了又拆的现象，或者成功申报后与其他规划存在矛盾时不能顺利施工的情况，导致后期要做很多调整。在项目实施时，很多地方往往偏重单项工程，轻视综合治理，强调局部利益，忽略整体利益，使得项目之间缺乏内在联系，难以综合配套发挥应有的整体效果。②一些地方存在“重申报轻建管”的现象。由于开发项目资金量较大、一些地方往往更重视如何能够成功申请到项目，申报成功后又没有配备相应的人员督促建设和管护，导致后期项目建设数量和质量存在一些问题。其次，还有些地方存在重项目实施、轻项目效益的现象，对项目建设成功与否的衡量标准主要是项目建设任务是否按计划完成，对于项目建成后能够发挥多少作用？是否能够带动农民增收？是否促进产业发展等情况考虑不多，导致某些诸如桥梁、沟渠等单项工程没有发挥应有的作用，成为形象工程。③我市开发力量较为薄弱。省资源开发局是一个独立建制局，设置了土地处、产业化处、科教处等多个业务处室，并设置了综合计划处、监督检查处等实行“三权分离”。但我市、区开发部门仅为农委的一个处室（科室），工作人员普遍较少，开发办（科）还兼有外向、产业化等其他多项职能，队伍力量明显与工作要求不相匹配。

四、对苏州农业综合开发的思考和探索

（一）要重视项目规划，坚持农开项目与地方项目协调发展

在项目前期规划上要多做调研考察，项目实施地点应与地方总体规划相协调，

在确保与其他项目建设内容不重复的基础上，农开项目要围绕“四个百万亩”主导产业区域，各级各类现代农业园区，特色产业发展区域等集中建设，这样集中投入、整体开发、可以充分发挥农开项目资金的集聚效益，凸显农业综合开发的示范作用。而且农开项目和地方项目可以在农业、水利、林业、科技等措施上发挥互补作用，在建设上实现高效组装，也避免了农开项目和地方项目在建设过程中的矛盾出现，对各地特色项目区的打造也能发挥最大效益。

（二）要适当提高产业化项目在苏州市农业综合开发项目中的比重

一方面由于我市连片耕地面积的匮乏，再加上连年来的开发治理，所剩未开发面积日益减少。另一方面我市的农业企业成长空间巨大，在发展过程中也迫切需要财政的大力支持，国家也在逐渐增加产业化项目在农开项目中所占的比例，这对我市今后在农开项目选择上无疑是一个信号，扶持农业企业发展壮大，形成当地优势特色产业，依靠龙头企业带动辐射作用，形成产业链条，推进本地农业产业化的发展。

（三）项目实施主体应以乡镇为主

土地治理项目和丘陵山区的项目实施主体应主要由镇一级承担，目前大部分由村级承担，一方面由于村级人员流动性大、不固定，而开发项目实施周期一般较长，常会出现项目前期和后期负责人员更换，不利于项目的衔接。并且村级人员对开发项目的政策了解不够，导致项目实施过程中时常出现调整等现象。另一方面由于我市开发项目实施区域比较分散，一般分布在几个村，如果由镇统一布置实施的话，更利于总体进度的把握。项目实施乡镇可以指派专门人员，指导和监督各村及项目施工队的施工过程，确保项目的顺利完工。

（四）应适当放宽市县（区）两级管理权限

目前，我市财政省管县后，市级职权和职责不相匹配，对项目没有相应的调控手段和经费保障，对项目资金没有再分配和调剂的权利。而县级职责过多，自主权限过低，集中反映在土地治理项目的计划调整权方面，在招标节余、决算核减资金安排和实施过程中的项目调整上权限过低、审批过于繁琐，影响项目的实施进度和质量。此外，还要加大乡镇开发队伍的配套，乡镇是开发工作的实施主体，乡镇开发人员的缺位导致县级责任过重，而我市本来就存在市县区开发力量相对薄弱的情况，更不利于开发工作的顺利开展。

农业现代化进程中的适度规模经营

——丹阳市粮食适度规模经营的调研

洪素娣　吴金书　谢金学　孙明珍　鲁海燕

（丹阳市农委植保站）

摘　要：依据丹阳市粮食适度规模经营的调查资料，对目前种粮大户的现状和存在的问题进行了分析，对新常态下农业适度规模经营的发展提出了相应的建议与对策。

关键词：粮食；规模经营；建议

规模经营是探索中国特色现代农业发展道路的必然要求，也是农业现代化的重要途径。纵观西方发达国家，他们在推进工业化、城镇化和农业现代化进程中，都选择了适合本国国情的农业规模化经营和现代化发展的路子。推进农业适度规模经营最终将为形成有中国特色的现代农业发展方式奠定坚实的物质和实践基础。农业的适度规模经营涉及种植、养殖业的多个领域，研究粮食的适度规模经营尤为重要。我国是人口大国，一直以来，中央始终把粮食生产放在我国农业的头等重要位置，发展粮食适度规模经营，对保障粮食供给、确保粮食安全十分必要。目前粮食生产的机械化程度也高于其他种养业，有利于规模经营的发展。由于丹阳处在经济较为发达的苏南板块，是全国粮食生产大县，也是长三角地区少有的粮食调出大县，研究新形势下的粮食生产适度规模经营，对全省及至全国都有一定的指导意义。

为此，我们选择丹阳对全市的种粮大户采用面上统计、问卷调查和上门走访等形式进行调研，对全市 12 个镇、区的规模经营户开展全面的统计，发放并收回有效调查问卷 115 份，上门走访种粮大户 52 户。现将调查情况综述如下：

一、丹阳市粮食适度规模经营现状

1. 粮食规模经营总体情况

据不完全统计，截至 2014 年底，我市有规模经营 30 亩以上的种粮大户（家庭农场）1 832 户，经营面积 18.93 万亩，占全市种粮面积的 35.65%。按照种粮大户的规模经营面积和面积比例进行分档（图 1）。

图 1 数据显示，从户数来看，种粮大户主要集中在 30～199 亩之间，户数为 1 691户，占大户总数的 92.3%；从经营面积看，主要集中在 50～199 亩之间，经营面积为 116 555.3 亩，占种粮大户总面积的 61.57%。

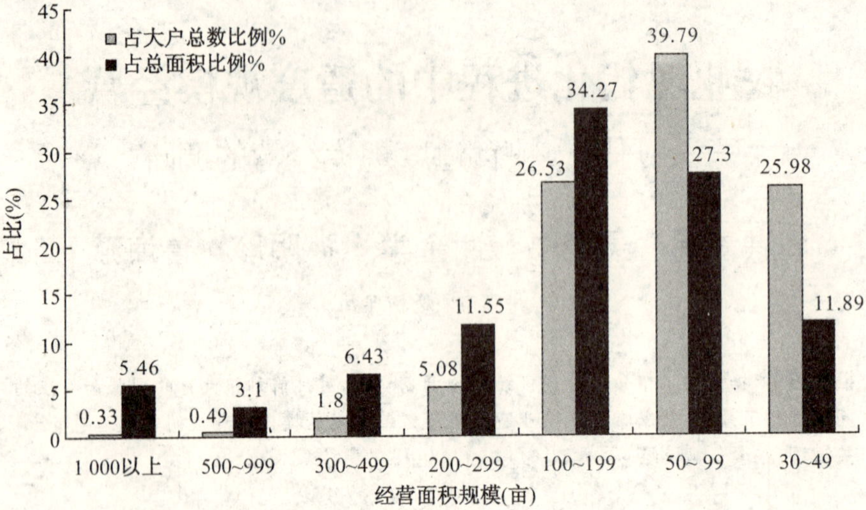

图1 不同经营规模的占比

2. 粮食规模经营耕地来源

通过对全市规模经营耕地来源进行分类,可分为流转、托管、代耕代种及其他形式四类,具体分类见下表:

耕地来源类型	面积(亩)	所占比例(%)
流转面积	141 964.3	74.99
托管面积	13 838.6	7.31
代耕代种	2 745.0	1.45
其他类型	30 763.0	16.25
合计	189 310.9	100

根据上表数据,规模经营面积来源以土地流转为主要形式,占大户总面积的74.99%。

3. 年龄结构和文化程度

从种粮大户的年龄来看,30～39岁、40～49岁、50～59岁、60岁以上的分别点到种粮大户总数的12.6%、31.3%、42.6%、13.5%(图2)。从文化程度看,小学文化程度的占7.5%,初中文化程度的占62.1%,高中及以上文化程度的占30.4%(图3)。由此看出,目前种粮大户总

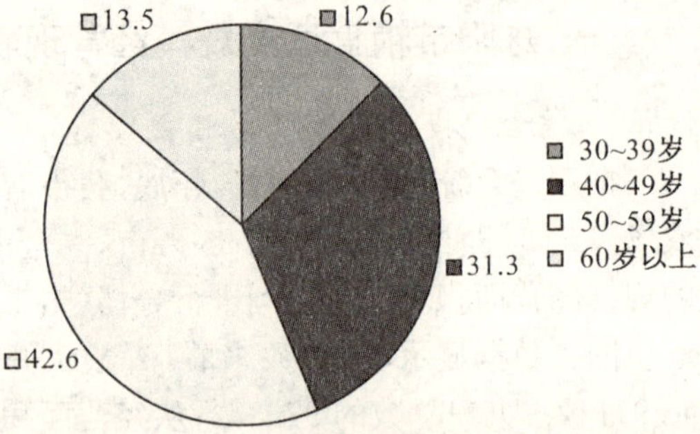

图2 种粮大户不同年龄结构分布图(%)

体表现为年龄偏大、文化程度偏低。

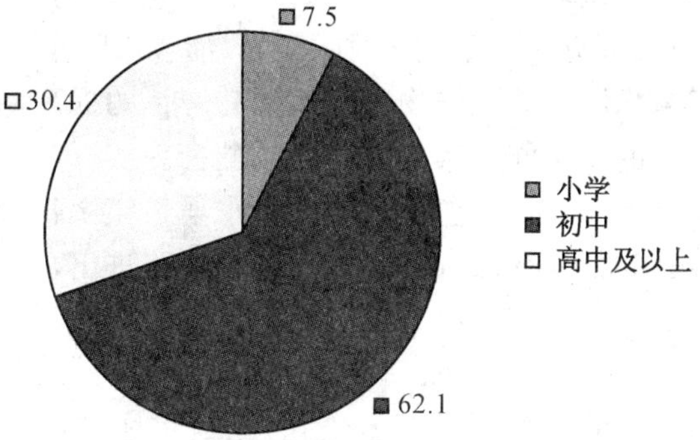

图 3　种粮大户不同文化程度分布图(%)

4. 机械拥有情况

我市 50 亩以上的种粮大户户均拥有耕、种、收机械 5.1 台,其中拖拉机 1.7 台、插秧机 1.4 台、旋耕机 1.1 台,条播机和收割机拥有量分别为 0.5 和 0.4 台,户均拥有中大型植保机械 2.2 台。

5. 粮食规模经营的经营情况

调查表明,2014 年种粮大户小麦平均单产 285 公斤,水稻平均单产 603 公斤,小麦、稻谷平均收购价分别为 2.1 元、2.8 元,全年每亩总收入为 2 286.9 元,总成本 1 781.3 元(不计自己用工),每亩纯收益 505.6 元。从成本构成来看,农资成本占 31.7%,土地租赁成本占 31.2%,农机作业成本占 19.2%,临时用工成本占 14.2%(图 4)。

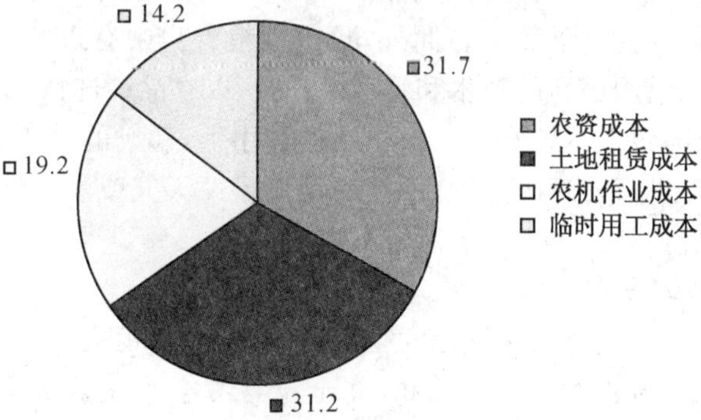

图 4　不同成本构成分布图(%)

二、适度规模经营存在的问题

1. 生产设施不配套

虽然种粮大户拥有的农机具数量高于面上水平,但户与户之间差异较大,各种机械的配套程度也不高，难以完全满足农业生产的需求，尤其是大部分大户农户缺乏烘干设备和晒场。受调查户中，只有 16.9%的种粮大户有烘干设备，5%种粮大户有小型晒场，所以大部分大户不能按时收割，只能等田间作物自然风干后直接收割销售，导致收获推迟，影响后茬作物适期播种和产量的提高，不利于全年粮食的高产高效。更为突出的是田间路沟渠等设施不配套。实行联产承包责任制后，大部分河道、沟渠配套工程没有跟上去，有些排灌水渠长年淤积，已经不能发挥排水降渍的作用；有些田间机耕路破损严重，甚至无机耕路进出，严重影响了农业机械的正常出入和作业。

2. 土地流转不规范

从 115 户受访大户共承包土地 37 568 亩，从村集体流转土地的占 48.1%，而从农户处直接流转的占 51.9%。表现为私下自行流转的多，所订合同也不规范，有些甚至是口头协议。因而在规模经营中带来两大问题：一是土地流转年限短而不稳，经营者投入积极性不高。流转土地中 70%的承包期不超过 5 年，有的甚至一年一签，导致种粮大户只对当季生产进行投入，而对购买农机具、田间基础设施建设的投入极少，产量的取得主要靠化肥、农药，田间管理粗放，土壤培肥不够。二是土地分散，管理难度大。种田大户普遍存在分户承包、田块分散的情况，呈碎片化分布，如有一大户承包 510 亩地，竟然分散在 15 个地方，很不利于人工管理、机械作业，增加了管理成本，机械作业的效率也不高，难以取得应有的规模效益。

3. 技术应用不到位

种粮大户中年龄在 50 岁以上的大户占 56.1%，初中及初中以下文化的占 69.6%，呈明显的年龄结构老化、知识水平低下。所以受传统农事观念影响较深，接受新事物的能力较弱，对新品种、新技术往往持观望态度，等人家先应用成功了再跟着学，结果往往就又落后了。此外，我市种粮大户中有近 60%为外省市人员承包种植，往往仍沿用当地的技术和管理方式，所以在品种选择、机械配备，生产管理等环节不能及时跟上本地水平。如在品种利用上，75%的种粮大户种植品种比较单一，没有能够进行合理的搭配，一旦遇到灾害性天气或暴发性病虫害，就有可能造成较大的产量损失，抗灾避灾能力不强。

4. 经营规模不合理

随着国家对粮食生产的扶持力度逐渐加大，一些种植大户片面认为种植面积越大，效益就越高，盲目增加承包面积，完全没有考虑实际承受能力，农忙季节机械、用工、生产必需配套设施无法跟上，农活与季节矛盾十分突出，只能拖延农时、延误季节，造成单位效益偏低，不利于规模效益的提高。另一方面，还有相当部分农户规模过小，全市 50 亩以下的规模经营大户占到 26.0%，这些大户以家庭自行耕种为主，管理水平较高，每亩纯收入可以达到 800 元左右（未扣除自身用工费用），但形成不了规模效益，一个家庭的年收入不足 4 万元，所以这部分大户很难稳定，现有的农机具不能发挥最大作用，也缺乏新添置农机具的积极性。

5. 资金用工缺口大

种粮大户在缴完一定数量的承包费用后，往往手中结余资金较少，而购买种子、化肥、农药等生产资料又需要较多的资金，使得资金较为紧缺，想购买大型农机具资金更为困难，而目前银行信贷手续复杂，贷款金额少，民间借贷利息又高，影响了投入和产出水平。同时，农业生产具有很强的季节性，在农忙时节劳动力缺乏，特别是播种收获、施肥打药等关键时期，用工量大造成临时雇工困难，雇工成本也在逐年增加，而且所雇人员以中老年妇女为主，田间野外作业、劳动强度大，也存在一定的风险。

三、基于对丹阳市典型调查分析后提出的对策与建议

1. 完善土地流转机制

在做好农村土地承包经营权的确权、登记和颁证基础上，要进一步规范和完善土地流转制度。一是要严格规范土地流转行为，从合同签订到履行、从用途变更到纠纷处理、从土地征用到合同终止等都要制定详细的规则，确保流转合法合规，维护流转双方的合法权益。二是创新土地流转方式。要发挥村集体经济组织的组织协调和中介服务作用，在农户自愿的基础上，由农户签订委托书，授权委托村集体代理土地流转事宜，然后由村集体集中连片的发包给具备规模经营条件的经营者，提高土地流转效率。要探索土地股份合作社、土地信托制等新形式，合理优化配置土地使用，引导耕地集中连片、优化种植布局。三是要完善利益分配机制。要对现有的规模经营承包合同进行梳理，建立承包费用的合理增长机制，规范承包大户享受政策优惠的权利和责任义务，可建立以实物计租货币结算的方式，稳定土地流转关系，保护流转双方的合法利益。四是要处理好土地流转纠纷。完善协商、调解、仲裁制度，保障流转双方的利益，维护土地流转经营规范和稳定。

2. 培育新型职业农民

面对目前规模经营者大多是年龄大、文化程度低的状况，迫切需要大量懂技术、会管理、善经营的规模经营能人来从事规模经营，提高规模经营的水平，真正实现“生产技术先进、经营规模适度”的现代农业内涵。培养职业农民，要建立必要的认证制度和职业体系。在培育途径上，一方面，对现有的规模经营者要加大培养的力度，提高他们的技术水平和经营水平。另一方面，鼓励和支持新生代农民工子承父业，引导广大农村青壮年，能安心、专心地搞农业，使他们觉得搞农业有出息、有奔头。在培养方式上，要以农民中等职业教育为平台，以阳光工程创业培训为抓手，开展多形式、经常性的职业教育培训。在培养政策上，加大政策扶持力度，扩大阳光工程培训规模；完善绿色证书制度，健全农业技能持证上岗制度，探索把绿色证书作为认定职业农民的重要依据，并与农业扶持政策挂钩。

3. 把握适度经营规模

适度规模经营就是要实现人力、资本、土地与技术的动态合理匹配，使其发挥

各自最大的生产潜力，不能盲目追求“规模”，而应注重“度”的把握。

生产经营规模过小，无法取得规模效益，经营者只能把它作为兼业来做，不能“以此为生”，其投入和经营水平都不会高；适度规模经营下限，应从保障规模经营者基本的经营收入，做到与外出打工收入相符，确保经营者能真正地把其当职业来做，也从而吸引更多年轻人来从事农业规模经营。即通过计算“外出打工收入/每亩平均纯收入=适度规模下限”，以我市为例，农民外出打工收入为 3.2 万元左右，一年种植稻麦两熟的平均收益为 505.6 元(剔除自身用工工资)，每个劳动力其适宜的规模经营下限为 63.3 亩，一般户均 2 个劳力，也即每户的经营规模下限以 126.6 亩为宜。

相反，生产经营规模超过一定限度，反而会引起成本上升和收益减少，出现规模不经济。在规模经营上限确定上，除了从最高人均收入、最高劳动生产率与最高土地生产率等方面进行考量外，还应与劳动、机械、生产资料等投入相适应。据我市规模经营较好的大户来看，如果日常的农事管理(如施肥、防病治虫等)能在 2～3 天内完成，农忙季节时收获、播种等大型单项农事能在 7 天左右完成，说明其劳力、机械等配套是与其经营规模相适应的，从现有的一般规模经营户所拥有的机械、劳力来看，规模上限以 300～500 亩为宜。当然，随着劳动、机械以等投入的增加，经营规模也将增大。

4. 加大政策扶持力度

要支持和鼓励适度规模经营，形成有利于发展现代农业的土地资源配置机制，促进农业转型升级。当前突出要在以下方面加大扶持力度：一是加大财政支持力度。对经营规模适度、流转规范的大户，要在土地流转、购买农机具、烘干设施补贴等方面给予更多的倾斜，适当提高补贴的标准；要积极整合相关部门的涉农项目资金，尤其是农田改造、水利设施等基础设施建设向规模经营户倾斜，着力改善规模经营的生产条件；二是提供农业生产配套设施用地保障。凡流转期限 5 年以上、流转规范的要允许其在承担的土地中，按一定的比例建造农业生产必需的简易仓(机)库、管理用房、晒场等配套设施；三是加大金融和保险支持。金融机构要加大信贷支农力度，创新贷款担保方式，简化贷款手续，实行优惠贷款利率，为规模经营者购买大型农机具、基础设施建设等提供资金支持。要完善农业保险的机制，在加大政策性保险补贴的同时，要面向种粮大户提供专项保险险种，提高防范风险的能力，积极受理灾后理赔，确保赔付能到大户手中。

5. 强化农业社会服务

有效的农业社会化服务，是开展农业规模经营的必要条件，规模经营的发展水平也是取决于农业社会化服务的水平。农业适度规模经营与传统小农经济的最大区别就在于，后者是小而全，样样都得自己干；而规模经营后从耕作、播种、植保到收割，以及收割后的烘晒和粮食销售，都需要相应专业服务机构提供配套服务，对农业社会化服务具有极大的依赖性。可以说，规模经营催生了社会化服务，社会化服务助长了规模经营。要以专业化育秧为突破口，实行统一品种布局、统一供种、统一育供秧、统一栽插，扩大优良品种的普及率，提高科学种田水平。要以农机合作社为龙头，推进农机和农艺的结合，提高机械化水平。要以植保统防统治为重点，提高防治效果，减少农药使用，确保粮食质量安全。要以粮食销售为依托，建立为规模种植大户提供烘晒、销售和加工的服务组织，有效解决季节矛盾和销售难的问题，延长产业链，提高附加值。更要建立以集上述功能为一体的综合专业服务组织，提高服务水平，推动规模经营水平的提升。

参考文献

[1] 包祖达，丁杨东，等. 台州市椒江区种粮大户现状与发展对策探讨[J]. 江苏农业科学，2012，40(10)：390-393.

[2] 郭斌. 农户耕地经营适度规模的合理确定：一个文献综述[J]. 西北农林科技大学学报(社会科学版)，2013，13(6)：83-90

引进 PPP 融资模式　助力农业规模经营

张立莹

（九三学社常州市委）

摘　要：本文通过分析我国农村现状，列举了我国现阶段存在的“三农”问题，提出要建设农业现代化，就必须加快转变农业发展方式，发展规模农业，而要发展大农业资金是重要的障碍，作者从 PPP 融资模式的优势及所受制约点开始，分析了在农业现代化建设过程中引入 PPP 模式的可行性，列举了农业现代化建设引入 PPP 模式所面临的问题，并对解决问题的方法进行了探究。

关键词：农业现代化；PPP 模式；农业发展方式国；农业规模经营；粮食安全

加快推进农业现代化发展，当前最紧迫的就是大力促进农业发展方式转变和农业产业结构调整。这是由我国农业发展面临的困难与挑战、基础与机遇决定的。中共中央政治局常委、国务院总理李克强在 2015 年的政府工作报告中指出：“加快推进农业现代化。坚持‘三农’重中之重地位不动摇，加快转变农业发展方式，让农业更强、农民更富、农村更美。”“今年粮食产量要稳定在 1.1 万亿斤以上，保障粮食安全和主要农产品供给。”“引导农民瞄准市场调整种养结构，支持农产品加工特别是主产区粮食就地转化，开展粮食作物改为饲料作物试点。综合治理农药兽药残留问题，全面提高农产品质量和食品安全水平。”可见，推动农业现代化，必须加快转变农业发展方式，而加快转变农业发展方式的目的，是在于保证农业产出的数量的同时，更要保证质量、安全和效益，要实现确保数量、质量、安全和效益的均衡发展，唯一的途径就是推进农业现代化的实现。

我国连续 10 年的中央 1 号文件都在强调农业，2014 年国务院 1 号文的主题是《关于全面深化农村改革加快推进农业现代化的若干意见》，今年的 1 号文主题是《关于加大改革创新力度加快农业现代化建设的若干意见》，都对加快推进中国特色农业现代化做出重要部署，今年又着重强调了创新。下面从国内外及江苏省农村的实际发展情况出发，分析要实现农业的现代化，转变农业发展方式是必经途径，要转变农业发展方式资金是必不可少的，而目前仅靠农民自身投资和政府的部分补贴政策是难以广泛合理推动现代化建设的，在此借鉴城市建设中的公共产品和服务提供中较好的 PPP 模式，旨在希望农业现代化在江苏省全面实现，成功后普及全国，为全面推进习总书记的“四个全面”助力。

一、国内外及江苏省的农村基本情况

我国人均耕地面积远低于世界平均水平，小农经济已有几千年的历史，虽然建国后我国曾有新疆兵团、东北农垦等类似规模农业的形式，但这并不是真正规模农业发展的市场形态；50 年代曾经有过的合作社，也没有得到真正发展；党的十一届三中全会推行了家庭承包责任制，至今已经过了三十多年发展，成果丰硕，但遇到了发展瓶颈。分散的小块土地种植形式已严重削弱了我国农业竞争力，直接造成耕作技术落后、产量不高、环境污染严重、生产效率低、耕地轮作不畅等一系列问题。1990 年 3 月，邓小平在同几位中央负责同志谈话时提出了我国农业"两个飞跃"的观点，就把发展适度规模经营提到农业第二个飞跃和高度来看待。

查询资料可知，作为欧洲第一农业生产大国法国，近代曾是小土地所有制，遇到过与我国同样的困境，后实行了有 90% 以上的农民加入的农业合作，这个组织从事农、工、商等多方面经营活动，从最初的技术、采购、销售，扩展到产前、产中到产后农民生活的各个方面；近代的美国在 1862 年《宅地法》实施后，形成了大批小农，但小农迅速分化，土地集中形成了多样化的农场组织，在实现农产品收购、加工、销售等功能的同时，还为社员提供各种农用物资和商品，为农场主提供再生产资金等，同时还为农民提供医疗保健、各类保险、住房合作、水利灌溉、畜牧业方面的畜种改良等服务；日本则是在 1947 年《农业协同组合法》颁布实施之后，形成农业协同组织，目前全部的农业人口都加入了农协，由农业协同组织负责指导农业生产、信贷、购买及租赁生产资料、销售和加工农产品等。可见大农业的建立和发展，不仅可以推动农业现代化，而且还可以为工业发展和国民经济起到促进作用。

江苏省既是经济强省，也是粮食大省、农业大省，粮食产量全国前 5 位，粮食自给率超过 110%，2014 年新增高效设施农业面积 80 万亩，新建"菜篮子"工程常年蔬菜基地面积 25 万，建成并验收通过 30 个蔬菜标准化生产示范区，休闲农业接待游客 8 600 万人次，综合收入达 265 亿元。2014 年，我省水稻机插秧水平达 75% 以上，加上机械化直播的面积，全省水稻种植机械化水平超过 80%，基本实现水稻种植机械化。可高邮市八桥镇金港村种粮大户潘钻友曾说："咱们还是靠天吃饭的农业，我们家承包 150 亩农田，如果有一年受灾，就很难翻过身来，希望政府能够帮助种粮大户完成打井、修建排涝沟、修建田间渠系等工作。如果这里的农田变成旱涝保收田，粮食产量还能大幅增加。"可见，无论是我省还是全国的农业，无论从产业结构、劳动生产率、生产资源方面，还是从生产技术水平和生态环境角度，农业的发展方式向规模农业的调整和转变，才能实现农业可持续发展，向农业现代化推进，从而应对国际规模农业的竞争压力，为全面建设小康社会助力。

二、转变农业发展方式所面临的问题

我国要全面建设小康社会，农业现代化是不可逾越的发展阶段，而建设农业现代化不对现有的农业发展方式进行转变，不进行农业生产规模化改造，就很难形成现代化的规模农业市场态势，更难以加快推进农业现代化建设步伐。那么影响我国农业发展方式转变的因素有哪些呢？一是土地因素，包括人均耕地面积和耕地确权问题；二是劳动力因素，包括二元经济下的农村剩余劳动力和人口老龄化问题；三是资本因素，包括农业基础设施建设资金和投资回报率问题；四是信息因素，包括市场预测及销售渠道问题；五是农业基础设施因素，包括大型农机具和水利规划及建设问题。

(1) 我国人均土地面积约为 0.78 公顷，是世界平均水平的 1/3；人均耕地面积为 0.1 公顷，是世界平均水平的 1/2.5；永久性耕地面积占总面积的 8.11%，而美国仅为 1.17%，日本也只有 7.85%，总体来说我国土地可休整性低，土地资源常年消耗。再加之我国土地沙漠化面积约占国土面积的 1/3，难以利用；多年的小农经济，农田施肥无序化造成的土壤自然退化；同时随着经济和城市化的发展，耕地面积每年又在减少，更加重土地资源日趋缺乏的现状。因此提高单位耕地面积的产量和质量显得尤为重要。随着土地确权进程的加速，农民耕地经营权有序流转的加快，为农业生产的规模化提供了必要条件。

(2) 农村剩余劳动力从乡村向城市转移是工业化、城市化发展过程的必然现象，但同时制约了农村现代化农业建设，随着农村剩余劳动力的转移，妇女和老人成了农田耕作的主要劳动力，必将导致务农人员的新生力量不足，存在推进规模农业现代化过程中人才缺失问题。政府应引导剩余劳动力有序向外输出的同时，注重留住并培养一批有知识、有技能的青年，使他们成为农业现代化建设的生力军。

(3) 从目前的经济发展结果来看，农民人均年收入的增长与城镇居民相比，明显要慢得多，差距在逐年扩大，有统计数据农业人口占总人口的比例在逐年减少，同时购买力要比人口比例下降得更快，城市居民 1 人可抵农业人口 3～5 人的购买力。用于购买农业物资的资金就更是欠缺，更谈不上购买大型设施，对使用频次低的播种和收割机的购买就更慎之又慎。

(4) 农业种植养殖虽有部分是以销定产的模式，但绝大多数是盲目的、是靠运气的，近几年常有爱心菜等类似的报导，信息不对称、缺乏对市场正确的预估和对销售渠道的预判能力。

(5) 为推进规模种养的发展，必要的农业设施建设必不可少，由于大型农机具和农田水利建设投入高，单户利用率低，均维护成本高，投资回报期限长等因素，严重不适应我国目前的农业，急需要对农业基础设施投资模式的改革。

年初的中央农村工作会议上提出“三产融合，凸显未来我国农业产业发展的新方向。”国务院发展研究中心农村部部长叶兴庆提出了“第六产业”(1+2+3=6)的概念，也就是一、二、三产业的融合互动，农业由单纯的农作物生产向农产品加工和流通及休闲服务业等领域交融发展，产业链得以延伸，实现农业附加值的增加和农民的增收。中国社科院农村研究员李国祥也讲“三产融合是农业发展的趋势，日本、韩国等东亚国家已经探索出比较成熟的发展经验。”目前我省农业发展正在向

"第六产业"靠近，这是我省农业发展方式的转变，也是在推进农业现代化、实现提质增效迈出的新步伐。这一切的实现没有大量的投资将是天方夜谭。

三、PPP 模式介绍

PPP 模式，即 Public-Private-Partnership 的字母缩写，也就是公私合营模式，是将某种公共产品和服务以特许经营权方式转移给社会主体（企业），政府与社会主体建立起"利益共享、风险共担、全程合作"的共同体关系，从而实现政府的财政负担减轻、社会主体的投资风险减小以确保合作的项目顺利完成目的。

PPP 模式有利于提高效率和降低工程造价，能够消除项目完工风险和资金风险；有利于转换政府职能，减轻财政负担；促进投资主体的多元化；使项目参与各方整合组成战略联盟，对协调各方不同的利益目标起关键作用；风险分配合理，让政府分担一部分风险，使风险分配更合理，减少了社会资本的风险，从而降低了融资难度，提高了项目融资成功的可能性。从而被英国等发达国家和我国用于公路、桥梁及城市公共设施的建设中，但 PPP 模式的顺利实施在我国同时面临相应的法律体系不健全；政府决策程序不规范导致审批、决策周期长；政策导向性不够；投资企业对政府信用及项目收益保障等存在信心问题，从而形成企业对合作协议获利预估期前置的风险。

PPP 模式应用的项目具有公共产品的性，同时又具有投资大、投资回报期限长、需要日常维护和不断改进、有一定的专业技术含量等特点，常被用于城市建设中，而农村同样也有公共产品，比如农田水利建设、标准养殖设施等，农村的城镇化建设过程中，在条件成熟的情况下，完全可以借鉴城市建设过程的 PPP 模式，从而使我国新农村建设更加顺利推进，少走或不走弯路，加快农业现代化的步伐。

四、江苏农业引入 PPP 模式条件基本成熟

农业现代化是农业发展的根本方向。从现代化建设一般规律看，没有农业现代化，就没有整个社会的现代化；从稳定经济增长看，农稳天下安，有了现代农业的持续增产增效，就有了社会稳定的基础和改革创新的基础；从农业可持续发展看，在农业发展内外环境发生深刻变化的条件下，农业现代化是应对各种挑战、坚持创新发展的必由之路，农业产业化是当今农业发展的必然趋势，农业产业化可推动农业现代化，提高机械化（主要是大型 & 特种农机）、信息化水平，农业产业化发展是农村产业结构调整的必要手段，是转变农业发展方式、实现农村经济结构性增长的必由之路。在我省伴随着土地流转政策的深化，大量规模化新经营主体兴起，推动了农机、农资技术变革，利用网络平台的产供销一体的经济体不断兴起，1 号农场等的农业产品网络直销发展势态良好。

总结城市建设的经验，综合利弊 PPP 模式无论对减小政府财政支出压力还是对社会资本投入的吸引力都会起到正面的作用。江苏省前期农业发展为现代化建设提供了扎实基础，农村公共设施的建设、现有已市场化的农业项目建设更需要社会资本

的进入，完全可以以 PPP 模式先试点推进一些项目，总结经验后再推广应用。

五、对引入 PPP 模式亟须解决的问题

PPP 模式在公共产品和服务建设中有诸多优点，但也不是没有失败的案例，在我国 PPP 模式的应用成功案例有，后期运营效益也不错，但还是存在法规制度的保障及政府职能的转变等问题。

（1）建立应用 PPP 模式的工作机制，积极推动设立应用 PPP 模式的管理机构，在进一步研究的同时对实施过程的关键点进行专业把关控制和监督管理，以助其良性运转。

（2）加强中国 PPP 模式的相关法规制度建设，科学立法让其在受法律保护和约束框架下阳光运转。

（3）角色定位至关重要，明确合作双方责权利，PPP 模式要经历长期的公私合作，政府能否正确行使引导和监督职责，社会资本在进入过程中能否更专业的建设及运营项目将是 PPP 模式运转成功的基础。

（4）建立"收益共享、风险共担"的合作机制，公共基础设施的提供具有一定的公益性质，在后期运营中大多需要政府的补贴，良性的合作机制会有效提高服务质量和效率，提升公益效能；平衡项目的风险和收益，避免出现暴利和亏损，达到"激励相容"效果。

（5）建立科学的评估和定价机制，公私资本方能否对项目建设和运营进行正确评估和公正定价将是 PPP 模式成功的关键。政府和私营企业全程参与项目的设计、建设、运营等环节，在建设和运营阶段政府具有监管职能，可见，对社会资本投资方起重要角色的项目建设、运营环节正解的评估和期间的定价是非常关键的。

目前已有像计算机行业的联想、地产业的绿地和万达等大公司的资本进入农业，合理规范社会资本进入农业势在必行。如何更科学的管理农业规模化生产经营，经专业化论证，确定最经济的规模化大小，规避规模太小不经济，规模太大同样也不经济的风险，合理匹配规模经营与生态承载能力和社会接受能力，如何增强规模农业抵抗风险的能力等等科学化、专业化的问题，必将催生农村对公共产品的需求，PPP 模式作为一种相对合理的融资模式进入农业现代化建设中也会成为趋势。

参考文献

[1] 李克强. 政府工作报告，2015.
[2] 陈立双. 农业合作经济组织模式的国际比较及我国的选择——以美国、日本、法国为例. 福建农林大学学报（哲学社会科学版），2011(2).
[3] 郭健，王栋. 国外农业科技投入体系比较研究及对我国的经验借鉴. 农业科技管理，2014(5).
[4] 速韬，朱斌，李体欣. 美日农地金融制度对我国的启示. 浙江金融，2014(6).
[5] 李彬. 寄望缓解地方债压力　PPP 模式诸多难题待解. 中国政协报，2014-5-20.

农业保险政策工具的选择与运用
——以江苏B县农业保险产品供给为例

刁仁春

（南京市海事局）

摘　要：政策工具分为强制、引导、市场、自愿四类。江苏B县政策性农业保险实施过程中，四类政策工具的选择与运用交替进行，发挥的作用也不尽相同。从长远看，强制类农业保险政策应逐步减少，引导类基本稳定，市场类、自愿类处于逐步增多趋势。研究有助于为从理论和实践上确定选择农业公共产品的供给途径提供案例借鉴。

关键词：政策工具选择与运用农业保险公共产品

一、引言

政策工具是被决策者以及实践者所采用，或者在潜在意义上可能用来实现一个或者更多政策目标的手段[1]。它是政府将政策意图转变为政策执行的中介环节，是政府可资利用资源的一种转换形式。政策工具研究的核心是如何将政策意图转变为管理行为，将政策理想转变为政策现实[2]。

政策性农业保险是政府主导，促进农业发展的公共产品之一。2007年，江苏B县启动政策性农业保险。该县辖14个镇、1个省级经济开发区、1个省级有机农业开发区，总面积1 468平方公里，人口92万。该县设施农业面积4.83万亩，高效农业面积60.2万亩，建成有机食品及转换基地5.2万亩，创建有机食品品牌19个，拥有市级以上产业化龙头企业16家，其中国家级1家、省级5家，年销售总额44.7亿元。据该县公开资料显示，政策性农业保险对有效降低农业风险，提高农业生产的保障水平，完善农村社会保障体制，稳定增加农民收入起到了较好的作用[3]。但是，在这个公共产品提供过程中，由于各种原因，也存在着一些问题，需要对政策工具的选择与运用进行考量。

二、农业保险政策工具

在我国，研究者就政策工具选择与运用有多种看法。王辉的研究基本符合我国国情。他依据政府强制程度和功能性差异归纳出强制类、市场类、引导类和自愿类共四种类型的政策工具，并建构了政策工具选择模型图[4]。

在政策工具的类型上，王辉对内容、强制程度作了简明的界定。具体如表1所示[4]。

表1　政策工具类型表

类型	内容		强制程度
	次级政策工具	政策工具特征	
强制类	法律法规、直接提供、公共事业、监督制度、财政拨款、特许经营	以政府权威为资源，具有规范和保障的功能；需要组织实施和监控；主要面向全民利益的事项；在事后采取，有较强回应性	高
市场类	合同承包、用者付费、凭单制、补贴	以企业提供为主，具有灵活的激励作用；形塑了多元的关系模式和制度空间；要求据测者具有一定的专业知识	较高
引导类	引导发布、动员广告、宣传教育、劝诫行销	以引导沟通为主，作为一种“软工具”是帮助目标群体理解政策意图的辅助手段	中
自愿类	志愿组织、市场、家庭和社区	以社会自愿提供为主，是一种补充性工具，用以弥补政府和市场资源的不足	低

王辉构建的政策工具选择模型图也呼应了表1内涵。具体如图1所示[4]。

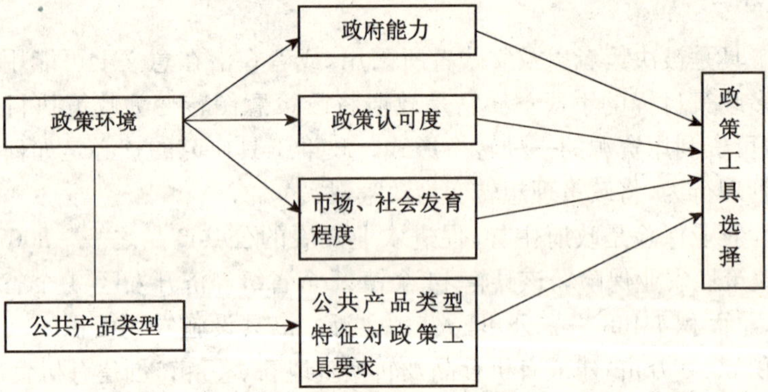

图1　政策工具选择模型图

根据王辉的研究成果，B县农业保险实施状况，基本反映了这种呼应关系及其相关规律。

政策性农业保险的保费，除国家、省及农民自交以外，根据不同试点险种，B县财政还承担10%～50%的保费配套。政府的资源越多，能力越强，政府采取直接提供、兴办公共事业等强制性的政策工具的可能性也就越大。

同样，如果目标群体对政策的认可度越高，主动参与供给的可能性也就越高，家庭和社区等自愿政策工具被运用的可能性就越高。随着对政策性农业保险的认可度逐渐提升，B县农民投保额度也逐步提高。

在政策性农业保险实施过程中，B县注重种粮大户、龙头企业等在其中的作用，注重发挥专业保险机构的作用，逐步培育农业保险市场，建立风险调节基金机制，验证了市场发育程度越高，企业在经济社会发展中的作用越重要，市场类政策工具被采用的可能性就越高的规律。

在这种发展态势下，农业保险作为一种公共产品，农民及农业的发展对其需求就会存在差异。这种需求包括保险品种、保险要求、保险金额、费率与保费、政策补贴、理赔办法、办理程序等方方面面。这就要求政府改变提供公共物品与服务的传统模式，逐步抛弃直接提供、公共事业等管制类工具，而采取自愿性工具和市场工具，借助志愿组织、家庭和社区以及公私伙伴关系来实现政策目标[4]。当然，这种目标的实现是伴随着B县农业发展状况的。总体来讲，是农业越发达，目标就越容易实现。

三、农业保险政策工具的选择

1. 强制

B县政策性农业保险2007年实行的是委托代办模式，由政府承担风险责任，2008年以后，实行由县政府与人保财险公司“联办共保”运作模式，各自按“联办共保”比例承担风险责任。承保的小麦、油菜、能繁母猪等品种由政府与经办机构按6∶4承担风险责任。水稻、能繁母猪、育肥猪等品种由政府与经办机构按5∶5承担风险责任。政府发挥组织和推动作用，人保财险公司按专业化进行管理和运作。同时，农业保险经办机构还根据有关法律法规，在经营农业保险过程中，为增强风险抵御能力、应对农业大灾风险专门计提的准备金。

在这种类型下，政府和承担社会责任的保险机构，按照政策要求，承担了公共产品供给的主体义务。这种义务的履行，应具备两个条件：一是政府和保险机构具有良善的供给动机和有效的外部激励。在这方面，B县政府服务治下农业发展、满足农民需求、稳定农村秩序，就是其供给动机。同时，政策性农业保险自上而下执行，其政策执行力度，直接衡量政府效能，提供了有效的激励。二是政府具备充足的供给能力，尤其是公共财政能力。这方面，对B县的财政收入而言，虽然负担较重，但基本能克服。

2. 市场

政策性农业保险的产品属性其实是公共产品和私人产品的混合，也就是消费上具有非竞争性或使用者增多后，成本外溢性小和使用上可排他。这主要体现在B县保险机构的选择上。根据B县的运作，委托相对固定的保险机构作为农民的服务者，也就是人保财险B县分公司提供产品供给。在这个过程中，B县政府按照法律法规，享有一定的保险产品的定价权和监管权。同时，农民也像在市场上购买私人物品一样，应为购买保险产品向保险机构付费，只不过是付出了与政府契约中部分费用。

在这种类型下，B县政府一方面为了提高公共产品的供给效率，特许少数企业即保险机构进行生产供给，以满足农民的需要。另一方面，也会对其运营进行监督管理，以保证保险产品质量和服务效率。保险机构在履行社会责任的同时，也能取得微利。强制类工具和市场类工具就共同发生了作用。

3. 引导

B县为了提高农民投保的积极性，特别注重引导在政策目标实现中的作用。2007年刚推进政策性农业保险时，以“低保障、广覆盖”为主，主要种植业品种投保标准每亩最低只有100元，从2008年开始，逐年提高投保标准到500元。其中对有机稻麦，则按省定最高标准投保，使农民明白了“投的多、赔的多”的简单道理。同时，B县还推行高效农业保险险种，引导种养业大户积极投保，起到了示范带动作用。

B县各级政府机构和保险机构，及时完成了报案、查勘定损、立案、理赔公示、核赔、赔款支付等业务流程，维护农民权益，更是起到了引导作用，提升了产品供给质量。

4. 自愿

B县在推进农业保险过程中，按照“稳定政策、改革创新、持续发展”的要求，坚持政府引导、市场运作、自主自愿、协同推进的原则，取得了较好成效。其中，发挥了保险机构和农户的两个积极性。在保险机构方面，扩大了选择面，引进了专业农业保险机构，同时鼓励保险机构开展特色农产品保险创新，探索农产品目标价格保险试点。而在农户方面，则积极扩大有关公示范围，支持农户监督，鼓励农户积极参与新险种投保，提高农户投保自愿性。同时，还逐步建立农业保险与农村信贷相结合的银保互动机制，鼓励家庭农场、农业合作社、农业企业通过投保贷款保证保险获得融资；鼓励发展家庭财产险、人身意外险及相关责任险等农村小额保险，积极推进农村小额贷款保证保险试点。

这两个积极性的发挥对农业保险政策工具的意图实现具有不可替代的作用，尤其是农业合作社等农民组织的参与，使得政策意图在传递过程中、保险产品在供给网络中，发挥了农民组织的作用。

四、农业保险政策工具的运用

从分析的情况看，B县农业保险的实施取得较好成效，政府、保险机构、农户均在自身的心理契约范畴内，基本实现了满意的平衡度，也基本揭示了农业政策工具选择与运用的逻辑。

1. 政府供给产品的定位与职能转变

在我国，针对农业、农民、农村的政策，由于各种原因，政府总是有主导作用的冲动和意愿。但是B县政府在农业保险政策工具运用上，从开始的“保姆式”管理，到现在的推行自愿的措施，反映了其定位意识的转变、职能的转变。如果政策项目是纯公共产品性质的、基础性的，就应该由政府提供。如B县对主要农作物，如水稻、小麦等和饲养动物实行强制保险，其他实行自愿保险。直接经营农业保险的机构是不以赢利为目的的民间保险合作社，政府对其进行监督和指导，提供再保险、保费补贴和管理费补贴。这个方面和日本的农业保险模式——政府支持下的社会互助模式类似。

2. 产品供给工具的综合运用与优化配置

在产品供给过程中，不可能单单依靠一种政策工具，需要选择另一种或者多种工具相互调节。B县除了强制工具运用外，还引进专业农业保险公司，这是美国、加拿大政府主导参与型的模式的特点。同时，它还承担部分保费，其实就是补贴，这又是西欧国家政府资助的商业保险模式的重要特点。因此，模式不是单一的。强制必不可少，但是由于政府效能及财政压力的关系，综合使用各种工具，引进专业的市场类工具参与产品提供，也是必要的选择，才能形成多元供给模式。

3. 引导是更能达成效益的政策工具

由于政府、保险机构、农户存在的博弈关系，在推进农业保险中，引导发挥了不可替代的作用。B县农业保险政策的创新、种养大户的动员、核灾理赔的高效、保险机构和农户的谈判等等，都是引导。尤其是政府在农户和保险机构之间，充当说服、调解、协商、谈判等所谓的“中间人”，都是为了通过引导，促进保险政策目标的达成，也取得了较好的成效。

4. 自愿工具的运用是政策目标达成长远趋势

在农业政策工具的运用中，抛开保险机构的自愿，政府还能通过手段强制或诱导。抛开农户的自愿，一切政策都无从谈起。从长期看，随着市场经济的不断成熟，社会自主性的不断增强，土地流转导致的逐渐集中，全国可能将逐步减少统一的农业保险制度，政府一般不经营农业保险，农业保险将主要由保险公司、保险合作社经营，农民自愿投保。为了减轻参加农业保险的农民的负担，政府给予一定保费补贴。

五、结论与展望

本文只是针对农业保险这一产品的供给，展开政策工具选择与运用的讨论，具有一定的特殊性。但是，运用公共产品供给理论，可以将这种讨论扩大到农业政策实施的各个方面，这是观察政府能力的重要维度之一。

在新常态下，B县农业保险虽然在不断创新的过程中，但目前仍存在如下特点：农业保险主要由政府专门农业保险机构或国家保险公司提供；保险险种少、保障程度低、保障范围小，主要承保农作物和高效养殖业；参加农业保险以强制性为主，甚至这种强制一般与农业生产贷款相联系。这些特点，需要引起B县政府及其上级主管部门的关注。可以预期，在转变政府职能的大势下，B县政府以及各级政府部门，肯定会充分发挥政府、市场、社会组织以及农户等多方面的积极性，构建多维度的治理网络，保证政策实施过程中各方利益的妥协实现，将政策理想转变为政策现实。

参考文献

[1] 顾建光.公共政策工具研究的意义、基础与层面[J].公共管理学报，2006(4).

[2] 陈振明，薛澜.中国公共管理理论研究的重点领域和主题[J].中国社会科学，2007(3).

[3] 王其龙.江苏省宝应县政策性农业保险工作情况介绍[EB/OL].中国农经信息网，2013-9-18.

[4] 王辉.政策工具选择与运用的逻辑研究——以四川Z乡农村公共产品供给为例[J].公共管理学报，2014(3).

让农民在家乡就地就近富起来

——创新驱动发展，解决“三农”问题和农业现代化建设的基层实践探索

姜锡朋

（九三学社常州市委）

摘　要：本文论述了让农民在家乡就地就近风生水起，富裕起来的必要性和重要性、可能性和可行性；重点论述了“创新驱动”发展，强化利用生物资源精细利用的高新科技及其产品的特色、优势和应用领域；以及大力培育和发展从田间地头出发到民众嘴边全产业链、全价值链中，强化生物资源精细利用的战略性新兴产业，在解决“三农”问题和农业现代化建设中发挥极致增益的作用、价值和意义。本文最后提出基层探索和顶层设计良性互动有机结合，促进“创新驱动”发展的意见和建议。

关键词：农民富裕；极致增益；生物粉体（微粉）；生物粉体工程；生物质炼制工程

自2004年以来，中央一号文件已连续12年聚焦“三农”。凸显出“三农”问题在中国“重中之重”的地位。12年来“中央一号文件”的政策、策略和措施，对促进“农业增产、农民增收和农村繁荣”发挥了积极的作用。但是我国农业资源短缺、开发过度、污染加重，农业发展和农业现代化建设仍然面临着重大挑战。

创新驱动发展，让农民在家乡就地（新农村——新故乡）就近（中小城镇）风生水起，富裕起来。

一、必要性和重要性

（1）“中国要强，农业必须强；中国要美，农村必须美；中国要富，农民必须富”，这是富国安邦的突破口。“让农民成为体面的职业”，前提是“富裕”，措施是“扶持”，关键是“提高”。

（2）国以民为本，民以食为天、食以安为先。让农民富起来，有利于发展高效生态农业、富碳农业[4]和农业现代化建设。可以在资源环境硬约束下，保障农产品有效供给和质量安全，向市场提供无“五大化学杀手”——农药、兽药、有害化学品残留、过多重金属和亚硝酸盐，以及无“生物杀手”——抗性蛋白（抗药性蛋白质）的优质农副产品。从源头上确保生物资源（农林牧副渔产品）的质量安全，满足广大公众日益增长的物质和文化需求。

（3）让农民富起来，有利于确立“大农业体系”战略，确保农业增产和农村繁

荣。“大农业体系”是三大产业——第一产业高效生态农业、第二产业先进制造业和第三产业现代服务业(包括生产性服务业和是、生活性服务业)兼容并包、相互促进、融合发展的大生产体系。

(4)“内生增长”的巨大潜力。“在中国,‘内生增长’的根本出路是让农民富起来。如果我们九亿农民富起来,等于欧盟(4亿多人口)那样两个世界市场,等于美国(不到3亿)那样三个世界市场。我们必须培育利用自己这样大广阔的市场”和潜在的巨大购买力。

(5)让农民富起来,是建设和谐社会和小康社会的需要。家庭是社会的细胞,在家乡能够就地就近风生水起,富裕起来,就不必流动到大城市去“淘金”,拉近了家庭成员的时空距离。家庭将再次成为每个成员提供帮助的温馨港湾,而不再是一年一次的乡愁,这是建设心灵慰藉、提升幸福感和谐社会、小康社会的基础。解决长期以来“候鸟式”务工造成的社会和家庭问题,在他们的身后不再出现老人没人管、孩子没人问、夫妻长期分居的一个个守望家园的孤独身影:2 700多万65岁的以上留守老人不再孤独守望,可以安度晚年;5 000万农村留守儿童不再有“亲情饥渴”,可以享受父母的亲情;4 700万留守妇女有了“心灵鸡汤”,无须再用她们瘦弱的肩膀,独自艰难地承担起农业劳动、赡养老人和照顾孩子的重担。还可以从根本上缓解一年一度几十亿人次义无反顾、劳民伤财的大迁徙、汹涌的“春运潮”。

(6)让农民富起来,也是我国新型城镇化建设,消除二元结构社会的城乡差异和工农差别、破解“就业”、“养老”两大社会和民生问题的必由之路。

(7)让农民富起来,有利于提高农业生产劳动生产率、土地和农业资源综合利用、节约利用、集约利用水平;有利于广大农村改善生态环境、推广循环经济、低碳经济和节能减排新技术。有利于发展文化、科普、体验、休闲、旅游、观光农业。

(8)让农民富起来,自然会吸引大批技能人员返乡,从事“大农业体系”生产,成为有“钱途”的职业,有尊严地走向市场。有利于缓解和减轻大中城市超载发展的压力。

二、可能性和可行性

(1)国家对解决“三农”问题的高度重视,出台了一系列有效促进“农业增产、农民增收和农村繁荣”的政策和措施。

(2)由于生活水平的提高,市场和消费者对“有机、绿色、无公害”食物的需求空前高涨,但我国“三品认证”农产品仅占全部农产品的6%～7%,增加农业收入来源的潜力巨大。

(3)推动社会变革的力量——大学生团队纷纷返乡创业的群体行动,带动乡亲创富,吸引有技能的外出打工者回乡创业、就业,为“再造魅力新故乡、建设幸福新城镇”提供了坚实的人才流、知识流、技术流、信息流、物质流和金融流等。

(4)缓解和减轻超载发展压力的大中城市,可以集中更多的精力、智力、人力、物力和财力来实施绿色科技创新战略，促进绿色经济、循环经济、低碳经济、节能减排等产业的发展、培育和发展新兴产业，振兴实体经济，发展生产性服务业，以科技研发、创新的技术、设备和装备，人才培养、教育培训等方面释放示范、带动和辐射效应，支持“三农”绿色发展，支撑和引领小城镇建设，统筹协调城乡发展，形成城乡良性互动的机制。沿海经济发达城市要有责任和担当。

(5) 跨国公司的生产工厂和研发中心纷纷撤离我国，是由于人力成本的持续增长、经营等原因，逐渐失去在中国生产和研发的比较优势，倒逼我们必须独立自主、自力更生振兴实体经济，自主创新，培育和发展民族的战略性新兴产业，不能再迷恋于“GDP 情结”、热衷于“招商引资”了。“中国要发展，要实现产业升级，成为世界强国富国，就不能把希望寄托在跨国公司身上，一定要发展和扶植本国企业。”(《科技日报》北京 2015 年 3 月 20 日电)。

(6) 生态文明建设刻不容缓，可再生的高效生态农业、富碳农业产品资源丰富。面向农业发展、人民健康，强化生物资源精细利用高新科技和内生型战略性新兴产业已经萌芽，它无废弃极致利用、极致增益的特色和优势，使市场启蒙启动，相关产品获得了公众的认同、认可和欢迎。

(7) 强化生物资源精细利用、高附加值的高新科技、新兴产业在萌芽之中，相关新产品在局部地区获得极致增益推广应用，对农民返乡就地就近创业就业致富，产生了巨大的示范和带动效应。

(8) 三大产业无缝链接、整体联动，协同发展，有利于实现资源利用效率最大化和废弃物最小化——资源节约、环境友好、物尽其用、变废为宝，使农产品附加值极致增益。最大限度地降低生产和流通成本，可以为消费者提供物美价廉的有机农产品。

三、创新驱动发展　大力培育和发展强化生物资源精细利用的战略性新兴产业[1]

“〔新华微评〕如果在老家能风生水起，谁又愿意离井背乡？当大城市超载面对小城市空心，当务之急……是让小城市多点新机遇，少点潜规则(《现代快报》2013-04-18)”。

高效生态农业生产的有机、绿色、无公害农产品成本高，毫无价格竞争优势，怎么办?！我们的高品质生活(既要物美，又要价廉，符合国人的消费水平)从哪里来?中国食品安全的出路，中国农业现代化建设和有机农业实践如何从边缘走向主流?！解除大城市不堪重负的超载、填补小城市空心的机遇在哪里?！

出路在于：“创新驱动”发展。除了中央关于“三农”的各种政策和措施外，还要下大力气培育和发展资源节约、环境友好，农产品高附加值深加工增益的新兴产业，充分发挥强化农林牧副渔生物资源精细利用的战略性新兴产业的支撑、引领、带动和辐射作用。

（一）倡导健康生活、传播健康消费理念

食品安全问题越来越引发社会关注，现代社会提倡绿色产品健康饮食，需要从源头做起。为此，要造就更多有责任感的消费者愿意花高一点的价格去支持农村变革、农业转型、农业现代化建设。越来越多普通市民有了这样的认知，中国食品安全就会有出路，中国有机农业实践就会从边缘走向主流。农民才能在家乡就地（新农村一新故乡）就近（中小城镇）风生水起，富裕起来。

（二） 大力推广强化生物精细利用高新技术，推动产业化发展

国以民为本、民以食为天、食以安为先。动植物生物资源是人类赖以生存和经济社会发展的物质基础，生物资源物尽其用（利用效率最大化和废弃物最小化），使农产品极致增益、货畅其流，才能最大限度地降低生产和流通成本，向消费者提供物美价廉的食品。

科学研究表明：食物（有机生物资源）入口前进行预处理，改善吸收性，要比提高人类消化器官的功能容易得多。绿色科技创新，强化生物资源精细利用、极致增益的"生物粉体"技术，即细胞物理破壁粉碎和纤维切割细化技术制备的"生物粉体"——"微粉"产品及"生物粉体工程"产业，可以全面应用在"大农业体系"和"大健康体系"：涵盖食品、食品配料和添加剂、保健品和和营养补充剂、药品（中药、农药、兽药和化学药）、饲料和饲料添加剂、香料和化妆品等领域，以及矿物本草（健康药石）的深加工。

强化生物资源精细利用的高新技术、新兴产业及其产品极致增益的特点和优势[1]：

1. 高效利用生物资源

（1）可以更好地利用生物资源　细胞物理破壁粉碎，细胞里的营养成分和生物活性物质突破细胞壁/膜屏障、充分释放，有利人类和动植物消化吸收（含香熏、透皮/黏膜吸收），生物利用度和利用率提高 3～5 倍，甚至高达 10 倍。

（2）可以更省地利用生物资源　用量（剂量）降低到 1/3～1/5，甚至更低到 1/10。其民生普适性和节省生物资源的潜力无与伦比。对于野生、名贵和濒危动植物资源和中药材的保护和高效利用尤为重要。用量（剂量）大幅度降低，公众将获得成本很低、优质、安全的食药用品。

2. 充分利用生物资源

（1）适口利用　可食性即可以吞咽、改善口感，是发挥食物功能价值，高效利用、充分利用、极致增益的前提。如全果连核、皮和籽一起破壁粉碎深加工成"微粉"，颗粒度低于口腔粗糙度感觉的阈值（一般三维尺度≤40 微米），全组分利用，可以做到零废弃——资源节约、无污染——环境友好；

坚果的外壳：如花生壳、核桃壳和分心木等；浆果的核：如荔枝核等，以及海产品的贝壳：（如牡蛎壳等）以及蛋壳，都有特定的活性成分和有效物质。"煎煮"只有一些水溶性物质被利用，长时间高温煎煮还可能破坏生物活性；废弃物又污染环

境。改善口感和可食性，制备成“微粉”加以精细利用，才是高附加值极致增益最佳的方式和方法。

(2) 循环经济的综合利用/废物利用　食品工业的下脚料：榨果汁后的残渣、贝壳、果蔬根茎皮籽核等都可加工成“微粉”，既消除“绿色”污染、保护生态环境，变废为宝，又降低成本，满足公众“物美价廉”的需求。即使是未成熟的“落果”也可以加工后被利用(饲料添加剂等)。

3. 全组分(全营养)利用生物资源

科学研究一再证明：食物保持天然状态越完整，营养就越丰富。生物细胞破壁粉碎，保持天然状态适口利用，是最科学的高效、优质、低耗，全组分利用生物资源的方式方法。

生物资源的组分相当复杂，如一味中药可以分离出一百种左右的化学成分，有效成分不明确、分离提纯后效果并不好，因此，片面强调提取“有效成分”，在目前的科学技术水平下几乎是不可能的，也不一定是科学的。另外，生物活性物质——植物生化素和抗氧化物质在果蔬类植物中的含量都非常低，例如：鲜西红柿中的番茄红素量仅为 0.9～4.2 毫克/百克；大豆中异黄酮含量仅 128 毫克/百克；鲜蒜中大蒜素为 3.6±0.4 毫克/百克；石榴中 17 种氨基酸含量为 0.103%～0.171%，提取的成本高，资源的利用率很低，废弃物又造成资源浪费、环境污染。

遵循生物资源全组分利用原则，制备“微粉”的“生物粉体工程”产业，没有分离、提纯和干燥等复杂的后续过程，是“短流程”生产工艺，最大限度地保留了营养成分和生物活性物质，为高效低成本制备“生物粉体(微粉)”创造了有利条件。

4. 复配(复方配制)利用生物资源

据网络报道：“豆浆加茶水，防癌更有效。”最近，一些流行病学研究认为，两者同饮，在预防癌症方面有互相增效的协同作用。绿茶和大豆配合，不仅有利于控制实验动物的体重，还能减少它们患乳腺癌和前列腺癌的风险。这与同时喝豆浆和茶水能够减少人类某些癌症风险的调查结果是一致的。

许多实验结果提示我们，吃茶多酚胶囊，未必能够替代喝茶的好处。喝完整大豆打出的豆浆，当然也比大豆异黄酮提取物要营养得多。研究表明：吃冲饮的全组分绿茶微粉，比喝茶效果更好。

这些信息以及中药复方启示我们：生物资源细胞破壁粉碎的“生物粉体(微粉)”，不仅降低用量/剂量，还能作为中间产品，通过复配制备使用，形成大批药食同源的创新剂型和创新产品，潜力无穷。这是新兴产业绿色科技创新产品的方向，有非常广阔的发展前景。

5. 方便利用生物资源

免煎煮、可冲饮，应用面广：小剂量可溶可食薄膜复合包装的复方冲饮用“中药饮片微粉”具有“简便廉验”、适应中医“辨证施治”、个性化用药特点，已通过临床验证。“中药饮片微粉”还可以衍生出一系列的中药新剂型，以及大批冲饮用固体饮料。由于“微粉”易于受潮团聚、氧化变质，因此创新在流通领域有效保质、方便使用的包装方式，也是非常重要的创新领域。

具有民生普适性强化生物资源精细利用新兴产业极致增益的价值和意义：连国计系民生；内涵深外延广；既开源又节流；谋远功收近效；资源节约（零废弃）、环境友好（无污染）；投入少收益高，非常符合世界银行提出的“包容性创新”：让更广泛的社会群体能够以较低成本分享科技创新的成果、获得较高质量的服务，真正体现科技发展为了人，科技创新福祉惠及民生理念。

6. 实施“生物粉体工程”产业化

“生物粉体工程”[1]是研究、制备和应用“生物粉体（微粉）”的学科、过程工程技术和生物经济产业；是实体经济、实验性科学、实践性技术和产业的“系统工程”，包括三大部分：

（1）工程基础：科研（基础研究、工艺研究、应用技术研究）和工程开发（中试和生产性试验，包括工程放大、流程优化、应用研究和设备装备创新研制等），支撑“生物粉体工程”产业化发展；

（2）装备制造：为“微粉”生产提供高效、优质、低耗、安全的成套技术、设备和生产线；

（3）微粉生产：“生物粉体（微粉）”是流程性材料的中间或终端产品；

设备和装备是技术创新的载体和孕育母体。装备制造是“生物粉体工程”产业的核心和基础。

“生物粉体工程”产业化发展，实现规范化、规模化、标准化、信息化生产，才能实现低碳经济理念和极致增益目标；才能够确保“微粉”产品的质量安全，并实施全程可追溯监管。

中医中药是我国优秀的文化资源、重要的卫生资源、有潜力的经济资源、具有原创优势的科技资源。在中华民族本草文化底蕴基础上，自主自发创新的“生物粉体工程”产业在“大健康体系”和“大中药产业”发展战略的创新中药系统中有广度和深度的应用。

“生物粉体工程”产业化发展，将带动一大批配套协作企业的提质增效升级，成为地区的支柱产业；在三大产业的全产业链上、全价值链中，在“五创”（创意、创造、创新、创业和创富）天地里，“生物粉体工程”产业化发展，将为大众创业、万众创新的“创客”们提供许多机遇和机会，“小而专”的小微型创新企业将应运而生、层出不穷，无与伦比、无可替代。

（三）流通领域服务业创新

通过管理创新、商业模式创新、“互联网＋”应用创新、产供销组织一体化，实施价值营销、技术营销、情怀营销、服务营销、网络营销等等，既确保质量安全，又直接面向用户和消费者，尽可能砍掉中间环节，挤干价格水分，最大限度地降低成本，惠及民生。

公民大众，特别是广大农民安居乐业（创业、创新、就业和创富），用于消费的可支配收入增多，“有钱花、有处花、又花得值”，物尽其用、货畅其流，扩大内需和内生增长的才有了源头活水。

（四）增产和节约并重，开源和节流并举

惯性思维和传统观念重增产轻节约，重开源轻节流。废弃物是“放错了位置的资源”。在建设资源节约和环境友好两型社会中，要建立起废旧资源回收利用的体制和机制，变废为宝。为绿色新兴产业提供更多的原材料，为生态文明建设消弭更多的环境污染物，为市场提供更多物美价廉的产品。

（五）两大类强化生物资源精细利用的战略性科技和“流程工程”产业[5]

1.“以人为本”

以“细胞破壁技术”为主体，食品和药物入口前预处理、全组分利用生物资源的“生物粉体工程”产业，优质、高效、低耗、短流程、零废弃、无污染、极致增益，是内生型战略性新兴产业[6]的典型。

2.“物尽其用”

以“气相爆破技术”为核心，采用物理、化学和生物等方法，与生物转化技术和生物化学裂解技术组合，对农作物秸秆等木质纤维素类生物质多组分的拆分提取、高效高值转化，全面深度炼制利用的“生物质炼制工程”[7]（相对于矿物质炼制）产业，清洁、高效、经济，主要产品是生物基化学品（低聚木糖/木糖/木糖醇、糠醛、草酸、二氧化硅、乙烯丙酸、柠檬酸、黄原酸、酚酸物质和木质素衍生物等单体化合物）、生物基能源（乙醇、丁醇、氢气、沼气、生物柴油等）、生物基材料（生物塑料、节能保温材料、木塑复合材料、热固性树脂材料、功能高分子材料、生物基助剂、表面活性剂等），在食品、药品和环保领域也有应用，是自主型战略性新兴产业[6]的典范。

农作物秸秆是地球上最丰富的可再生资源。我国农作物秸秆数量巨大、种类多、分布广，理论资源量为8.2亿吨（风干，含水量为15%），除去收集和运输过程中的损耗，全国农作物秸秆可用资源量约为6.87亿吨，占理论资源量的83.8%，居世界之首。其中粮食作物秸秆占秸秆总量的90.5%，主要为玉米秸秆（占36.7%）、稻草秸秆（占27.5%）和小麦秸秆（占15.2%）。除用于造纸、饲料，燃料、造肥还田外，还有一半多秸秆被直接焚烧（也是大面积空气污染和雾霾的罪魁祸首）或被丢弃。通过生物炼制工程，开发利用这些数量巨大的秸秆资源，对于缓解能源危机、保护生态环境、充分利用自然资源具有有重要意义和经济价值。

面向农业发展、人民健康、资源节约和环境保护等重大需求，发展以强力破除生物细胞壁屏障为基础的强化生物资源精细利用的两大类“流程工程”产业是转方式、调结构、促升级、臻创业、广就业、扩内需、增收入、惠民生的需要；也是替代和接续高消耗、高污染、产能过剩产业和矿物资源枯竭城市发展的需要；更是使农业增产、农民增收和农村繁荣，让农民在家乡就地（农村）就近（中小城镇）创业、就业，风生水起富起来和新型城镇化建设的迫切需求。

四、推动基层探索和顶层(上层、高层)设计良性互动有机结合的意见和建议

1. 强化生物资源精细利用的战略性新兴产业行稳致远、经世致用,必将成为维系沿海—内陆、城市—乡村、工业—农业的桥梁和纽带,是苏南现代化建设示范区、沿海城市支撑、引领内陆地区县域经济和新型城镇化发展,破解长期以来的“胡焕庸线”中西部发展严重滞后的重要抓手。

对要素资源的有效配置,既要依靠市场这只“无形之手”;但政府这只“有形之手”的主导、引导和指导作用举足轻重,不可或缺。地区主政者应深入基层和群众,加强调查研究,凝心聚力、攻坚克难,破解制约高新科技产业化发展的瓶颈,为推动面向全国、具有系统工程内涵的战略性新兴产业的发展和推广应用,为经济社会发展打造崭新的强劲发动机注入新的动力和活力。

2. 创新是“无中生有,有则更优”。“无中生有”是原始创新;“有则更优”一般是集成创新,也包含原始创新成分。“有则更优”创新面大量广,但往往受到轻视、歧视和漠视。其实国际上制造强国许多民生新产品,绝大部分是“有则更优”不断精益求精创新的产品,实例不胜枚举。

3. 功利、势利、好大喜功、“浅认识、浅思维、浅决策”、体制性的束缚和机制性的障碍,是一切创新的壁垒和绊脚石,它产生的负能量对于大众创业、万众创新的打击和危害非常严重。

4. “中国经济升级需要激发全社会的创新动力、创造潜力、创新活力,要让科技人员享有自由的创造空间,获得应有的社会尊重”。特别不能忽视、漠视和歧视民间草根科技力量在“大众创业、万众创新”中自觉自发的探索和创新活力,以及自下而上的推动作用。同时非常需要顶层(上层、高层)设计与基层探索进行科学、民主、平等的良性互动、有机结合。

5. 强化高新技术、新兴产业和新产品的民主性科普性大众传播工作

公众(包含从地方主政者到平民的社会各界人士)对使用或将使用的科技创新成果、新兴产业及其产品都享有知情权、选择权和参与权。要高度重视科学要素丰富、紧扣创业创新主题、贴近公众接地气、通俗易懂、喜闻乐见的科普优质课的征集、编制和民主平等地传播。充分发挥“科普传播”在我国经济社会发展由粗放向集约转型过程中,在大众、万众创新、就业和创富新潮流中的促进作用,形成支持创业、创新和推动新兴产业发展的群众基础。

遗憾的是,去年某市科协表彰的37项科普讲师团优质科普课中,属于高新技术和新兴产业的只有1个项目,仅这一项编制有“PPT演示文稿”的科普传播工作也是放任自流。

6. 要推进大众创业、万众创新,政府必须给创新、创业营造一个良好的生态

环境。

参考文献

[1] 姜锡朋，姜涛. 关于“生物粉体工程”产业化“要不要”“怎么做”“从何做起”的软课题研究报告、产业化规划和可行性分析、产业关键技术和装备创新方案（共 30 余篇），以及“细胞破壁 · 生物粉体 · 生物粉体工程”和“湿法细胞破壁 · 全营养果蔬浆”科普性 PPT 演示文稿. 2005-2015.

[2] 陈长洲. 微米中药—中药超细粉体的研究及应用[M]. 北京：中国医药科技出版社，2007.

[3] 蔡光先主编. 中药粉体工程学[M]. 北京：人民卫生出版社，2008.

[4] 探索“富碳农业”的发展模式[N]. 科技日报，2015-3-23(1).

[5] 姜锡朋，姜涛. 强化生物资源精细利用的战略性科技[J]//江苏省颗粒学会 2014 年学术年会暨江苏省化工环保技术 2014 研讨会论文集，2014:311-317.

[6] 姜锡朋，姜涛. 知识创新：新兴产业的分型[R]. 2012，5。

[7] 陈洪章. 气相爆破技术及生物质炼制[M]. 北京：化学工业出版社，2013.

[8] 姜锡朋，姜涛. 草根创新为大众创业开辟金光大道——关于新兴产业发展，底层探索和顶层设计良性互动有机结合的汇报和建议[R]. 2014，10.

以工哺农,以工促农 开创"碧溪之路"新征程

童举希

(九三学社苏州市常熟支社)

摘　要:相对于传统农业而言,现代农业广泛应用现代科学技术、科学管理方法和现代生产工具、生产资料进行的社会化农业。本文分析了碧溪现代农业的发展现状,并就存在的问题,提出了"以工哺农"、"以工促农",延续"碧溪之路"新征程的思路与对策。

关键词:现在农业;以工哺农;以工促农

上世纪80年代,碧溪镇开创了一条"离土不离乡,进厂不进城,亦工又亦农,集体同富裕"的"碧溪之路",实现了乡镇企业的和小城镇建设的协调发展,打造了经济繁荣、社会文明的集镇,成为闻名全国的"以农办工,以农养工"的典型和"敢于创新、勇于实践",走共同富裕道路的"苏南模式"的代表。

一、碧溪30年的变迁与发展

历经1999年和2003年两次行政区划调整,碧溪已由当年的碧溪、浒浦、吴市、东张四镇合并而成;区域总面积110.2平方公里,下辖24个村、5个社区居委会;2004年实行"一级政府、两级管理"运作模式,组建管理区;2001年8月,常熟经济开发区"退出城区、落户碧溪",2005年实行"区镇(常熟经济开发区—新港镇)互动、统分结合"管理体制;由此碧溪步入了一个全新的发展阶段;2010年,碧溪撤镇建街道,设立碧溪新区,和国家级常熟经济技术开发区实行一体化管理。

勤劳聪明的碧溪人传承"敢于创新、勇于实践"的"碧溪之路"精神内涵,加快实现"体制创新"和"角色转型",着力推进"城乡一体化、农业现代化和管理社区化"三大进程,紧抓"服务沿江发展,加快城乡一体,创新社会管理、提高民生质量"工作重点,进一步解放思想、团结拼搏、锐意进取,为率先基本实现现代化作出了积极的贡献。碧溪先后荣获"中国毛衫名镇、国家卫生镇、国家级生态镇、江苏省园林小城镇、江苏省化纤名镇"、两个文明建设先进集体、全省首批对外开放的重点工业卫星镇、江苏百家名镇、建设部首批全国小城镇建设、全国农村集镇建设典型、"全国村镇建设文明镇"等荣誉称号。

"碧溪之路"为碧溪的快速发展奠定了雄厚的经济基础,成就了社会文明、经济

富庶的碧溪新区。30年后的今天，碧溪人正秉承可持续发展理念，贯彻落实科学发展观，以“四化同步”为目标，迈上了加快发展现代农业，延续“碧溪之路”的新征程。

二、碧溪现代农业发展现状分析

相对于传统农业而言，现代农业广泛应用现代科学技术、科学管理方法和现代生产工具、生产资料进行的社会化农业。现代农业的主要特征有：一是农业生产技术由传统经验转向现代科学技术推广与应用；二是农业生产的社会化程度大幅度提高；三是农业成为可持续发展产业，广泛采用生态农业、有机农业、绿色农业等生产技术和生产模式；四是农民素质实现现代化；五是农业劳动生产率，土地产出率和农产品商品率大幅提高。

当前，碧溪正努力培育新型农业经营主体，做大特色农业和品牌农业；做优生态旅游农业、推进产业协调发展；加强高效设施农业、高标准农田建设，提高农业综合机械化程度，增强农业适度规模经营化水平，全力推进现代农业发展。

1. 碧溪发展现代农业的主要成绩

一是生态农业、观光农业成效显著。碧溪结合农业区域特色，坚持科学规划，积极发展生态农业、旅游观光农业，开发农业旅游休闲、科普体验新功能。先后规划建设了瑭璜亲水生态园、金橡树生态园，充分展现了生态观光、休闲服务功能；浦园生态园以果品生态种植、畜禽生态养殖的综合开发受到市场消费者高度青睐；集田园景观、乡村文化、自然生态、现代科技、农业体验功能为一体的乡村旅游服务，成为碧溪新区现代农业的新亮点；碧溪李袁村被评为“全国农业旅游示范点”、“江苏省四星级乡村旅游区”、“苏州生态果蔬旅游名村”；“保兴”蔬菜基地被列为“苏州市农村党员基层干部科技素质培训示范基地”以及碧溪新区“青少年实践基地”；“礼缘葡萄”基地成为常熟市滨江职业技术学校实习基地。

二是现代设施农业初具规模。按照碧溪新区与常熟经济技术开发区建设“现代工业”和“高效农业”相互辉映、协调发展的总体布局规划。碧溪累计投入资金近亿元，整合资源，建设了“碧溪现代设施农业科技示范园区”，总面积5 724亩，其中可耕地3 500多亩。园区立足“统一规划、规模经营、项目化管理、市场化运作”发展思路，按照“高效园艺设施化”的总目标，大力推进基础设施及生产设施建设，全区已建成832钢架大棚560亩，连栋大棚20 000平方米，育苗大棚4 160平方米，连栋菌菇棚3 168平方米；现有各类拖拉机10台，配套播种机2台，多功能田园管理机3台，蔬菜移栽（播种）机10台，精量播种机4台，高效植保机8台，开沟机3台，土壤连载障碍处理机1台，铺膜机2台，棚内耕整地、开沟、做畦、播种（栽植）、灌溉、植保生产机械化水平达85%以上。

三是产学研合作层次得以提升。碧溪积极开展产学研合作，先后与江苏省农科院、南京农业大学等多个高等院校及机构建立了长期紧密的技术协作关系；与南京理工大学常熟研究院签署现代设施农业示范推广合作协议，推进智能农业建设与物联网应用技术；园区先后承担了国家级农业科技计划项目 2 项、省级农业科技计划项目 2 项、省级财政支持项目 10 项、市级农业科研项目 10 余项；碧溪出口蔬菜示范园作为常熟唯一一家被推荐为江苏省农业科技自主创新资金核心示范基地，增强了农业科技创新能力。

2. 碧溪发展现代农业存在的主要问题

一是农地资源相对匮乏。现代农业对农地资源有一定质和量的要求、特别是旅游观光农业、设施农业对土地面积要求更高。碧溪历来人多地少，现有农业耕地面积 50 819 亩，人均不足 1 亩，加上支援常熟经济技术开发区规划用地，碧溪农地资源紧张。据统计，碧溪现有农业耕地面积 50 819 亩，年粮油生产面积 1 万亩左右(其中小麦 2 617 亩，水稻 2 930 亩，油菜 4 879 亩)；蔬菜常年种植面积 2.3 万亩，葡萄、草莓等果品生产面积 1 500 多亩，一定程度制约现代农业发展。

二是新型农业经营主体实力不强。目前，碧溪有苏州市级农业龙头企业 1 家，常熟市级农业龙头企业 4 家；现代农业设施园区 1 个，农民专业合作组织 20 个，农地股份合作社 15 个；注册家庭农场 2 个，种养殖专业大户 51 个；相对目前农业资源而言，新型农业经营主体特别是农业龙头企业、家庭农场数量明显偏少，其次是深加工、二次增值产品、高科技名牌产品少；合作社尚局限于少数农户、单一品种和地域规模，跨地区、跨行业、规模大、实力强、有影响的专业合作社还比较少；受发展规模等因素影响，新型农业经营主体效益普遍不高，可持续发展能力不强。

三是新型职业农民培育缓慢。新型职业农民是指具有科学文化素质、掌握现代农业生产技能、具备一定经营管理能力，以农业生产、经营或服务作为主要职业，以农业收入作为主要生活来源，居住在农村或集镇的农业从业人员。受世俗观念影响和周边工业企业应聘工作的便利，碧溪青壮年农民大多进厂务工，专职务农者极少，合格的新型职业农民培育对象极少，新型职业农民培育较为缓慢，田间劳动者多是 60 岁以上老人，科技文化素质差，难于胜任现代农业发展的要求。

四是农业机械化程度较低。碧溪蔬菜产业占主导地位，蔬菜常年种植面积达 2.3 万亩，占全区耕地总面积的 50%左右。当前，碧溪设施农业尚处于示范阶段，蔬菜生产受其生产方式的约束，机械化程度低。与水稻种植相比，蔬菜的人均可耕作面积较小，规模效益低。

三、以工哺农，以工促农，延续“碧溪之路”新征程的思路与对策

“以工哺农”指借政府“有形之手”实现工业对农业的利益回馈、“以工促农”则是借市场“无形之手”实现工业对农业的推动，促进传统农业现代化。“以工哺农”与“以工促农”相辅相成，即通过“以工哺农”为“以工促农”创造条件，又通过“以工促农”引导“以工哺农”。

当前，从GDP总量，人均GDP、工业化水平和城镇化水平等指标来看，碧溪已进入“以工哺农”、“以工促农”发展的最佳时期，具备“工业反哺农业，工业促进农业”的强大实力。因此，积极实施“以工哺农”、“以工促农”对建设“美丽碧溪”、“幸福碧溪”，延续“碧溪之路”新征程意义重大。

1. 加大财政投入，增强“以工哺农”实力

现代农业对农民素质、科技、设施等要素的要求比传统农业更高，持续加大对农业的投入是实现“以工哺农”的政府制度安排，是保证现代农业发展的基本措施，要建立多元化投入的支农保障机制，完善财政支农资金稳定增长机制，不断增加对“三农”的投入，增强“以工哺农”实力：

一是人力资本投资重点转向农村。加大新型农业经营主体领头人和新型职业农民培育投入，促进农业劳动者素质稳步提升；二是基础设施投资向农村倾斜。基础设施建设是农业发展的基本物质条件，加大农村道路、水利、电力、通讯、电视、环境等改善力度非常必要；三是加大农业科技开发与推广投入。农业发展离不开现代科技的强大支撑，优先支持农业科技创新与推广，促进农业科技进步，不断提高农业科技含量。

2. 优化环境，集聚“以工促农”能量

一是是优化农村投资环境。着力改善农村投资环境，公共投资率先进入农村，引导与带动民间资本向农业注入，消除体制和政策性障碍，让涉农工业资本主动投资农业。二是提升农业产业链信息水平。充分利用现代信息技术，装备农业生产、销售等环节的信息化手段，提升农业产业链信息服务水平。

3. 推行“村企挂钩”，实现合作共赢

“村企挂钩”是利用工业经济发达，规模企业较多，民间资本活跃的优势，鼓励和引导企业通过直接投资、互利合作、干部兼任和资源整合等形式援助“三农”的有效举措。由于紧邻国家级沿江经济技术开发区，碧溪已形成机械装备和纺织服装两大支柱产业，现有近1 100多家民营企业中，规模以上企业就有300多家，其中年销售上亿元企业近200家，具有“村企挂钩”得天独厚的优势。碧溪应按市场法则，组织推动“一村一品、一村一企”，努力实现“村企互动、合作共赢”。

4. 提升新型农业经营主体自身发展能力

新型农业经营体系是以家庭承包经营制度为基础，以商品化生产为目标，具有适度经营规模、较好的物质装备条件和经营管理水平，劳动生产率、资源利用率和土地产出率较高的农业经营体系，主要包括专业大户、家庭农场、农民专业合作社、农业产业化龙头企业等。引导和培育“涉农企业家”、“返乡农民工”、“农村能人”成为新型农业经营主体领头人，针对他们的学历、工作背景分类指导和提供有针对性的扶持与帮助；整合资本、人才、技术、品牌等要素，进一步壮大新型农业经营主体经营规模和整体实力；鼓励种、养、殖专业大户升级为家庭农场，创新注册登记制

度；制定扶持家庭农场发展农业补贴、项目申报、保险担保、金融服务等方面优惠政策；努力塑造“绿色农产品”品牌形象，应用工业管理理念，打造农业产业链品牌，提升新型农业经营主体和农户获利能力；积极引导与帮助新型农业经营主体完善内部运行机制，提升自身发展与辐射能力，增强新型农业经营主体市场竞争力。

5. 积极培育新型职业农民

新型职业农民是各类经营主体的领头人，加强新型职业农民培养是促进现代农业发展的重要举措。农业部今年启动了“新型职业农民培育工程”，建议在学习昆山试点经验的基础上，贯彻落实国家教育部、农业部《中等职业学校新型职业农民培育方案试行》精神，启动碧溪“新型职业农民培育工程”，根据苏州“四个百万亩”规划和碧溪农业资源与农业科技发展水平，预测与编制碧溪新型职业农民编制数量，紧密依托中等职业学校培养新型职业农民，为现代农业发展提供坚实的人力资源保障。

6. 加大蔬菜生产科技投入

蔬菜是碧溪的主要农产品，占据碧溪农业“半壁江山”。虽然碧溪设施农业科技园建设取得较好成绩，但依然处于示范阶段，针对碧溪蔬菜生产手工操作为主，人员生产效率低现状，加大农业科技引进与推广力度，加快蔬菜生产机械化机械引进和施化农业推广步伐，促进蔬菜种植土地流转，实现规模效益。

7. 加快农业社会化服务体系建设。

发达的社会化分工是提高经济运行效率的重要条件。要统筹谋划、完善政策、加大投入、强化支持，推动建立公益性机构和经营性机构建设，构建相互配合、保障有力、运转高效的新型农业社会化服务体系，形成以公共服务机构为依托、合作经济组织为基础、龙头企业为骨干、其他社会力量为补充，公益性服务和经营性服务相结合、专项服务和综合服务相协调的新型农业服务体系，并从政策、体制、管理、人才等方面加以保障，提供技术推广、农资配送、机械作业、统防统治、抗旱排涝、信息服务、产品销售等一体化社会化服务，促进现代农业发展。

创新和完善地方政府举债融资机制

——江宁区管控政府债务的经验体会

陶家莹　张少岭

（九三学社南京市江宁支社）

摘　要：近年来，管控地方政府债务成为热门议题，在议论声中，笔者从江宁的实践经验出发，论证了合理、积极的地方政府举债的必要性。本文一方面从促进地方经济发展、促进地方社会事业发展、推动民生工程建设、带动中小企业发展等方面阐述了适度举债的积极意义；另一方面，结合江宁实际，对江宁区在债务管控方面的成功经验进行了归纳，主要做法有：投资体制改革，融资手段创新，优化债务结构，建立政府债务风险防范机制，资源整合等。

关键词：江宁区；地方政府举债；管控；经验

近年来，管控地方政府债务成为热门议题，国家组织了两次地方政府债务专项审计。2014 年国务院又专门制定了债务管理管控规定。在议论声中，对地方政府的举债行为褒贬不一。单从江宁的实践经验来看，合理的、积极的地方政府举债还是必要的。

一、地方政府举债的积极意义

（一）可以有效地促进地方经济发展

为早日实现翻番目标，江宁区委区政府围绕江宁的发展战略，累计投入 700 亿元，组建了江宁经济技术开发区、江宁高新园、滨江开发区、汤山温泉旅游度假区，取得的成效十分显著。四个园区实现的 GDP、提供的财政收入占全区的比重由 2010 年的 38%上升到 2014 年的 60%，为江宁率先实现基本现代化，在全省区县中争先进位起到支撑作用。开发区和高新园进入国家开发区行列，滨江开发区跻身全国重点开发园区，汤山温泉旅游度假区发展成为全省旅游度假重点园区。

（二）可以有效地促进地方社会事业发展

近五年来，江宁通过组建国有的幸业公司、大禹公司、城建集团、交建集团，筹措 300 多亿资金，完成了全区中小学教育布局的调整；完成了省政府下达的 20 公里长江江堤改造工程；新建了江宁医院、江宁中医院、江宁第三医院、同仁医院和明德医院，病床位较 2010 年翻了五番。

（三）可以有效地推动民生工程建设

随着江宁经济和社会事业的发展，江宁的常住人口由过去的75万发展到现在的150万。有效解决新增人口的衣食住行，已经成为江宁历届政府的头等大事。为此，政府先后通过国有企业筹措100多亿资金，完成了覆盖全区的自来水、燃气、有线电视、宽带通信等网络建设；通过城建集团筹资100多亿元，完成了东山、上坊、秣陵、殷巷等四个老城区的旧城改造，复建安置房100多万平方米。这些惠及民生的工程，投资额大，回报周期长，是一般民营资本、社会资本难以解决的难题，只能依靠政府的有效投入。

（四）可以有效地带动中小企业发展

近年来，江宁的中小企业，无论从数量还是规模上来看，都比2010年翻了五番。这一点除了得益于江宁的区位优势和发展率先优势外，更重要的原因是面向中小企业，政府整合资源成立了江宁科技创业投资公司。政府注入4亿元资金，引入合作的商业银行18家，合作基金380亿元，有效地解决了中小企业融资难、融资成本高的问题。

因此，从以上江宁的成功经验来看，合理、有效的政府举债行为是必要的。但同时，对政府的举债行为也要一分为二地看待。如果不量力而行，不考虑效益，那么政府的债务反而会增加地方政府的负担，成为阻碍发展的包袱。

二、有效控制地方政府债务的做法

如何有效地控制地方政府的债务，是地方各级政府及相关部门长期的、根本的任务。自2010年以来，江宁区委区政府已经意识到了政府债务居高不下，逐年增长的严峻形势。从创新体制，完善机制入手，对政府举债实行有效管理成效显著，全区国有企业的资产负债率由2013年的68%下降到2014年的61%。主要做法是：

（一）大力推进投资体制改革，实现政府投资项目市场化运作

长期以来，政府投资项目都是由单位提出，财政安排资金，财政资金不能跟进则依赖贷款，造成政府负债居高不下。为解决这一问题，2014年全区推行投资体制改革，核心内容是：政府的投资项目一律实行委托代建制，资金由代建单位筹措，政府分五年付清。明确财政安排建设资金的七大来源，实行统筹管理，集中支付。新办法解决了由谁垫资、如何筹资的难题，推行一年来效果明显，新增的150亿元投入仅有50亿元为金融贷款。

（二）大力推进融资手段创新，用现代企业制度筹措建设资金

2010年前，江宁借债主体的国有企业资本结构单一，90%的借债依靠商业贷款，债务越积越多，财务成本也越来越高。为打破瓶颈，区政府着力推进融资手段创新。第一，通过建立现代企业制度，完成了全区国有企业的公司制改造，国有企业由过去的100多户，压缩为现在的23户。资产规模由2010年的600多亿发展

到 2014 年的 2 180 多亿，为发展股权融资提供了坚实的经济基础；第二，积极发展股权融资。从 2005 年开始，先后对科学园、汤山温泉旅游度假区、滨江开发区、空港开发区的空港枢纽城进行股权调整，将其由国有独资公司改造为国有控股有限责任公司，从而为发展股权融资提供了保障。此外，从 2009 年开始，新组建的国有企业全部都采用了合资公司的模式。目前全区企业中，国有资本所占的比重由 2010 年 95%下降到 2014 年 80%，引入的社会资本超过了 150 亿元。第三，以项目建设为基础，发展直接的股权融资。上坊旧城改造，拆迁户上万户，复建房 20 多万平方米，如果由江宁单方出资，总投资高达 220 亿元。在这种情况下，区委区政府采取积极的合作模式，与方兴中国合作组建股份有限公司，政府出资 6 亿，方兴中国出资 24 亿。同时，政府将上坊旧城改造的一级开发权授予合作公司，仅用了 6 亿就解决了 220 亿元的投资。

（三）大力优化债务结构，建立政府债务分类管理、分账核算管理机制

长期以来，江宁政府举债规模虽然很大，但资金周转正常，还本付息能力强，其根本原因是对债务结构严格管控，重点支持经营性融资，近年来，全区政府债务中，经营性融资占 70%，非经营性融资占 30%。从 2013 年开始，区政府对全区的政府债务组织专人进行专项清理。将债务分为经营类和政府准公益类投入两个类别。以 2012 年为基数，经营性债务根据项目的发展和需要，企业以不超过经营规模增长为前提，实行比例增长控制；对政府准公益性投入，以项目预算及项目推行进度为基础，实行额度控制。企业按照经营性与公益性项目，实行分账核算。准公益性的项目由财政局把关，正常的国有企业经营需求投入由国资办把关。按年度进行审计并纳入经营者业绩考核范畴，收效十分明显。2013 和 2014 两年，新增项目投入超过了 300 亿，而企业的债务规模仅增加了 100 亿。

（四）大力落实风险管理制度，建立政府债务风险防范机制

区政府设立政府投资项目决策领导小组，从项目可行性及项目资金平衡两方面把关，保证项目投入的科学、合理和可行；二是将风险防范落实到经营者经营业绩考核工作中，从降低资产负债率、控制财务费用入手，化解企业风险；三是建立政府债务风险准备金，目前结余额超过 10 亿元。四是从 2012 年开始，区国资办对国有企业实行信息化平台建设，对企业的资金存量按天结报；对系统类结余资金调剂使用，降低贷款总量。

（五）大力推进资源整合工作，着力提升国有企业的经营实力

从 2011 年开始，区委区政府分两个阶段对全区国有行政企事业单位资产进行了全面清理，将闲置的房产投资充实到国企集团和开发园区。在此基础上，对国有企业的功能进行重新定位，实行分类管理、绩效考核，有效地调动了经营者的积极性。2011 至 2014 年四年时间，国有资产增加了 1 500 亿元。另一方面，鼓励企业盘活存量资产，处置闲置资产，每年国有资产的转让收入超过 10 亿元。

城乡一体化背景下苏州农村金融创新研究

侯爱敏

（苏州科技学院）

摘　要:农村经济转型升级离不开金融创新的支持,转型时期的社会稳定也迫切需要金融创新,农民生活品质的提高更需要发达的金融体系,因此农村金融创新很有必要。本文在苏州农村金融发展已取得的成就的基础上,着重分析了农村金融创新存在的问题,并有针对性地提出了对策建议。

关键词:农村金融;存在问题;对策建议

随着城乡一体化的推进,苏州农民生活由小康走向相对富裕,农村经济由粗放到集约同时伴随持续增加的产业升级压力,农村社会由传统血缘地缘为主的熟人社会走向契约化的市民社会,对金融创新的需求更为迫切,且有自身的独特性。

目前,苏州农村银行类金融机构布局均衡,新型金融组织发展迅速,金融支持“三农”产品不断创新、服务持续优化,政策扶持力度加大,金融生态环境持续改善。但是,在取得成绩的同时也存在一些问题和不足。

一、苏州农村金融突出问题

1. 金融机构种类单一、功能有限,金融产品和服务不足

首先,苏州农村金融机构以银行为主,信托投资公司、共同基金、养老基金、财务公司等新型金融机构几乎为空白,金融专业服务机构如征信公司、信用评级公司、担保公司、投资咨询公司、保险公估公司、保险经纪公司等等则更为少见。机构的单一、加上以商业银行为主的金融组织体系导致金融市场发展的失衡和金融产品的不足,造成农民投融资渠道匮乏,充裕的民间资金与实体经济中流动性不足并存。在苏州农民收入中,工资性收入依然占绝对优势,财产性收入只占到 9.59%,远远低于发达国家 40%左右的水平,这与金融的不发达有较大的关系。

其次,政策性银行功能不足,无法满足需求。苏州仍处于二元经济向现代一元经济转型时期,相对弱质的农业正处于规模化、产业化、现代化转型关键时期,农业功能由原来的以生产为主向生产、生活、生态“三生”转化,经济效益已不再是核心的追求,与商业性金融追求利润最大化的目标相悖,更加需要政策性金融的扶持;农民在转换生产生活方式、逐步市民化的进程中亦需要政策性金融的支持;城镇化建设中大量的基础设施、公共服务及其他规模大、周期长、投资回报率低的公共产

品或半公共产品供应需要政策性金融的介入。然而，当前政策性金融机构主要靠农发行，而农发行业务范围狭窄、功能单一，布局上远离广大农村地区，难以真正承担起政策性金融应有的作用。这就会导致两类不利后果：一是大量的农村金融需求将不得不由商业性金融承担，不利于商业性金融的充分发展；二是金融服务的供给出现“排斥”、“空洞化”现象，大量的农村、农业金融需求无法得到持续性满足，将引发社会矛盾，影响农业持续发展和农村社会和谐稳定。

第三，当前金融产品设计中偏重农村生产信贷需求，对于消费需求考虑偏少，尤其是对于大额消费、投资理财、养老、财产保险、教育等需求考虑较少，这导致大量资金只能被关进“储蓄”的笼子里，无法转化为有效需求，也难以拉动直接投资市场。

2. 金融生态环境依然不完善

一是金融信用基础依然薄弱，信用制度的建立依然是局部性、试点性的，缺乏市场化的征信机构，信用资料处于分割或封锁状态，远不能满足契约型金融的需求。二是产权制度改革不彻底，尤其是未实现集中居住的农村居民的不动产产权依然不明晰、资本属性差，而土地承包经营权和农村集体资产所有权的“股权”可交易性差，流转性有限，使农村资源仍然局限在某一特定的时空领域进行配置。三是相关的法律和制度体系依然不够健全，许多制度与政策往往是以试点方案、暂行规定等形式出现，缺乏持续性，金融风险保障机制依然薄弱，产权保护和契约保护法律法规、金融监管体制机制以及执法水平都存在很多薄弱环节。四是金融人才匮乏，群众金融知识和金融意识仍需要很长时期的培育。

3. 局部地区地下金融规模较大，干扰了正常金融秩序

由于民间资金富裕，同时大量中小企业的短期、频繁或者大规模贷款需求难以通过正规金融渠道得到满足，使年息高达 40%～60%、甚至 90%的民间借贷市场应运而生，巨大的利差又将银行、小贷公司、实体企业、房地产企业卷入，形成长长的灰色利益链条。通过这一链条，银行的资金部分被抽向高利贷领域，一些真正需要资金的实业企业贷款难度上升、融资成本上涨。一旦一个环节出现问题，便会引发一系列连锁反应，不仅影响金融秩序，更损害到实体经济发展，常熟美女老板“跑路”事件、吴江三位行长的落马都是此类问题的代表。

二、苏州农村金融创新对策建议

从国内外成功案例来看，农村金融发展模式与业务重点因时、因地、因需而调整，政府的扶持引导、农村信用体系与金融法律法规体系建设、合作金融的发展等是普遍经验。借鉴成功经验，结合苏州农村金融发展现状问题和现实需求，我们提出了四个领域的创新建议。

(一) 确立苏州特色的农村金融发展战略

当前，苏州农村金融所面临的经济、社会、城乡建设格局、生态、文化等环境皆

进入新的阶段，出现了诸多新矛盾、新需求，也存在许多有利的条件，因此金融发展的战略必须密切联系当前阶段的实际需求而定。

1. 苏州农村金融发展必须兼顾两项功能、三大目标

两项功能包括经济功能和社会功能：从经济功能来看，农村金融的发展必须有利于动员沉淀货币和沉淀资源、资产加快流通，优化配置资源，促进资本在城乡之间、工农业部门之间自由地流动，加快农业现代化进程，提升农村工商业企业的规模效益、技术创新和市场开拓能力，促进工、农部门之间平衡发展。从社会功能来看，在追求帮扶弱势群体、防止两极分化、统筹城乡经济社会发展、促进社会公平正义等农村金融基本社会功能的基础上，苏州的农村金融还要高度重视农村城镇化、市民化进程中产生的养老、理财、安全保障、生活品质提升等新需求，协助农村居民平稳度过转型期，减少社会矛盾和风险；此外，还要高度重视城镇化进程中地方政府职能转变、公共产品供给中产生的金融需求，协助政府职能转变，降低政府执政风险。

三大目标是生产、生活和生态目标：生产目标，就是通过金融发展促进农业生产、农村工商业发展的目标；生活目标，即通过金融实现个人和家庭资源和资产优化配置，提高生活品质，促进财富增值保值，规避意外风险，提升养老、医疗等保障水平，降低预防性储蓄沉淀的资产比例以及相应的对生活消费的抑制；生态目标，是指农村金融系统的建设，不仅要追求经济效益、社会效益，还要助推农业、农村的生态服务功能的实现。

2. 苏州农村金融的发展模式必须是商业性金融与政策性金融的结合

苏州农村工商业发达、民间资金充裕，为商业性金融发展提供了优越的经济环境，因此商业性金融机构数量多、多样性强、布局均衡，以商业性金融为主导是苏州农村金融体系建设的现实选择。然而由于前文所述的原因，政策性金融需求空间依然巨大，必须依靠政策性金融来填补财政直接支出和商业性融资之间的“中间地带”，并通过“示范”作用和“乘数”效应，拉动、引入其他社会资源进入农业、农村、农民领域。

3. 苏州农村金融创新的重点是完善金融生态环境

前文指出，苏州农村金融体系存在的突出问题并不在于硬件设施，亦不完全在于资金或机构等金融资源的不足，而是机制、环境不够完善造成的金融机构效能不足、金融工具与产品供需脱节、资源流动不畅、资源配置效益不高等等一系列问题。因此，农村金融创新的重点要放到以增强资产流动性、建立健全农村信用体系、完善法律法规与政策环境等等金融生态环境的提升方面。

(二) 加强金融机构和市场建设，提升金融机构效能

1. 扩展政策性银行功能

要结合当前苏州农村政策性金融需求的特点前瞻地研究和调整农发行的业务范围，推动其在县以下的经营网点延伸，扩展其特有的政策性金融功能，促使其在

继续做好粮棉油收储、确保国家粮食安全的同时，进一步加大对农业农村基础设施建设、农业现代化、中小企业、城镇化等领域和对象的支持。尤其要重视在市场缺损、制度缺失的地方，通过制度建设、信用建设来营造、完善市场，在没有市场的地方建设市场，在有市场的地方充分利用和完善市场，引导社会资本投向政府重点支持领域，有效填补薄弱环节和落后领域的市场空白。

2. 引导商业性银行承担政策性金融职能

一是政府和金融管理部门在放宽市场准入、培育市场主体、实现机构多元化、促进市场竞争的同时，利用税收优惠措施保障金融企业的资金收益和获利水平，吸引更多的民营资本、外源性投资进入，形成本地资金、外部资金和金融机构资金齐头并进的格局；二是政府完善贴息贷款制度，扩展贴息贷款的对象，让政策支持覆盖的行业和规模更具广泛性；适当提高贴息贷款的利率优惠幅度、延长贴息贷款的期限、提高贴息贷款的额度、增强贴息贷款的实际效用。三是按照商业性金融机构对城镇化、城乡一体化的支持力度给予物质奖励和非物质奖励。四是要鼓励商业性金融机构经营网点向行政村的延伸，争取尽快实现金融网点在全市行政村的全覆盖。

3. 推动集体经济组织承担合作性金融的功能

苏州有着发展合作金融的条件和需求：一是类似于日本的农协系统，苏州量大面广的农民专业合作社、股份合作社、土地合作社等是天然的合作金融平台，其所具备的熟人社会特征、对社员信用信息的掌握是当前任何一个金融机构都不具备的，因此合作社功能稍微延伸即可承担合作性金融的功能；二是在当前关系型金融依赖的基础不复存在、契约化金融所需要的金融生态环境尚不具备的形势下，发展合作金融，可以减缓转型时期的阵痛，有利于农村经济社会平稳转型；三是农村合作经济组织的发展也面临着发展空间不足、优质资产配置效益低下等问题，推进部分符合条件的合作经济组织承担合作金融的功能，可为其提供新的发展空间，并促使其所掌握的优质资源和资产实现优化配置。

4. 引导民间非正规金融机构向正规化、合法化

禁止民间金融只是增加了金融交易的风险和成本，减少了资金供给，使高利贷利率变得更高，使金融风险更大。在苏州"民间资本多、投资渠道少"的背景下，民间资本若能获取正规的投资渠道，就能够有效解决民间资本投资渠道少，中小企业贷款难的问题。同时，有利于打破金融垄断，建立多维度、覆盖面广的金融市场体系。

建议从以下四方面入手：一是加强法律认可和保护，明确各类非正规金融机构的性质，制定完善规章制度，建立民间融资监测通报制度、信息公开制度；二是允许民间资本成立贷款组织，放松直接融资管制，同时将其信贷业务纳入货币金融统计范畴，并接受金融监管；三是通过建立健全非正规金融机构的市场准入及退出机制、征信制度、存款保险制度等相关制度，降低营运风险、促进市场稳定；四是在民

间金融机构与正规金融机构的市场分工方面大胆探索,明确民间金融与正规金融不断融合的方向,以及民间金融向正规金融渗透的途径。

5. 探索建立专业化金融机构

专业化金融机构是发达国家农村金融的重要组成部分,它可以在信用信息不健全、资产流动范围受限的情况下,利用专业优势,高效地满足某一特定领域的金融需求。同时专业化是地域化的小型金融机构的发展方向。可借鉴四川省土地银行成功的做法,通过将农村零星的建设用地、宅基地向土地银行集中,实现城乡建设用地指标交换平衡,探索一条盘活农村土地资本、赋予土地强大融资功能的道路。同时,也可以组建专门面向农宅、家庭农场、专业合作社等特殊领域的专业化金融机构,服务于重点领域。

6. 填补农村金融市场空白

在强化提升农村信贷市场的基础上,要重视农村资本市场、货币市场的建设,尤其要加快农村债券市场建设,积极拓展农村证券市场,建立起适合不同层次企业证券融资和流动需要的多层次交易体系。

(三) 抓住重点完善金融生态环境

1. 健全金融法律法规和优惠政策

首先,要制定专门的农村金融服务、金融监管地方性法规。从法律层面就农村金融的性质、主体、业务范围、监管方式、贷款风险补偿机制和市场准入退出机制做出更为明确规定。其次,要制定系统的税收优惠、财政补贴政策,促进农村金融良性发展。第三,要尽快推行利率市场化政策,引导民间资金流向,实现资源最佳配置。

2. 加强农村社会信用体系建设

首先,着力培育一批信誉可靠、规范运行的功能完备的农村征信机构,形成行业性、区域性和权威性的信用信息服务的中介机构,包括农村信用调查公司、信用征集公司、信用评级公司、信用担保公司等等,形成一个多元化、广覆盖、高效率的强大的农村征信行业。其次,扩大并创新农村征信范围和征信产品,向农村市场提供多样化、门类齐全的征信产品和服务,对各类授信人提供全程信用风险防范、转移、控制的全面的外部技术支持。第三,建立农村社会信用体系运行机制。包括信用信息共享机制、信用评价机制和激励惩戒机制。第四,建立多层次农村信用教育传播体系。

3. 推进农村产权制度改革和产权交易市场建设,提升资产流动性

进一步深化农村产权制度改革,推进农户的土地经营权、宅基地使用权、股权,以及闲置的房屋、荒地、林地等等闲置资产的证券化,并加快农村产权交易市场建设,增强资产流动性,最大限度地活化"沉睡"资产,提高资源和资产利用效率和配置效益,增大农村金融资源供应。近期重点有三个,一是加快推广土地承包经营权抵押融资;二是加快探索宅基地使用权抵押融资;三是设立苏州市农村生产要素流

转交易的专业化平台和服务性机构，使农村资源与资产的交易与融资价值得以充分实现。

4. 健全农村风险分担机制

建立和完善农业贷款担保和保险体系，降低农业生产的资金经营风险，提高农村金融机构放贷积极性。完善和创新农业保险体系，对于农户信贷、农业贷款予以保险扶持。采用政府主导模式，通过激励政策推动保险机构开展农业保险，建立风险补偿机制，降低农业市场风险。创新投入机制，建立多元化投入机制，发展农作物再保险，以提高农业保险经营主体的积极性，引导经营重点。

5. 加强宣传教育和人才培养

民间财富的持续增长，迫切需要增进民众的金融意识和理财能力，更需要大量拥有现代金融技术和知识、同时又了解苏州农村的金融人才。因此，必须加强金融的宣传教育和人才培养。一可利用农行与邮政储蓄银行的网点、各行政村（社区）的服务中心，强化投资理财宣传教育，让广大农村居民了解金融、学会利用金融工具促进财富保值增值、强化生活保障、提升生活质量；二可在中小学教育中渗透金融、投资理财知识教育；三可通过一些大型项目或事件集中进行金融知识宣传，譬如可以结合东山古村落的旅游开发，创建洞庭商帮金融博物馆等，为民众学习金融知识提供生动的课堂。

（四）围绕需求创新金融产品和服务

积极开发适应农业产业化、规模化经营的信贷产品，如土地规模化经营贷款、银团贷款、仓单质贷款等，满足优质农业企业的有效信贷需求。加大对农村物流体系建设、农村中介组织、农业专业生产合作组织、农民经纪人的金融产品开发和金融服务力度，提高市场交易效率，保证农产品价值在市场交易中充分实现。扩大农村消费信贷，开办医疗消费贷款、个人委托消费贷款、住房装修贷款、耐用消费品贷款等业务，设计与农民消费特点相适应的期限、额度、还款方式和利率定价方式。按照城乡一体化建设的新要求，采取综合授信的形式，拓展农户贷款的对象，实行一类一策的贷款方式，满足广大农户对扩大再生产所需的资金需求。加快中间业务创新，积极创新金融服务方式，逐步开办诸如结算、汇兑、资金拆借、担保、租赁、代理收付、代理保险、代保管等中间业务，提供咨询、保险、产销信息、经营方式等方面的综合服务，发挥对农村经济的综合服务服务功能。

农村金融机构试行贷款“双保险”制度的若干思考

梁丽丽

（宿迁学院）

摘　要：为了探索贷款风险分担和处置的市场化新路径，提高服务“三农”的能力，建议进一步深化农村金融改革，探索银保合作新机制，借鉴机动车保险和财产保险，在农村金融机构试行贷款“双保险”，即“贷款违约责任强制险”和“贷款违约商业险”。待运行成熟后，在金融机构内全面推行，甚至运用到非存款类放贷组织及民间借贷中。

关键词：农村金融机构；银保合作；贷款保险；保险费率

一、试行贷款“双保险”制度的必要性

目前，我国银行业由国有控股商业银行主导，市场垄断程度较高。这些银行凭借自身雄厚的实力与积累，再加上国家信誉的隐形担保，市场竞争优势明显。此外，随着金融对外开放的不断加大，大量外资银行纷纷涌入，并逐渐取得“国民待遇”，这些享有国际盛誉的银行，品牌效应极大，市场竞争力强。“与狼共舞”的农村金融机构则明显相形见绌，劣势明显，风险抵御能力低下，市场竞争力明显不足，尤其是信贷方面。而贷款却又是其传统支柱业务，不良贷款包袱影响其可持续发展。贷款风险具有客观性、损失性以及不确定性。尤其是当前时值世界经济持续低迷，国内宏观经济下行压力巨大，农村金融机构面临的贷款风险日益突出。由于农业具有天然弱质性，导致信贷风险相对较高，资产质量不高。但作为金融体系的重要组成部分，它却肩负着提供基础性的金融服务、配置“三农”资源、调节农村经济、建设社会主义新农村等众多社会责任。

因此，亟须深化农村金融体制改革，鼓励和支持金融创新，构建风险处置机制建设，探索金融风险分担和处置的市场化路径，降低农村金融机构贷款经营风险，提高可持续发展能力。建议按照“政府支持、市场运作”原则，促进银保合作，构建银保合作新机制，加强贷款保险产品的设计与研发，参照机动车辆保险和财产保险的运作原理，在农村金融机构进行贷款“双保险”，即“贷款违约责任强制险”和“贷款违约商业险”试点。

由于中国农业银行是“六大行[①]”之一，实力雄厚；而中国农业发展银行是政策性银行，政府背景明显。因此，二者代表性不强，建议选取除此之外的农村金融机构先行先试，包括农村商业银行、农村合作银行、农村信用合作社、中国邮政储蓄银行以及村镇银行，为全面推行贷款“双保险”制度探索经验。通过试点，配合当前农村土地改革节奏，加强农村金融深层次改革与创新，促进“农村更美、农业更强、农民更富”的目标早日实现。

二、贷款“双保险”制度的框架假设

众所周知，机动车保险分为“机动车交通事故责任强制保险”和“机动车商业第三者责任险”（俗称“交强险”和“商业险”），财产也有“信用保险”和“保证保险”之分。“他山之石，可以攻玉”。建议将二者有机结合，构建银保合作新机制，创设农村金融机构贷款“双保险”制度。

具体而言，将贷款保险分为强制险和商业险两类。一是“贷款违约责任强制险”，属贷款保证保险性质。强制借款人投保，一旦其违约，无论何种原因，农村金融机构即可获得限额赔偿。二是“贷款违约商业险”，属于贷款信用保险性质。由农村金融机构依据自愿原则购买，一旦借款客户违约，即可获得限额赔偿。保险人为政策性保险公司或者选择现成的资质良好的保险公司，政府给予专向财政补贴。被保险人、保单所有人、受益人均为农村金融机构。投保人按照保险类别不同由银行（贷款行）或客户（借款人）分别担任。

这样，利用保险分散风险功能，使农业信贷业务中的风险不对称问题迎刃而解，通过转移贷款经营风险，在一定程度上保障了农村金融机构的利益，解决了放贷的后顾之忧，并从根本上提高了其抗风险的能力。

三、保险费率的基本设计

从经济意义上说，贷款保险是一种风险转移的过程。成千上万存在违约风险或者面临违约风险的投保人将一定的资金集中到保险人手上，当贷款违约带来损失时，由保险人将集中起来的资金进行经济补偿，以减缓农村金融机构的损失。贷款保险制度框架有两大核心：一是确定赔偿限额，均衡保险公司与农村金融机构的利益。二是准确厘定基于客户或农村金融机构风险调整的差别保费费率，以向众多投保人收取保险费建立保险基金。贷款“双保险”制度亦不例外。

相对而言，赔偿限额的确定比较简单。既要能够覆盖大部分贷款违约风险，保护农村金融机构的利益；又有一定限度，即最高赔偿金额，防止“逆向选择”与“道德风险”。保险人在规定的限额内，按照违约贷款本息的一定比率负责赔偿，超过限

---

① 自2014年二季度起，工商银行、农业银行、中国银行、建设银行、交通银行和招商银行等六家银行经银监会核准开始实施本管理高级方法，因此业内称之为“六大行”。

额的部分则不予赔偿。建议“贷款违约责任强制险”赔偿限额为违约本息的30%。“贷款违约商业险”赔偿限额为违约本息的50%。这样，一旦贷款违约，农村金融机构可获得违约本息80%的赔款，得以较大程度地减少损失，充分体现保险的风险分摊与补偿两大基本职能。非全额赔付同时也在一定程度上保护了保险公司的利益，有利于促进其可持续发展。

保险费率的准确厘定则要复杂一些。除了要遵循公平合理、保证偿付、相对稳定、增进社会福利等若干原则。还要通过差别保险费率(级差费率)，根据违约风险程度进行适当调整，使风险与费率相对称，风险大的费率高，风险小的费率低，从而体现公平合理的原则，使得保险能够可持续发展。基于风险调整的差别保险费率具体依据保险类别分别确定。具体设计如下：

1. “贷款违约责任强制险”费率的厘定

由于贷款保险属于金融创新，根本没有现成的经验可以借鉴，建议使用修正法之表正法，厘定“贷款违约责任强制险”费率。首先按照我国商业银行平均不良贷款率确定一个基准费率(例如:2015年4个季度不良率分别为1.04%、1.08%、1.16%、1.25%，取平均数1.132 5%，即11.325‰)，然后按照借款客户的性质(个人或公司)、信用等级、担保方式设立一定的调整幅度(见表1)，两者相加予以确定。然后，按贷款本金与费率之积计算出保险费，由客户缴纳。比如:某公司类AAA级客户申请抵押贷款100万元，保险费率为11.325‰－4‰，即7.325‰，应缴保险费则100×7.325‰＝0.732 5万元，即7 325元。

表1　农村金融机构“贷款违约强制险”费率类别　　单位:‰

类别	担保／信用等级	质　押	抵押	保证	信用
公司	AAA	−6	−4	−2	0
	AA	−4	−2	−1	+2
	A	−2	−1	−0	+4
	BBB、BB	−1	−0	+1	+6
	B及其以下	−0	+1	+2	+8
个人	优秀	−6	−4	−2	+0
	良好	−4	−2	−1	+2
	一般及其以下	−2	−0	−0	+4

此外，为了鼓励投保人，特别是“贷款违约责任强制险”的借款客户诚信履约，减少违约风险，建议仿效机动车保险，实行保险浮动费率制度。根据投保人以往的信用记录，对信用记录良好的，实行无赔偿优惠，续贷并续保的保险费率下调，以资鼓励。反之，有违约的客户会被征收较高额保费。而违约频繁、违约金额高的客户则会被征收高额保费，甚至列入“黑名单”而拒绝放贷。

2. “贷款违约商业险”费率的厘定

基于“贷款违约商业险”的投保人是农村金融机构，因此费率可根据中国银行业监督管理委员会目前实行的骆驼评级法（CAMELS+）[①]的综合评级结果，结合其上年末不良贷款率指标，采取矩阵方式加以确定（见表2）。然后，按贷款本金与费率之积计算出保险费，由农村金融机构缴纳。比如：某1级农村商业银行，年末不良贷款率为1.5%，若发放100万元的贷款，可以自愿按照6‰费率购买保险，应缴保险费则100×6‰=0.6万元，即6 000元。

表2　农村金融机构“贷款违约商业险”费率类别　　　　单位：‰

类别	贷款质量 监管评级	不良贷款率 <1%	2%>不良贷款率 ≥1%	不良贷款率 ≥2%
农村商业银行 邮政储蓄银行	1、2级	5	6	8
	3、4级	6	8	11
	5、6级	8	11	15
农村合作银行 村镇银行	1、2级	4	5	7
	3、4级	5	7	10
	5、6级	7	10	14
农村信用社	1、2级	2	3	4
	3、4级	3	4	5
	5、6级	4	5	6

综上所述，假如该农村商业银行发放此笔100万元的贷款，年利率为8%，借款人必须支付7 325元购买“贷款违约责任强制险”，同时银行遵循自愿原则，支付6 000元购买“贷款违约商业险”。两份保险共计13 325元，作为保险公司的业务收入。如果借款人未能如期履约，贷款银行即可以获得100×(1+8%)×80%=86.4万元的“双保险”赔款。这样就在较大程度上减少了农村金融机构的经营损失，极大提高了可持续发展的能力。

可见，在农村金融机构试行贷款“双保险”制度，在构建银保合作新模式进行有益探索，为农村金融风险管理寻找新的市场化路径，深化农村金融体制改革等方面都具有较强的现实意义。待在农村金融机构运行成熟后，再进行针对性的方案设计与论证，可以考虑将贷款“双保险”制度在金融机构内全面推行，甚至运用到非存款类放贷组织及民间借贷中。但值得注意的是，在推行此类保险时，要采取切实措施，加强金融监管，避免信息不对称现象，防止出现逆向选择和道德风险，尤其要避

① CAMELS+即对商业银行的资本充足、资产质量、管理、盈利、流动性和市场风险状况等六个单项要素进行评级，加权汇总得出综合评级，而后再依据其他要素性质和对银行风险的影响程度，对综合级结果做出更加细微的正向或负向调整。

免借贷双方相互勾结，联合骗保。

参考文献

[1] 胡斌，史本山，周圣，文忠平. 商业银行贷款保险定价问题的新思路[J]. 上海金融，2013(06):28-33.

[2] 丁雁清. 存款保险费率厘定的国际经验[J]. 中国金融，2014(02):86-87.

基于生态环境视野的江苏农业现代化研究

——以常州市为例

卢小龙

（常州市广播电视大学）

摘　要：作为农业生存之本的农业生态环境是农业现代化可持续发展的必要条件和重要基础。面对农业生态环境污染日趋严重，农业生态环境问题日益突出的现实，农业生态环境问题成为农业现代化可持续发展最为迫切需要解决的问题。从战略高度充分关注农业生态环境，用生态学的理论和观点来科学地构建农业现代化体系，实现农业可持续发展。

关键词：农业生态环境；农业现代化；可持续发展

我国经济发展已进入新常态，党中央、国务院提出要以生态文明建设为基础，社会经济现代化要实施可持续发展战略。面对农业生态环境污染日趋严重，农业生态环境问题日益突出的现实[1]，作为经济现代化实施可持续发展战略基础和优先领域的农业现代化，也是最具挑战和难度最大所在[2]，农业现代化可持续发展面临着资源利用和环境质量持续性的挑战[3]，农业生态环境问题成为农业现代化可持续发展最为迫切需要解决的问题。

常州市地处长江三角洲腹地太湖平原的核心地带，农业资源丰富，是著名的江南鱼米之乡。在经济高速增长和城镇化进程加快的情况下，常州市的农业发展面临着多种污染物的危害，农业与生态环境的可持续发展问题就摆在了我们的面前[4]。面对农业生态环境日益恶化的现实，应突破传统农业现代化的视野，用生态学的理论和观点来科学地构建农业现代化体系，实现农业可持续发展[5]。本文基于对常州市农业生态环境的现状及其发展趋势的分析研究，从农业生态环境的视角，以农业生态环境和农业现代化的耦合关系为维度，探讨以农业生态环境为基础的农业现代化发展新模式，以期为实现农业现代化可持续发展战略起到一定的借鉴作用。

一、构建以农业生态环境为基础的农业现代化是实现农业可持续发展的战略选择

1. 生态环境的可持续是实现农业现代化可持续发展的先决条件

农业生产的根本特点是农业的经济生产过程同自然生产过程的交织，自然环

境中的土壤、水体、大气等要素，对农业生产来说，既是重要的自然资源，又是必要的环境要素，农业作为一种受环境要素影响的弱质性产业，对自然生态环境有很强的依赖性。没有农业生态环境的可持续，农业现代化可持续发展将是无源之水、无本之木。因此，合理持续地利用各种农业资源，保护农业生态环境，是农业现代化可持续发展的先决条件。而且，两者是互动的，农业生态环境的改善有助于农业现代化的可持续发展，而农业现代化的可持续发展则可为农业生态环境保护提供资金和技术。

2. 农业生态环境恶化的现实，要求农业现代化必须走以农业生态环境为基础的可持续发展之路

随着农业现代化进程的加快，由于对资源的利用强度和规模日益扩大等各种原因，农业资源数量不断减少、农业生态环境质量不断下降，农业生态环境呈现日趋恶化趋势的局面，尤其是在工业化、城镇化程度较高的经济发达地区农村，农业生态环境问题尤为突出，严重影响农业现代化的可持续发展。基于农业生态环境污染的现实，我们必须要用以农业生态环境为基础的农业现代化战略，解决长期以来对自然资源的不合理开发利用和各种污染所产生的农业生态环境破坏问题，从根本上扼制和扭转农业生态环境失调和恶化的趋势，协调好环境与经济发展之间的关系，实现我国农业的可持续发展。

3. 发展以农业生态环境为基础的农业现代化是实施农业可持续发展战略的需要

以农业生态环境为基础的农业现代化，通过适宜的生态承载点，能够缓解农业资源过度消耗，保护农业生态环境和有限的自然资源，使农业生态环境与农业生产步人一个相生互动、良性循环的可持续发展轨道。以农业生态环境为基础的农业现代化的根本目的在于寻求农业发展与环境、资源相互协调发展，有利于实现农业的可持续发展。发展以农业生态环境为基础的农业现代化，是有效解决我国农业可持续发展问题的必然选择和最佳模式。

4. 发展以农业生态环境为基础的农业现代化是提高农业竞争力的需要

随着农产品贸易绿色壁垒的兴起，出口农产品质量门槛越来越高。如果不注重农业生态环境保护，自然资源的质量和数量就会下降，就会导致自然资源的贡献率持续下降，使农业经济竞争力下降。以绿色食品消费需求为导向，要求要以农业生态环境建设为核心，来提高农业市场竞争力和可持续发展能力。因此，构建以农业生态环境为基础的农业现代化，是提高农业竞争力的迫切要求。

5. 发展以农业生态环境为基础的农业现代化是改善和提高人民群众生活质量的需要

随着人们健康意识的普遍提高，农产品生态安全已成为人们追求的重要目标，这对农业发展提出了更高的要求。但农业生态环境的污染使农产品质量下降，农产品安全性问题凸显。以农业生态环境为基础的农业现代化，以良好的生态环境

为基础，能提高农产品的安全性，是保证农产品安全，保障人类健康的重要途径。

6. 发展以农业生态环境为基础的农业现代化是农业自身转变发展方式、转型升级的需要

面临农业生态环境污染的挑战，要求我们在进行农业现代化建设时，要按照农业生态环境可持续的要求，着力转变农业发展方式，促进农业经济结构不断优化，保持农业经济发展与农业生态环境的平衡。农业生产只有转变发展方式，才能摆脱资源消耗型发展模式，建立环境友好型的生产方式。因此，发展以农业生态环境为基础的农业现代化，是新形势下农业加快发展方式转变，进行转型升级的农业现代化建设的现实需求。

二、常州市农业生态环境的现状

通过对常州市水质、土壤、大气、生物等农业生态环境质量现状的实地调查分析，表明常州市农业生产的环境要素形成了多个层面、复合交叉的立体综合污染。

1. 乡镇企业的快速发展对农业生态环境造成了严重的污染

常州市的乡镇企业数量众多、布局混乱、过度分散，而且绝大部分乡镇企业没有防治污染设施，大部分污染物未经处理直接排放，由于乡镇企业往往和农田镶嵌在一起，农田被迫成为消纳污染物的场地[6]，直接破坏企业周边的农业生态系统，形成水体、大气、土壤、生物的严重污染。常州市的乡镇企业化工企业较多，仅武进区的化工企业就有 1 300 余家，占江苏省化工企业总数的 17% 左右，企业偷排、超标排放现象较为突出，尤其是电镀、印染等企业的超标排放，土壤的重金属污染十分突出，严重污染了农业生产环境，影响着农业生产的持续发展。

2. 现代农业生产自身造成了严重的农业生态环境污染，农业生产带来的面源污染危害加剧

常州市的农业面源污染主要来自化肥、农药、农膜及畜禽粪便等。随着对农产品需求的越来越多，农业生产过分依赖化肥、农药等外部投入[7]，使得化肥、农药的施用量远远超过安全施用量上限，大量流失的化肥、农药造成了农业生态环境的严重污染；规模化的畜禽养殖排泄物的任意排放，造成的农业生态环境污染也相当严重；农用地膜使用量有增无减，农膜污染也在加剧；大量的农作物秸秆焚烧或长期弃置于场地、水边等，造成秸秆资源浪费和农业生态环境受污染的双重影响。农业面源污染从常规的点源污染转向面源与点源结合的复合污染，严重威胁农业生态环境和农业的可持续发展。

3. 城市工业污染源向农村转嫁造成的污染

随着城市环境污染控制力度的不断加大，城市污染工业有一种向农村转移的趋势。一些耗能高的重污染企业直接迁移到农村，给农业生态环境带来严重污染。同时，很多未经任何处理的城市垃圾运往周边的郊区农村原野填埋、堆放和焚烧，垃圾搬家净化了城市，却严重污染了农村。在城市环境得到不断改善的同时，农业

地区的污染现象却日益加剧。

4. 农村居民生活污染日益突出

随着常州市城镇化建设和新农村建设步伐的不断加快，小城镇和农村聚居点规模迅速扩大，使农村居民生活污染由分散走向了集中[8]。生活垃圾数量增多，生活污水几乎随意排放，对周围河流、湖泊污染加重，农村生活污染问题越来越突出。而且多数农村生产场所和生活场所距离较近，农村居民日常生活产生的污水、垃圾对农村聚居点周围的农业生态环境造成的影响也逐渐凸显，从而影响农业生态环境。

5. 农业生态环境保护资金投入不足，农业生态环境资金投入机制尚未形成

常州市近年来虽然加大了对农业生态环境的投入，使得农业生态环境建设资金投入不足的问题得到了部分缓解，但与现代农业发展对农业生态环境污染治理的资金需求相比，还远远不够。同时，农业生态环境保护投入资金来源单一，主要依靠公共财政资金投入，多元化的资金投入格局还未形成。农业生态环境保护的资金投入，远远满足不了农业现代化可持续发展需要改善和保护农业生态环境投入资金的需求。

6. 农业生态环境保护法律不健全，农业生态环境缺乏必要的法律保障

现行的环保法律体系建立在工业和城市污染的基础上，难以适应农业生态环境保护的需要。虽然已颁布实施了一些有关农业生态环境与资源保护的法律，但就整体而言，农业生态环境保护的法律体系还很不完善，也缺乏可操作性。农业生态环境的污染问题仍未纳入法治的轨道，农业生态环境未得到法律的有效保护。

三、基于农业生态环境的农业现代化建设策略

由于各地自然资源和农业状况差异较大，区域与地理环境各有特点，宜采取不同的模式，因地制宜建立起具有地方特点的农业生态环境发展模式。本文认为，针对常州市农业生态环境的现状和特征，结合常州市农业发展的产业布局调整，应从以下几个方面实现农业现代化和农业生态环境的可持续发展。

1. 综合治理工业污染源，大力推广清洁生产

对于化工、制革、电镀等企业，要通加大技改力度，推行清洁生产；严格审批新的乡镇企业，净化农业生态环境；建立生态乡镇企业园区，把乡镇企业园区作为治理乡镇企业污染的重要载体，加强对企业污染环境的控制，把乡镇企业园区建设成为农村非农产业发展的生态示范基地；把乡镇企业产业结构和布局结构调整与治理乡镇企业污染结合起来，统一规划、合理布局、综合治理。

2. 大力发展高效生态农业，保护和改善农业生态环境，实现农业的可持续发展

把传统农业技术和现代农业技术有机结合在一起[9]，引导农业产业结构向绿色、环保、资源节约、循环可持续的无害化方向调整。利用常州市得天独厚的生态

环境资源，发展质量效益型生态农业。在溧阳南山和金坛茅山的丘陵山区，区内水土气环境清洁，宜开发优质林果、绿色食品的生态农业；在中部和东部的平原和圩区，境内水网密布，水质优良，宜发展湿地高效生态农渔业。依靠发展生态农业，使农业生态环境得到改善，从而实现农业的可持续发展[10]。

3. 开展农业生态示范区建设，建立以农业生态环境为基础的农业现代化示范基地

有计划地在常州市不同的自然条件、不同经济发展程度地区选择一些具有代表性的典型，集中力量培植农业生态示范区，使其起到示范和辐射作用。通过农业生态示范区良好的经济效益和社会效益来带动全市实现以农业生态环境为基础的农业现代化的整体发展。

4. 科学制定经济、社会、生态协调发展规划，建立生态环境与农业发展的综合决策机制，从决策的源头控制住资源的不合理开发和生态环境污染现象

常州市的农业资源和农业生态类型多样，因此，要根据常州市各地实际，针对不同情况因地制宜地制定各具特色的农业生态发展规划，通过协调农业经济发展和生态环境之间，资源利用与环境保护之间的关系，形成生态上和经济上的良性循环，实现农业的可持续发展。

5. 加大资金投入力度，为以农业生态环境为基础的农业现代化建设提供强有力的资金支持

政府必须发挥主导投资作用，把农业生态环境建设作为农业投资的重点，不断加大公共财政资金的投资比重；出台相关政策、机制，发挥市场在资源配置上的作用，引导和鼓励社会资本投向农业产业，多方面筹集资金，形成全方位重视、多元化主体、多渠道来源的多维农业投资新格局，不断加大投入力度，为以农业生态环境为基础的农业现代化建设提供资金保障。

6. 建立完善农业生态环境法律体系，为农业生态环境建设提供法律保障

用立法手段开展农业资源生态环境制度的优化工作，改变农业生态环境保护的弱势地位，把维护农业生态环境安全的责任建立在法律的基础上，规范各种农业生产行为，真正确立法律制度在农业生态环境保护中的权威性，从法律制度上保护农业生态环境不受污染和破坏，不断提高农业生态环境质量，确保农业生态的健康、持续发展。

生态文明是农业可持续发展的重要基础，以农业生态环境为基础的农业现代化将可持续发展的思路与相互和谐的理念贯穿到农业现代化的全过程之中，能够有效地解决现代农业发展中存在的一系列问题，产生良好的经济、社会、生态、环境效益，是农业现代化建设的最佳选择。

参考文献

[1] 陈莆. 福建省农村生态环境建设与保护[J]. 哈尔滨师范大学自然科学学报，2004，20(4)：

109-112.
[2] 吴传钧.中国经济地理[M].北京:科学出版社,1998:109-114.
[3] 蔡运龙.中国农村转型与耕地保护机制[J].地理科学,2001,21(1):1-6.
[4] 张立生.长江流域城市的生态环境问题与跨世纪持续发展战略[J].云南地理环境研究,1999,11(2):9-15.
[5] 吕爱清.论持续农业的生态学原理[J].农业与技术,2002(3):14-18.
[6] 沈梅.改进农村生态环境促进生态农业经济发展[J].农村与技术,2002(3):14-18
[7] 高超.太湖地区农田土壤养分动及其启示[J].农业与技术,2002(3):14-18.
[8] 章明奎.农业非点源污染控制中的最佳管理实践[J].浙江农业学报,2005,17(5):244-250.
[9] 高尚宾.大力发展生态农业促进我国农业可持续发展[J].生态农业研究,1998,6(2):11.
[10] 刘彦随.农业持续发展研初进行及其理论[J].经济地理,2000,20(1):63-69.

江苏省农业生态环境建设的对策建议

黎寿丰

（江苏省家禽科学研究所）

摘　要：党的十八大把生态文明建设纳入中国特色社会主义事业五位一体总体布局，提出大力推进生态文明建设。生态文明建设已经提高到国家发展的战略高度，生态农业作为生态文明建设的重要组成部分日益凸显出其在农业现代化建设中的关键作用。江苏省是农业大省，种植业、养殖业和水产业都较发达，农业生态环境建设任务艰巨。本文结合江苏生态农业发展现状、面临问题，提出农业生态环境建设的对策建议。

关键词：农业；生态文明；环境治理

农业现代化是整个国民经济现代化的重要组成部分，推进农业现代化是我国未来很长一段时期内经济发展的重要任务。生态农业、循环农业和可持续化农业发展连续若干次出现在中央一号文件里。习总书记指出“没有农业的现代化，国家的现代化就不全面、不完整、不牢固”，而生态农业和循环农业是农业现代化的重要特征。

党的十八大把生态文明建设纳入中国特色社会主义事业五位一体总体布局，提出大力推进生态文明建设，努力建设美丽中国，实现中华民族永续发展。衡量生态文明建设成效的重要指标有很多，生态环境的改善是重要指标之一。其中，农业生态环境建设是农业生态文明的重要突破口。过去，我国节能减排及污染治理的重点是工业，但近年来，随着我省种植业、畜牧业、水产养殖业的蓬勃发展，农业面源污染形势十分严峻。农业生态环境的治理与建设任务已十分紧迫。

一、江苏省农业生态环境建设的现状

江苏省农业资源丰富，是国家重要的商品粮基地和水产品主产区，素有“鱼米之乡”的美誉。改革开放以来，全省紧紧围绕农业增效、农民增收、农村稳定的目标，积极实施“科教兴农”战略，大力推进农业产业化经营，农业和农村经济建设取得了巨大成就。江苏省委、省政府一直高度重视农业生态环境建设，在资源节约型和环境友好型建设方面取得了显著成效，为营造一个经济与社会协调发展、人与自然和谐相处的生态江苏创造了条件。

“十二五”以来，江苏省切实把调整产业结构、转变经济发展方式作为促进社会、经济可持续发展的重要工作。通过加快发展农业循环经济、推行清洁生产和资源综合利用，在全省实施农村小康节能行动计划。努力做好化肥和农药的控制使用、秸秆综合利用以及畜禽粪便处理工作，支持开发适合农村节能减排的环保新技术，大力发展秸秆还田、农村沼气、粪污处理利用等技术，全面构建并实施“组保洁、村收集、镇转运、县(区域)处置”的农村生活垃圾处理模式。有效地促进了农业节能减排，使农业生态环境建设工作稳步向前推进。

二、江苏省农业生态环境建设存在问题

(一) 种植业生态化力度有待提高

水稻、小麦、油菜是江苏省主要农作物，年种植面积占全省农作物播种面积的80%以上。这三种作物施肥量普遍较高，并呈现出缓慢增长趋势。施肥结构不合理、施肥方式粗放所导致的化肥投入总量高，利用率低的问题异常突出，肥料利用率仅为30%左右。而施肥总量的相对提高，使氮磷等元素通过地表径流进入水体，导致富营养化，污染河流，破坏水体生态。另外，种植业中产生的大量秸秆，因综合利用成本过高或水平低下，有70%以上的秸秆被农民焚烧。这不仅浪费了大量资源，而且焚烧产生的大量烟雾严重污染了大气环境。

(二) 养殖业粪便污染控制仍需加强

江苏省的畜牧业规模养殖发展较快，以养殖企业、养殖小区和专业大户为主的规模养殖比例达70%以上。但在规模养殖发展的同时，畜禽粪便无害化处理与综合利用已逐步成为影响畜牧业健康稳定发展的障碍。据测算，在我省畜禽粪便产生量中，猪粪约占总量的60%多，鸡、鸭、鹅等家禽粪便产生量占总量的30%。目前，我省畜禽粪便除部分用作沼气发酵原料外，其余大部分用作肥料，畜禽粪便的综合利用率较高，但利用的方式较为原始，基本上都是未经处理直接施用，而且未经处理的粪污水中残留的药物、病菌等也容易对土壤、水体及养殖环境造成污染。

(三) 监管和扶持力度不够

污染治理工作离不开长期有效监管和引导扶持。秸秆焚烧治理是个老大难问题，每年均有不同程度的偶发案例。尽管出台了“秸秆禁烧工作考核办法”，但从执行上来看，依然存在监管不力的问题。同样，养殖场粪便污染问题已经到了必须治理的程度，依据《畜禽规模养殖污染防治条例》规定，达不到排污标准的养殖场必须关停。调查发现，为了降低生产性成本，有些养殖场的治污设备设施只是应付检查的摆设，利用率不高。秸秆焚烧屡禁不止、粪污污染居高不下的背后除了监管处罚力度不够外，还有政府与相关部门对防污、治污的扶持力度不够有关。政府不仅要抓治理，也要进行生产设施、设备改造与废弃物利用的政策性扶持，双管齐下，方能加快污染治理。

三、我省农业生态环境建设的对策建议

现阶段，我省农业仍以粮食、畜禽和水产品生产为主，因此，我省农业生态环境

建设应继续以农业节能减排为抓手，在化肥投入量的控减、农作物秸秆回收利用和畜禽粪便的资源化再利用等方面开展工作。

（一）推广节肥节药节水技术

调整优化农业产业结构，大力发展生态农业、循环农业和精准农业，适度发展有机农业。推广测土配方施肥、减排种植制度和节水农业技术，实施保护性耕作，鼓励农民增施有机肥、种植绿肥，科学施用化肥，提高肥料利用率。化肥是高能耗的产品，每吨尿素需耗 1.2～1.5 吨煤炭。应用科技创新，同步改进施肥技术和肥料运筹，可将肥料利用率提高到 40%左右，则每年至少可节约 4 万吨化学氮，相当于减少 10 万吨煤炭消耗。由于化肥投入总量不断提高，按照江苏省农作物生产的现状，在保证现有农作物产量水平的基础上，化学氮施用量可降低 20%以上，还能大幅度减轻过量施用氮肥造成的农村水体富营养化问题。

鉴于农业生产中的农药、兽药和水资源浪费问题，应推动科学合理使用高效、低毒、低残留农药和先进施药机械，建立多元化、社会化病虫害防治专业服务组织，实行统防统治，大力推广物理防治、生物防治技术，提高综合防治水平。大力发展滴灌、喷灌等节水灌溉技术，推广水肥一体化技术，提高水肥利用率。

（二）引导废弃物资源化再利用

农业生产产生的废弃物如畜禽粪便、农作物秸秆等蕴藏着巨大的能源资源，如禽畜粪便中含有大量有机质、氮、磷等植物营养物，采用沼气发酵技术处理后，能产生高品质的清洁能源——沼气，以及优质的有机肥——沼渣沼液；农作物秸秆除还田外，也可以通过秸秆沼气、秸秆固化、秸秆发电等技术，将之转化成可再生的清洁能源。

1. 秸秆资源化利用

随着农村经济的发展，农民生活水平的提高，以及秸秆能源利用技术的不断发展和逐步完善，秸秆能源利用逐渐由传统的、低效不卫生的直接燃烧方式向优质化和高效化方向发展。以江苏省扬州市为例，如果采取有效推进措施，可将全市秸秆还田面积发展到 20 万 hm^2，每公顷还田秸秆量提高到 7500 kg，则年可利用作物秸秆 150 万吨，相当于每年施用了 0.9 万吨纯氮、0.25 万吨 P_2O_5、2 万吨 K_2O，仅纯氮一项就能减少约 2.5 万吨的煤炭消耗。秸秆还田还能提供较多稳定的腐殖质，促进土壤团粒结构的形成，起到改善土壤结构性，补充和平衡土壤养分，降低土壤容重，改善土壤耕性，增强保水保肥能力的作用。从江苏省农村实际情况看，秸秆还田仍是秸秆利用的最主要途径。此外，最有可操作性和可行性的途径则是秸秆能源化，如秸秆沼气、秸秆气化、秸秆固化和秸秆发电。

2. 畜禽粪便资源化利用

畜禽粪便是优质的沼气发酵原料，通过厌氧发酵，能将粪便中的有机物转化为沼气和 CO_2，COD 去除率达 60%～90%，且可杀灭粪水中的病原微生物，提高养分有效性，更重要的是可实现废弃物的综合利用，变废为宝，化害为利。以江苏省扬州市为例，如果扬州市的畜禽粪便都能通过沼气进行无害化发酵处理，可年产约8亿m^3沼气，即相当于增加了约250万吨的煤炭资源（每立方米沼气的热值相当于23 027.4 kJ原煤313 kg），同时还能提供相当数量的无公害优质肥料——沼液沼渣。建议大中型畜禽养殖场结合各自实际情况，参照与借鉴各地生态养殖与粪污治理工程技术方案，并加以筛选和组合，制定严格的粪污治理技术方案和实施细则。做到粪便无害化处理，污染物实现零排放。针对畜禽粪便中含有丰富的有机质、氮源及其他微量元素的特性，对不同的畜禽粪便采用不同的资源化处理方式。

（三）推广生态农业、设施农业和环保新技术

结合各地情况，因地制宜，推广循环农业模式。尝试推广以沼气为纽带的"畜禽—沼气—粮"和"秸秆—沼气—粮"等立体循环农业模式以及以稻鸭共作为特色的立体种养模式。要以粪便减量化、资源化和无害化为原则发展生态型畜牧业。通过项目带动发展设施农业，培植示范基地，以点带面。尤其要积极引进推广农机化新技术、新装备，做大做强优势农产品。针对设施农业设备购置，应当加大补贴力度，完善补助政策，促进老旧设备更替和新设备推广。技术推广的力度仍需加强，积极运用农业清洁生产技术、农业废弃物资源化利用技术、农村能源开发与利用技术、节约型农业生产技术、畜禽无害化处理技术等，鼓励高校、科研院所进行农业节能减排技术和生态农业发展模式的研究。

我省各地相继建设的一些环保产业园和农业生态园是生态化农业建设和污染有效处置的有效实践，也是农业科技创新思路的具体体现。环保产业园集中进行废弃物的循环利用和处置，是引导废弃物资源化利用的有益尝试，农业生态园将涉农产业引入园区，促进生态化和产业链条化发展。

（四）围绕特色农业，加快农业生态化、产业化发展

我省应充分发挥农业资源优势和交通区位优势，切实加强特色农产品产业带和产业特色区域建设，加快发展高效蔬菜、规模畜禽、花茶果、特色水产等产业，大力推进设施观光农业，以建设国家级和省级蔬菜标准园为带动，加快产业集聚。

充分发挥农业园区示范和辐射效应，大力开展现代农业示范园区、农产品加工集中区和农产品市场体系"三大载体"建设，以推动现代农业朝着集约化生产、规模经营方向发展。发挥省、市、县（市、区）三级高效设施农业项目的杠杆作用，按照设施农（渔）业建设标准，推进高效设施农（渔）业建设，加速连片高效设施农业标准化改造，加快新型农业设施推广应用。

培育壮大农业龙头企业，提高龙头企业科技创新能力，加快提质升级，扩大龙头基地规模，在农产品优势区域，发展"公司＋基地＋农户、协会＋基地＋农户、市场＋基地＋农户"的产业化发展模式，建设一批与加工企业相配套、示范效应大、标准化生产好、带动面大的农产品原料基地，带动基地提高结构调整水平，推进规模化、品牌化和外向化，推进产业化开发进程。以提高农产品的加工增值率为目标，大力发展农产品加工企业，积极培育壮大出口创汇型龙头加工企业，提高农业产业

化和外向化水平。

用创新理念积极拓展农业园区的生态、文化、旅游功能，充分利用沿江、沿河、沿海、环湖生态农业自然生态景观，配套建设一批旅游服务设施，建设一批集观光休闲、文化科普、体验参与、旅游度假等功能于一体的农业观光休闲基地。利用我省地理自然特色，开发建设森林公园、生态农庄、农（渔）家乐等以田园风光为主，寓休闲、健身、教育于一体的生态观光农业基地。通过举办现代农博会和各种特色农业节会，创新发展农业博览园经济，形成农业多种形式的产业化发展模式，拓展农业多元化功能。

（五）强化宣传与监管力度

推进农业生态环境建设工作仅靠政府的推动引导是不够的，需要广大农民和农业企业的支持和参与。政府部门须着力营造良好社会氛围，大力宣传农业生态环境的重大意义，引导循环化的农牧业种养方式，积极提倡节约型的生产方式和消费方式，组织开展节能减排进家庭、进社区、进企业、进农村、进学校等活动。开展诸如节能宣传周、低碳日、种植业和畜牧业废弃物资源再利用等主题宣传活动。另外，农业生态环境的治理与建设，还需要在执行层面加大力度。要完善监管机制，强化节能减排政策措施的执行力，加强对节能减排工作进展情况和生态农业建设情况的考核和监督，要把生态农业建设情况纳入各地经济社会发展综合评价体系，接受社会公众的监督。

参考文献

[1] 陈连颐，黎寿丰，胡永生，等. 科技创新：让智慧之光引领农业可持续发展[J]. 云南农业大学学报，2010(6)：111-114

[2] 戴敬，周学金，郑伟，等. 扬州市农业节能减排的潜力分析[J]. 中国环境管理干部学院学报，2009(1)：53-57。

[3] 扬州市生态文明建设规划（2013—2020）征求意见稿[ED/OL]. http://hbj.yangzhou.gov.cn/hbj/xzzx/201310/2742eae9c848493385dec6981df2ede7/files/7866316ab8d744aa9566782c2835b1c7.doc

江苏省农村生态环境问题及对策研究

闵毅梅

（江苏省环境经济技术国际合作中心）

摘　要：对江苏省农村生态环境主要污染问题开展研究，从管理体制不健全、资金投入不足、科技支撑体系不完善和农民生产生活方式不科学等四个方面分析污染产生的原因，提出创新农村生态环境管理体系、加强农村环境污染治理、转变农村经济发展方式和提高农民生态环境保护意识等保护江苏农村生态环境的对策。

关键词：农村；生态环境；污染；对策

党的十八大明确指出，“面对资源约束趋紧、环境污染严重、生态系统退化的严峻形势，必须树立尊重自然、顺应自然、保护自然的生态文明理念，把生态文明建设放在突出地位”。农村是连接人与自然的主要纽带，保护农村环境是建设新农村的基础，更是江苏全面建设小康社会的重要基础。农村生态环境保护是一项系统工程，需要统筹规划，着力解决危害农民群众身体健康、威胁城乡居民食品安全、影响农业可持续发展的突出环境问题。

一、江苏农村生态环境存在的问题

（一）现状

近年来，江苏省在新农村建设过程中，大力开展农村环境综合整治，“十一五”期间，江苏设立了省级环境保护基础设施建设引导资金，省财政每年安排 1.5 亿元，对农村区域供水、污水处理和生活垃圾三类环境保护基础设施中的非营利性建设项目实施“以奖代补”。2011 年—2013 年全省开展覆盖拉网式农村环境综合整治工作，累计投入 23.1 亿元，在 3 200 多个行政村开展连片整治，覆盖区域面积约 1.53 万 km^2，近 900 万农民群众直接受益[1]，全省农村环境污染防治和生态保护取得了较大进展，得到广大农村群众的支持和拥护。

随着城镇化速度的加快，农村生产生活废弃物排放量也在逐年增加。2013 年江苏省环境公报显示，全省废水 COD 和氨氮排放总量中，农业污染源排放占比分别为 32.74%和 25.92%，仅次于生活污染源。总体上，江苏农村环境形势依然十分严峻，具体表现在点源污染与面源污染共存，生活污染和工业污染叠加，各种新旧污染相互交织，工业及城市污染向农村转移，危害群众健康，影响社会稳定，已严重制约全省农村经济社会的可持续发展。

(二) 存在问题

1. 农业面源污染

江苏农业增长伴随着各类农药、化肥、地膜、生长激素等农用化学品使用量的急剧增加，对水体、土壤造成了严重污染。江苏农药施用强度是全国平均水平的1.8倍，化肥施用强度远远超过发达国家设置的安全上限，且利用率仅在20%～35%之间[2]。每年产生的农作物秸秆还田率不足三分之一，大量的秸秆被废弃在田间地头、道路与河沟两侧或在田间直接露天焚烧。

2. 畜禽水产养殖污染

据统计，江苏规模化养殖场年产畜禽粪便500万吨左右，其建设多数未经环境影响评价或未执行“三同时”制度，粪便无害化处理率不足5%，利用率不到60%。流失的有机肥源，污染了地下水和地表水。全省水产养殖方面历史上长期从事网箱养鱼，投入的大量饵料未被利用部分以颗粒物吸附态形式沉积于水体底部，受外界条件(风速、温度、光照等)影响，引起水体富营养化。

3. 生活废弃物污染

全省农村人粪尿每年产生量约20 000多万吨，生活污水约16亿吨，苏南太湖地区农村生活污水处理率在30%左右，苏中、苏北处理率更低。全省农村每年产生生活垃圾约1 200万吨，近年来通过农村环境综合整治，农村生活垃圾污染得到了一定遏制，但是垃圾分类收集机制尚未建立。

4. 乡镇工业污染

随着城市环境准入条件提高和环境管理加强，一些地区出现了污染企业加速向农村转移的趋势，相当一部分存量污染产业和新增污染产业分散在乡镇居民集中区和村庄，农村工业呈现重型化与低端化，具有“高能耗、高污染”的特点。虽然随着监管力度加大，“三废”排放强度有所下降，但排放总量仍然较大。

二、农村环境问题成因分析

(一) 环境管理体制不健全

目前我国的环境管理体系建立在城市和工业污染防治基础上，针对农村环境问题如畜禽养殖污染防治、面源污染防治、土壤污染防治等方面的国家立法尚处于空白。农村环境治理工作牵涉部门多、缺乏统一组织领导和规划，垃圾处理、生活污水处理、面源污染防治、养殖污染治理、土壤污染治理、秸秆综合利用等问题分属建设、农林、卫生、水利和环保等多个部门，治理难度大，监管能力薄弱，未形成长效工作机制。

(二) 资金投入总量不足

相对于城市而言，财政对农村环境保护的资金投入远远不足，而用于农村环境改善的资金和技术支持力量分散，没有建立“污染者付费、治污者受益”的机制，导致农村环境基础设施建设欠账多。目前江苏约有17 000余个行政村，按照每个行政村治理最低50万元计算，至少需投入治理资金85亿元。中央及省级财政5年安排的奖励资金仅40亿元，县、乡(镇)资金配套不足。此外，由于缺乏有效的公共服务投融资机制和政策，用于农村环境保护的社会资金较少。

(三) 科技支撑体系不完善

农村环保适用技术的开发和推广成为农村环境保护的薄弱环节，当前采用的农村污染治理技术缺乏统一性和规范性。普遍缺少农村生活垃圾资源化利用、秸秆综合利用、畜禽粪便综合利用、污染土壤修复等技术，尤其缺少处理效果好、工程投入少、运行费用低、操作维护简便的生活污水处理技术。

(四) 农民生产生活方式不科学

物质、能量良性循环的原生态农业逐渐被高投入、高污染的化学农业所替代。宣传不到位，生态环境保护尚未上升为农民群众的自觉行动或现实需要，农民在生产中更加关注较高的产量，不愿采用精耕细作的传统技术，本可以作为能源、肥料的秸秆和人畜粪便等被弃之不用，变成了新的污染源。

三、农村生态环境保护对策

(一) 创新农村生态环境管理体系

1. 构建环境管理机制

提高各级政府对农村生态环境管理重要性的认识，并将其纳入新农村建设中。由政府确定一个牵头部门负责制定农村环保计划，各部门共同参与完善计划并建立考核机制。充实县级环保部门人员，并抽调专人深入镇村参与和指导农村环保工作，加强培训，提高基层环保队伍素质。制定农村环境基础设施长效管理制度，明确管护主体、落实管护资金、专业指导管护队伍。

2. 拓宽资金投入渠道

将农村环保资金纳入政府年度财政预算，加强各部门农村环境资金整合，凸显资金规模效应和集聚效应。按照国家工业反哺农业的精神，开展排污费征收使用规定修订工作，允许提取一定比例排污费用于农村环保实施运行维护。对农村环境基础设施用电参照农村水利灌溉等项目执行农用电价标准，减免环境基础设施征地费用和审批手续[3]。发动农民筹资投劳，运用市场机制吸引各类社会资金参与农村环境基础设施建设。

3. 完善法律支撑体系

规范农村生态环境治理机构的责任与义务，详细规定农村环境规划制度、农村工业污染、农药和化肥的生产、施用管理制度、流域点源和面源污染交易制度、农村生态环境信息公开及公众参与制度。制定农村污染治理设施建设的技术规范和技术标准，加强产学研和科技成果转化。建立农村生态环境污染监测监控体系，加强对重点流域农业面源污染负荷和重点区域农村工业污染状况的科学评估。

（二）加强农村环境污染治理

1. 保护饮用水源

开展农村饮用水源地环境调查，全面掌握和评估农村饮用水源地环境状况，依法划分农村集中式饮用水源保护区，分步实施保护区环境综合整治，确保水质达标。制订完善农村饮用水源保护应急预案，加强水污染事故的预防和应急处理。对农村饮用水源保护区域实施生态补偿。

2. 严控工业污染

加快淘汰落后产能，促进乡镇企业入园进区，实施污染集中控制和处理。严格执行环评、排污许可证等各项制度，加强农村工业污染源的执法监督管理，提高污染物达标排放水平，重点防止"十五小""新五小"在农村地区死灰复燃，防止污染由城市向农村、由苏南向苏中、苏北地区转移。

3. 加强畜禽水产污染防治

开展粪尿废水资源化利用，发展沼气、生产有机肥和无害化畜禽粪便还田等综合利用方式，所有规模化畜禽养殖场必须实行环评、排污许可和排污申报制度，科学划分禁养、控养、适养区域，并分别提出污染防治要求和措施。控制水库、湖泊网箱养殖规模，禁止向库区及其支流水体投放化肥和动物性饲料。

4. 防治土壤污染

实施农业标准化，全面推广测土配方技术，引导农民科学使用化肥、农药、饲料、兽（渔）药等农业投入品，强化对农药、化肥及其废弃包装物，以及农膜使用的环境管理，加强对污染源的监控和周边土壤污染情况的监测。筛选污染土壤修复实用技术，选择有代表性的农田和污染场地，开展污染土壤治理与修复试点，保障农产品安全。

5. 推进秸秆综合利用

采用"疏堵结合"措施，着力培育秸秆综合利用示范点建设，逐步提高利用率，全面禁止露天焚烧秸秆。采取补贴等措施支持农民专业合作组织和农民经纪人等开展秸秆收集、贮运和利用服务，抓好秸秆肥料化利用（还田）、秸秆能源化利用、秸秆工业原料化利用工作。

（三）转变农村经济发展方式

1. 发展农业循环经济

大力推动无公害、绿色、有机农产品生产，构建农业产业链、调整产业结构和创新技术，把专业化的种植活动和养殖活动结合起来，利用各种畜禽废物和作物残留，在促进农业发展的同时，保持土壤肥力和生物多样性，保护水资源和生态环境，实现种养平衡，减少环境污染。

2. 优化农村工业经济结构

建立科技含量高、经济效益好、资源消耗地、环境污染少的新型农村工业结构，并适度集中农村工业，实现集聚经济和环境基础设施共享，提高资源利用效率，减少污染产生量和污染治理成本。

(四) 提高农民生态环境保护意识

1. 大力开展宣传教育

通过多种形式的宣传、教育途径，提高农民的环境保护意识和水平。建立镇村干部环保培训机制，采取通俗生动和广大农民群众喜闻乐见的形式，加强环保知识和法制教育，培养造就新型农民。将环保教育内容纳入农村中小学及幼儿园，培养、提高农村儿童文明素质和修养，养成终身环保的习惯。

2. 激发农民维权积极性

提高农民环境污染辨识能力，加强对农村环境的司法保障，对农村环境污染举报及时查办。维护农民群众的环境知情权、参与权和监督权，调动农民参与农村环境保护的积极性和主动性，参与监督农村污染治理。

四、结语

江苏省农村生态环境保护应以充分发挥农村所具有的社会安全功能、生态屏障功能、绿色产品基地功能以及观光旅游景点开发等功能为根本目标，加快推进"三个转变"：从偏重城市环保转变为城市与农村环保并重，从偏重工业污染防治转变为工业、生活与农业面源污染防治协调推进，从偏重城市环境基础设施建设转变为城乡环境基础设施统一规划、统一建设和共享共用，实现农村人居生态环境明显改善的目标。

参考文献

[1] 江苏省环境保护厅. 江苏省环境状况公报(2013)[R]. 南京：江苏省环境保护厅，2014.

[2] 梁流涛等. 农村发展中生态环境问题及其管理创新探讨[J]. 软科学，2010，24(8)：53-57.

[3] 芦昱等. 浅谈农村环境保护工作现状、问题与对策[J]. 污染防治技术，2014，27(1)：70-78.

浅谈农业科技与农村生态文明建设

朱育红

(淮安市淮阴区气象局)

摘　要：生态文明建设是一项系统而宏大的现代化工程，农业科技主要是用于农业生产方面的科学技术以及专门针对农村生活方面的各种高效技术手段。农村生态文明建设是实现农业可持续发展，农民物质生活与精神生活丰富的重要保障与措施，推动人类发展的因素只能是科技，科学技术对生态农业有促进作用，依靠科技进步振兴农业，是一项带有战略性的重要使命，农业科技是确保粮食安全、食品安全、生态安全的重要支柱和基础支撑，是突破资源稀缺和环境约束的必然选择。

关键词：农业科技；农村生态文明；生态环境；可持续发展

党的十八大首次提出全面落实经济建设、政治建设、文化建设、社会建设和生态文明建设“五位一体”的总体布局，将推进生态文明建设提到前所未有的高度，并着重强调要为人民创造良好的生存和生活环境，将“美丽中国”作为生态文明建设的宏伟目标，着力推进绿色发展、循环发展、低碳发展，这体现了我党执政理念的新境界。

一、农村生态文明与农业科技的概念

（一）农村生态文明

生态文明建设是一项系统而宏大的现代化工程，从区域上划分，它包括城镇生态文明建设和农村生态文明建设两大内容，农村生态文明是以“生态农业”为主要特征的文明形态。生态农业是指以生态学理论为指导，运用系统工程的方法，以合理利用自然资源与保护良好的生态环境为前提，组织进行的农业生产，其特征是“整体、协调、循环、再生”。生态文明是指人类遵循人、自然、社会和谐发展这一客观规律而取得的物质与精神成果的总和，是指以人与自然、人与人、人与社会和谐共生、良性循环、全面发展、持续繁荣为基本宗旨的文化伦理形态。它包括生态环境、生态意识和生态制度。其主要标志是自然观的转变（人与自然的和谐）、经济观的转变（追求经济生态双重目标）和技术大转变（无害环境的生态科技）。

（二）农业科技

农业科技主要是用于农业生产方面的科学技术以及专门针对农村生活方面的各种高效技术手段。现代农业科技包括高效安全种养模式、农业生物技术、高产模式栽培、农用新材料技术等。农业科技的发展思路：以发展现代农业为核心，为农民、农业、农村(三农)和生产、生活、生态(三生)服务,为农产品优质、高产、高效、安全、可持续生产服务,为保障国家粮食安全、食品安全、生态安全服务、为农业结构调整农民增收服务。

二、农村生态环境的现状和困境

农业是国民经济的基础,悠久的农业历史孕育了中华民族灿烂的社会文明,古时的“天人合一”、“道法自然”即人与自然的和谐相处的学说,春秋时期“以时禁发”强调的是人应当遵循自然规律,体现了古代农业朴素的生态意识。人类步入工业文明以来,在把自然资源转化为人类所需产品的过程中,对自然资源没有节制的消耗,造成了资源匮乏、环境污染、水土流失、土地荒漠、能源危机等生态环境恶化、环境承载能力下降、生态脆弱及系统失衡等一系列问题,这种掠夺式开发严重地影响了农业的可持续发展,加重了农业发展的困扰,制约着人类文明发展的进程。农村生态文明建设是实现农业可持续发展,农民物质生活与精神生活丰富的重要保障与措施,但由于经济发展的不平衡,农村与城市发展差距的扩大所带来的负面影响对农村生态文明建设带来了巨大的障碍,农村生态文明建设面临着越来越多的困境。

(一) 工业污染

城市工业向农村的转移,使得工业污染深入到了农村,特别是一些具有高污染性的企业在农村扎根驻营,使得很多地区农村的生态环境遭到了毁灭性的破坏,甚至对农民的生命安全构成了巨大的威胁。经济建设取得了“辉煌成果”,生态环境却遭到严重破坏,可持续发展受到损害。受乡村自然经济的影响,绝大多数乡镇在工业化的过程中忽视了环境规划和治理,并且这类企业大多数产业层次较低,技术力量薄弱,设备落后,加上环境保护意识淡薄,因而污染水平高,乡镇企业的废水、废气、废渣的污染物的排放总量远远大于环境的承载能力。尽管这些年来,许多地方的乡村工业开始集聚进入园区,污水进入管道进行集中处理,但是历史造成的对自然环境的破坏不可能在短时期内完全恢复。

(二) 农业污染

近年来各地的农业也在加快转型,主要是通过土地流转,实现规模化、集约化、产业化经营,但总体看生态农业、绿色农业、有机农业还处于点状或成零碎状态,这主要是规模农业的效益总体上还大于生态农业,农产品数量的优势大于质量的优势,而规模农业主要施用农药化肥,尽管农药化肥的安全性不断提高,但还存在一定的污染,同时,生态农业、绿色农业对环境的改善作用也没有得到很好的体现。农民为了提高农作物的产出效益,大量使用化学肥料、农药及其他农用化学物品,导致土地质量不断下降,农产品品质降低,另外,农用薄膜的大量使用也造成了土地的“白色污染”,破坏了土壤的内在结构,地力下降,从而形成化肥对耕地污染的恶性循环。

（三）生活污染

随着城镇化的发展，农村人口向集镇转移，但由于大多数城镇建设只是注重总体规划而忽略了与土地、环境、产业发展等规划的有机联系，规划的缺位和不协调，加上农民素质的提升与经济发展速度的不协调性和经济发展与基础设施建设的不匹配性，导致许多村庄的生活垃圾无法及时得到处理，表现为生活垃圾露天堆放，生活污水直接排放，另外农村畜禽养殖业的发展，分散的农户养殖转变为集约化、工业化养殖，大量的畜禽粪便成为农村新的污染源，如一些农村地区，生活功能区与牲畜饲养区混杂在一起，从而导致自身的生活环境恶化，对地下水和地表水造成了严重的污染，同时也污染了周围的空气，恶化了农村的环境。

（四）公共基础设施欠缺

受到农村环境资源的约束，小规模生产模式局限了生态文明的建设，生态系统的科技体系如农村生态环境的保护与预警、农田改造与保养、水利建设与维护、安全用水设施的完善等仍无法满足农民的要求。农村生态环境基础设施不完善、不健全，设施建设投入不足，中国农村还有 3 亿多人口喝不上干净的水。

三、加强农村生态文明建设的途径

（一）确立“人与自然和谐发展”新理念

思想是行动的先导，要加速推进生态文明建设，就要牢固树立尊重自然、保护自然的生态意识，牢固树立崇尚自然、热爱生态的道德良知，牢固树立保护自然就是保护自己、尊重自然就是造福人类的理念。要加强农村生态文明建设，构建和谐新农村，就要树立农民生态价值观，提高农民的科技文化素质。发展乡镇企业，要以生态文明为指导，合理安排乡镇企业格局，综合考虑农村产业结构现状和环境资源承载能力，不能以过度消耗能源资源和牺牲生态环境来换取一时的经济增长，不能以眼前利益损害长远利益，不能因局部发展损害全局利益。

（二）完善农村公共基础设施

目前，农村普遍存在基础设施落后的现状，道理不畅通排水设施缺乏，生态环境治理最大的瓶颈是资金的投入问题，要解决农村环境污染问题，必须加大资金投入力度，应从中央财政和地方预算中拿出一定资金设立农村生态环境保护专项资金，加强环境建设与保护，实行城市反哺农村，工业支持农业的措施，鼓励企业投入农村环保项目，逐步形成政府主导、多元投资、企业经营的市场运行机制。

（三）转变经济发展方式

首先要加强产业结构的调整步伐，进一步巩固农业的基础地位，改造传统农业，发展生态农业、观光农业和都市农业，要充分利用现代科技手段，对低产地区进行综合治理，高产地区进行生态化治理，实现农业高产优质高效的发展方式，实现农业现代化。农业产业要从粗放型的生产转向生态型的产业，要大力发展循环经济，有效节约农业资源，增加效益，提高农业资源利用率。其次，要坚持走科技含量高、经济效益好、资源耗费低、环境污染少的新型工业化道路，充分利用高新技术改选传统产业，推动产业结构的优化升级。走低碳产业道路是人与自然和谐可持续发展的需要，也是生态文明建设的需要，还可充分利用风能、水能、太阳能等清洁能源，从而推进能源的低碳化。

（四）倡导环保绿色的生活和消费理念

建设农村生态文明，必须要对那些建立在资源浪费，环境污染基础的生活与消费方式进行彻底改变，重新建立一种客观、理性、科学、环保、文明的生活方式和消费方式，尽最大努力保持自然系统的平衡，促进人与自然的和谐发展，倡导简单自然的生活方式，反对奢侈浪费的行为，继续发扬勤俭节约的美德，同时加强农村环境保护意识教育，让农民从自己做起，从家庭做起，自觉保护环境，美化环境。生态文明建设需要政府与相关部门出台必要的政策、制定相关的法律法规来强制规范人们的生产、消费行为，如《清洁生产促进法》《再生能源法》和《循环经济法》，但更需要建立《生态科技促进法》，以生态科技促进生态文明。

四、农业科技给农村生态文明带来的负面影响

科学技术是一柄“双刃剑”，一方面，人类借助科学技术创造了高度的现代文明，科技进步促进了农业增收农民致富，推进了社会主义新农村建设。另一方面，由于人类不合理地利用科学技术造成了生态危机，这严重威胁着人类的生存与发展。现代技术造成能源的过度开发，工业废气排放造成的温室效应、化肥与添加剂的大量使用，给农业发展带来了深刻的危害，如果不进行深刻的技术变革，人类的生存发展会受到严重的威胁，更谈不上生态文明的建设。

生态文明是对工业文明的辩证否定，因为生态文明的最终实现，离不开工业文明特别是现代工业文明的经济基础，生态文明彰显“和谐而不均衡，开拓而不耗竭，适应而不保守，循环而不回归”的基本特征。农业发展与生态文明建设息息相关，农业发展进程中应进行生态文明建设，保护生态环境，节约自然资源，进行农业产业结构优化，合理利用现代农业科学技术。

五、农业科技推动农村生态文明的发展

推动人类文明史发展的因素只能是科技，科技从本质来说是以人为中心的，是由人发明创造为人类服务的，依靠科技的力量去改善自然生态环境，才能达到人与自然和谐发展的最终目的。生态科技的出现，人类在“环境困境”的艰难形势下，才有了社会向前发展的物质智力技术基础，生态环境的推广与应用为环境整治工作提供科学的依据。农业生态科技创新要做四个方面工作，一是增强全社会构建生态文明的意识；二是加强现代科学技术的合理利用；三是研发有害生物识别、预警防控技术；四是农业资源的充分利用。实现农业持续稳定发展，确保农产品有效供给，根本出路在于农业科技的发展和推广，农业科技是确保粮食安全、食品安全、生

态安全重要支柱和基础支撑，是突破资源稀缺和环境约束的必然选择。

(一) 发展农业循环经济

农业循环经济就是把循环经济理论应用于农业系统，以生态经济学和技术学原理作指导，在农业生产过程中和产品生产周期中减少自然资源投入和废弃物排放，最终实现经济效益、社会效益和环境效益协调统一的农业发展模式。

循环经济的发展空间是指：再生资源的充分利用、重复利用和循环利用，能源的梯级利用和优化利用，可再生能源的开发、污染的源头防治和自然生态环境的保护，通过科技创新去寻求发展，在综合考虑自然资源利用最大化和环境污染最小化的前提下寻找效益的最大化。

(二) 现代科学技术在农业上的应用

生物技术应用：它是利用生物有机体或其组织部分发展的新产品或新工艺的一系列技术群。现代生物技术可以提高农业生产率，提高资源的质量和利用率，其包含基因工程、细胞工程、发酵工程和酶工程。现代生物技术可以提高农业生产率和提高资源的利用率，在作物育种方面，用生物工程等高新技术方法选育优良品种，可以提高单位面积产量和改善产品品质。

信息技术应用：信息技术在农业上的应用是未来农业发展的重要技术措施，通过遥感、地理信息系统、地球定位系统及网络获得、处理、传递各类农业信息的应用技术，已经成为现代农业不可缺少的部分，通过农业外在因素(作物生在环境、天气等)的把握，为生态农业提供良好环境。信息技术的应用让人们开始认识到：信息是比物质和能源更为重要的可以再生的资源。

监控技术应用：自动监控技术在农业上主要用于节水灌溉技术，可监测土壤墒情，与当时当地的作物需水量相结合，根据气象观测资料、土壤墒情资料、作物长势资料确定作物的灌溉时间。

人类与自然的关系从“崇拜自然的原始文明”到“依赖自然的农业文明”和“征服自然的工业文明”正转化为“效法自然的生态文明”，自然生态的和谐性体现在合理地利用阳光、水、空气，拥有清新的空气、清洁的水、茂密的森林、广袤的草原是人们对美好生活的期待，也是美丽中国的愿景。

参考文献

[1] 周志太. 提高科学技术对生态文明的支撑能力[J]. 南京理工大学学报，2013(2)：36-43.

[2] 朱春江等. 论农业与生态文明建设[J]. 生态经济，2013(11)：127-131.

[3] 朱芳琴. 加强农村生态文明建设构建社会主义和谐新农村[J]. 重庆科技学院学报，2009(6)：57-58.

[4] 马伟. 当代科技与农业可持续发展[J]. 黑龙江八一农垦大学学报，2000(12)：101-104.

[5] 金涌. 生态文明与可持续发展[J]. 中国特色社会主义研究，2009(3)：61-63.

农村地区生态环境治理的途径研究

金 叶

（常州卫生高等职业技术学校）

摘 要：我们所有的食物来自土地，农村的生态环境与每个居民的生活都息息相关，我们需要密切关注农村地区的水、空气和土壤安全。1 农业是用水大户，需要推广节水农业，同时要改善农村饮水安全和灌溉用水的安全，更要控制农药化肥、养殖业对稀缺水源的污染；2 空气是流动的，空气污染不仅危害人体健康，通过沉降也会污染土地、农产品和水源，必须尽可能避免污染企业下乡，控制日益增长的垃圾焚烧产生的有毒烟雾；3 土壤污染严重威胁食品安全，减少农药化肥的使用，实行土地轮种，加强对农村地区有毒垃圾的回收处理等措施对减少土壤污染至关重要。

关键词：农村地区；水污染；PM 2.5；土壤污染

我国 30 多年经济的高速发展，在提高人民生活水平的同时，也对自然环境造成了巨大破坏，空气、水、土壤受到污染，生物多样性遭到破坏，这些将直接危害人类自身的健康和生存。也使得发展和生存环境容量之间的矛盾日益突出，我们所有的食物来自土地、来自农村，农村的生态环境与每个居民的生活都息息相关，“垃圾靠风刮、污水靠蒸发”的状态迫切需要治理，必须重点保护农村的生态环境，并且还要防止污染源下乡。

一、农业用水与健康

（一）水是稀缺资源，要大力发展节水农业

地球的水是循环的，地球总水量的 96.54%为海水，淡水是比石油更加稀缺的资源，我国水资源总量居[1]世界第六位，但人均占有量仅为世界人均占有量的1/4，是加拿大的 1/50，巴西的 1/15，由于水污染的存在，水质的危机进一步加剧了水资源的短缺。

农业是水资源的使用大户，目前农业用水在全球淡水使用中约占 70%，预计还会继续增加。我国 2011 年农业灌溉用水占 74.2%，有效利用率不足 45%，一些灌区灌溉水量超过作物实际需水量的 30%～100%，而先进国家有效利用率可达 70%～80%，应对水资源的短缺，我国推广实施了节水灌溉技术，据统计，全国农田灌溉用水量 1997 年为 3 606 亿 m^3，2000 年为 3 467 亿 m^3，2004 年为 3 230 亿 m^3，2011 年为 2 078.9 亿 m^3，农田灌溉耗水量减少 42.24%，但是考虑到城镇化、房地产业高速发展、农业多种经营增加、工业园用地占用的南方水乡耕地面积，实际的

节水效果可能十分有限。

节水农业的潜力是巨大的，应该大力推广节水农业技术。

（二）水质对健康影响巨大，污水进入水循环的后果严重

我们人体的70%是水构成的，长期饮用不合格的水，对健康的威胁是巨大的，全球目前约有30亿至40亿人家中没有安全可靠的自来水；每年约有350万人的死因与水有关。我国农村地区安全饮水普及率2000年为71%，2011年为85%[2]，改善农村地区饮水安全、重视农业用水安全是目前迫切需要解决的问题。

水源一旦被污染，污水灌溉会造成土壤重金属、“致癌、致畸性、致突变”的多环芳烃等有毒物质严重超标，通过农产品进入我们的食物链，严重危害人体健康、甚至威胁生命。地上、地下水是循环的，水污染的后果是全局性的，没有人能够独善其身，比如被污染水源中的鱼会有毒，饮用水中会残留杀虫剂或其他致癌物质。许多癌症的发生与环境污染密切相关，这个从目前国家卫计委网站公布的在总死亡率构成比中逐年增高的恶性肿瘤死亡率中可见一斑。例如农村地区1990年、2000年和2010年恶性肿瘤在总死亡率中占比分别为17.47%、18.30%和23.11%；其中男性分别为20.41%、20.82%和26.14%；女性分别为13.96%、15.12%和18.81%.均呈现逐年上升的趋势。因此保护农村地区水源安全是保证食品安全的基础。

（三）控制农业面源污染

减少农田、菜地中的化肥农药、减少广大农村地区生活垃圾、塑料薄膜及养殖业对水源的污染，是目前需要尽快研究解决的问题。全国农村每年产生约1.2亿吨生活垃圾、2500万吨污水。《2013中国环境状况公报》：截至2013年底，对生活污水进行处理的行政村比例9.0%，对生活垃圾进行处理的行政村比例35.9%。

地面的污染物经过雨水冲刷进入水体，是造成水污染的重要原因之一。一旦水源被污染，污水灌溉后的农产品就不可能是安全的食品。只有减少农药化肥的使用量、提高利用率，将农业面源污染降到尽可能低的水平，才能保证我们的食品安全。

二、空气质量与健康

空气是流动的，污染的空气在漂移过程中将有毒物质、致癌物质及细颗粒物带到土壤、水源和蔬菜水果的表面，还可以通过细颗粒物被直接吸入体内而致病。农田附近的空气污染源对农产品的影响更显著。

（一）空气污染损害健康

欧洲环境署公布的空气质量年度报告显示，空气污染问题造成欧洲每年大约45万人过早死亡。其中约有43万人的死因是生活在充满PM2.5微粒的环境中，另外1.6万人是因为暴露在臭氧污染的环境中。近年来人们对致癌物苯并(a)芘的关注度越来越高，它是最近10年中唯一水平一直在升高的污染物质。空气中的

苯并(a)芘浓度从2003年至2012年增加了20%。根据国际癌症研究机构最新数据,全球2010年因肺癌死亡的患者中,22.3万人因大气污染患癌。暴露于户外空气污染中会致肺癌、膀胱癌等。大气污染在致癌方面的危险度已与烟草、紫外线和石棉等致癌物处于同一等级。以大气污染中颗粒物PM 2.5浓度超标为例:国内外许多专家的研究显示[3][4]长期暴露在高浓度PM 2.5环境中,除了增加呼吸系统疾病和肺癌风险之外,动脉粥样硬化、冠心病、脑卒中等心血管疾病风险也增加。还与心肌梗死、中风、心搏骤停、心率失常、糖尿病及高血压的发病率密切相关[5]。

在大气中各种污染物均超出安全范围,其对人体健康的威胁可想而知,必须采取针对性的控制措施。

(二) 保护农村的自然生态能够降低空气污染程度

森林、绿地、湿地及耕地是改善空气质量的重要缓冲地带,特别是森林、绿地、自然湿地等天然生态资源对于提高我们生存舒适度是不可或缺的宝贵资源,例如北京大学医学部潘小川教授2011年曾在北京奥林匹克森林公园和招商局就PM2.5浓度进行了10天监测评价。结果显示,森林公园PM2.5均值只有28μg/m^3,而招商局均值达174μg/m^3。森林显然起到了很大的生态作用,加强农村地区造林和绿化工作应该得到高度重视。

(三) 必须阻止污染企业下乡,控制在农村建立垃圾焚烧厂

研究表明发电厂周边、垃圾焚烧厂周边、冶炼厂、钢铁厂周边的农田均会受到不同程度的污染,严重威胁食品安全,必须阻止污染企业下乡。

为了减少垃圾总量和垃圾渗液对地下水的污染,现在很多地方以环保、变废为宝的名义在农村建立垃圾焚烧场所。根据物质不灭定律,把垃圾填埋变成垃圾焚烧,实际上是在减少对地下水污染的同时,增加了污染物以有毒烟雾的形式在大气中的排放,并且灰烬越少,意味着被排放到空气中的有毒气体和微粒越多,更麻烦的是汞、铅、镉等重金属烧不掉,会继续污染地下水。

需要充分认识垃圾焚烧的利弊,不要为了发电的小利和有毒烟雾危害产生效果缓慢大量建设,其危害首先是产生二恶英。只要有旧报纸、塑料和火,就满足了致癌物质二恶英的生成条件[6],最先进、最高级的焚化炉也会产生二恶英,二恶英属于持久性有机污染物,被国际癌症研究中心列为一级致癌物,其毒性是砒霜的900倍,除了致癌,还具有损害生殖系统、降低免疫系统功能等危害,被称为“世纪之毒”。90%二恶英来源于城市和工业垃圾焚烧。其次,垃圾焚化炉还排放大量对人体有“三致”作用的多环芳烃:每小时处理90吨垃圾的垃圾焚烧炉每日排放的致癌多环芳烃超过20 kg[7]。第三,垃圾焚化炉建设和运行成本昂贵,建设一个大中型炉需要10亿元,如果环保达标排放其运行成本较高处理1吨垃圾需要300元左右。最有效的垃圾处理方式应该是分类回收利用和从源头上进行垃圾减量。由于污染严重,国外目前都在减少垃圾焚烧的数量,2000年日本4 600座垃圾焚烧设备被停用;美国1998年的6 200个医疗垃圾焚烧炉到2003年仅剩下115个。

完全可以用这笔钱进行垃圾分类，既可以实现垃圾减量，又可以变废为宝，同时大大降低二恶英等有毒物质对农产品的污染，降低老百姓患癌症的风险。

三、土壤污染与健康

土壤一旦被污染，地里生长的粮食、蔬菜、水果都是不合格的，

人吃了会致病，饲养的动物、禽类食用后会在体内残留，同样进入我们的食物链。

（一）土壤污染的现状

2014 年 4 月环保部、国土部门公布全国首次土壤污染调查结果：

全国耕地的污染超标率为 19.4%，而土壤总的超标率为 16.1%，有 2 亿亩左右（农地）存在安全问题，其中 1.5 亿亩存在生态安全问题，还有 5 000 万亩存在影响农产品质量安全的问题。长江三角洲土壤污染问题较为突出。

（二）如何减少土壤污染，保证我们的食品安全

1. 过度追求产量会增加土壤安全问题

由于对产量的追求，“我国农药使用量是世界平均水平的 2.5 倍”；在不到世界总量 1/10 的耕地上，每年施用的化肥总量却达到了世界总量的 1/3 ”[8]。研究表明，太湖地区水稻和蔬菜、饲料重金属污染严重。同时，耕地退化问题突出，农业部调查显示，目前，中国耕地退化面积已占耕地总面积的 40%以上，东北黑土层变薄，南方土壤酸化，华北平原耕层变浅，严重影响耕地产出和粮食安全。

2. 减少农药化肥的使用量，提高使用效率

据《经济观察报》报道，我国化肥的有效使用率仅为 35%左右，农药的有效利用率是 30%左右，农膜残留率高达 40%。环保部生态司司长庄国泰指出，65%的化肥都变成了污染物，留在了环境当中。应该加大对农药化肥使用的指导和监管。

3. 增加粮食进口，实行土地轮种以防止耕地的退化

在同一块土地上轮流耕种不同的农作物，每次轮作都会不同程度改变土壤的物理或化学特性，提高土壤肥力，减少病虫害。我国也应该加强对土地轮种、防止土壤退化、减少农药化肥使用方面的研究。

4. 加强对农村地区有毒垃圾的分类回收，尽快建立农村有毒垃圾回收站或回收平台

例如，节能灯含汞量最高可达 5 毫克，直管型荧光灯含汞量最高可达 10 毫克。体温计含汞量约为节能灯 200 倍，我国每年因水银体温计破损而当做废物处理的水银就有 10 吨以上。除了汞之外，节能灯毛管、灯头、镇流器、塑料件四大构成部分不同程度存在铅、汞、多溴联苯等有毒有害元素。

建议政府尽快出台农村地区垃圾分类的相关政策，尽快在人口密集区建立有毒垃圾回收站，如果有相关处理企业能够定期进行废物回收、建立供需交易平台将更加有利于改善农村地区的生态环境。

总之，制止环境污染的发生最省钱，在农村地区也要大力倡导合理消费，节约资源，人与自然、人与社会和谐共生、良性循环的生态文明理念，大家共同保护我们的地球家园。

参考文献

[1] 王腊春，史运良，曾春芬，等. 水资源学[M]. 南京：东南大学出版社，2014.

[2] 国家卫生和计划生育委员会. 2013 中国卫生统计年鉴[M]北京：中国协和医科大学出版社，2014.

[3] 范娇，琴晓蕾，薛晓丹，等. 细颗粒物的碳质组分对动脉粥样硬化指数的影响[J]. 中华预防医学杂志，2014，48(1)：33-37.

[4] 阚海东. 雾霾天气下的细颗粒物污染和居民健康[J]. 中华预防医学杂志 2013，47(6)：491-493.

[5] 郭辰，刘涛，赵晓红. 大气颗粒物的危害机制及拮抗作用研究进展[J]. 环境与健康杂志[J]. 2014，31(2)：185-188.

[6] [美]桑德拉・斯坦格雷伯. 生活在下游. 张树学，黄淑凤 译. 第二版[M]. 北京：北京大学出版社，2014.

[7] 段小丽，陶澍，徐东群，等. 多环芳烃污染的人体暴露和健康风险评估[M]. 北京：中国环境科学出版社，2012.

[8] 骆永明. 长江、珠江三角洲土壤及其环境[M]. 北京：中国科学出版社，2011.

苏北地区生态环境的治理是全省农业现代化的基础

张洪让

（连云港市畜产品检测中心）

摘　要：土、水、空气是农业的基础，也是生态环境的基础，更是农业现代化的基础。空气洁净才会见蓝天白云，而土、水的洁净才会有农业的持续丰收和农民的持续增收，同时才会产出安全的农产品，进而确保消费者的健康。由此可见，洁净安全的生态环境关乎农业现代化的全局。苏北 5 市历来占全省粮食产量的 60%，畜禽产量历来占全省总量的 70%以上（苏北 5 市的大牲畜饲养量占全省 87.8%，猪占60.48%，禽占 71.57%）。然而，人们在忙于庆贺粮食连续 10 年丰收的同时，是否了解到当前苏北农村的生态环境遭污染和受破坏的严重程度，当前农产品的安全度有多高，环境污染源主要来自哪里？从而得出结论，当前不是要不要治理，而是非治理不可，而且要从速加强治理，否则，全省的农业现代化的实现不过是一句口号。

关键词：养殖污染；生态治理；农业现代化

前言

苏北 5 市是江苏省的主要产粮基地，历来占全省粮食产量的 60%，号称苏北粮仓。然而，在一片生态环境污染严重的地区要实现农业现代化显然是不可能的。据国家环境保护部、国家统计局、国家农业部 2010 年 2 月 6 日发布的第一次全国污染源普查公报显示，全国农业排放占全国废水中化学需氧量的47.3%，总氮总磷的 57.2%和 67.3%，而畜禽养殖排放物的化学需氧量、总氮、总磷又分别占农业污染源的 95.8%、37.9%、56.3%。公布的数据表明，地表水污染主要来自农业污染，畜禽养殖已成为农业污染的主要来源。

江苏省的工业污染严重程度在全国排前 5 名，农业污染虽然在全国排在中等行列，但由于全省的畜禽养殖量 70%以上集中在苏北 5 市（苏北 5 市的大牲畜饲养量占全省 87.8%，猪占 60.48%，禽占 71.57%），而农业污染的主体是畜禽养殖污染，由此可见苏北地区的畜禽养殖污染当前已是相当的严重！

农业现代化，农产品安全是基础和先决条件；而要农产品安全则土、水、肥、空气的污染治理是实现农业现代化的基础和先决条件。由此可见，生态环境治理的核心是土、水、肥、空气的治理，而要实现农业现代化，治理生态环境不仅仅是污水、空气、垃圾的治理，还应包括土地、河流和浅层地下水的治理。

一、养殖业污染是生态环境污染的根源

(一) 土壤遭受的污染

据2013年3月3日《中国畜牧兽医》报导，当前全国每分钟增加6名癌症病例，而这些病名繁多日益增加的人间癌症与产自重度污染土壤的农产品有直接关系，土壤的污染源又主要来自畜禽所排粪尿中的砷、有机铬、高锌、高铜和抗生素残留物。由此可见，人间的病害与被污染的水源、土壤和畜禽养殖污染，已经形成一条粗大的毒源链条，畜禽养殖污染已到了非治理不可的程度。

据当前国内的可靠研究资料表明，随畜禽粪尿排出的砷不仅可引起基因突变，染色体畸变和损伤，还可抑制酶活性和抑制DNA损伤的修复。因此，被污染的水源、土壤中的不同形式的砷是当前诱发多种肿瘤和癌症的罪魁祸首。按国家标准添加的畜禽饲料，每年经畜禽向外排出阿散酸12 974吨，折算成砒霜5 756吨，10年即可向外排放砒霜57 560吨。每吨砷(砒霜)可污染2万亩地，只需10年全国有11.512亿亩土地被重度污染，占全国18亿亩土地红线的64%，这是何等触目惊心!

(二)水源遭受的污染

据《中国畜牧兽医报》报道，我国养殖业排放的COD(化学需氧量)达7118万吨多，远远超过工业废水与生活废水COD(化学需氧量)排放量之和。饲料中50～70氮%的氮以粪尿的形式排出，增加大气中氮含量，形成酸雨;大部分氮被氧化成硝酸盐入地或流入江河。

养殖场的粪尿冲洗物及污水源源不断流入沟、渠、河流，导致水中氮含量过高，藻类疯长，鱼虾死亡。病原菌和病毒也常随污水冲走，形成病的远距离传播(如2013年初的黄浦江漂死猪事件)。

(三)病原体的污染

家畜粪便、动物尸体等污染土壤及水源后，可长期成为传染病、寄生虫病的传染源，可适时引发动物或人畜共患病的发生和流行。

(四)交叉污染

据资料显示，一个千头奶牛场，可日产粪尿50，千头肉牛场可日产粪尿20吨，，千只蛋鸡场可日产粪便2吨。一个万头猪场，年排粪尿30 000吨，全年可向外排100～161吨氮和20～33吨磷，需2～4万亩农田及运输能力才能消费掉这些粪尿，而沼气池根本处理不了这些粪尿。土壤受污染后，常可导致水体污染，也会通过多种方式给养殖业带来危害;水体污染后同样可以导致土壤污染。

畜禽养殖的废弃物如垫草垫料等无法处理时，往往被付之一炬，和农作物秸秆燃烧一样，污染空气和环境，形成雾霾的组成成分，使蓝天白云变天昏地暗。

二、当前农产品安全受到严重威胁

土壤、水体受污染（重金属、砷、农药、抗生素残留物等）后，继而使粮食、蔬菜、水果等农产品中的有害成分超标，形成不放心农产品，严重威胁人类健康。有害成分含量高的农产品不仅危害人体健康，还形成了动物投入品中的一部分，如饲料、水、抗生素、病原体等，继而形成问题肉、蛋、奶，继续和协同危害人体健康。近些年来，农产品、畜产品质量安全事故频发，禽流感等持续肆虐均说明生态环境的严重污染，已从多方面对人类健康构成越来越严重的威胁。

单靠化肥增产的路子已越来越窄，多年来大量使用的化肥已使得多数地区的土壤盐碱化。实地调研中许多农民反映，现在土地只要化肥上的稍少一点则庄稼就不长；还有的农民反映，现在只能靠多播种子（密植）来维持产量，每亩地平均要多播 10 多斤的种子才行。即目前农药化肥种子的用量都在增加，可见当前土地的肥力已被用尽，想持续增产已不太可能。当然，一般农民是无法知道，长期被污染的土壤、水体、空气、雾霾等对作物产量的影响。

三、养殖业污染治理尚未拉开序幕

当前，只要到苏北农村走一走，你就会发现，原行一家一户的畜禽散养的模式比例已很小，代之而起的是中小型规模养殖已十分普遍。也即，我省养殖业的转型已初见成效。然而，规模养殖仍大多停留在初级阶段，因为以生猪饲养为主体的苏北养殖业中，庭院养殖的仍占一半以上。凡养殖量比较大的村庄，离村几里远则阵阵臭味扑面而来；就是所谓的养殖小区里，把粪便倒在露天存放的十分普遍，若逢连阴雨天，这类村庄里，常常污水横流，难以走路。那种集约化，配有排污处理的养猪场目前极少见到，多数村里几乎没有。

实地调研究中发现，凡规模养殖户，大多有多年的养殖历史，有的多达 10 年或更长历史。因此，他们的养殖场不存在环评审批的问题，其他许可证也大多齐全，也有已搞养殖多年没有证的，但目前也照养不误。因为大多数地区，对庭院养殖这一块目前还没开始治理。

从庭院养殖过渡到集约化现代化养殖的转型，对于新上马的猪场，大多需要环境卫生、动物防疫、村组评议等部门的批准，但这类猪场不多，平均一个村一两个，有的村子甚至没有。而由原来的庭院养殖过渡到集约化现代化养殖，主要需解决土地和资金两大难题。苏北地区土地并不宽裕，人均两亩地的乡镇很少，大多为人均一亩或一亩多地。而年出栏 1 000 头猪的规范化猪场，则需要 2 亩多地和 30 万元启动资金，这对于那些目前从事一两百头养殖量的庭院养殖户来说则是不小甚或是难以克服的困难。例如对于有 10 多户甚或几十户养猪的村子，村组不可能解决用地问题，大多数养殖户也拿不出启动资金。这也是多数苏北地区养殖业转型升级动作缓慢的主要原因。

与此同时，养殖业污染在多数地区是以潜在的形式在发展，在许多地区还未引起地方政府和多数群众的重视，地方政府目前的治理环境的重点，还大多放在近些年来所引进的污染严重的淘汰性企业上，还没有腾出手来治理养殖业污染。更为严重的是，他们一面喊着要治理环境污染的同时，还在源源不断地从苏南引进那些污染严重的淘汰性企业，还指望通过这类招商引资来提高地方的 GDP 数额。

四、全面治理需政府重视和多方努力

如前所述，在苏北地区，农业污染占整个环境污染的 50%以上，而农业污染的主体是畜禽养殖污染，地表水的污染主要来自农业污染，畜禽养殖已成为农业污染的主要来源。因此，就苏北地区而言，生态环境污染治理的主要内容是畜禽养殖污染的治理。但是，畜禽养殖污染的治理难度可能比治理工业污染要大得多。要达到彻底治理的目标，其全过程需要过好如下几道路关。

(一)思想观念认识转变关

由于畜禽养殖污染不像工业污染那么明显可视可闻，相当多的地方政府和群众在认识其危害性上还没有转变观念。当前农村中还有很多人认为畜禽养殖的粪便是肥田的，不会有什么污染，更不懂其污染危害的严重性和长期性。因此，因加强和加大畜禽养殖污染和危害的严重性和隐蔽性的宣传力度，让广大养殖户和农村领导干部都能认识到当前畜禽养殖污染的危害性和严重性，不仅危害当前，而且危害 子孙后代。不彻底治理养殖污染，就不可能有农业现代化。

(二)畜禽养殖模式转型关

当前的中小型为主的畜禽养殖模式是造成环境污染的重要原因，养殖模式的转型的质量提升不是可转可不转，而是必须转。庭院养殖必须彻底取缔，原有养殖场(舍)限期完成整改和迁出庄外，全面转型提升是必由之路。但转型升级应由地方政府牵头和支持，兴建养殖小区是比较好的形式，但不能一刀切。有条件建集约化环保型养殖场的农户，在用地和资金方面应得到乡村两级政府机构的支持。已建起来的养殖小区必须完善粪便治污处理设施。在一些养殖量大而相对集中的中心乡镇可建畜禽粪便处理场或有机肥料场。

(三)畜禽养殖准入关

对历史上多年遗留下来的农村中普遍存的无序养殖和放任自流养殖，应当限期进行整治。以农牧业为主的县区，必须规划出乡(镇)村两级的准养区和禁养区，所有的养殖场(区)必须远离农村中的新型社区和农民生活区。养殖小区和个人兴建的集约化养殖场必须条符合环保要求和动物防疫法规定要求，任何单位和个人未经审查许可不得从事畜禽养殖。凡生猪年出栏量 200～2000 头的猪场(户)必须同步建配套的沼气池，200 头以下的建带盖的化粪池，2 000 头以上的还须配建污水处理设备。

(四)建立健全长效督察管理机制关

环保型养殖和生态养殖是当前提倡并实施的大农业中重要组成部分，在过好转型关和准入关之后不可能万事大吉。新的规章制度的建立和实施有很大难度，而要长期保持下去理更难，稍有放松则会刮起回潮风。因此，建立健全长效督察管理机制非常重要，将法律法规和村规民约结合起来执行，还要有专门的长效督察管理机构和队伍才行。地方政府的环保部门和动物防疫部门、卫生部门，应经常性组织联合检查和常规性督查，随时查处无证养殖和违规养殖。

五、结语

畜禽养殖业是农民增收和农业增效的重要产业，当前和今后一段时期内，要像土地流转一样，必须来一次脱胎换骨的改革，才能与农业现代化同步发展和前进。也只有经过这样的改革，我国的猪肉为主的畜产品才能走出国门，有望成为出口农产品的主角。

苏北农产品主产区农业生态补偿现状及其财税政策优化

王经政　秦小丽

（九三学社宿迁市委员会　宿迁学院）

摘　要：结合苏北农产品主产区的分布现状与农业生态补偿财税扶持现状，探索完善农业生态补偿财税政策优化对策，从财政政策方面提出建立完善符合江苏现状的农业生态补偿财政投入政策与财政转移支付制度，从税费政策方面提出强化农业生态补偿的税收调节机制与规范并完善相关税费优惠政策。为江苏率先建立健全农业生态补偿机制提供了参考，也为推进江苏生态文明建设与农业现代化提供了制度保障。

关键词：农业生态补偿；财税政策；苏北

一、引言

2006 年，国务院《关于中华人民共和国国民经济和社会发展第十一个五年规划的建议》第六条“建设资源节约型、环境友好型社会”中提出要大力发展循环经济，尽快建立相应的农业生态补偿机制。2008 年，中央政策明确指出要建立健全农业生态补偿制度；2009 年中央一号文件提出启动草原、湿地、水土保持等生态效益补偿试点。2012 年的十八大报告首次将“生态文明建设”独立成篇，而农业是与自然结合最为紧密的产业，其发展对于生态文明建设影响深远。2013 年十八届三中全会确定了农业生态补偿制度，参照该基调，代表农业新型生产方式的绿色循环经济、废物循环利用等领域有望获得政策的重点支持。在中央政策导向下，江苏省基于省内部分市县农业生态补偿实践的成功做法，开始在全省范围内推广具有农业生态补偿性质的测土配方施肥技术、商品有机肥补贴、化学农药减施、农作物秸秆综合利用补贴等项目。2013 年江苏省将建立生态补偿财政转移支付制度作为省政府“大力推进生态文明建设”的重要内容之一；同年 7 月，省政府在支持苏北地区全面小康建设的意见中明确指出要大力发展现代农业，建立粮食主产区补偿机制。2014 年，中央一号文件明确将粮食安全和发展生态农业作为两大重点，江苏省也开始将农业发展思路向“生产、生活、生态共赢”上拓展，大力发展生态友好型农业。

二、苏北农产品主产区的分布现状与特点

在 2010 年的国家规划中，江苏行政区域中的大多数地区位于全国优化开发区

中的长三角地区以及重点开发区的东陇海地区。具体到苏北五市，目前徐州（以下简称“徐”）、连云港（以下简称“连”）位居全国重点开发区域之内；而淮安（以下简称“淮”）、盐城（以下简称“盐”）和宿迁（以下简称“宿”）三市在国家规划的优化开发区、重点开发区、限制开发区和禁止开发区中均未被明确提及。又因黄淮海平原被列为全国主要农产品供应地，因此从这个意义上讲，淮、盐、宿三市应归属于限制开发的农产品主产区。2014年的江苏规划在沿承了国家规划主体功能区划分的总体思路的基础上，以省辖市城区和县（市、区）作为主体功能区的划分单元，进一步具体了淮、盐、宿三市的主要区县以及徐、连两市中少数区县作为农产品主产区的主体功能定位。

1. 苏北农产品主产区分布情况及特点

按照江苏规划的主体功能区划分，目前苏北五市农产品主产区的分布情况如表1所示。其中，徐州的贾汪区等6个县（市、区）、连云港的赣榆县等4个县、淮安的金湖县等4个县、盐城的东台等7个市（县）、宿迁的沭阳等3个县被列入江苏省农产品主产区。而被列入省农产品主产区的各区县内的不同乡镇因所处地理位置不同，因而存在较大的资源禀赋及发展程度差异，需要具体情况具体对待。因此，在江苏规划中，又对苏北五市中列入农产品主产区的24个县（市、区）中的部分乡镇确定为农产品主产区内的点状重点开发区。

表1　苏北农产品主产区分布情况一览表

地级市	农产品主产区具体县（市、区）	点状重点开发区
徐州	贾汪区、邳州市、新沂市、睢宁县、沛县、丰县	36个街道或镇
连云港	赣榆县、灌云县、东海县、灌南县	20个乡镇或街道
淮安	金湖县、盱眙县、洪泽县、涟水县	19个乡镇
盐城	东台市、大丰市、射阳县、阜宁县、滨海县、响水县、建湖县	41个乡镇或农/盐场
宿迁	沭阳县、泗阳县、泗洪县	17个镇

2. 苏北其他限制开发的农产品主产区分布情况及特点

在江苏规划确定的优先开发区和重点开发区域中，并不是所有的地方都要优先开发或重点开发，其中部分乡镇被特别列示出来也作为农产品主产区。为区别于主体功能规划直接确定的农产品主产区，这些也被赋予农产品主产功能的限制开发乡镇称其为其他限制开发的农产品主产区，其在苏北的具体分布情况如表2所示。其中作为省级重点开发区的铜山区、淮安区、淮阴区、盐都区、宿城区、宿豫区分别有8个、10个、8个、3个、5个、7个乡镇被列入江苏省限制开发乡镇（农产品主产区），也发挥主产农业的区域功能。

表2　苏北其他限制开发区域(农产品主产区)分布情况一览表

县/区名	限制开发乡镇(农产品主产区)	个数
铜山区	黄集镇、刘集镇、何桥镇、大许镇、徐庄镇、伊庄镇、单集镇、房村镇	8个
淮安区	平桥镇、泾口镇、流均镇、博里镇、复兴镇、苏嘴镇、南闸镇、茭陵乡、林集镇、白马湖农场	10个
淮阴区	五里镇、徐溜镇、吴集镇、西宋集镇、韩桥乡、刘老庄乡、古寨乡、渔沟镇	8个
盐都区	楼王镇、学富镇、尚庄镇	3个
宿城区	埠子镇、陈集镇、罗圩乡、中扬镇、屠园乡	5个
宿豫区	丁嘴镇、关庙镇、新庄镇、保安乡、仰化镇、黄墩镇、王官集镇	7个

根据上面的分析能够看出，目前苏北农产品主产区内有点状重点开发区，而重点开发区内的部分乡镇又被列为其他限制开发的农产品主产区，这表明各功能区内的开发或限制开发是相对的，不是绝对的一刀切。苏北属于江苏省内经济较为落后的区域，对农产品主产区的限制开发主要是确保其农业区的主体功能定位、保障农产品供给安全，但并不是只生产农产品。之所以将苏北尤其是宿、淮、盐三市的大部分县(市、区)确定为限制开发区(农产品主产区)是要更好地顺应该区域的自然资源禀赋与经济社会的发展规律，更好地保护农业生产力和生态产品生产力，发展各具特色的县(市、区)域经济，有效推动整个苏北经济的可持续发展。

三、苏北农产品主产区农业生态补偿财税扶持现状

1. 苏北农作物秸秆综合利用的补贴现状

2014年，江苏省共对省内各市县下拨秸秆综合利用补贴资金51 830万元，重点支持秸秆收储中心项目、秸秆规模综合利用项目和秸秆集中供气工程项目3类项目。而苏北地区的受益总额共计36 673万元，约占该项目省财政给予各市县补贴资金总额的70.76%。其中徐州地区共计获得该项补贴7 007万元，其下的农产品主产区受益总额为6 805万元，受益比重占到本区域补贴资金总额的97.12%。连云港地区共计获得该项补贴6 229万元，其下的农产品主产区受益总额为5 195万元，受益比重占本区域补贴资金总额的83.40%。淮安地区共计获得该项补贴6 995万元，其下的农产品主产区受益总额为6 685万元，受益比重占本区域补贴资金总额的95.57%。盐城地区获得该项补贴在苏北地区最高，为10 241万元，其下的农产品主产区受益总额为9 517万元，受益比重占本区域补贴资金总额的92.93%。而宿迁地区共计获得该项补贴6 201万元，其中宿迁市本级2 100万元，其下的沭阳县、泗洪县的受益额均超过1 300万。该项补贴在实施中奖罚结合，补贴政策导向性较强，但每个县(市、区)只限报1个项目，使得其带动作用发挥的不是很到位。

2. 农业灾害生产自救补助项目

2014年江苏省级农业灾害生产自救补助资金补助额度总计2 000万元，除省

骆马湖渔管会获得 100 万元补助资金外，其他的 1 900 万元主要分配给苏北的徐州、连云港以及宿迁地区，而受益的相关区/县全部为农产品主产区。其中徐州受益总额为 1 250 万元，在苏北的受益总比重最大，为 65.79%；其下的铜山区、沛县、睢宁、新沂受益额均为 200 万元，在本区域受益比重为 16%，其他几个区/县受益额均为 150 万元，在本区域受益比重为 12%。连云港受益总额为 350 万元，在苏北的受益总比重为 18.42%；其下的赣榆受益额为 150 万元，在本区域受益比重为 42.86%，东海的受益额为 200 万元，在本区域受益比重为 57.14%。宿迁受益总额为 300 万元，在苏北的受益总比重为 15.79%；其下的沭阳、泗洪受益额均为 150 万元，在本区域的受益比重都是 50%。该项补助资金下拨到苏北各市/县(市/区)后，由当地人民政府根据省农业灾害生产自救补助资金的用途和使用原则，统一组织使用。如沭阳县就结合本区域实际旱情，由县农委编制受灾情况统计清册，确定补助标准，由财政安排救灾资金 100 万元采购种子和肥料等实物发放给受灾群众；同时，该县财政还安排救灾资金 50 万元对灌区和县抗旱排涝服务队抗旱油费、电费进行了补助。

3. 有机肥补贴项目

为加快有机废弃物无害化和资源化利用，促进农村环境治理，通过推广使用商品有机肥来提高耕地质量，推动高效农业和绿色有机农业的发展，使农业向着资源节约型和环境友好型的方向迈进。江苏省自 2006 年起在试点地区开展有机肥补贴试验示范项目，将有机肥生产企业列为主要财政补贴对象，实行地方政府—生产企业—地方农户运作模式。鼓励农民购买项目推广应用的商品有机肥，省级和地方财政补贴每吨 200 元，其中省财政补贴 150 元、市县级财政补贴 50 元，即农户购买有机肥时只需支付零售价扣除财政补贴后的部分。2009 年，江苏省财政安排 4 400万元用于商品有机肥补贴，补贴规模达 30 万农户。2014 年推广应用的商品有机肥实行零售最高限价，每吨不高于 520 元，省级财政补贴每吨 150 元，在农民购买商品有机肥时直接补贴给农民，项目区农户实际购买的商品有机肥每吨支付金额不超过 370 元。由这项补贴的规定能够看出，目前我省的有机肥补贴多采取项目一次性补助方式，未建立相应的长期运行保障机制，对农业生产者的积极性调动不足。

四、完善苏北农业生态补偿机制的财税政策优化对策

(一) 完善农业生态补偿机制的相关财政政策

1. 建立农业生态补偿机制的财政投入政策

尽管各级财政的共同努力取得一定成效，但目前江苏省的农业生态补偿依然是政府主导型，主要依赖政府的“外部输血”，难以有效调动当地生态环境保护和自我发展的积极性。同时，因为农业生态补偿资金来源单一，投入资金有限，难以满足生态建设强大的资金需求。为此，一方面各级政府要充分运用财政贴息、投资补

助、物价补贴等多种手段，加大对具有生态功能的区域、产品和项目予的支持；另一方面要进一步培育环境要素市场，逐步放开环境基础设施的市场准入，引导社会资本的积极参与以及对生态保持与维护的投入，如为扩大资金来源可考虑适当发行生态环境补偿基金彩票。同时，应建立健全生态财政资金的绩效评价机制，加强农业生态补偿资金使用的监管，做到追踪问效，确保资金的规范使用。

2. 完善农业生态补偿财政转移支付制度

省级财政应进一步加大对农产品主产区、各种环保项目、节能减排产品的扶持，提供生态保护及地区环境治理保护的专项财政拨款、财政贴息和税收优惠等政策支持。在合理确定转移支付规模的基础上，通过纵向转移支付，体现省政府的生态维护意图，推动公共支出社会责任的履行。同时，应考虑建立地方政府间的横向财政转移支付制度，实行主体功能区的开发地区对保护地区、受益地区对生态保护地区以及流域上下游之间的财政转移支付。在制定横向农业生态补偿标准时，要综合考虑区域内人口规模、生态效益外溢程度等因素，制定出有差别的区域补偿标准，配套采取发展空间补偿、绿色技术补偿、教育援助补偿等其他有效形式。此外，还要加强地方政府对农业生态补偿的支持与合作。地方政府除了负责辖区内农业生态补偿机制的建立外，在一些主要依靠中央财政支持的农业生态补偿中，也应根据自身财力给予支持。

(二) 完善农业生态补偿机制的相关税费政策

1. 强化农业生态补偿的税收调节机制

在现行税制体系下，我国目前与生态环境关系最为密切的税种是资源税，但其征税范围比较狭窄，在实际中调节级差收入的作用发挥有效，很难合理的引导资源的可持续性开发。结合江苏省现阶段农业生态补偿机制的运行现状，建议调整和完善现行资源税，不妨申请在江苏省试点开征水资源税，同时建议在条件成熟时开征环境保护税，环境保护的各种税款实行严格的预算管理，主要用于环境保护支出，以避免和防止生态环境的破坏甚至恶化。我国在2014年出台的财税〔2014〕20号文中明确：用于农业生产并已由相关行政主管部门发放使用权证的草地，以及用于种植芦苇并定期进行人工养护管理的苇田，属于耕地占用税的征税范围；对占用上述草地、苇田建房或从事非农业建设的单位和个人，应照章征收耕地占用税。而财税〔2014〕38号文则将增值税免税政策适用范围由粮食扩大到粮食和大豆，并可对免税业务开具增值税专用发票。这些税收政策体现了税收对生态维护与补偿的杠杆调节作用，有利于维护生态安全，在执行时应严格落实。

2. 规范并完善相关税费优惠政策

建议进一步规范并完善与农业生态资源开发补偿、农业生态资源利用补偿和农业生态资源受益补偿相关的税收优惠措施，如对农业企业为减少污染而购入的环保节能设备考虑加速折旧，或者在一定额度内实行投资抵免企业当年新增所得税的优惠政策；对农业企业购买防治污染的专利技术等无形资产允许一次摊销，企业用于环保及环境美化方面的捐赠可享受与公益性捐赠类似的税收优惠待遇；同时完善增值税抵扣链条，将专业的农业资源循环利用企业和农业生态修复企业外购或无偿取得的废渣等原材料纳入增值税抵扣范围，取消对农膜、农药特别是剧毒农药免征增值税的规定，适当降低有机农产品的销项税率，引导有机农业健康发展，促进农产品主产区的生态保护，实现农业生态经济和循环经济的税收优势。同时，进一步完善排污收费制度、强化秸秆焚烧的处罚力度等，通过环保、税收、财政三方的联动合作机制，强化公众环境保护意识，不断提高生态环境的安全系数。

加速生态文化旅游业发展，促进农村生态环境建设

——以昆山市张浦镇为例

赍智强

（九三学社昆山市基层委员会）

摘　要：通过发展生态文化旅游业，带动农业、文化产业增值增效，带动三产服务业整体发展，促进农村生态环境的建设。以规划为先导，挖掘文化内涵，加大文化生态旅游资源整合力度，突出传统农耕文化与现代科技的结合，拓展教育示范功能，推进现代农业示范园建设。

关键词：生态；文化；旅游；农村；生态环境

张浦地处太湖流域东部，镇域面积110平方公里，东邻上海，西依苏州，位于全国百强县之首——昆山市的版图中心，北接昆山中心城区，南接昆山南部生态旅游片区。由于位于上海、苏州、昆山之间的黄金三角地带，张浦成了长江三角洲对外开放的重要城镇之一，先后被认定为“全国环境优美乡镇”“国家级卫生镇”“全国小城镇建设示范镇”。张浦经济发展迅速，生产总值、财政收入等主要经济指标均有了长足发展，但是土地、劳动力等资源要素越来越呈现紧张局面，给经济发展带来诸多的制约因素。随着城市化和工业化的不断深入，人类生存和生活的空间日益“钢筋混凝土化”，加之生态环境的日益恶化，人们返璞归真、回归自然的欲望与日俱增。随着人们可自由支配收入和时间的增多，对文化生活的需求也向更高层次和多元化发展，人们的价值观、消费观及审美观都发生了变化，短距离生态文化旅游已逐渐成为大众最时尚的消费方式之一[1]。近年来，张浦镇紧抓历史机遇，认真贯彻落实《中共中央关于制定国民经济和社会发展第十二个五年规划的建议》和《全国农业农村经济发展第十二个五年规划》的精神，注重生态旅游资源的保护，实现“文化生态游，乐享新江南”的发展目标，不仅带动了张浦镇农业、文化产业增值增效，而且很好地带动三产服务业整体发展，促进了农村生态环境的建设。

一、基本情况

近年来，张浦镇全面领会中央、省、市社会主义新农村建设的战略决策，打造以赵陵山良渚文化为代表的历史文化，以姜里庙会、民歌、莲湘等为代表的民间文化，

以N维空间站为代表的现代文化，形成了一系列独具特色的文化旅游品牌。2012年被中华文化促进会旅游文化研究中心授予“中国最具特色文化生态旅游镇”荣誉称号，并被列为“中华文化游百家中华文化旅游目的地”重点推广的代表之一。

（一）旅游资源

1. 文化旅游

文化作为旅游的灵魂，始终蕴含在旅游活动中，表现出极大的魅力。张浦历史文化悠久，人杰地灵，钟灵毓秀，素有“银张浦金不换”之美誉。

（1）良渚文化　5000多年的良渚文化在这片土地上孕育。1990—1995年，考古工作者在赵陵山发现了许多良渚文化时期的墓葬区，出土了大量的玉器、石器、陶器，其中包括轰动一时的“神人鸟兽玉件”、象征政权的玉琮等。1992年的发掘成果成为当年中国十大考古新发现之一，而赵陵山良渚文化遗址也被专家们形象地称之为“中国的土筑金字塔”。2013年被列为第七批全国重点文物保护单位。

（2）道教文化　全国“美丽乡村”试点之一的太极水村——姜杭村现存凤凰墩、岳庙义渡、响铃桥、东岳庙等遗址，既拥有独特的自然风貌以及深厚的道教文化资源，也拥有莲湘、山歌、庙会等民俗文化。

（3）创意文化　N维空间站进驻了多家创意动漫公司，是张浦文化创意产业的高地。集3D动漫产品研发、编剧、制作、发行等于一体的动漫产业基地，通过视听觉电影、网络游戏等体现张浦古今文化全貌。

（4）教育文化　欣兰亭集展览、研讨、培训、创作、收藏等功能于一体，拥有多个一流的专业展厅，可举办各类艺术展览，每天可接待各类会议、文艺团体活动，是文化教育产业游的新亮点。

2. 农业生态旅游

张浦镇依托环商秧湖生态区形成的水产养殖、特色瓜果蔬菜、食用菌种植、花卉苗木生产、粮油种植，开发了可以乐享四季张浦的“春赏花——踏青游、夏尝瓜——消暑游、秋摘果——亲子游、冬品鲜——养生游”的生态休闲游路线图。通过大型农业嘉年华活动包装宣传，大大提升张浦农业休闲游的美誉度，前来休闲旅游的人数成倍增加，实现了“农业”和“旅游”的双赢模式，有力拉动了本地三产发展。

（1）昆氏精致农业　规划面积200亩，集餐饮、娱乐、休闲及观光为一体，该果园有梨、桃、柿、苹果、杏等多个果品，游客可以在此果园里享受授花粉、摘果、除虫、施肥等瓜田李下的乐趣。

（2）三家农庄　是以休闲、垂钓、采摘、农家乐等绿色生态旅游为特色，农庄内各种设施配套齐全，实行标准化生产，各类精品水果、蔬菜生态环保，可供品尝、采摘、购买，这里的黄桃有锦绣黄桃、春艳、日川百凤、中川岛、大团、奉化、朝晖等品种，桃子味甜、浓香、果大，肉质细嫩、耐贮藏、抗褐变、抗氧化能力强。

（3）赵陵提子园　是一个集休闲采摘、教育实践、提子销售为一体的采摘示范点，也是了解张浦现代都市农业的窗口。提子园建于2000年，占地近200亩，参与农户20家，主要品种有美人指、红地球、夏黑、黄金指、白萝莎、红萝莎、香玉等，并统一注册商标“宝果”。

(4) 南港西瓜地　按照无公害农产品生产要求，严格执行无公害产品生产技术规程，口感甜美爽脆，具有利尿、退热的功效，是夏季消暑、解渴的重要果品。

3. 工业旅游

2014年，张浦镇经济发达镇行政管理体制改革获得“第七届中国地方政府创新奖”。目前工业产值达到610亿，累计吸引20多个国家和地区的700多家外资企业，投资总额达到60亿美元，民营企业累计3 800多家，注册资金110亿元。从这些数字可以看出，工业旅游的前景非常广阔。

4. 酒店休闲设施

丹桂园占地总面积1 248亩，规划总投资约5亿人民币，现有标准客房75间，青年营地700个床位，餐厅可以同时容纳500个人用餐，两个大型烧烤场可以容纳1 200人同时烧烤，新建的拓展基地设施齐全。丹桂园一年四季鲜花盛开，鸟语花香。春季桃花烂漫，牡丹吐艳；夏季荷风轻送，杨柳依依；秋季金风飒飒，丹桂飘香；冬季雪松迎客，踏雪寻梅。一年四季游客都可以领略到大自然的迷人风光。依瓦诺小镇（太平洋大酒店）南临淀山湖，北靠新乐路，设计为独特的岛式构造，四面环绕波光粼粼的清澈湖水，呈现出自然、和谐、浪漫、悠然的湖岛生活。小区内湖水、岛屿、绿化三大元素自然相融，巧妙设计了港湾、吊桥、钟塔等景观，带来沿途多变的景致和丰富的漫游体验，营造欧洲滨水小镇风情。依瓦诺小镇为四星级度假村，拥有111间客房，可容纳180人住宿。太阳岛高尔夫球场拥有华东地区唯一峡谷型、8至15米大落差特色球道，是回归自然、放松身心，体验高雅与情趣生活的世外桃源。

(二)旅游开发

1. 网络版和现实版相结合

张浦镇在镇内生态休闲游的精品景点“上昆氏农庄”建设了一个集信息咨询、农产品销售、休闲服务为一体的乐享四季张浦服务中心，进一步完善了乐享四季张浦网站建设，将所有的春赏花活动信息公布于网上，并与网民形成互动，打造了一个网络版和现实版结合的服务中心。

2. 发行集成VIP体验券

制作乐享四季张浦VIP体验券并发行，串联上昆氏、三家农庄、金华农庄、欣兰亭、姜杭太极水村等张浦各休闲旅游景点，游客持体验券可以免费乘坐串联景点的便民观光车，并能享受指定产品的等值抵扣或餐饮服务的打折优惠，让游客可以“一券在手，玩转张浦”。

3. 串联多类旅游文化

张浦镇用生态文化游的主线串联起现代农业、自然风光以及文化古迹三大主题，打造出旅游开发的新亮点。推出了“好摄之徒赏春游、亲亲宝贝品春游、呼朋唤友享春游”三条赏花线路，举办了“春赏花”中小学生作文大赛、“乐享四季张浦姜里庙会”、“瓜果恋人”相亲会等一系列活动。在吸引人到张浦游玩的同时，还制作了一组乐享四季张浦纪念品，着力开发与特色农产品相关的“乐享四季张浦”衍生纪念品，以丰富旅游商品，为品牌加分。组织学生特别的赏花踏青学习观摩之旅，从如何辨认上昆氏精致农业园内的各种植物，到教授孩子如何为鲜花授粉，再到三家村休闲垂钓、姜杭村拍摄美景等。

二、存在问题

（一）旅游项目缺乏特色，面临四面夹击挑战

农村生态文化旅游涉及农业、教育、水利、建设、旅游等众多部分[2]，因缺乏统一规划、管理和引导，农业生态文化旅游项目建设重复严重，遍地开花，特色不明显；同时水电、道路、通讯、卫生设施等基础设施不完善，不能满足旅游者的需要，服务质量难以保证，明显滞后于生态文化旅游的发展速度，制约了生态文化旅游的可持续发展。农业生态文化旅游应具有独立性，有鲜明的农业特色以区分于其他旅游景区，充分体现其“农”趣、“农”味、乡土气息。但目前张浦镇生态文化旅游开发项目虽然已注意到农业生态旅游产品开发的参与性，但对旅游资源的发展潜力和拉动作用认识不足，对旅游产业发展缺乏系统计划和长远计划，旅游产品点多面广，单兵作战，没有形成合力，对旅游与生态和文化的联系不够紧密，对旅游资源的开发层次不高，缺乏内涵和延伸。张浦的天然区位既对旅游发展有促进作用，也使其面临“四面夹击”的挑战，南有锦溪、周庄，北有巴城，东有千灯，西有角直，周边老牌旅游业发达镇，其知名度和开发程度等都强于张浦镇，同时张浦目前的旅游资源类型与周边等地差别不大，受邻近地区替代性竞争较大。

（二）旅游定位缺乏内涵，环境卫生破坏较重

农业生态文化旅游的基础是农业体系内部功能的良性循环和生态合理性。但目前，部分农业生态旅游景点片面追求经济利益，过分依赖非自然技术手段，大兴土木，城市化、人工痕迹明显，破坏自然生态系统的平衡。这是与农业生态旅游的可持续发展道路背道而驰的。农业生态文化旅游中的“农业”内涵，应定位于旅游与生态农业协调所体现的地域特点，即地域生态农业特色和地域农业文化特色。根植于符合自然生态的生态农业和传统的农村民俗文化必须加以保持并得以充分体现，开发时应选择生态效益型道路，注意保持文村生态环境和人文环境，重视经济、生态、社会三大效益相结合，这样才能实现农业生态旅游的可持续发展。伴随着乡村生态文化旅游的快速发展，原本闭塞的乡村迎来络绎不绝的游客。乡村原有的清新、自然、带泥土气息的空气品质正伴随着游客的大量增加以及游客乘坐的交通工具排放的尾气而日益下降。游客遗弃的饮料瓶、烟头、食品袋，经营者遗留下的生活垃圾在乡村旅游区的水面、路边、田间随处可见，严重地破坏了乡村旅游地的环境卫生，影响了当地农民的生活和健康安全。

（三）旅游专业人员匮乏，开发深度挖掘不够

生态文化旅游作为一种新型的旅游方式其发展空间巨大，但就其专门的旅游人才来说，却十分匮乏，造成旅游项目少、参与程度低。而缺少专门的生态文化旅游人才，直接导致现在生态文化旅游中管理者与从业人员参差不齐，主要是农民自发的经营管理，家庭作坊式的经营；另外，农业生态旅游项目设计、规划、开发、营销策划等方面投入力度不够，住宿、交通、餐饮等不够方便，适合旅游休闲娱乐的特色基地、特色街区尚未形成，吸引旅客留宿的文化消费项目缺乏，落入"春季赏花，秋季摘果"的套数，导致游客在乡村的滞留时间短，消费水平低。

三、对策

通过发展农村生态文化旅游业，提升改造农业和制造业，不断放大所在市县周边地区的现代都市农业价值，在保护中发掘既有生态环境和人文资源的价值，提升城镇现代化综合服务水平，真正意义上推进新农村建设、乡村休闲旅游和农业观光游的融合，推进特色市镇建设、郊区地产和旅游地产开发、特色农业生态园区建设的有机融合，真实现三次产业良性互动和经济转型发展，促进农民就业增收，满足城乡居民日益增长的休闲消费需求具有重要的意义。

（一）优化产业结构，扩大旅游规模

以规划为先导，挖掘文化内涵，注重参与体验，加快创意发展，加大文化生态旅游资源整合力度，形成集农业生产、农耕体验、文化娱乐、教育展示、生态环保、产品加工销售于一体的多元化休闲农业园区。有效整合"行、游、住、食、购、娱"等要素，努力完善旅游产业体系，促进相关产业共同发展。串联现有景点，如包装上昆氏、金华农庄、三家农庄三个景点，打造"张浦农业休闲游"项目，连接欣兰亭及姜杭太极水村作为"张浦文化体验游"项目等。优化产业结构，开辟工业旅游新项目，将现代服务业（动漫产业、互联网产业、现代物流、电子商务）及创新型企业融入张浦镇的旅游产业中，建立多元化的旅游格局。例如开发动漫制作体验、物流分拣参观、3D 互联网感受等栏目并加以串联。

（二）创新发展模式，塑造旅游特色

大力发展以"吃农家饭、住农家院、摘农家果"为主要内容的农家乐。以休闲度假和参与体验为核心，拓展多元功能，发展功能齐全、环境友好、文化浓郁的休闲农庄。突出传统农耕文化与现代科技的结合，拓展教育示范功能，推进现代农业示范园建设。针对不同消费群体，以张浦"四季游"为载体，制定相应的旅游套餐，例如：幸福甜蜜情侣游、其乐融融亲子游、结婚周年纪念游、流金岁月回忆游等。按照消费者的要求，提供诸如个性化求婚订制、欧式室外婚礼策划等一对一服务。力求将"四季游"打造成张浦旅游的精品。充分发挥"乐享四季张浦"品牌效应，对张浦蔬果进行精致化包装，并在各个景点服务区销售。借此打响张浦蔬果品牌。可在全市择点建立"乐享四季张浦"农副产品经销连锁店，专业销售张浦镇主打的应季农

副产品。要深挖线资源,以良渚文化为核心,以赵陵山遗址为载体,开发名为"华夏文明发祥地——良渚文化"旅游项目。合理配置旅游资源,营造浓厚的文化氛围,让游客在参观过程中,充分感受到赵陵山厚重的历史文化。还可依托赵陵山良渚文明独特的文化内涵、奇异的造型,设计、制作、销售赵陵山良渚文化旅游纪念品。同时,可将赵陵山出土文物的艺术形象融入影视、卡通、艺术表演等表现形式,并以此为契机,带动玩具、食品、服装、工艺美术品等产业的发展。

(三) 强化品牌建设,提升旅游地位

以自然生态、田园文化、农耕文明为基础,以诚信经营、提升内涵、保障质量为重点,积极弘扬"回归自然、认识农业、怡情生活、生态环保"的发展理念,着力创建一批优势产业突出、发展潜力大、带动能力强的休闲农业与乡村旅游项目。依托良渚文化及姜杭宗教文化,大力发展文化休闲旅游产业,串联赵陵山良渚文化旅游、姜杭村姜里八景,组合宗教文化旅游、环商秧湖生态旅游区、生态农庄旅游,重点推出民间民俗、民间工艺展示、设计体验、生态农庄、影视休闲、民族文化旅游等旅游产品。同时,充分发挥张浦文化底蕴和水乡特色,以环商秧湖和白莲湖生态旅游区为载体,挖掘莲湘特色、水乡特色、宗教旅游特色以及生态农庄特色,建立文化创意旅游产品的产业链,打造成苏州乃至长三角的"5A"级文化旅游基地。

(四) 健全服务体系,增强发展后劲

围绕文化生态旅游发展要求,依托职业院校、行业协会和产业基地,分类、分层开展休闲农业管理和服务人员培训,提高从业人员素质。对一线员工开展专业知识、服务技能和服务礼仪培训,重点培训职业道德、作业内容、操作规程、工作方法、产品知识、安全生产等知识,增强服务意识,提升管理水平。顺应互联网、物联网和手机等新兴媒体发展趋势,拓展信息终端,加快信息服务体系建设。旅游业以食、住、行、游、购、娱为六大基本要素,产业链长,涉及面广,关联度大,发展旅游需要方方面面的共同努力,旅游企业、管理部门、相关村(社区)要加强信息共享,密切协作配合,打造张浦的旅游新形象。通过项目建设,形成文旅联姻、工旅结合、农旅融合、商旅联动、体旅互动的多元业态互动融合格局。可以引进一些体育赛事来推进旅游,如水上运动、航模、龙舟比赛、马拉松、徒步行走等;也可以推动会议和展示活动,用会展拓展品牌影响力。强化发展旅游的意识,特别是在城市规划、建筑设计、功能建设、网点布局、交通组织、生态建设及文化产品开发和市民素质教育等方面,要充分考虑与旅游的结合,对旅游特色项目、龙头项目、旗舰项目的引进和建设要从立项、报批到用地、税收、基础设施配套、人才培养和引进等方面给予大力支持。

参考文献

[1] 申葆嘉.国外旅游研究进展[J].旅游学刊,1996,(3):1-5.

[2] 江昼.经济发达地区乡镇经济转型升级之旅游业发展思路探讨[J].生态经济,2012,254(6):141-145

循序渐进推进我省美丽乡村建设的几点建议

葛红英

（丹阳市城管局）

摘　要：走中国特色社会主义新型城镇化道路已是大势所趋，基于这一背景下的江苏美丽乡村建设，不能局限于乡村的自我完善，而应与时俱进，注意乡土味道，保留乡村风貌，探索一种适合乡村建设与农村城市化有机融合的建设模式，以点带面稳妥带动广大农村，创建天蓝、地绿、水净、安居、乐业的“美丽乡村”，让农村成为农民安居乐业的美丽家园。

关键词：美丽乡村；探索与思考

当前，我省各地正如火如荼地开展美丽乡村创建示范工作，各级政府高度重视，精心组织，扎实推进，取得了丰硕的成果和良好的阶段性成效，南京江宁区谷里街道周村、镇江丹阳市后巷镇前巷村等 43 个村荣获 2013 年度全国“美丽乡村”创建试点乡村称号。但是不可否认的是，我省美丽乡村建设中还存在一些问题和面临不少的困难。

一、当前我省美丽乡村建设中存在的问题

（一）基础设施建设资金短缺

美丽乡村建设是系统工程，在基础设施建设和后期管护的过程中需要大量的资金投入。据了解，我省大部分城市实行市（县）、镇、村三级投入美丽乡村建设资金机制，实际工作中市（县）财政先给予每个创建村的扶持资金和启动资金，远远少于建设投入，而镇村两级财力有限，多数村没有或很少有集体经济来源，实际建设投入缺口很大、欠债很多，为了建设“美丽乡村”，多为农村社区集体资金、银行信贷资金、社会和私人（企业）集资（或暂借款）等。在上级的财政转移支付无法弥补如此之大的缺口的情况下，很可能出现建设资金无法兑现或者是减少兑现的情况，部分村镇的债务将给他们进一步的建设带来严重的问题。而对于已经基本建成的村来说，其资金难以得到持续的财政支撑，在建设后期的管理和维护上常常显得有心无力，这也间接导致了部分美丽乡村建成不久就面目全非现象的发生。

（二）规划引领不足

规划在美丽乡村建设中居于龙头地位，然而实际工作中大部分乡村的规划不

能在具体实施中得到贯彻落实。主要体现在三方面：一是有的美丽乡村前期规划编制中普遍存在着自上而下的编制方式，当地群众参与不充分，规划缺乏人文特色、乡土气息；二是乡村规划人员没有充分了解当地情况，考虑问题欠周全，而参与审定的人员或是不够专业或是为了应付走过场，造成规划脱离实际、起点不高或不够全面；三是上级领导对"美丽乡村"建设的观念不同，在现场检查工作中会提出不同于规划的指导意见，造成规划与施工脱节，在具体实施中七改八调，既浪费了资金，又影响了进度。

（三）建设随意性很大

首先是认识不足。少数村没能把上级精神吃透，认为美丽乡村建设应该就是让村民集中居住和建造新房子、道路等基础设施，简单的修个广场、建个祠堂，把参观或道路两旁的房屋墙壁刷一刷。第二是无序建设。部分乡村往往来一个项目盲目上一个，未能着眼长远、有序建设，以至出现刚硬化的路面，不久又敲掉，刚铺好的水管，用不了一年又被废弃，更有个别地方烂尾楼，村民无法入住，造成有限建设资金的浪费。第三是联系群众不够。村民是乡村建设的主体，有些地方忽视广大农民群众参与的积极性、主动性和创造性，存在着"干部干、群众看"和村民"等靠要"现象。少数地方或个别领导不顾实际情况和农民意愿，搞面子工程和形象工程，盯着村容村貌做表面文章，结果是有了面子失了里子、有了外形没了精神，引起农民的反感。

（四）文化传承欠缺

一些村富有特色的农耕文化、生态文化、民居文化由于人力、财力所限未能得以深入挖掘发展，一些优秀的传统文化、民间文化、非物质文化遗产急需抢救、保护和利用，一些特色文化内涵需要进一步丰富，各地的文化形象需要进一步提升。在建筑和园林风格上，未能结合本地本村实际来体现田园风貌、乡土特色，千村一貌的现象依然存在。

（五）后续管理脱节

由于责权不明晰，部分农村基础设施和公用事业的经营管理效率低下已成为一个普遍现象，从而致使大量的设施损坏严重。一些地方由于农村基层组织的管理功能薄弱，出现有人建设、有人使用，却没有人维护管理的情况，有的已经出现了损坏和荒芜的现象。

二、建设"美丽乡村"的几点建议

2015年中央一号文件《关于加大改革创新力度加快农业现代化建设的若干意见》明确规定，鼓励各地从实际出发开展美丽乡村创建示范。为此，针对以上问题，建议我省各地应从实际出发，坚持政府主导、因地制宜、突出重点、统筹协调，坚持农民主体地位，尊重农民意愿，突出农村特色，弘扬传统文化，有序推进美丽乡村建设。

(一) 政府主导,强力推进

1. 加强组织领导

我省各地要专门成立由市(县)委书记任政委、市(县)长任总指挥、分管领导为副总指挥,相关职能部门主要负责人为成员的美丽乡村建设指挥部或领导小组,下设综合协调、建设指导、督查推进 3 个工作小组,统筹推进这项工作,持续加大组织协调力度,为环境整治提供强有力的组织保证。

2. 深入发动

组织镇区党政负责人和镇村干部、群众代表赴浙江安吉、桐庐、南京、苏州等地参观考察,学习先进地区成功经验,排差距,找不足,落实整治措施。督促各镇区充分利用板报、宣传栏、横幅等,广泛宣传环境整治工作,积极造浓整治氛围。积极发挥党员干部的示范带动作用,通过党员干部会议、村民小组会议、农户代表会议、签订整治承诺书等方式开展宣传发动,全面增强群众参与环境整治的内在动力,实现“要我整治”到“我要整治”的转变。

3. 政策激励

省市各地要出台推进美丽乡村建设的一系列重要政策文件,构建起一整套完整的工作机制,使“中国美丽乡村”建有方向、评有标准、管有办法、美可持久,形成规划、建设、管理、经营“四位一体”的运作模式,把美丽乡村建设从一个宏观的方向性概念转化为可操作的工作规程,并提炼成为我省各地美丽乡村建设的经验成果。

4. 完善机制

全面建立“现场观摩”“行政问责”“挂钩帮扶”“结对共建”等工作制度,积极完善“每周督查通报、每旬观摩评比、季度小结轧账、年底总评奖惩”的督查考核机制。将考核结果纳入村干部年终“双考”,与村干部绩效奖金挂钩,有效推进美丽乡村管理常态化。

(二) 因村制宜,科学定位

1. 克服认识误区

努力建设美丽乡村、美好家园,是三农中国梦最本质的追寻,也是最温馨的篇章。美丽乡村的“美丽”具体包括:规划科学布局美、村容整洁环境美、创业增收生活美、乡风文明素质美,既有自然层面的,又有社会层面的。为此,建设美丽乡村不是盖几栋房子、办几个会议、喊一喊口号就能够建成的,乡村建设者与使用者在打造时要面对的第一个课题是乡村的自我了解和选择做自己,要找到并确定自己的历史文化品位。其次是建设美丽乡村不能“一刀切”,要根据社会形势的发展,以人为本,因地制宜,循序渐进,充分体现时代的气息和自身的特色。

2. 循序渐进规划建设

要按照一体规划、分步实施的原则,科学前瞻、适度超前地搞好全市域都市美丽乡村规划设计,做到一张蓝图绘到底。要按照打造精品工程的理念,完善规划建设各项手续,量入为出,集中有限物力、人力、财力,坚持以统筹城乡试点村、积极性高的村、特色鲜明的村三先行原则，重点打造几个示范片区，形成一批风格迥异、别有韵味的乡村亮点，为其他各村树立标杆、样板，进而全面带动各村开展美丽乡村建设。

3. 保留村庄原生态

美丽乡村建设在逐步渗入现代文明元素的同时，要尊重自然，顺势而为，通过生态修复、改良和保护等措施，使乡村重现优美的自然景观，让“山区看得见山、水乡望得见水、百姓记得住乡愁”成为现实。要保留乡村建筑自然质朴、简洁明了的风貌，运用自然和手工的装饰与点缀，如古戏台、红灯笼、农民画、玉米棒、红辣椒的点缀，可以带来一些迎宾的喜庆和乡土气息，铺金陈银、豪华气派、玻璃幕墙、罗马柱并不适合乡村。

4. 主打历史人文牌

乡村之美，固然在于乡村优美的自然风光和田园野趣，但是，如果千村一律，则容易引起审美疲劳。因此，美丽乡村建设必须因村制宜，培育地域特色和个性之美。要对农业生产生活民风民俗文化开展调查收集，善于挖掘整合当地的历史古迹、传统习俗、风土人情、名人故居、手工工艺和传统村落文化、农耕文化、古建筑文化、红色文化，使乡村建设注入人文内涵，展现独特的魅力，既提升和展现乡村的文化品位，也让绵延的地方历史文脉得以有效传承。此外，一些地方还可从产业发展、景观改造等方面入手，打造“一村一品、一村一景、一村一韵”的个性特色，增强农村发展的吸引力、凝聚力和软实力，形成了环境美化与经济发展互促、美丽乡村与农民富裕并进的局面。

(三) 突出重点，坚持民生优先

1. 突出抓好造林绿化

把造林绿化作为提升环境的重要抓手，坚持“本地植物、乡土文化、农家果蔬、季相分明”原则营造乡村园林，按照“主抓成片、突破村庄、提升道路、栽足四旁”的要求，持续加大村庄公共绿地、通村道路、河塘沟渠、农田林网及居民庭院绿化力度，确保每个村庄绿化扩量提档、上水平、有亮点。

2. 围绕民生办实事

进一步加强乡村住房和基础设施建设，严格建设过程动态质量管控，确保村民入住后舒心、放心和安心。建设美丽乡村要加大对田园里河道沟塘整治疏浚力度，努力打造“水清、流畅、岸绿”的村庄水环境。要加强宣传教育，发动村民自治，组织开展“清洁家园、清洁田园、清洁水源”、“争创文明村民、争创和谐家庭、争创康居示范村”、“农村环境百日整治行动”等系列活动，引导村民转变环境卫生意识，形成健康向上的生活方式，切实维护村庄环境整治的成果。要创新乡贤文化，把农村精神文明建设提升至新的高度。要加大农户帮扶力度，积极开展“牵手致富”、“三解三促一加强”、“民生直通车”等活动，帮扶困难群众，兴办民生实事，加大农民创业扶持力度，盘活农村集体资产、土地及房产资源，促进环境提升。

(四) 多元投入，注重资金保障

我省各地加大整治经费统筹力度，从争取省级补助、市(县)财政统筹、整合涉农资金、加大集体投入、鼓励社会参与、群众投工投劳等方面筹集资金，着力构建“政府引导、市场运作、社会参与”的多元投入机制。

1. 政策扶持

统筹安排支农项目资金，有效整合扶贫、以工代赈、环保、农业综合开发资金及农业项目等向示范点倾斜，全面解决饮水安全问题，整体推进水、电、路、通信等基础设施建设和垃圾污水处理设施，实现村庄硬化、亮化、美化。

2. 撬动更多社会资本加入美丽乡村建设

谋划好项目后，要充分发挥农民投入主体作用，积极引导和鼓励能人大户、企业、外资等社会资金参与美丽乡村建设。对于政府主导、财政支持的农村公益性工程和项目，可采取购买服务、政府与社会资本合作等方式，引导企业和社会组织参与建设、管护和运营。对于能够商业化运营的农村服务业，向社会资本全面开放。制定鼓励社会资本参与农村建设目录，研究制定财税、金融等支持政策。

3. 用好财政专项资金项目

加大对美丽乡村建设财政奖补力度，扩大群众参与建设的知情权、管理权和监督权，激发农民主体参与意识。

4. 统筹安排好项目

围绕美丽乡村建设来拓展项目，让项目围着美丽乡村建设转，拓宽投资建设思路，逐步形成多元化投入的稳定增长机制和投融资机制。如根据当地美丽乡村建设规划，可以在村庄主干道两侧、村庄中心地带、山边缓冲坡地等宜居环境，规划和开辟出一些商住楼群，商住楼则由村委会按谁投资谁受益原则分成建设。也可开辟主题公园、命名景点、名人故园、小品建筑等设施，然后由冠名人出资建设，这样即达到增添村庄景点，又节省一大笔建设费用。

(五) 注重产业支撑，发展美丽乡村经济

产业支撑是美丽乡村发展的生命线，没有产业，就可能“空壳化”。美丽乡村建设要落实在经济发展上，立足资源条件、环境优势和人文特色，把特色放大，让特色形成竞争优势。

(1) 要围绕以经营乡村为目标，以产业转型为途径，大力推进休闲农业发展，培育一批有较强区域特色、有竞争优势的专业特色村和特色产业。

(2)要正确处理经济发展与生态保护的关系，可围绕产业发展生态化方向，大力打造绿色农业、生态工业，并把生态建设、古村落保护和旅游开发相结合，依托自然山水、村庄田园和历史文化底蕴，以乡村特色餐厅、农田观光体验为特色的生态旅游特色村，全力打造独具魅力的都市美丽乡村、农民幸福家园，成为国内知名的乡村旅游胜地。

参考文献

[1] 国家新型城镇化规划(2014—2020年),2014年3月27日.
[2] 农业部关于组织开展“美丽乡村”创建试点申报工作的通知,2013年5月5日.
[3] 农业部办公厅关于公布“美丽乡村”创建试点乡村名单的通知,2013年11月13日.
[4] 江苏省国民经济和社会发展第十二个五年规划纲要,2011年3月.
[5] 2013春天里的美丽乡村——南京康居乡村特色游手册,2013年3月.
[6] 中共中央国务院《关于加大改革创新力度加快农业现代化建设的若干意见》,2015年2月.

改变农民整体弱质化　推进农业现代化

虞伟林

（江苏省丹阳市审计局）

摘　要： 农业现代化是国家现代化的基础和支撑，作为农业现代化主体的农民一直以来都未改变其整体弱质化的现状，政府理应多方面加强对农民的投资、帮扶，让农民足够强大，农民才能成为推进农业现代化的根本力量，本文站在农民的角度，对妨碍农业现代化的现实情况进行了分析并有的放矢地提出对策。

关键词： 农民弱质化；农业；现代化

劳动者是生产力中最活跃最根本的因素，离开了劳动者生产力就失去了内涵，同样，推进农业现代化，也必须抓住农民这一根本，否则，在农民整体弱质化情况下，农业现代化难以为继。目前，在农业现代化进程中，我省农民面临的问题如下。

一、农民传统种田模式落后

城镇化过程中，农村一些重要资源转向城市，农村中青年劳动力选择城市打工并设法在城市扎根，而留在农村的大都是老人、妇女和儿童。一些地方部分田地被抛荒，且农村"离土不离户"现象较为普遍，有的村庄约三分之一的房屋已没人住，但户口仍留在村里，农村"空心化"问题日益突出。

我省农业尚处于传统农业阶段，多数留下的农民依然守着自己的一亩二分地、承袭靠天吃饭的种田模式，他们虽有自己的承包田，但人均田地面积不断缩小，而这小块田地基本只能满足自身口粮需求，大型农业机械难以实施作业，打药治虫费时费工，种植成本偏高，在此种田模式下，粮食产量质量都很难提高，农村一家一户的分散经营模式显然与农业现代化的要求极不相符。

二、农民生产生活环境恶劣

随着工业化发展，农村生态环境遭到了不同程度破坏，特别是村庄沟渠池塘污染较重，农村水环境遭到破坏，污水进入江河甚至地下水，影响了米袋子、菜篮子的安全，主要表现为：一是生活污水未经处理直接排放；二是农业面源污染突出，某县每年化肥用量达 89 426 吨，农药用量 1 375 吨，农药的过度使用，加速了水体中的氮磷浓度的上升；三是少数企业直接将污水偷排到沟渠和河塘内。

而多数农村基础设施建设也大都落后于城镇，交通、通讯、供气、排污、垃圾和污水处理、文化娱乐等设施配套和共享程度较低，农民生活质量普遍不高。

三、农民社会保障程度不高

我省农村集体经济发展总体偏慢，多数村级集体收入、人均收入并没有显著提高，农民生活的稳定缺乏必要保障，特别是一些失地农民，他们收入有限，生存压力较大；农村合作医疗保险与城里相比，保障额度较低，农民个人医药费用负担仍然偏重，特别是住院实际补偿比例偏低，因病返贫现象时有发生；另外，优质教育资源基本集中在城市，不少中小学甚至幼儿园不断被撤并，农民子女“求学难、上学难”现象仍然没有缓解。

同时，农业保险险种设置不全，像淡水鱼养殖、食用菌、苗木等险种才刚开始，中央和省里目前对这些险种没有补贴，所缴保费相对较高，且存在理赔难、定损难问题，投保情况并不十分乐观，而目前也没有专门针对青虾养殖的险种，所有这些都使农民在特种养殖中面临较大风险。

四、农民正当权益难以维护

农村治理机制尚不够完善，村民自治流于形式，涉农领域侵害群众利益的腐败问题和加重农民负担的现象时有发生，农民正当权益受损，不利于农村的发展稳定，也拖累了农业现代化进程。

农村财务制度不够健全，虽实施“村账镇管”，但乡镇农服中心及财政所只是代理记账的工具，财权基本抓在村书记手里，多数村民主理财的职权和程序形同虚设；村务公开的内容不全、情况不实，对重大事项决策、土地流转、工程项目管理、村级债权债务等情况公开不够，个别村干部与开发商、企业主暗中勾结，大量土地以租代征，违章建成别墅、厂房，不少集体土地被非法占用，不能形成规模用地；村级经济组织运行和利益分配中缺少必要控制，一些惠民政策落实不到位，甚至农民的正当权益被村干部非法侵占、挤占和截留。

五、农民生产素质总体较低

发展适度规模经营，推进农业现代化需要一批有文化、懂技术、会经营的新型农民和农技人员，但目前缺乏对农村实用人才和科技致富能手的培养和激励，而今真正种田的农民大多年龄大、文化低、缺技术，从整体上看，新型农民的数量和技能素质难以适应形势的需要，某县农业劳动力大约9万人，持证农副业劳动力占农业劳动力比为4%，有一技之长的农民严重短缺，制约了农业的规模化、专业化、集约化经营。

从农业技术推广人才队伍看，普遍存在农技人员专业结构单一、知识更新缓慢、收入待遇偏低、不能安心扎根农村和服务农民、队伍不稳等现象。农技人员得不到应有重视，影响了其工作的积极性，与现代农业对农技人才的需求不相符。

六、农民创业环境仍然不佳

现在，农业创业环境尚未优化，农民创业还面临诸多困难：

(1) 创业贷款难，目前，农民想创业致富就苦于缺乏本钱，而国家银行机构对农民贷款方面限制较多、手续繁复；同时，因为无法从正规渠道融资，催生了农村乱集资乱象：一些别有用心的人借办农民专业合作社非法吸收公众资金，承诺股金分红远高于银行存款利率，在当前经济金融形势下，一旦出现“跑路”，受牵连和伤害的是广大农民，加重了创业农民的负担与风险，也影响了农业现代化的进程。

(2) 涉农补贴多而散，现在涉农资金项目不少、总额很大，但安排过于分散，涉农资金支出结构不尽合理，重点不够突出，缺少对种养大户的倾斜，无法产生资金的规模效应，而多数创业农民无法从中受益。

(3) 信息化建设是农业现代化“短腿”，不少优质特色农产品受信息等因素的制约“躲在深闺人未识”，我省农村电子商务仍处于初级阶段，广大农民特别是创业农民对电商普遍存在认识不到位、电子商务实际运用少和专业辅导服务人员奇缺等矛盾；另外，我省农产品流通基础设施还不完善，流通成本高、效率低的问题依然存在。

(4) 在农村缺少一批带领农民致富的“领头雁”，农业龙头企业数量不多，“块头不大”，带动示范效应不强；由于投资农业周期长、投资额大、回报率底，因此，愿在农村发展的企业家相对较少。

党的十八大继续把解决好“三农”问题确立为全党工作的重中之重，明确提出了加快发展现代农业的目标，要实现这一目标，关键在于以人为本，充分调动农民的积极性、主动性和创造性，加强对农民的投资、帮扶，通过多种渠道来稳农、强农、兴农、富农和惠农，让农民成为农业现代化的强大推手。

七、强化措施，吸引农民安居乐业

一方面，积极放宽城镇落户条件，鼓励农村有条件的剩余劳动力在城镇稳定就业和住居，让自愿放弃土地承包经营权的农民，有序转为城镇居民；以此为契机，适度发展家庭农场，提升规模化、集约化经营水平，政府通过供地、财税等政策给予优惠，为家庭农场的发展创造条件；同时，引导农民由落后农业向现代农业转变，积极调整农副业结构，推动农业生产由传统种养模式转到种、养、加、销相衔接、一二三产整合发展的新型模式上来。

另一方面，结合万顷粮田建设，加强财政投入，加快新农村建设，稳妥推进农民集中居住，加强农村基础设施建设，尽量让农民就近居住，推进农村义务教育学校标准化建设，完善农村三级医疗卫生服务网络，让农民像城里人一样享有方便、现代、舒适的公共服务，吸引农民安居乐业。

八、对症下药，改善农村生态环境

各地政府要重视并狠抓农村环境整治，将保护农村生态作为改善民生的重要工程，实行一票否决，以留住美丽家园，为农业现代化创造良好生态环境。

倡导农业循环经济，大力发展生态农业，积极推广应用生态农业新技术和农业清洁生产，以节本降耗、减轻污染，开展植保专业化服务，引导农民科学合理用药用肥，降低农业面源污染；保证足够的环保监管力量和投入，把监管的触角伸向农村，特别是要加大农村环境治理的执法力度，环保部门要依法经常性地开展突击执法检查，对严重违法行为要问责重罚，加大企业违法成本，使企业不敢、不愿违法；扩大农民参与，通过设立有奖举报电话以调动农民监督的积极性，对农村企业违规排污行为要敢于公开曝光。

九、以人为本，健全农民社保体系

当前，应建立城乡统筹的社保体系，突出新型农村合作医疗保险、农村最低生活保障、被征地农民社会保障、农业保险等保障惠民作用，提高涉农基本公共服务能力，为农民生活和生产提供强有力的社会保障。

一是继续提高新型农村合作医疗的筹资和保障水平，完善重大疾病保险和求助制度，推动基本医疗保险制度城乡统筹，扩大门诊统筹的实施范围，降低老百姓看病的自付比例，允许农民在全省范围内统一享受门诊和住院优惠，尽量减轻农民看病负担。

二是在坚持公平与效率前提下，整合城乡居民基本养老金制度，消除城乡差异，城乡养老制度在政策、标准、支付渠道和形式方面要统一；完善农村最低生活、失地农民保障制度，健全农村留守儿童、妇女、老人关爱服务体系。

三是进一步提高农业保险覆盖率，实现高效农业保险全覆盖，鼓励保险机构开展特种农产品保险，有条件的地方提供保费补贴，抓好专业合作社、种养大户、家庭农场等的农业保险工作，对已经开办的高效农业保险做到愿保尽保。

十、加强乡村治理，为农业现代化保驾护航

重视农村基层政权建设，健全农村民主和法制，完善乡村治理，加强农村集体资金、资产和资源的监管，为农业现代化保驾护航。

(1) 推行民主管理，加强组织领导，强化基层政权建设，完善民主集中制，让人民群众当家做主，使每个村都真正做到“民主管理”，选好农村的“当家人”，加强农村党风廉政建设并深化农民对基层干部的监管。

(2) 切实加强农村财务管理，健全村财务制度，实行村级财务乡镇负责制，乡镇党委政府应将村级财务列入议事日程，确定领导分工负责制，对村财务进行经常性领导和管理，对群众反映强烈的问题，应及时检查和清理；切实发挥好民主理财

制度，理财小组应由觉悟好、素质高的村民通过选举担任，多选派德才兼备的优秀大学生任村官，大力提升在职村干部的综合素质和职业道德水平，对村会计应实行会计委派制和定期轮岗交流制度。

(3) 乡镇应监督村级财务公开制度的落实，并把它作为考核"村官"的重要指标；扩大村务公开范围，按季度、如实公开土地流转、重要债权债务、重大工程及惠民专项资金等事项，公布举报电话，尽可能扩大村民知情权、参与权和监督权，促进村级财务走上规范化道路。

(4) 健全乡镇内审机构，规范"村官"用权行为，实行村干部经济责任审计、定期财务及工程项目审计，坚决查处和纠正侵害集体资产、资源和资金的腐败问题，把审计结果作为考核、任用村干部的重要手段，对于群众举报的专项问题应逐项进行审计并公开审计结果，对发现的违纪违法行为，政府要敢于动真碰硬，依法整改。

十一、有的放矢，培育高素质的"新农民"

今后新型农民成为现代农业的主体，政府要加大培养力度，培育一大批有一技之长的善于经营的种养能手。

(1) 整合各职能部门培训资源，提高培训的及时性、针对性、实用性，培训紧跟农民转，农民缺什么，培训搞什么，开展订单式培训，从农民的现实需要出发，因需、因时、因材施教；建设农民自己的学校，聘请本土种养能人做老师，创新培训方式，让农民学习、政府埋单，学员参训，不仅免费，还能领到政府发放路费及误工补贴；带领学员到不同类型的实践基地进行现场观摩、操作，必要时可与主要农时季节田间地头实践学习相结合的办法组织教育，确保培训质量和效果。

(2) 关注基层农林服务队伍建设，保持队伍的稳定，提高农技推广人员的收入待遇；对基层农技人员实施有计划、有针对的培养和教育，组织其到高校、到农业现代化示范区去进修，采取脱产、半脱产、网络等形式进行培训；对在地方做出贡献、成绩突出的基层农技人员从物质和精神层面予以重奖；提高上级农技专家驻农村的积极性，提高补助，在职称职务晋升上优先考虑；同时要将有志在农村发展的优秀村官纳入农技队伍中，进行锻炼，培养后备人才，解决农技人才青黄不接的现象；鼓励农技人员创办企业、基地，搞好技术产业化，成为农业龙头企业的工程师，促其为企业服务，为农民服务，为社会服务。

十二、开拓创新，优化农民创业环境

种植、养殖大户是农业现代化的基础、农业龙头企业的基石，应加强农村经济队伍建设，加快农村经济队伍的培养，并给予大力的引导、鼓励和支持；提高现有农业企业主的整体素质，调动二、三产业企业家的积极性，使他们关注农业，开发农业，参与竞争；还应引进外地资金、人才投资开发农业，借资投入、借人开发。

财政政策上坚持向农业倾斜，增加现代农业发展资金，引导经营方式向规模化、标准化、产业化、组织化、社会化的现代农业方向转变，完善补贴办法，提高精准性，对涉农资金进行整合，集中财力办大事，让农民从中受益，还要加大对新型农业经营主体扶持力度，健全完善配套服务机制，放大惠农政策聚合效应。

创新金融服务，鼓励金融机构到农村设网点，积极推进农村金融担保机制的改革，加快农村土地承包经营权确权登记颁证试点工作，让农民获得贷款的有效保障，通过组建担保公司，与农村产权制度改革有效对接，促进金融机构对农户的扶持；取缔以高利率为诱饵、非法经营金融业务的农村资金合作社，坚决打击农村非法集资、“跑路”等现象，保证农村金融的良好生态。

加快农村互联网基础设施建设，推进信息进村入户，全力培养真正为农民服务的网络推广员，推动农民上网、电脑操作，网上采购，应让更多农民触网，开淘宝店，利用微店、网络定制来降低交易成本，转变传统营销方式，把优特产推向市场，帮助农民建设有特色、有质量的“电商村”；加快农产品标准化体系建设，为高质量农产品通过电商平台进入流通领域奠定基础，同时重视农村地区公路的畅通，大力发展现代物流业，加强农产品流通急需的仓储及包装建设，对参与物流建设的企业在金融、水电等方面给予多方面的政策优惠。

加强新型职业农民培育　促进现代农业发展

蒋向君

（连云港市农业干部学校）

摘　要：本文主要通过调研农村劳动力、农民的收入、新型职业农民的培训训状况，了解新型职业农民培训在现代农业发展中所起的作用、存在的问题，并在此基础上，提出新型职业农民培育的建议，进一步促进现代化农业的发展。

关键词：职业；农民；培育；农业；发展

新型职业农民是构建新型农业经营主体的重要组成部分，是发展现代农业、推动城乡一体化发展的重要力量。新型职业农民的培育越来越受到相关部门的重视，从 2012 年起，中央一号文件连续四年提出“培育新型职业农民”的发展战略。针对连云港市农村劳动力现状、农民的收入状况、新型职业农民的培训状况、培训效果等情况，连云港市农业干部学校组成新型职业农民培育调研组，对距离市区 70 公里外的国家级新型职业农民培育示范县，灌南县百禄镇杨桥村进行了实地调研，同时选择产业结构相同的市郊海州区新坝镇魏口村作比较调研。笔者通过调研，分析农民培训在现代农业的发展中发挥的作用、存在的问题，并提出相关的建议。

一、当前我市农村劳动力和收入的基本情况

1. 当前农业从业劳动力老龄化、妇女化较为严重

以调查的两个村 641 户 2807 人作为样本统计分析。2014 年底户均人口 4.4 人，人均耕地 1.7 亩；劳动力（18～60 岁）1711 人，占 61%。而专职农业劳动力只有 650 人，占总人口 23.2%，占农村劳动力 38%，其中 18～30 岁专职农业劳动力 8 人，占专职农业劳动力总数 1.2%（图 1）；31～40 岁 90 人，占 13.8%；41～50 岁 244 人，占 37.5%；51～60 岁 310 人，占 47.5%（图 2）；其中妇女 493 人，占专职农业劳动力的 75.9%（图 3）。

2. 农业收入占家庭收入比重偏低

同样以两个村作为样本统计。2014 年底户均收入 3.67 万元，人均收入 8 369 元；而农业户均收入 1.13 万元，占家庭收入 30.8%，人均收入 2 586 元，占人均收入 30.9%，约 70%家庭收入来源非农（打工）收入（图 4）；种植业（稻麦两季）平均亩收入 1 428 元。

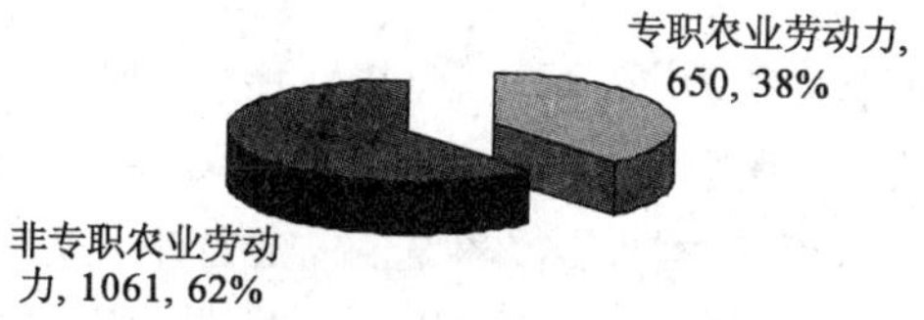

图 1　农业劳动力专职性比例

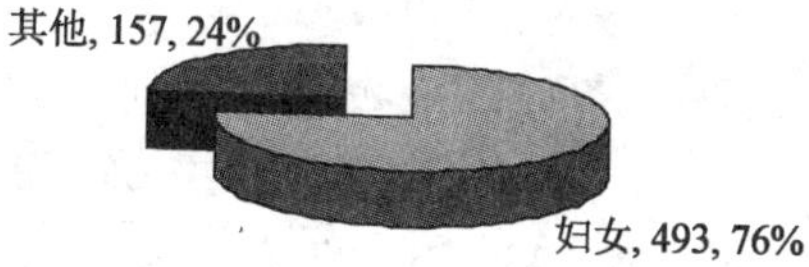

图 2　专职农业劳动力中妇女比例

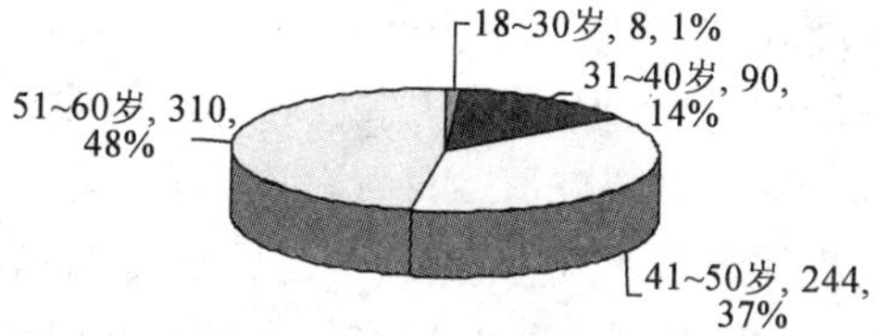

图 3　专职劳动力各年龄层人员分布比例

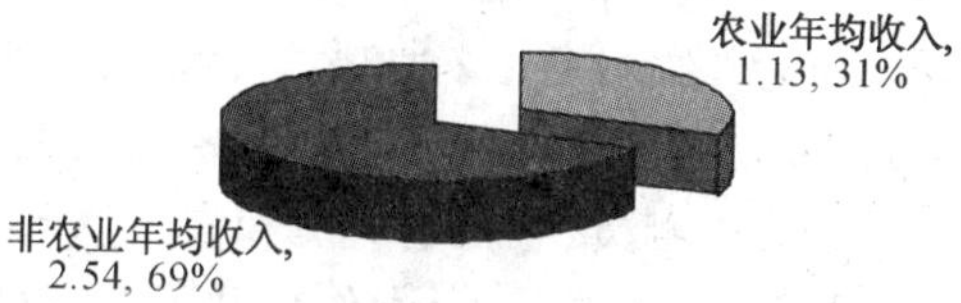

图 4　调研村农户年均收入构成情况(万元)

两村收入情况比较(图 5):灌南县杨桥村户均收入 3.81 万元,人均收入 9 819 元;农业户均收入 1.42 万元,人均收入 3 534 元,每亩收入达 2 014 元(因为该村部分农田流转到种田大户,实施了规模化、集约化经营)。而高新区魏口村户均收入 3.45 万元,人均收入 7353 元;农业户均收入 0.9 万元,人均收入 1921 元,每亩收入仅 1 061 元,打破了长期以来,市郊农民收入高于远离城市农村农民收入的格局。

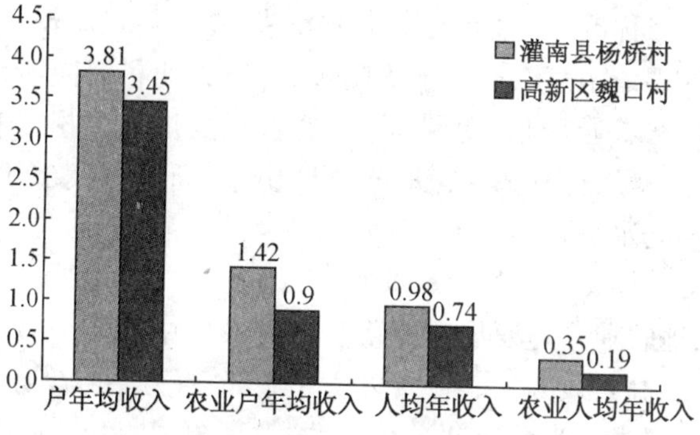

图 5　调研两村收入比较情况(万元)

二、新型职业农民培育的情况

今年,农业部新型职业农民培育工程示范范围已扩大到 4 个整省、20 个整市和 500 个示范县,并启动了每年万名现代青年农场主计划和农村实用人才培养计划。江苏省 2015 年培训计划包括:对全省 75 个县(市、区)农业从业人员开展农业技术和经营管理知识等培训,培训 159 100 人(其中农产品电子商务 10 070 人);对全省 11 所高等院校的涉农专业应届毕业生,开展新型职业农民创新创业专题培训，培训13 380人。

据调查统计，到2014年底，我市农业劳动力82万人，全年新增新型职业农民6.1万人，新型职业农民将达到18.3万人（其中：生产经营型4.6万人，专业技能型7.1万人，社会服务型6.6万人），农民培育程度达22.98%，全省平均水平是23.0%，到2020年目标值是80%，连云港市目前主要开展以下新型职业农民培育工作。

1. 创新培训模式，提高培训的针对性

培训围绕各县区现代农业的主导产业展开，培训坚持生产经营型分产业（种养大户、专业合作社、农业龙头企业）、专业技能型按工种（主要从事种养加工等农业工人）、社会服务型按岗位（主要是农民植保员、村级防疫员、农村信息员、农产品质量安全检测员、农机驾驶员和农机修理工、沼气工和沼气物管员、畜禽繁殖员、蔬菜园艺工、花卉园艺工、农作物种子繁育员等动物防疫员、植保员、经纪人等），开展系统创业培训和职业技能培训。充分利用实训基地、农业园区、农业企业、农民专业合作社，采取"就地就近"和"农学结合"等方式开展教育培训工作。创新教学管理方法，改进考核评价办法，建立健全新型职业农民经常性培训制度，以适应农业产业政策调整、农业科技进步、农产品市场变化，不断提高新型职业农民生产经营管理水平。

2. 不断提高新型职业农民教育培训专业化、标准化水平

针对当前我市农民教育培训主渠道、主阵地的农广校体系机构不够健全，多年来存在设置缺位、名称混乱、师资人才缺乏等弊端，市县农广校不断完善农民教育培训讲师团建设，聘请南京农业大学等院校、省市农业科研院所、农技推广机构专家教授和技术人员、农业企业管理人员、优秀农村实用人才担任兼职教师，建立数量充足、结构合理、素质优良的专兼职教师队伍，不断提高我市新型职业农民教育培训专业化、标准化水平。

3. 切实开展农村成人中等学历教育

紧紧围绕当地农业产业发展需要稳步推进农民中等职业教育，为农业生产经营培育后继力量和高素质人才。认真落实农业部"百万中专生计划"，实行"农学结合"弹性学制，采取"半农半读"与"送教下乡"教育模式，每年我市均招生涉农中专学生500人左右，加强教学班（点）建设，规范办学管理，提高办学质量，招收的对象主要是从事农业的，35周岁以内的，初中毕业的青年农民，学制三年，为普遍提高农民文化素质和专业技术水平提供有力的保障。

4. 坚持实行农业行业职业技能鉴定制度

结合当地各类农民培训项目和农民学历教育，积极开展新型职业农民技能鉴定、认定与管理工作，建立新型职业农民教育培训管理信息平台，不断壮大持有职业资格证书的新型职业农民队伍，积极争取在承包地流转、农业补贴和项目建设等对新型职业农民的政策扶持力度。

5. 加强宣传，增强培训效果

加强对新型职业农民教育培训基础性、公共性、社会性和重大战略意义的宣传力度，形成领导重视、政府支持、社会关注的氛围；加强对新型职业农民典型特别是科技致富、创业兴业、学用典型的宣传，形成教育有用、培训有效、学习有为的氛围；加强对农广校教育培训特色优势和办学成果的宣传，形成办好、用好、发展好农广校的氛围。

三、新型职业农民培育在现代化农业发展中的作用

从两村收入调查情况比较，不难看出实施新型职业农民培育试点示范工程，对于增加土地收益，增加职业农民收入，改变缩小城乡二元结构性矛盾，推进城乡统筹城镇化，具有重要意义。

以调研杨桥村新型职业农民盛丰家庭农场主罗军为例。2009 年取得农业职业资格证书，当年从本村农民手里流转土地 700 亩。通过几年新型职业农民培育发展，到 2014 年底家庭农场规模已经达到，稻麦良种繁育田 1 800 亩，莲藕 300 亩，年出栏鹅鸭 1 万只，年家庭纯收入达 100 万元。长年雇用农业职业工人 10 人，年工资 3 万元；农业（农机）技术人员 5 人，年工资 6 万～10 万元不等；季节性雇用农业工人 50 多人，所有雇用人员全部通过农业职业技能培训和职业技能鉴定。目前，自有各种农机 12 台（套），种收管全程实行机械化，实施立体种养，发展高效农业、集约农业，一跃成为远近闻名的响当当的家庭农场，同时带动附近农民就近就业增收。

四、培育新型职业农民存在的问题

农民培训，经过近 10 年的发展，在现代农业的发展中发挥了巨大作用，取得了良好的效果，但是在农民培育的过程中还存在诸多问题亟待解决，主要表现在：

1. 培训部门繁多，培训资源浪费严重

目前我市组织农民培训工作的单位和部门很多，除市农广校以外，还有市教育局、市委组织部、人社局、科技局、科协、工商局、海洋渔业局、农开局、农机局、林业局、市委农工办、市供销合作总社、妇联等多个单位和部门。农民培训资源未能得到有效整合，资源浪费严重。从中央到省在农民教育培训都有大量的培训任务，但是都下发在条线上，分散在各个部门，全市没有牵头统筹规划协调部门，培训资源得不到统筹运用，在涉及项目、资金、场所、师资、教材等缺少统一协调安排，培训内容缺少系统性、针对性、实用性；师资良莠不齐；培训基地低水平重复建设等等问题，在一定程度上造成了培训项目重复、培训对象交叉、培训内容无序，影响了培训的整体效果，浪费了宝贵的资源，降低了农民参加培训的积极性，农业新品种新技术、新模式得不到及时有效推广应用。

2. 缺少综合绩效评价体系和监督机制，降低了培训的质量

由于当前尚未建立以实现高质量、高效益为导向的农民教育培训综合绩效评价体系，使得现有的农民教育培训项目监督管理，更多地注重对培训农民的数量、场次等一些简单的数量指标评价，缺少农民培训后的就业状况和收入水平等质量方面的综合考评，制约了农民教育培训的质量和效益。在培训经费的使用上，各部门由于缺乏对培训机构的严格监管，致使一些课程内容和质量与实际拨付的经费有一定的差距。

3. 农民培训经费投入不足，培训数量得不到保证

我市农民培训，主要由农业主管部门承担，培训对所有农民均是无偿的，全部免费，包括培训食宿费、教师讲课费、参观学习车辆使用费、教材费、考核费等等，项目培训资金来自于农业部和省农业委员会下达的目标任务，但是省部级项目经费有限，市县级财政又没有任何投入，培训经费缺乏，很难满足农业发展中新技术、新品种、新模式的推广应用，更难以完成全省现代化指标的考核任务。

五、加快发展新型职业农民培育的建议

1. 整合培训资源，加强协作领导

建议市委、市政府尽快成立关于农民教育培训管理办公室，成立农民培训领导小组，由市、县明党委政府分管领导任组长，各有关部门为成员单位的领导小组，明确牵头部门，明确职责分工，建立联席会议制度，统筹协调全市农民教育培训工作，定期研究解决农民教育培训中的一些重大问题。建议市委、市政府出台关于加强农民教育培训工作的意见，明确强化农民教育培训的政策措施。建立农民教育培训体系，整合农民教育培训资源，有利于农民教育培训政策效益最大化。

2. 开展跟踪调查活，完善监督机制

在培训过程中，应开展有效的跟踪调查活动。形式有入户调查、问卷调查、电话回访等。跟踪调查不仅可以了解培训的效果，而且有助于培训改善和提高。培训单位通过面对面与受培训农民交流，积极实现知识和信息的互动，了解农民的想法和要求，完善相关培训内容，改进培训方式，更好地完成培训工作。有关管理部门进一步完善和加强培训针对性、有效性、规范性的监督机制。

3. 加大财政投入，提高培训数量和质量

中央和地方财政每年要有一定的培训经费预算，农林牧副渔及社会各培训部门，应将培训专项资金切实的用在农民技培训的项目上，做到专款专用，确保培训质量。同时市、县政府部门，应该加大本地区项目培训经费的投入，以保证农民培训工作的顺利有序进行，把新型职业农民培训纳入民政府为民办实事的重要内容，为推动现代农业的发展做出积极的贡献。

浅谈新农村的民生保障

倪　伟

（淮安市市政建设工程有限公司）

摘　要：中国要强，农业必须强，中国要美，农村必须美。繁荣农村，必须坚持不懈推进社会主义新农村建设。强化规划引领作用，加快提升农村民生保障的基础设施水平，推进城乡基本民生公共服务均等化，让新农村成为农民安居乐业的美丽家园。要从群众最关心、最直接、最现实的利益出发谋发展、促发展，进一步保障和改善民生问题，提高村民的“幸福指数”。

关键词：新农村；民生；保障

新农村的建设，离不开政府的政策导向，首先要从新农村建设的硬件入手，软件配套，全面的提升新农村的建设标准，从规划到建设再到实施运行，一系列的配套设施建设完成。科技兴农安居乐业，提高富民的意识，建设美丽的乡村，关注民生的保障，从以下几个方面：

一、劳动就业富民，实行建档输出

（一）劳动就业登记

对农村富余的劳动力以就业富民为重，农忙时回去务农，农闲时出去打工就业。地方政府出台相关就业政策，做好穿针引线的作用，解决富余劳动力（农民）的务工就业问题。做好再就业的登记工作，农民务工人员农闲时（失业）和农忙时，乡镇、村负责劳动就业部门人员给予登记在册，便于统一管理。

加强城、乡劳动就业机构挂钩联系，做好农民务工科技人员的在档建册工作，对乡镇富余的劳动力给予帮助劳务输出，就业劳动部门对农民务工人员定期回访，掌握富余人员的就业动态。

（二）劳动创业政策优惠

鼓励农民自主创业。办事处、乡镇等劳动服务机构要每年举办科技创新的免费技能培训不少于2次，为农民提供创业就业的机会。科技兴农，把农技专家请到乡村地头来为农民传授科技知识，乡镇负责科技创业部门把农村里肯学肯钻的农民技术人员采取走出去的方式，送进对口的农业大学深造学习。培养农业技术的创业人才。

政府部门给予创业的人员政策上的扶持，可以从农信社解决小额资金的优惠贷款，取得创业资金。工商部门给予免费办理营业执照，税务部门按照国家的科技创业的优惠政策给予免除或减免税收，城管等机构部门提供便利创业条件，为他们的创业保驾护航。

（三）重视再就业问题

农村民生保障再就业工程上要分清轻重缓急，对被征地的农民和困难的农户作为重点，优先解决就业问题。

二、义务教育利民，丰富农民的文化娱乐

（一）义务教育工作

国家实行九年义务教育。各乡镇、社区、村组做好普及教育工作。加大学龄前的教育，做到社区、村组有幼儿园，乡镇有小学、初中的试教学校。

（1）在新农村建设中，教育要配套，设施要健全，校舍要安全完好，老旧的危房校舍给予拆除从建，旧的教学设备给予更新。引进电子化教学设备（如：电教馆、投影仪、电脑幻灯教学等）。

（2）师资力量采取轮换交流上岗制，每年要从往届和应届幼儿、师范院校的大学毕业生中招收一些新选的“血液”，用优惠的政策来吸引人才充实师资力量，注重质量试教，确保教育平衡。

（3）提高农民的教育培训工作，加强成人教育的导向，乡镇成立教育培训中心，每年培训不低于2次。把高等院校的专家请进乡镇、社区来进行农业方面的技能教育培训。在乡镇成立专家工作站，来帮助农民指导农业技术，大力推进乡镇、社区的农民技能的学习再提高，做好科技创新的新知识、新政策的培训学习。

（二）新农村建设中，农民的文化娱乐要有保障

（1）开展形式多样的文体活动，建立好社区、乡镇的阅报栏、图书室（屋）工作，便于农民查阅、阅读技术书籍和完善阅读场所。要利用现代化的科技手段，建立电子图书便于农民方便阅览。

（2）乡镇、社区经常组织丰富多彩的文艺演出，在重大的民族节日（如：春节、中秋、国庆、端午、重阳及少数民族的节日）开展汇演评比来激励农民朋友的积极性。政府部门把农村的文化娱乐放在首位。

（3）每年定期的放映反映祖国燕燕日上的影片不少于12场，反映祖国改革开放、欣欣向荣的正能量的影片来丰富群众的业余文化生活。

三、实现农村饮用水、食品的民生安全保障

（一）保护耕种农田 污水环保排放

民以食为天，创建好新农村的民生保障。首先，加强食品安全管理，从源头抓起，在耕种农田保护周围禁止建设有毒有害的化工厂，严禁排放没有达到国家环保部门标准的废水。在各乡镇建设小型污、废水处理厂，将工业污水和生活用水统一

排入污水处理厂，经过处理保证排放费水无污染。

（二）饮食安全的保障

（1）在饮食安全上加大监管力度，对农民的饮用水达到清洁、卫生，将自来水输送到各村各户，县级水务部门不定期的抽检水质情况，保证民生保障工程的饮用水安全。

（2）在食品安全上，加强食品安全的监督管理，药监食检部门要对农村集镇贸易市场的食品采取不定期的抽检，抽检合格率要达到90％以上。对不合格的农副产品坚决取缔。

四、保障住房惠民工程，集体农庄宜居配套

新农村建设的保障性住房，将以前的农户或成片的散户、及危房拆除。从规划、设计、建设需要根据新农村的特点，集中的规划建设集体居住农庄，这样即增加了农村的耕地面积，又实现了新农村建设的民生工程。配套设施工程和农民生活息息相关的工程要及时的建设。水、电、路、物业管理、环卫建设、市政工程、消防设施、绿化、乡村卫生服务站、交通、农贸市场、超市、娱乐健身场所。集体农庄建设中，政府相关部门要给予提供便利的条件，达到美化环境，提升居住质量，实现农村田园居住风光化。

五、提倡交通便民设施工程，实施出行便捷保障

（一）路桥建设

要想富先修路，建设城乡交通实施，县城连接每一个乡镇和行政村的建设黑色（沥青）路面，宽度达到两个车道（7 米）以上，确保来往车辆的畅通。对边远经济落后的地区，乡镇、村要不断改造完善砂石路面，取缔泥土路，改造成高级路面。村组相通建设铺设白色（水泥）路面，路面宽度达到 3.5 米以上，做到户户想通。

对农桥、涵洞要定期检查，减少农桥、涵洞坍塌的事故发生，桥梁工程每年安全检查不少于 2 次，组织专家实地查看，对有安全隐患的农桥给予维修或拆除重建，确保桥梁的安全。

（二）公交客运

乡镇公交的客运，实行环保公交先行。解决农民进城难的交通问题，建设好农村乡镇、村组的客运站亭，解决她们乘车避风雨的场所。

村村通公交，便于村民出行。客运班车到村通达率 100％，实现农村社区、村组、集体农庄集中点“点点通”，保证农民出行的便捷保障。

六、老有所养，养老助民保障工程

（1）养老服务机构的建设。新农村的养老民生保障工程的建设是迫在眉睫，我国现在已进入老龄化社会。在 2013 年国务院下发了一个《关于加快发展养老服

务业的若干意见》,在意见里提出“到 2020 年,全面建成以居家为基础、社区为依托、机构为支撑的,功能完善、规模适度、覆盖城乡的养老服务体系”的目标[1]。还有五年的时间,这需要社会的力量来大力支持养老机构的建立。

① 社区、乡镇要建设养老公寓(养老院),成立社会福利院(敬老院),保证乡镇老人的居住养老。福利院生活配套设施要跟上,配制医护人员,建设老年活动中心、老年健身运动设施、娱乐场所、就餐、洗浴等设施。

② 鼓励提倡家庭式养老。民政部门要对个体办理的养老机构提供便利条件,给予支持和政策上的优惠,来分担社会的养老负担。

(2) 完善养老机制,鼓励农民参保新农保多缴多补激励政策,推进新农保的参保面,做到基础养老金发放率达到 100%。

(3) 建立健全养老保障机制,对土地征收养老的农民政府给予多关心,对五保户乡镇给予集中供养。实行尊老金制度,对 80 岁以上的老人给予发放尊老金。做到老有所养,老有所乐。

七、实施医疗保障护民工程,实现病有良医的目标

(一) 新农保参保的异地结算

乡镇要建立医疗保障体系,对农村新农合参保率达到 100%,实行省、市、县费用结算的统一,逐步实现省、市内异地就医“一卡通”。进一步完善在异地就医的基础上,实现与北京、上海、广州、南京等地大医院的联网结算,方便农民患者的异地就医。

(二) 公共卫生建立预防

乡镇建立公共卫生服务体系,加强农村的疾病控制预防,按照国家卫生部的要求,各县、乡镇建立防疫防治、健康教育、卫生检查监督、做好疾病预防应急机制和计划生育、妇幼保健工作。完善农村的用厕设施,采用乡镇财政掏一点,农民自己筹集一点,将旱厕改成水冲式厕所。提高农民的生活水准,改善农民的生活质量。

现在农村现状留守的多是老人和小孩居多,青壮年的农民都出去打工就业发展。而作为留守的老人给予建立健康档案,具体六十岁以上的老人给予注册登记,每年乡镇卫生部门组织老人体检 1 次,做到体检率达到 100%,并对体检情况及时的给予通报。做到老有所养,老有所医。

乡镇相关部门进一步落实国家医疗救助政策,对困难救济的贫困户(低保户)、农村的残废退伍军人、五保户、国家规定的重大疾病的人员,在完成新农保报销的基础上乡镇财政部门实行再救助的原则。来解决她们看病难、看病贵。

八、加强电子商务工程纳入,搞好民生的商务平台

政府部门制定政策,利用电子商务作为推动农村的发展,大力培养农村电子商务人才,对现有的农村电子商务的投入成本较大,收效较慢,物流配送成本高,政府

给予扶持。

(一) 宣传电子商务

各乡镇部门要积极的发动宣传电子商务在民生工程中的利用,利用农村的墙报、散发传单、文艺演出等多种形式并用通俗易懂的方式来宣传电子商务平台的优越性,把农村的农副产品通过电子网络销往全国各地,甚至世界各地。帮助农民在家里做生意来发家致富。

(二) 成立电子商务协会

在政府的支持和推动下,成立电子商务协会,掌握国家的政策导向,定期组织电子商务人员学习新的政策法规,在乡镇成立电子商务指导服务站,对农村开展网店经营的农民进行技术指导。

(三) 加强电子商务培训

加强农村电子商务的人才培养,重点培养适应新型农业和互联网社会的"新农村的新农人",增强对业务培训的营销指导、对产品售后服务人才的培训和引进,强化公益性、普适性的农村电子商务培训。实行"统一品牌、统一包装、统一标准、统一质量"的标准化售卖操作

(四) 完善电商服务

政府部门积极的和阿里巴巴(淘宝、天猫)、京东商城等联系,达成电子合作指导协议,优先考虑在农村电子商务领域实施政策创新。积极推动制定农村电子商务发展,按计划、有重点、分步骤地安排实施,为农业电子商务的发展提供良好的环境。

(五) 加强网络基础设施的建设,完善农产品的销售安全

加强网络基础设施和物流配送的体系建设。目前农村的经济信息普及度还不高,网络更没有全覆盖,物流的配送体系不够健全,很多优质的农产品无法到达城市的商店和餐桌。网络基础设施和物流配送体系的建设需要政府有关部门高度重视。再是引导农村电子商务规范、健康地发展。农村电子商务还处在起步阶段,农产品的安全问题需要高度重视。要加强农村电商市场的监管,规范市场的秩序,特别要加快构建农产品质量安全的追溯系统,真正按照电子平台准入的机制规范,来加强农产品标准体系的建设,努力营造好农村电子商务发展的良好、健康的环境和氛围[2]。

九、建立公共服务机构,做好便民服务

建立公共服务机构切实加强农业基础设施和便民服务建设,全面提升科技兴农,加快推进农村劳动力就业创业的技能培训和就业服务体系的建设,提高农村劳动力人员的整体素质。建立和完善农村社会民生保障及多层次的农村社会保障体系,着力加强农村公共医疗卫生服务的建设,充分的体现城市和乡村民众公共医疗卫生服务的公平性和可及性。完善农村的养老体制,强化农村基础义务教育和职

业教育及文化娱乐设施建设的发展，进一步推进城乡教育的均衡化。全面加强农村公共文化服务体系建设，形成服务对象社会化、文化设施规范化、活动形式多样化的农村公共文化服务体系。以确保农村公共安全为目标的完善管理。

(一) 农村的公共基础设施建设

1. 基础设施项目建设

农村的道路、农桥、涵洞的建设、水利设施的建设维护如:灌溉水渠的设施、泵站等小型农田水利设施建设，农村自来水、污水排放设施的建设管理等。

2. 环境卫生

集体农庄村民的生活垃圾收集处理，首先要建设垃圾处理站，整治周围环境绿化，做好乡村环境的净化、亮化、美化的日常维护等。

(二) 农村的公共服务建设

1. 公共服务项目的建设

完善建立村委会、社区、村组的办公场所，村委会的信访调解室，创业就业指导办公室，派出所的警务室，社保服务中心、民政养老机构、医疗服务的卫生室及计划生育服务指导站等公共服务设施，做到民生保障服务。

2. 教育文体建设

要贯彻国家九年义务教育，并且要建设好 15 年一站式的教育机构，使农民的孩子就近读书上学。建立农民图书(室)屋，成立电子阅览室，村委会组建文化活动室和体育健身场所等。

3. 其他公益项目的建设

建立农村应急机制。成立电子商务服务中心，建设网上平台，开设网上营销网店。

科技创新，科技兴农，在做好民生保障的同时，搞好富民政策，做好民生工程的日程维护，建设好现代化的惠民工程。

参考文献

[1]《国务院关于加快发展养老服务业的若干意见》，国发〔2013〕35 号.

[2] 全国政协委员、浙江省政协主席乔传秀. 切实重视农村电子商务的发展. 人民网，2015-3-6.

在城乡一体化进程中创新富农惠农机制的探讨

桑 前 宋丽雅

（九三学社苏州高新区虎丘区基层委员会）

摘 要：以苏州高新区为例，剖析城乡发展一体化改革工作。以稳步推开“政经分离”，因地制宜推进“一村二楼宇”项目建设，加快镇村两级富民载体建设等举措，创新富农惠农机制，切实增强富民强村成效，使被征地农民更好地实现发展权，努力达到促进城乡一体化改革和提高农民的生活水平的双重目的。

关键词：富农惠农；政经分离；一村二楼宇；富民载体；城乡一体化

20世纪90年代以来，随着我国工业化、城镇化步伐的不断加快，数以千万的农民祖祖辈辈赖以生存的土地被征用，农民从农村走进社区，从农民变成市民，实现城乡一体化成为了我国社会主义现代化和新农村建设不可阻挡的历史潮流。在不断的实践中，苏州探索提出了城乡发展规划、富民强村、公共服务等多项一体化发展思路。在大力拓展富民空间，增加农民收入的同时，推动城市基础设施向农村延伸，城市公共服务向农村覆盖，城市现代文明向农村传播，城市生活要素向农村辐射，让城乡居民共沐“发展阳光”。

苏州高新区紧紧抓住了苏州被列为国家级城乡发展一体化改革试点重大机遇，以稳步推开“政经分离”，因地制宜推进“一村二楼宇”项目建设，加快镇村两级富民载体建设等创新机制，全力提升城乡发展一体化综合配套改革工作水平，创新探索富农惠农的新路径，使村级经济在城乡一体化推进过程中得以做大做强，使失地农民真正富了口袋。

一、苏州高新区创新富农惠农机制的主要做法及成效

（一）“政经分离”提升村（社区）行政服务效能和合作经济组织活力

城乡一体化进程中，农村变社区，农民变市民，农业经济变工业经济。农民彻底离开土地，低成本生活不复存在。他们的长远利益如何保护？从2005年开始，随着城市化发展和体制上的撤村建居，苏州高新区枫桥街道实行了“政经分离”改革。“政经分离”就是随着撤村建居，原行政村的管理职能及其人员转入社区，经济职能仍保留在村，村级资产由原村民享有，并以村为单位建立社区股份合作社。在这同时，街道通过工业园、民营园这两个资产运作单位，对24个村的社区股份合作

社资产实行“四统一、一独立”的管理体制，“四统一”即统一规划、统一投资、统一管理、统一分红(红利水平村与村之间略有差距，统一平衡)，“一独立”即村与村之间资产独立、收益独立。随着社区股份合作社的发展，为了拓展经营，前几年街道又由财政提供资金，并由原所属的 24 个村社区股份合作社共同出资组建了联枫公司，参与城市化开发，形成了一支专业化的团队经营所开发的项目，实行了“政经分离”发展模式的创新。这样做，有利于农村合作资产的集中统一管理，提高资产的经营管理水平；有利于运用市场化手段参与开发，做大做强富民载体；有利于合理把握收入水平，坚持在提高整体收益的前提下提高红利分配水平，防止因股金过度增长而加重合作经济组织的负担。

(二) “一村二楼宇”增强村级集体经济“造血”功能

建厂房、收租金，这曾是苏州不少村集体的主要收入来源。然而这两年随着开发建设，市郊不少行政村的厂房、仓库被大量拆迁，集体资产保值增值面临不小的难题。2013 年，苏州市政府出台意见，鼓励农村集体经济组织，按照“一村二楼宇”(二楼宇为社区服务用房、经营性物业用房)的原则安排留用地，增加农民财产性收入。根据这个政策，苏州高新区目前共有农村集体经济组织成员 22.83 万，按人均 3 平方米用地面积，可以有近 1 030 亩载体纳入“一村二楼宇”项目。凡纳入的项目，其用地可不经公开招拍挂办理集体建设用地流转或经征为国有土地后办理协议出让手续，用途不受限制。这是国土上支持载体建设的一项政策，也是发展新一轮村级富民载体的有利机遇。苏州高新区根据“一村二楼宇”项目的用地政策，统筹资源，落实规划，努力在“三个一批”上下功夫。

1. 完善一批

对原来用地手续不齐、无土地使用权证的载体项目，可纳入项目，调整用地业态，完善用地手续，使其具备“二证”。

2. 盘活一批

对原低档次的载体项目，可通过纳入项目予以重建，实施“退二转三”，提高资产的含金量。

3. 新增一批

按照跨村发展、抱团发展的原则，新建一批载体。对新建的载体，根据项目情况，分轻重缓急落实农用地占用指标。经过对农村集体经济组织依法拥有的存量建设用地进行梳理分类，建立数据库，规划各类项目载体，制定初步方案，该区第一批计划建设项目 28 个，涉及实施主体 12 个、建筑总面积 57.5 万平方米、投资总额近 23 亿元。通过因地制宜推进“一村二楼宇”项目，引导村集体自己当“老板”，收益直接与农民分红挂钩，帮助村民走活了一条致富路。

(三) 镇村两级富民载体为富农惠农持续发力

富民载体是发展村级经济、促进农民增收的支撑，也是推进村级经济发展的有力抓手，要促进农民增收和村级经济发展必须大力打造富民载体。自 2011 年 7 月以来，苏州高新区围绕城乡一体化发展、村级经济发展、富民强村等工作，先后出台了4项紧密关联的政策，这些政策都对富民载体建设提出了明确的目标及其相应的促进措施。确定了“从2011年起，每年完成30万平方米的载体发展任务”，提出“到2014年，以镇级为单位，平均每村要拥有1万平方米工业厂房或3 000平方米商业用房或5 000平方米集宿楼的载体建设目标”（以下简称“135”目标）。同时，将载体建设任务列入年度目标，进行年度考核，一级抓一级，层层保落实。目前，全区已累计成立各类新型合作经济组织177家，镇村两级富民载体面积达223万平方米。全区股改以来至2013年底社区股份合作社分红总额近7.2亿元（其中2011—2013年达4.18亿元），富民合作社实现增资扩股8.5亿元，预计今年农民人均纯收入26 477元，同比增长11.84%。

载体建设需要土地资源保障和大量的资金。为了促进村级富民载体发展，针对区镇级财力相对不足、东西部地区差异大、村级经济薄弱的现状，高新区还出台了专项政策，区财政对通安、东渚、镇湖这西部三镇（街道）和浒墅关镇新建富民载体给予每平方米300元补贴；对西部三镇（街道）利用存量资源配置载体给予每平方米150元补贴，并对西部三镇（街道）新建载体投资实行“三年按基准利率50%贴息”扶持。从2013年起，区财政设立了村级载体建设专项补贴资金，每年3 000万元。为了更大力度支持村级载体建设，区里还规定，对各开发主体用于富民载体建设的土地拍卖款，区级留存部分全额返还等支持。各镇（街道）和开发区也加大支持力度，在财力上专门安排，在土地和项目资源上全力倾斜，强力推进载体建设。村（社区）作为产权和受益主体，充分发挥主动性、积极性，并积极参与抱团发展、联合发展、异地发展，齐心协力加快打造富民载体。

二、富农惠农工作中的不足分析

作为国家城乡一体化综合改革试点，2014年末，苏州农村“三大合作”组织4 412家，持股农户比例超过96%。农村集体经济总资产1 490亿元，村均集体经济收入718万元，分别比上年增长10.4%和10.5%。累计完成股权固化改革408个村和政经分离试点改革58个村。但是，当前苏州村级集体经济也遇到了发展不均衡、资源瓶颈、再发展压力大等难题。

（一）农村集体经济发展不平衡

数据显示，2013年，苏州市有288个村集体收入超千万元，占村总数的22%；但还有70%的村达不到650万元的平均线，其中20%的村收入较低；还有79个村在200万元以下，占村总数的6%。与此相对应，股份分红及农民收入也存在不平衡性。股份分红最高的村，户均分红4万元，但也有相当一部分村没有分红；有60%多的农民收入达不到平均数，其中还有相当一部分农民低收入家庭。苏州高新区也同样存在东西部农村集体经济发展不平衡的问题，西部地区地处生态保护区和水源地保护区，各村原有基础薄弱，基本没有厂房、库房、商业用房等经营性资产。东部各村(社区)的村级经济收入主要靠厂房和门面房出租,项目单一。地区间不平衡,东部好于西部地区。

(二) 富民载体建设制约因素多

为增加村集体经济财产性收入,2013 年,苏州市出台意见,支持农村集体经济组织按照“一村二楼宇”的原则安排留用地。而实际上,现有的用地指标远不能满足各地富民载体建设的需要。“一村二楼宇”政策还没有真正落地。以苏州高新区为例,目前东部枫桥、狮山几个街道富民载体建设除盘活存量用地外,部分是通过土地竞标取得的,亩均高达 600 多万元。这样既增加了投资的成本,又影响到日后经济体的收益和分配。西部特别是东渚、镇湖受历史原因和生态保护的影响,载体普遍缺乏,收益也较低,还难以满足社区股份分红。

(三) 股份合作社税收负担较重

在苏州市村级集体经济发展中,主要有两种形式,一种是“单打独斗”,另一种是“抱团发展”。近年来,苏州农村集体资产的“雪球”越滚越大,正是得益于一个个村级集体经济的勇于突破、敢于创新,不断开辟发展路径。然而,目前社区股份合作社、富民合作社等合作经济组织在经营过程中的税收负担偏重。统计显示,在我市村级集体收入构成中,有 65%以上来自物业租赁收入。“房东经济”,是我市村级集体经济发展的一大特色。村(社区)股份合作社目前主要收入来源于厂房、门面房出租收入,根据税务规定,房租收入需缴纳 17.6%税收(营业税和附加 5.6%,房产税 12%)。以 2013 年苏州高新区枫桥街道为例,5 004 万元房租需缴纳 881 万元,企业所得税需缴纳 1 147 万元,个人所得税(股民分配股红需缴纳 20%)859 万元,全年需缴纳税收 2 887 万元,占全部收入的 37.13%,对股红分配影响较大,也直接影响了村民的收入。

三、做好富农惠农工作的几点建议

党的十八大报告明确要求:“加大强农富农惠农政策力度,让广大农民平等参与现代化进程、共同分享现代化成果。”近几年,从中央到省、市、区都高度关注富农惠农工作,也采取了一系列解决‘三农’问题的好政策,但只有将这些好政策落实好,才能让农民真正受益,只有通过科技创新来加快转变农业的发展方式,通过发展壮大村级经济,更强力度构建富民增收机制,才能真正达到富农惠农的目的。

(一) 坚持发展信心,保持富农惠农政策的稳定性和长效性

做好“三农”工作,就要千方百计促进农民增收致富。在城乡一体化进程中,要坚持富农惠农目标不动摇,始终坚持把促进农民增收作为中心任务,从全局上统筹安排,从战略上落实举措,从政策上强化支持。要保证富农惠农政策的稳定性和长效性。

1. 执行好现行的各项政策

认真梳理国家和省、市、区出台的各项政策,切实将各级支持富民载体建设的

政策执行好、落实好，并在执行中不断完善适合本区域的政策和具体的操作办法。

2. 持续加大政策支持

主动对接上级政策，全力争取，努力为加快富民载体建设创造良好的政策环境。

3. 继续实行政策扶持和要素倾斜

对发展村级集体经济项目在税收、信贷、用电、用地等方面给予扶助；积极协调部分支农资金向发展村级集体经济项目倾斜，争取项目的正常启动。

(二) 发展壮大集体经济，巩固村级集体经济实力

发展村级经济是城乡一体化进程中富农惠农的主要手段，它既是一项经济任务，又是一项涉及社会稳定和民心民本的政治任务。由于各村地理位置，外部环境，资源状况等的不同，发展村级集体经济应从实际出发，按照“宜工则工，宜商则商，宜农则农”的原则，采取多种形式，不搞“一刀切”。

1. 盘活存量资产资源

对村集体厂房、设备等资产资源，依法采取租赁、承包、参股经营等多种形式，通过市场化运作盘活村集体资产资源。理顺公共服务承担主体，组建“纯经济”的股份合作社，形成“稳收益”的富民机制。

2. 开展有偿服务

依托村集体经济组织联合农户、龙头企业和各类专业专业合作社等服务机制，通过有偿服务，获取收入，还可进行参股经营，分配收益。

3. 发展现代农业

注重旅游产业、文化产业与农业产业的深度融合，依托当地历史文化、民俗文化、农耕文化、饮食文化等，着力打造一批农村休闲旅游文化精品，注意吸收民间资金，推动农村休闲旅游产业的加速发展，从而带动当地农民转型增收和推进城乡的统筹协调发展。

(三) 以富农惠农为根本，更强力度构建富民增收机制

1. 深入实施城乡居民收入倍增计划

开展就业、创业、产业、物业以及投资、社保、帮扶并举，积极支持和鼓励城乡居民就业创业。加强农业科技和实用人才的培养，深入开展职业农民免费培训，切实提高农民专业技能，培育新型职业农民。

2. 发展壮大劳务合作社

将由公共财政支付的道路维护、绿化养护、环卫清洁、河道保洁、物业服务等项目，原则上发包给镇、村集体领办的劳务合作社，充分带动农民就业。

3. 进一步深化社会保障制度

落实失地农民社保“并轨”并逐步提高征地保养金标准。多措并举，加快形成城乡居民收入多元增长机制。

关注惩治腐败过程中的社会道德底线重构

卞　雷

（九三学社连云港市委会连云支社）

摘　要：贪腐问题是阻碍中华民族实现伟大复兴的毒瘤，要彻底铲除这个毒瘤，应当同时在全社会着力加强思想道德建设，构建围剿腐败的社会道德底线，在全社会构建社会主义的荣辱观和道德生态，一手抓反腐，一手抓思想道德建设，两手联动，不可偏废。

关键词：惩治腐败；社会道德底线重构

思想道德建设是一个社会文明程度的标志，更是我们能否打赢反腐倡廉这场关乎国家和民族命运之仗的关键，正如邓小平同志所说："如果我们自己在精神上解除了武装，还怎么能教育青年？还怎么能领导国家和人民建设社会主义？"不难想象一个道德评价失范、价值取向紊乱、社会道德约束弱化的社会是一个什么样的社会，所以，当前惩治腐败的根本任务是要重构社会道德底线，在全社会构建社会主义的荣辱观和道德生态，一手抓反腐，一手抓思想道德建设，两手联动，不可偏废。

在现时当下，随着反腐进程的不断深入，人民群众从一个个往日里在权力腐败中风光无限者的轰然倒塌中、在一个个利用职权营造家族帝国的无耻巨鳄的跌落中、在用权力编织的关系网的破败中，看到了社会正义的回归，看到了社会发展的希望，但长期权力失控形成的营私惯性以及造成的对社会价值观深刻而又广泛的侵蚀，却不是能通过几个大案要案的查处就能彻底清算的，这其中还不乏看热闹的、幸灾乐祸的、犹豫观望的、甚至羡慕特权的社会心理存在。在加强制度建设的基础上，还未在全社会兴起"伸手必被捉"的强大社会道德压力和舆论压力。习近平同志在十八届中央纪委三次全会上所强调："要以零容忍态度惩治腐败，以猛药去疴、重典治乱的决心，以刮骨疗毒、壮士断腕的勇气，坚决把党风廉政建设和反腐败斗争进行到底"。而伴随腐败问题的并发症，拜金主义、享乐主义、极端个人主义、见利忘义、损公肥私、以权谋私、腐化堕落这些道德病症也是反腐败斗争不可忽视的一部分，应当从全社会道德建设的高度同时进行清算，否则必然影响党风廉政建设和反腐败斗争的实效。

比如，随着"大老虎"的落网，全社会本应从道德层面对滥用权力、权钱交易等方面造成的社会影响进行清算，培育和加强公民的道德建设，但记者在"大老虎"的家乡进行采访时发现，部分村民脑子里想的却是后悔“大老虎”发威时未能沾上光；在我们身边也经常可以看到有的被法办的官员，刑满释放出来，仍有一些官员聚集为其庆贺，被法办者坦然出席，把盏言欢或接受为其安排的工作，受法办俨然是因运气不好、技术失误造成的意外，官员之间的“兄弟”关系、权钱培育的法外余情似乎不受影响，给社会群众的印象是这些人转了一圈又回来了；也有一些官员因贪污受贿被法办后，或可能夹杂司法操作的因素，其配偶在原单位担任一定领导职务的，工作甚至不受影响，等等，给权利犯罪的惩治效果带来一些负面看法，似乎社会舆论对一些社会现象的判断美丑混淆，似乎对贪腐惩治主观上已熟视无睹、甚至麻木不仁。究其原因，是在治标的同时，没有及时引导全社会构建社会主义核心价值观，引导公平和正义的回归，其根本原因不在于群众的“愚钝”，而在于社会道德建设能否跟上司法惩治的步伐，如果不从道德层面在全社会进行拨乱反正，那反腐倡廉取得的成绩只能是局部的、技术层面上的，而未触及导致腐败的根本，只有当想伸手却因畏惧强大的道德压力和社会舆论的谴责而恐无法抬头做一个真正意义上的“人”而退缩时，才是社会主义道德建设与腐败惩治联手治乱、标本兼治之时，才能真正起到刮骨疗毒的疗效。当然，认罪后积极地重返社会与加强对职务犯罪的道德清算及强调社会道德建设是完全两回事。

“德之所向，国之所兴”。将贪腐犯罪行为及其对社会思想道德的侵蚀及时在全社会进行肃清，重构社会道德底线，是培育和践行社会主义核心价值观的必修课，引导社会崇尚高尚的道德品行、正确的价值取向、良好的文明风尚，防止道德失范及是非、美丑、善恶混淆不清有着重要的现实意义，同时要防止“一手软”消减反腐倡廉的积极成果。

完善“大调处”机制
推进平安江苏建设

徐建华

（淮海工学院）

摘　要：江苏省是“大调解”的发源地，省委省政府提出了“三全”要求，各市区也构建了具有当地特色的“大调解”机制。为进一步完善矛盾纠纷的“大调处”机制，要做好以下方面的工作：一是要加强对刑事案件的和解工作；二是民间调解的能量还需进一步增强、释放；三是要加强网络舆情的预警、信息搜集和预先疏导机制建设；四是要拓展“大调处”的参与渠道；五是要坚持问题、结果导向，关注特殊群体。

关键词：矛盾纠纷；“大调解”；完善

一、“大调处”的背景与新时期矛盾纠纷的原因、特点

中共十八届四中全会审议通过的《中共中央关于全面推进依法治国若干重大问题的决定》要求：“健全社会矛盾纠纷预防化解机制，完善调解、仲裁、行政裁决、行政复议、诉讼等有机衔接、相互协调的多元化纠纷解决机制。”

江苏省是“大调解”的发源地，省委省政府高度重视社会矛盾纠纷的调处工作，提出了“三全”要求——“全领域引入调解理念、全方位建立调解机制、全封闭构筑维稳防线。”[1]还出台了《关于深入推进社会矛盾纠纷大调解工作的意见》、《江苏省社会矛盾纠纷调解工作效能建设办法》等规章制度，促进调解工作规范化建设。[2]

新形势出现的矛盾纠纷主要原因：一是社会结构发生了深刻的变化；二是在工业化、城镇化进程中利益格局的调整使得矛盾纠纷剧增；三是市场机制发展不完全成熟新旧体制间常出现摩擦。“由于利益主体的多元化，同时也由于贫富差距的日益扩大，由利益关系引起的社会矛盾和社会冲突在明显增加。可以说，利益矛盾与利益冲突，将会成为我国今后社会生活的一个组成部分。”[3]

当前社会矛盾纠纷呈现三个特点：一是矛盾纠纷客体复杂化和主体多元化；二是矛盾纠纷的类型正在出现多样化；三是矛盾纠纷的规模化、群体化；四是矛盾纠纷调处的疑难化、复杂化。“一段时期以来，矛盾纠纷的化解处理牵扯了党委、政府大量的精力、人力、财力。各类调解组织力量分散，各自为政，个别地区甚至走入了反复调、调反复的怪圈。”[4]

因此，在全省进一步完善矛盾纠纷的“大调处”机制现实意义重大。

二、江苏部分地区"大调处"的做法与经验

连云港市"大调处"被称为"多元融合式调处"，主要突出"三个多元、三个融合"——调处主体多元、工作体系融合，调处方式多元、业务流程融合，调处保障多元、力量资源融合。由市综治委矛盾纠纷调处领导小组和县区矛盾纠纷调处中心具体承担新机制指导、协调工作，整合综治、司法、公安、检察、法院、信访、人力资源、卫生、工商、旅游等十余个承担调处业务的综治委成员单位职能，明确专门机构协调、联络、开展调处工作。重大矛盾纠纷集约化调处、快速就地解决是多元融合式调处机制建设的关键环节。对此，连云港市采取三个方法：疑难问题迅速移交。对征地拆迁、企业改制、民工讨薪等疑难纠纷和易引发群体性事件的矛盾纠纷，在派驻调处室无法单独完成调解任务的情况下及时移送县区矛盾纠纷调处中心，由县区矛盾调处中心统一调度指挥涉及职能部门集中时间、集中力量及时予以化解；复杂矛盾共同会商。对易发生重大疑难纠纷的领域成立综治委牵头，司法、公安、建设、国土、卫生等相关单位参与的疑难纠纷化解工作领导小组；专业纠纷及时分流。对劳资、环保、医患、消费、旅游、婚恋等专业类纠纷由矛调中心及时送至专业部门调处室调解，由专业人员解决专业纠纷。优化流程，做实制度保障是新机制运行的重要环节。市里上下协力，多方筹集专项基金，用于县区的"以奖代补"和调解员的报酬支出。新机制运行后社会效应日渐显现，2014 年以来市内矛盾纠纷类警情同比下降 11.7%，接报的刑事案件发案数、可防性案件发案数较去年同期分别下降 11.8%和 16.8%，没有发生有影响的民转刑案件和群体性事件。

建湖县人民法院把"巡回审判"作为"大调处"有机组成部分。具体内容：

一是改进立案方式。进一步简化立案手续，实行网上立案、巡回立案、预约立案、口诉立案等多种立案方法，并设立"一台一站一点"三级诉讼服务窗口，即在法庭设立诉讼服务台，在辖区驻地之外设立诉讼服务站，在各镇偏远村居设立诉讼服务点，形成"半小时法律服务圈"，极大地便利群众诉讼，服务群众诉讼。二是灵活处理审判时间。为避免开庭与农民劳作、打工时间相冲突，法庭更多采取预约开庭、假期开庭、晚间开庭等措施。法庭还创设了"周二有约"模式，即每周二安排审判员、书记员各一名到村居挂牌的诉讼服务点为群众提供诉讼引导、立案审查、联系法官、收转材料、案件查询、法律咨询、讼前调解、判后答疑、信访接待等全方位、一站式服务，使群众不出村口就能立案，不懂法律也能打官司。

海门实行了改革行政复议的"海门模式"，作为"大调处"机制的一个环节。主要做法：

一是突出告知复议救济途径，进一步畅通复议救济渠道。二是相对集中行政复议权，有效整合行政复议资源。三是创新工作方法，稳步提升行政复议的质效。2011 年时任市长的姜龙亲自主审行政复议案件，成为全国首例"县官审案"引起强烈的社会反响。

三、对完善江苏“大调处”机制的建议

近年来，江苏省在实行“大调处”机制的过程中取得了丰硕成效。同时，也需要进一步完善以下几方面工作：.

（一）要注意加强对刑事案件的和解工作

2013 年的《中华人民共和国刑事诉讼法》对刑事和解的公诉案件作出了专门规定：因民间纠纷引起，涉嫌侵犯人身权利民主权利、侵犯财产犯罪，可能判处三年有期徒刑以下刑罚的故意犯罪案件，以及除渎职犯罪以外的可能判处七年有期徒刑以下刑罚的过失犯罪案件纳入公诉案件适用和解程序的范围。“刑事和解”主张对受害人权利的关注，通过主动与受害人进行沟通，加害人以向受害人赔礼道歉、赔偿损失等方式赢得受害人的谅解而达成刑事和解协议并予以认真履行来实现“刑事和解”，这能使国家、加害人、受害人的利益得以均衡。所以，“刑事和解”实现了“和”的目的也达到了“解”的效果。“刑事和解”有司法机关的监督和确认，保证了纠纷解决的有效性、合法性和正当性。“刑事和解”可以充分动员基层组织——调解委员会、公安机关、检察机关，审判机关等参与到刑事和解当中。

（二）民间调解的能量还需进一步增强、释放，应尽力发挥其积极作用

民间调解包括人民调解委员会、律师所，行业协会、家族亲友、邻里、同学同事等方面的调解。这种调解既可由当事人一方或双方提出，也可以由调解组织或个人主动介入。《中华人民共和国民事诉讼法》第 58 条规定：“人民法院审理民事案件，根据当事人自愿的原则，在事实清楚的基础上，分明是非，进行调解”。民间调解化解矛盾纠纷起了“第一道防线”的作用，把矛盾纠纷化解在基层，从而减轻了法院办案的压力。但从实践上看，这种调解的能量还未得到充分的释放。民间调解具有不稳定性，不少当事人接受调解后又反悔，其社会化、制度化、自治化、规范化程度还比较低。基于上述，民间调解至少应由 3 人以上组成，可以聘请离退休的政法干警、老干部、老党员、老模范、老教师、老军人、法律工作者、家族长辈、街社领导和有文化、素质高、有调解经验的年轻人参加。法院和法庭也要根据需要指派人对参与民间调解的人员进行工作指导。

（三）要加强网络舆情的预警机制建设，建立信息搜集和预先疏导机制

2012 年 2 月，网络上流传着“拦海大堤方便了连云港大陆和连岛的交通，却严重阻碍了连云港港的发展，让连云港从外海深水港湾，变成今日的内海浅水湾，且连市政府继续在大堤旁，填海造陆，不知道多少年以后连云港港的内海港口也会消失”内容的帖子，还配发了一组图片。最后结论是：连云港连岛拦海大堤是否该拆掉？帖子流传后引起了连云港各界的关注，以致市里有关部门不得不召开新闻发布会作出回应。其实，这一大型水工建筑“自 1993 年建成后……有利于泥沙向外海扩散，沿外航道含沙量逐渐降低至 0.1 千克/立方米，港区深水码头可不断发展。”[5]不过，除这项重大工程的社会质疑所作的专门回应外，后来极少见在项目开

工前的新闻通气会，因而容易导致某项目开工时出现群体性“广场散步”的情况。2015年，在江苏省计划实施的200个省重大项目中，连云港市入选项目有13个，投资最大的是田湾核电站3、4号机组项目。而此前已投产的连云港炼化一体化重大产业项目，属于百亿航母级项目。这些重大项目有助于增加区域工业产值和税收，提升地区经济实力。[6]但其中一些项目也可能潜藏着建设过程中带来的一定社会反响，对此应有预见性。而适时介绍这些项目，可以让市民了解到项目的具体情况，消除疑虑和误解。因此，建立“重大项目说明会”制度应是对“大调处”机制的一种有益补充。

(四) 拓展“大调处”的参与渠道，动员社会力量化解矛盾纠纷

“化解矛盾纠纷”，就是把矛盾纠纷溶化溶解，一次性地彻底解决。它在已有传统上以“大调解”为主，在诉讼活动中，在行政行为中，在准司法程序中，在警民联调室中，在维权中，在履行社会管理职能中化解矛盾纠纷，能使矛盾纠纷的解决收到更好效果。在实行“大调处”的过程中，“各级党委和政府要完善主要领导负总责、分管领导具体负责、其他领导‘一岗双责’的领导体制，切实担负起保一方平安的政治责任。各级党委政法委、综治委要履行好综合协调、组织推动、督导落实的责任，推动形成问题联治、工作联动、平安联创的局面。”[7]基层的信访工作是化解矛盾纠纷的最初途径，如果处理得好，就能解决群众重复上访、越级上访、集体上访的“老大难”问题。为此，要切实加强市、县、乡(镇街)、村(社区)三级信访工作网络建设，为信访机构配备素质较高的专职人员。针对目前因征地拆迁、商品房买卖合同、医患关系、未成年人伤亡赔偿、农民工讨薪、劳动争议等方面出现的矛盾纠纷，人民法院可以组建专业的合议庭，集中力量及时妥善处理。另外，还要建立健全医患纠纷、交通事故、物业管理等专业行业性调解组织，对因民族宗教问题出现的矛盾纠纷还要发挥少数民族协会与宗教团体的调处作用。应当建立健全并完善人民调解、行政调解、司法调解的联动工作体系，在征地拆迁、环境保护、劳动保障、医疗卫生、交通事故、物业管理等领域建立起专业性、行业性的由人大代表、政协委员、公益律师、人民团体、学术组织、行业协会等第三方参与的矛盾调处机制，以提高社会矛盾纠纷的化解效果。对劳动争议、医患纠纷方面出现的矛盾纠纷，也要建立由第三方参与的仲裁性机构，以避免利益纠葛，促进矛盾纠纷的公正公平解决。要充分发挥党代表、人大代表、政协委员联系社区、能反映事情民意的身份优势，建立“两代表一委员”的收集、反馈社情民意制度，实行相对固定的接访、下访、走访制度，以便能及时收集、反映区域内的群体性民意，将这些社情民意和矛盾纠纷及时向有关部门、单位反馈。可以发挥“两代表一委员”在政策宣传、说服帮教方面的作用，将党和政府的政策方针准确、及时地传达于公众，以减少公众可能产生的理解偏颇和避免因解读方面发生的矛盾纠纷。国家司法部曾提出通过政府购买服务等方式配备专职人民调解员，扩大人民调解工作覆盖面。[8]江苏省也可以通过政府购买服务的方式，把若干矛盾纠纷的化解工作交由一些团体、组织、协会等去承担，以此调动

其积极性，这种“承包”性的矛盾纠纷化解工作可能更有成效。

（五）坚持问题、结果导向，关注特殊群体

完善“大调解”还应坚持问题导向，化解现实中的热点性矛盾纠纷。这主要包括：一是征地、拆迁中的矛盾纠纷；二是因企业建设、开工引发的与当地民众之间的矛盾纠纷；三是因为劳资关系而产生的矛盾纠纷；四是医患关系方面的矛盾纠纷；五是因为交通事故出现的矛盾纠纷；六是因环境污染引发的矛盾纠纷。

对容易出现矛盾纠纷的群体要给予足够关注，如对非法集资人员、传销人员、复退专业军人、民办老师等，这些群体或个人因各种利益诉求引发的群体性、专业性、行业性矛盾纠纷经常出现，因此需要主管部门成立专项工作机构，开展好排查化解工作。特殊人群也是关注点，如社区矫正对象、刑释解教人员、吸毒人员、卖淫人员等。对特殊人群要以人为本，应改变传统的正面说教为主方式，尽量采取人性化方式，以理服人，以情动人，以事感人，监管与帮困并重，由单一防范型向平等型、服务型、无偿管理型转变。农村留守妇女、留守老人、留守儿童等群体，更容易出现矛盾纠纷问题，各级相关部门和矛盾纠纷调处组织也要予以关注，要因人制宜有针对性地做好宣传、教育、引导、服务等工作。对上述人员和群体中可能出现的矛盾纠纷特点、表现和趋势也要拟定好预案。

参考文献

[1] 陈旭，徐保刚，王志高. 江苏创新社会矛盾纠纷大调解机制，新华日报，2010-1-29.

[2] 江苏省司法厅. 2010 年全省社会矛盾纠纷调解工作要点. 苏司通[2010]17 号，2010-1-29.

[3] 孙立平. 建立市场经济条件下的利益均衡机制. 中国经济时报，2004-11-29.

[4] 张亚，孙春英，丁国锋. 多元融合调处矛盾夯实稳定根基. 法制日报，2014-8-28.

[5] 任汉诗，刘玉琴. 连云港拦海大堤 13 年创造价值百亿. 新华日报，2006-12-9.

[6] 周莹，姚春风. 2015 年省重大项目名单发布 连云港 13 项目入选总投资. 中国江苏网，2015-2-11.

[7] 孟建柱. 以法治为引领深入推进平安中国建设. 法制日报，2015-2-27.

[8] 吴爱英. 健全社会矛盾纠纷预防化解机制. 求是，2014(24).

关于加强张家港水乡风貌保护的思考与建议

文清泽　赵东方

（张家港市规划局总工室）

摘　要：张家港市是苏南新兴城镇，兼具江南水乡城镇特色。文章通过分析张家港水乡风貌构成要素，归纳出在水乡风貌保护中存在的主要问题，然后结合现状及未来城乡发展进行反思，最终有针对性地提出保护水乡风貌，构建美丽乡村的诸多具体建议。

关键词：江南水乡；水乡风貌；保护

张家港地处苏南，北临长江。内部水系沿江、河、港、浦、塘纵横贯通，交织成网，河道众多，全市约有 9 517 条河道(其中市级河道 27 条，镇级河道 216 条，农村村组河道 9 000 多条)；万里长江蜿蜒曲折，萦绕于北，构成了一副秀美的山水画卷。

张家港既具有江南水乡的风貌特色，又兼具长江围垦水系的显著特征。由于长江的常年淤积，岸线不断向北推进围垦成田。以古长江岸线(盐铁塘、南横套)为界，张家港的自然风貌呈现两种不同的鲜明特征：古长江岸线以南地区，同江南水乡地貌一致，湖荡众多，水网密布，并零星分布有小型山体；古长江岸线以北地区，呈现非常典型的围垦农田特色，水网与乡村呈现均质平行的肌理，长江沿岸则分布有滩涂湿地。河流形态南北各异，南部多弯曲，流缓水清；北部顺直，流急水浊。

一、张家港水乡风貌构成要素及特征

1. 长江岸线

长江岸线是张家港最重要的空间“边界”。现有的长江岸线是陆域与水域的边界，是张家港展现港口城市特点最典型的区域。古长江岸线是两类不同地貌特征的边界，是张家港悠久历史、江尾海头地理特征的见证。

2. 发达的水系

张家港是长江入海河口冲积平原地区的典型地理特征。温润的亚热带季风气候加之河口地区优越的耕作条件，使张家港的农业发达，并成为“鱼米之乡”。在发达的农业经济基础上，形成了极富魅力的雅致的江南文化。张家港处于长江同太湖平原沟通的过渡区域。众多南北向河道，成为张家港不同于太湖周边地区(以湖泊为主要水体特征)的重要特征。

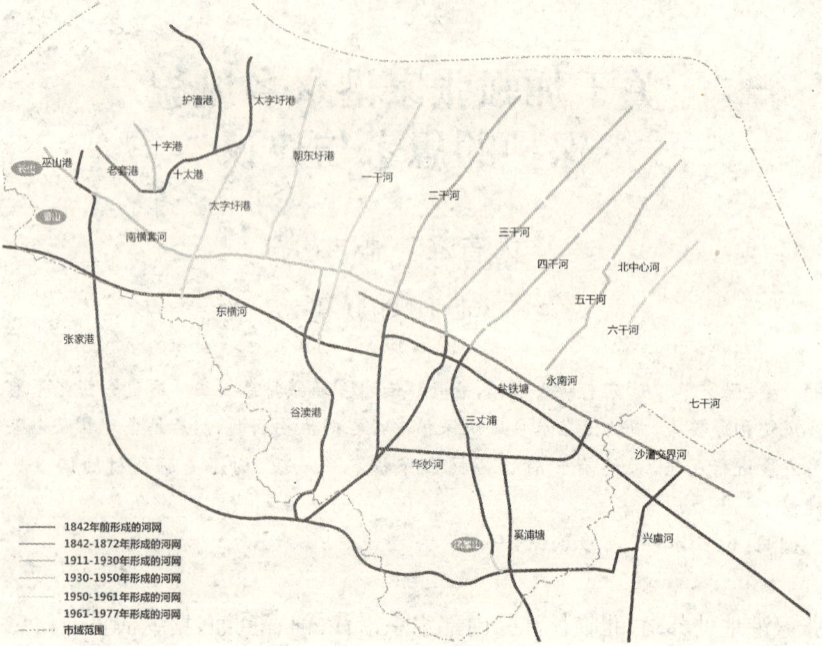

图 1　发达的水系

3. 山体

在江南平原上，山体成为重要的空间标志物，登高远眺之情趣使之成为人文景观集聚的地区。在张家港市域，有香山和凤凰山两处主要山体，有香山寺、永庆寺等重要宗教建筑，有桃花涧、恬庄古镇等历史古迹，具有重要的历史意义和文化价值。

图 2　凤凰山

4. 古镇街市

凤凰镇作为全国历史文化名镇，千年的历史积淀下，在空间形态上形成是因河顺道、适应市场、尊礼重教、自然与秩序完美融合的独特古镇环境。古镇街市是江南水乡经济活动及人际交流最为集中的地方，也是其富庶繁盛的表现。古镇两岸民居临水而筑、临河而贾，飞檐翘角的粉墙黛瓦掠入河底，辉映出一幅蛟龙卧于水底的绝妙图画，街道是青石板路；房屋多为一二层的砖木结构，青瓦屋顶，为了适应温和而湿润的气候，民居一般为天井、后院、穿堂、陪弄、成院落式堂式的布局结构，房屋大小、高低不同，非常具有江南典型小桥流水的风格。

5. 传统建筑

张家港市建筑按成陆年份先后，形成两类建筑形式。南片以凤凰镇恬庄古街上的建筑为代表，集中反映了江南水乡传统建筑。布局自由，成组成团，功能简捷，组合精练，以淡雅简约著称，色调以黑、白、灰为主基色，尺度小巧宜人，空间开合有度，轮廓柔美，细部灵活而精巧，处处体现了自然和人性的思想。“上宅下店”及“前店后坊(后宅)”等集产、商、居为一体的建筑形式体现了一种复合、集约与高效的经济思想。北片区因围垦江滩，形成临水而居的带状村里形态。

6. 特色美食

张家港多美味，濒临长江的自然优势，形成了以长江三鲜为代表的水产特色美食，同时还具有水乡独特风情的点心，如春节的年糕、元宵节的汤团、清明节的青团及中秋节的月饼等。

图 3 特色美食

7. 名人荟萃

自古“江南多才俊”，水乡名人辈出。就张家港凤凰镇而言，历史上曾有 4 个状元，32 个进士。唐代苏州第一位状元陆器，为张家港鹿苑人。近代音乐名人有“三刘兄弟”(刘半农、刘天华、刘北茂)，现代中科院院士张光斗、钱人元等均是张家港人。

8. 文化风俗

张家港市域范围内文化源远流长、亦俗亦雅。凭借发达的水网体系所带来的交通优势，造就先进的稻作的河阳文化；被誉为 2010 年中国十大考古发现的拥有八千年历史的东山文化(位于金港镇南沙)；吴王夫差爱妃采香处发展起来的香山文化；唐代玄奘第六次东渡扶桑起点的东渡文化以及围绕杨舍堡城形成的暨阳文化。悠久的历史，演绎多种文化，进而与近年来张家港市主推的长江文化形成多元复合、活力长久的张家港文化载体。佛寺文化亦为久远。被誉为南朝四百八十寺之一的永庆寺坐落在凤凰镇凤凰山上。

二、现状与存在的主要问题

张家港是座古老而又年轻的城市。说其古老是因为早在八千年前就有先人生活的痕迹。说其年轻是因为 1962 年建县，1986 年设市。在五十年的发展中，传承历史，把握时代脉搏，紧随改革开放的浪潮。在不断成长过程中形成了相对完整的风貌、纯朴无瑕的水乡生活、原真的历史遗产。但随着工业化的发展和城镇化的快速推进，越来越多的农田和水系被作为建设用地，高强度的开发，使得城市水乡风貌特色受到破坏。

1. 江南水乡特征亟须沿承

张家港是长三角江南水乡的重要组成部分，具有水乡滨江地区的典型特征。但伴随快速的城市化与工业化进程，传统的张家港滨江水乡特征正在消失（水面率从 80 年代的 9.12%到现在的 8%左右），而新型水乡特征尚未能形成，江南水乡特征亟须沿承。为此，张家港滨江水乡呈现出的过渡性特征，需要从传统特色保护和新型水乡特征构建两方面共同努力，塑造具有张家港特色的新江南水乡。

2. 港口城市意象尚不明显

张家港以港口立市，展现一个充满活力的港口城市特征，是城市景观塑造的核心。但港口远离中心城区的空间布局局限性，使得港口城市特征至今尚不明显。寻求新的空间手段，强化港口城市特征，在空间上建立中心城区和滨江港口间的景观联系；时间上梳理不同历史阶段城市港口变迁脉络；产业上构筑生态和港口和谐发展的新格局，成为今后城市规划需要努力的方向。

3. 城市景观系统有待整合

为打造精品城市，张家港在城市景观品质提升上做了大量工作，这些工作主要着眼于对微观地段的整治和单独系统的打造上。这虽对城市空间品质提升有着积极意义，但对于塑造更具持久魅力的城市整体形象上，则显力不从心。为此，城市的景观塑造，有待全面整合并形成完整体系。构建水系成网，绿道联通的新型城市水环境。

4. 城市主体形象有待彰显

伴随城市的规模不断扩大，原有小巧清晰的城市形象正被更为多样的空间特征取代，城市鲜明的特色逐渐弱化。未来，树立清晰的城市整体形象将成为城市重要的发展资源，有必要明确城市的主体形象区域，并得以彰显。

只有通过对整体风貌进行统筹规划，对城市的空间肌理、景观轴线、蓝天绿脉、重要节点、城市天际线等进行整体定位，形象塑造，以达到有序控制，最终实现独具水乡魅力的高品质现代化港城的目标。

三、水乡风貌的传承与发展的建议和对策

江南水乡风貌保护要坚持继承、保护、发展相结合，重点保护水乡的历史肌理、格局，保持水乡整体风貌的真实性和完整性。在保护传统肌理和格局的前提下突出江南水乡的特点，体现特色。既要在总体规划中综合考虑，又要在专项规划中重点把握。

1. 坚持规划引领，确保城市风貌保护的系统性

在《张家港市城市总体规划(2011—2030)》中，我们明确城乡发展格局，强化镇村布局、村庄建设、农业发展、乡村旅游、水网水系等规划的指标衔接、项目对接和空间协调，促进国土管理、城乡建设、产业和生态建设的协调发展。2013 年编制完成的《张家港市城市空间特色规划》，详细梳理了我市空间特色资源尤其是水系沟通和传统风貌的塑造，对城市整体风貌的传承与重塑提供基础。建议在此基础上编制《张家港市水乡风貌保护规划》，科学确定水网水系建设目标，沟通连接方式，明确不同功能区水系建设目标，挖掘传统文化、塑造新的特色，努力实现传统水乡风貌和现代城市建设相得益彰、亮点纷呈的城市风貌。

2. 坚持河网水系保护与水乡文化传承相结合

河网水系是水乡文化的载体，水乡文化又是河网水系的特色体现，二者相互依存、相互影响。河网水系的保护不应该仅停留在黑臭治理、河道疏浚、水体连通性恢复、滨岸带生态化等工程技术层面，应该与水乡文化的传承与发展联系起来，不仅要关注河流的"生命与健康"，更要关注河流的"灵魂与神韵"。打造"千河一面"的河网景观已经不能满足现代人对河流的期望。要让拥有独特文化气质的河网成为一个城市或区域的地标。为此应重点关注以下四点：

(1) 城镇建设中应加强末端河道的保育

末端河道对维持水系结构、保持水系活力有着不可替代的作用，同时也是水乡文化的重要物质载体。建议开展小河道的疏浚清淤、河道整治工程，对重要地段河道进行拓宽和贯通，以提高蓄水排水能力；采取水系沟通措施，恢复末端河道的自然连续性，并对河流滨岸带纵向连通性及河岸开放空间可达性等方面予以加强，科学调度，减少水闸；对于已经存在的断头河道，应尽量采取工程措施进行开挖，使之与附近水体贯通；在新城镇建设中对末端河道予以适当保留，并建议加大水系景观和河流沿岸游憩设施、休闲和绿色廊道构建的投入。

(2) 水生态文明和美丽乡村建设相结合

习总书记讲：美丽乡村不搞涂脂抹粉，值得我们深思。当前，美丽乡村的桂冠要想名副其实，还须解决好以下几个问题：针对农村水生态文明建设、农村生活污染治理、农业资源污染治理、种植养殖污染防治等问题，把农村环境保护与改善农村人居环境、促进农业可持续发展与美丽乡村建设结合起来，不断提升农村生态文

图 4　整治后的亲水河道

明水平。例如:在加强污水处理厂自身建设的同时,加快村镇污水管网收集系统的建设,将城镇及农村地区产生的生活污水和工业废水纳入处理系统中。我市正在编制《张家港市农村生活污水处理规划》,明确用3年左右的时间,实现80%农村污水净化处理后排入河道。

(3) 城市规划中注意水乡文脉的保留与传承

对于有形文化开展有计划的保留与修缮工作;对于无形文化做好宣传与推广工作,力求更多人参与到传承与保育行动中来。在新城建设与开发中体现地域特有的文化特质。比如水乡地区新城道路命名可参考原有地名关键字,多采用一些与水相关或者与地方特产相关的地名;新城的桥梁或住宅建造应力求体现水乡特色,不要一味追求时下流行的欧式风格,“水乡人家”比“英伦小镇”更能融入水乡的整体风貌中;在得以保留的水乡风貌建筑群中开辟文化体验区以宣传和推广水乡文化。再比如关于水面率的控制,应制定明确的目标:新城区、旧城区、工业区、农村区域等规定严格的水面率指标。

(4) 抢救性保护原有河道的历史记忆

张家港河道的名称南北差异。南部纵向称浦、港,横向称塘;北部西片纵向称港,横向成套;东片则都称河。沿水系布置的传统街巷名称均随着城市的快速发展已消失或面临消失,如牛市街、奚浦镇、庆安镇等等。连河道的名称很多也面临无人知晓的状况,如川港,牛市河、西旸塘等。因此保护传统水乡风貌,记得住乡愁,抢救性的保护历史河道地名迫在眉睫。

3. 推进生态治水

在现有河道综合整治基础上,继续加强区内河道的生态修复和综合整治,不要搞太多人造景点,要恢复自然生态,维系河流健康,不要破坏了自然生态链,城市河流治理不能只注重河岸的美化,更重要的是河水“不污不竭”;不能停留在截污清污,应突出城市及河流的传统和个性。要大量投放鱼苗、螺蛳、河蚌等来净化水质。生态修复运用仿木桩护岸等方法,稳定河床、装点环境,多种植水生植物。实现水系“堤固、水清、岸绿、景美”的目标,逐步恢复具有江南水系特色的水生态系统。

4. 注重镇村风貌的保护与重塑

(1) 制定切实可行和综合全面的保护战略

在乡村城镇化快速变迁中,镇村发展机制与社会经济环境已发生了深刻变化。因此,镇村的保护政策就不能仅仅停留于保护规划编制的表面形式:就镇村保护谈镇村保护。更为重要的应将镇村保护融入快速城镇化的总体政策框架,基于区域城乡关系变迁的大背景,从更为广泛综合的社会经济角度,对镇村的保护延续与未来发展进行科学定位。应在保护镇村历史文化遗产的基础上,进一步完善镇村内部的公共服务设施和优化镇村的空间结构,改善和提高镇村的生态环境。通过行政管理和技术处理手段,梳理镇村水网空间,使镇村生活环境更为清洁优美,真正体现镇村的水乡和田园风光。对镇村的旧民居应因地制宜,有选择、有重点地进行保护，对整个镇村则可普遍采取加强维护和进行维修的保护措施，阻止镇村老化衰退现象的进一步恶化，尤其是应尽快提出解决镇村“空心化”的应对策略，使其能够满足现代生活的需要，真正实现镇村居民生活形态的延续和地方活力的提升。

(2) 深化和完善古村传统风貌的保护体系

古村整体环境保护，不能仅仅保护古村中少数几处建筑。古村的形态特征与价值突出反映在其人工环境与周边田园风光、水体河道等自然环境的有机融合和协调统一。如果构成古村综合景观环境的要素受到威胁，镇村的整体风貌特色和空间艺术魅力就会丧失。为此应将古村建筑与自然景观遗产作为整体进行一体化保护，重点保护古村的生态环境、空间形态及建筑风格，以维护古村多样化的地域性文化与景观资源，保护古村空间环境的整体性和艺术性。我市有代表性的古村是凤凰镇恬庄古村。在对镇村进行保护时建议构建3个层次的保护体系。首先是核心保护区。这个区域内包含了古村中最为优秀的历史建筑，以及具有重要历史价值的河流水系和街巷驳岸。其中的保护与整治必须经过详细研究之后慎重进行。其次在核心保护区外围划定建设控制地带。在这个区域内允许进行适量的建设，但是对于建(构)筑物的性质、体量、高度、色彩及形式需要按照保护规划要求进行严格控制。最后是环境协调区的保护。这是一个相对宽泛的区域没有明确的界限，包含了镇村周边的绿地系统和生态网络。

图5 恬庄古村

(3) 精心保护高品质的镇村空间环境

为了保护好镇村尺度宜人、色彩淡雅、轮廓优美的精致空间属性与特色，应借助城市设计加强对镇村空间格局、水网街巷、建筑与典型要素进行详细控制与引导，加强镇村重点地段的城市设计研究，全面提高镇村的空间环境质量。张

图6 美丽乡村

家港市在村庄整治规划中，确定保留村庄213个，其中长期保留村庄154个。目前完成长期保留村庄整治规划109个。通过对村庄整治，河道的美化，以点带面，切实构建美丽水乡风貌。

总之，水乡风貌保护涉及城市的方方面面，以水乡生态为基础，充分发挥水乡文化底蕴，积极探索水乡生态文明建设新路子，努力打造江南传统文化与现代城市文明相融合的水乡特色发展是张家港城市建设的必由之路。

参考文献

[1] 阳建强，冷嘉伟，王承慧. 文化遗产推陈出新——江南水乡古镇同里保护与发展的探索研究[J]. 城市规划，2001(5).

[2] 阮仪三，邵甬，林林. 江南水乡城镇的特色价值及保护[J]. 城市规划汇刊，2002(2).

[3] 危良华，单鹏飞. 江南水乡印象之追忆、反思和重塑——以水乡周庄为例[J]. 小城镇建设，2009(3).

[4] 王景慧，阮仪三. 历史文化名城保护理论与规划[M]. 上海：同济大学出版社，1999.

[5] 吴瑕，张石. 江南水乡小城镇风貌保护与更新问题探讨——以昆山为例[J]. 江苏科技信息，2010(6).

[6] 李恺民等. 沙洲县志[M]. 江苏人民出版社，1991.

用生态科技装扮江南农村水环境

杜建强

（苏州德华生态环境科技有限公司）

摘　要：江南农村地区快速的城镇化，破坏了原有的生态循环系统，导致江南水网水环境的恶化。采用生态科技可以构建江南农村新的物质循环系统，同时带来与江南风貌相适应的景观，恢复、提升江南水乡风貌。本文提出了实现这一目标的规划、政策方面的建议，以期为政府决策提供参考。

关键词：农村水环境；湿地技术；水与景观

一、江南农村水环境的特征及变迁

（一）江南农村的地理及水系特征

江南农村所处的区域为长江三角洲太湖流域的湖积平原，该平原以太湖为中心，形状如一只大盘碟，地形呈周高中低，有许多零星分布的湖泊沼泽。由于周高中低的地形特点，上有长江和太湖上游来的洪水，下有海潮倒灌，夏秋季节又常遭台风暴雨袭击，洪涝灾害十分频繁，为了抗御自然灾害，当地大力开挖河渠，排除积水，修圩建闸，逐步形成了以圩区为单位的稠密水网。水网化的形成促进了农业和交通贸易的发展，江南成为农业的高产地区和经济中心，因此，水是江南水乡环境的母体，江南水乡因水而生，因水而发展。

（二）江南农村的发展及水环境变迁

1. 江南农村生产方式的变化

上世纪 70 年代及以前，江南农村保持着一种传统的生产方式，农户的生产、生活以及农村环境共同形成一个完整的物质循环系统，主要包括两个环节：第一个环节，农户通过农业生产从土地获取产品；第二个环节，农户生活消费过程中形成的垃圾、粪便等废弃物，河道里淤积的淤泥等作为肥料回归土地。在这个循环过程中，农户不断从土地中获得产品，又不断将自身产生的废物回馈土地。在这种传统生产方式下，所谓的“污水、废弃物”中的营养物得到良性的循环，密布的河网水系自净能力强，河水既能洗马桶又能淘米洗菜，甚至还可以经过简单沉淀就能当做饮用水。

1980 年以来，我国经济社会进入了快速发展阶段，江南农村也经历了逐步城镇化的过程。人口向城镇聚集、城镇规模变大，农村经济结构发生变化，农户的经济行为也随之改变。首先，大量农民离开土地，从农业向非农业转移，他们不再从土地获得收入，对土地的产品需求降低，从而对土地的回馈降低了。当这种传统的回馈方式在某种程度上停止，传统的物质循环链条断裂。其次，农户生产方式和生活方式的变迁导致新的要素同时出现在农户的生产和生活领域，包括为了提高农业生产率而使用化肥、农药等。由于他们不属于传统的物质循环系统，因而大部分无法通过传统的物质循环系统来分解和消除，从而通过地表径流等形式成为江南水系的威胁。

2. 江南农村水环境的变化

江南农村生产方式的改变，导致了水环境的逐步恶化。从上世纪70年代到现在，江南农村的水环境变化可以用一句话来概括：70年代“淘米洗菜”、80年代“可以灌溉”、90年代“垃圾覆盖”、现在则是“生态破坏”。

1980年以前，我国农村水环境总体状况良好，水污染问题是局部性的。1980年以来，我国经济社会进入了快速发展阶段，工业和城市生活用水迅速增加，废污水排放量同步增加。根据《中国资源公报》，2003年全国污水排放量比1980年增加了2.4倍①。

在江南农村，水环境的变化主要体现在：①水网中许多清水河变成了排污河，污水灌溉农田，地下水污染严重；②乡镇企业布局分散、生产工艺落后，往往是一个企业污染了一条河水，一片企业污染一个水系；③农村生活排污问题日益突出，江南农村原本大量使用坑缸，不需要用水，粪便作为农家肥回田，现代农村安装了抽水马桶，大量的粪便及污水就地排放，污染了农村内部及周边水环境和卫生环境；④化肥和农药的大量使用、流失，已成为江南农村水系污染的重要原因。据估算，100万亩稻麦轮作农田每年氮排放量约为5 301吨，相当于182万人的排放量；磷排放量约为355吨，相当于89万人的排放量②。

总的来说，江南农村水环境的恶化是农村物质循环链断裂及新元素加入导致的。水质恶化的根本原因不在于生活污水没有得到治理，而是没有把原先能利用的营养物质（生活污水和底泥）利用起来，同时带入了新的污染源，导致了物质能量循环链的瘫痪和水环境系统的破坏。并且在水环境问题突出的当下，未及时落实合理的治理规划、措施及政策，也在一定程度上加大了水环境治理的难度。

二、江南农村水环境治理情况

前述江南农村的水环境问题，进入21世纪后，虽然政府逐年加大对水污染治

① 杨继富，李久生，郝桂玲. 改善我国农村水环境的总体思路和建议. 中国水利学会第二届青年科技论坛论文集，2005：8-13.

② 方世南. 关于正确实施农业生态补偿推进生态治理的建议. 中共苏州市委研究室决策参考，2015年第1期.

理与生态建设的重视与投入力度，并取得了一定成效，但江南农村的水环境现状仍不容乐观，其主要原因在于：

(一)“头痛治头”的治理理念

传统的农村水环境整治只针对主要污染源，如生活污水、工业废水、农业点源面源等，把主要工作重点放在了污染源治理上，没有考虑到水环境恶化的系统、动态原因。为快速突出治污的效果，往往采用一些化学方式，带来二次污染，而治污的效果却不明显，越治越污。

(二)“抽刀断水”的治理规划

传统的农村水环境整治没有考虑到整个农村水环境生态系统的地势地貌特征、物质能量循环以及水环境问题形成的原因，“远近高低各不同”。只是片面的截断某些污染源，缺乏整体性规划和考量，不解决真正问题，是一种“抽刀断水”式的治理规划。

(三)“扬汤止沸”的治理措施

传统的农村水环境整治主要采用换水、清淤、膜处理、曝气增氧等传统手段，只是将污染转移或通过高能耗的治理方式带来另一种污染源，扬汤止沸，污染总量不减，后期运营费高昂、管理复杂、治理措施不合理。

三、应用生态科技构建江南农村新的物质循环系统

江南农村水环境污染问题不仅为学界所关注，同样也为社会所重视。但是，当前解决方法基本都是针对点上的污染问题进行，没有考虑江南农村的地理特征，以及农村污染与物质循环系统之间的辩证关系，因而不能杜绝问题产生的根源。根据上述江南农村水环境变迁的研究，我们提出解决水环境问题的根本途径，即利用生态科技来构建江南农村水环境新的物质循环系统。

(一) 什么是生态科技工程

生态科技是利用生态工程手段最大限度发掘和利用自然界的能量，实现物质闭路循环的科技手段。而生态工程是指对受人类影响的生态系统的系统化和长效化的设计、施工和实施、运营和管理工程。生态科技工程是跨学科工程，需要工程师、建筑师、规划师的实践经验及方法集成，需要应用生态学和系统理论的整体分析思维，需遵循整体分析、物质循环、资源有效利用、多功能性等原则。

(二) 利用生态科技实现物质循环的思路

根据上述分析，要打造江南农村良好的水环境，需要解决两类水的问题，一类是居住区生活污水，另一类是水土流失入河污水，来源包括田间、道路、溢流的污水等。

1. 居住区生活污水治理

目前，苏南农村地区的生活污水问题尚未得到有效解决，农户家中的生活污水直接排入自建简陋的化粪池，污水渗入地下或溢流入河。我们建议选择与农村风

貌匹配，结合农村用排水情况，农民能够并且喜欢管理的生态措施来解决这一问题。一方面，污水可以得到有效的净化，另一方面净化的污水可以直接给周边农田或绿地进行灌溉，污水沉淀产生的污泥可以通过生态湿地实现脱水和矿化，形成良好的农家肥，给农户取用。由此实现营养物新的循环体系，让污水中的营养物留在当地，不再进入周边水体。

在苏州，已有多项成功实施的案例。其中一个典型案例是苏州相城区莲花岛的下营田村项目①。该项目采用生态专利技术——"强化型生态湿地"处理农户、农家乐及集中船餐的生活污水，处理量为 200 吨/天。它模拟自然的方式，可以将污水中的污染物转化为湿地运行所需的营养物质，在湿地系统中建立生态链，实现物质、能量的生态循环。经过处理后的出水水质达到了《城镇污水处理厂污染物排放标准》(GB 18918－2002)一级 A 标准，处理出水及污泥回馈到了周边农田及绿地，形成了一个小型的物质循环系统。项目每年削减了 COD 量约 18 吨，TN 量约 2.6 吨，TP 量约 0.3 吨。

2. 水土流失入河的水治理

来自田间、道路、溢流的污水等，都可以通过生态廊道、雨水花园等的建设，将流失的水土有效截留，同时将营养物质留在当地，截留的土壤返回到农业耕作。

此外，已经进入河道的沉泥，可以因地制宜结合河岸绿化建设沉泥湿地，经过湿地的处理，河底沉泥转变为肥料，可以取之还田。

概括来说，我们要构建的新循环系统就是通过生态科技，将本地的营养物质留在本地，进入本地物质生态循环系统，对外不排或者少排。具体实施时，可以首先建设若干示范单元，实现小单元的物质闭路循环，然后将示范单元的建设路径推广到其他单元，最终形成生态循环大单元，实现江南农村面貌的彻底改变、洁净还原，在支撑经济发展的同时，还原儿时美好的江南水乡风光。

(三) 水与景观

生态科技一方面可以从技术上实现物质的闭路循环，另一方面可以进行水与景观同步规划，融合生态新理念、景观新思路和治水新技术，与江南当地的村庄风貌整体景观相协调，还原自然型的江南水乡风貌。此举可带来生态农业、生态产品、生态旅游等旅游景点产品，体现生态湿地的多功能性。

这样既能实现物质循环，又能融入景观的项目也在苏州了有了成功的实践。其中一个典型项目是常熟蒋巷村生态园项目②③。常熟蒋巷村是全国生态文明村，当地随处是景，旅游业发达，农家乐、生活污水量大。2011 年建设了生态湿地

---

① 陈来生. 强化人工湿地技术应用 提高湿地生态净化功能. 中共苏州市委研究室决策参考，2013 年第 24 期.

② 杜建强，邢蓓燕，朱凌等. 旅游区治污性湿地景观生态构建. 湿地科学与管理，2012，8(1)：9-12.

③ 岗瑟. 盖勒，方世南. 以水环境治理推进"三区三城"建设. 中共苏州市委研究室调研与参考，2012 年增刊第 13 期.

项目用于处理当地农家乐生活污水，并将出水回用于当地的景观河道，日处理污水量150吨。该项目在设计时加入景观设计，将各种人工斑块和自然斑块以及廊道按照一定的逻辑和顺序进行排列，建造具有一定面积的湿生、水生植物群落的景观生态湿地，充分考虑生态湿地花园和当地生态园自然风貌的一致协调性，给游客带来整体景观效果。

由于生态科技相对于其他水处理设施，具有其独特的景观优势和社会功能，可以融合治水技术、生态理念、景观思路，从而使其具有治污功能、景观功能和生态功能，为江南农村风貌改造开辟了“治水模式新常态”，提供了可行的思路。

四、生态科技治水建议

利用生态科技建立江南农村新的物质循环系统，并与景观相融合，装扮江南农村，可以使江南农村在实现现代化的同时，保持山清水秀的友好水环境。要实现这个目标，我们建议做好如下几点：

(一) 系统规划

要抓住江南农村水环境的根本问题，而不是仅仅关注点上的问题，要加强法治治污建设，具体工作要从系统化的规划入手。将水环境治理工作纳入农村生态系统来考虑，通过集规划、设计、实施、运营、数据管理于一体的系统化工程。在构建物质循环的同时展现美丽的水生态景观，在水生态景观中实现水处理功能，达到运营长效、性价比高、无二次污染、生物多样性高等多功能效应，同时还能有生态副产品产出，如湿地公园、健康饮水、绿色的农副产品等，提高群众在参与生态治水中的获得感。

(二) 政策支撑

系统规划及后续具体项目的落实需要得到政策的支持。落实好政策的关键之所在是提高政策的可操作性，一方面建议将农村地区生态建设规划、设计、建设、运行责任到具体的政府部门，与政府绩效考核挂钩，促进生态建设的长效性；另一方面建议环保部门作为裁判员，对先进生态科技进行认定、评价和运营考核，让更多更好的生态技术参与到水治理的进程中来。

(三) 资金保障

要通过多种渠道来解决资金投入方面的不足，通过监管部门来确保资金到位，让资金真正落实到生态治水项目上去。通过生态项目产出的生态产品形成有序的生态市场，完善资金链管理，形成生态产业的资金循环链。此外，真正的生态治水事业需要更多优秀的环保企业来参与，也建议大力扶持技术成熟的中小型环保企业，形成技术创新、人才引进、外商融资的新型高端产业——生态环保产业集群。

人治水，水利人。生态科技治理污水，将逐步成为一种污水治理的新常态。这种模式是契合中国国情、乡情、水情、民情的一种新型治污手段，也必然会在不久的将来装扮出更加宜人宜居宜业的水环境。

里下河洼地区的水环境治理

杨达源　张永战　李徐生

（南京大学地理与海洋科学学院）

摘　要：江苏中部的里下河（湿）洼地，距今6 500年前为潟湖，距今3 000来逐渐转变为淡水河湖湿地，近千年来又转变为近乎封闭的浅碟形湖荡洼地，1960年代后全面开发为农田家园，但面临着严重的洪涝灾害及水污染的威胁。我们认为主要原因在于在其西侧，构筑了一系列的水库大坝，截断了里下河洼地区的来水来沙，使之成为“饥饿的洼地”与“低能的河湖”。为此我们建议：打开超期使用的水库大坝，往里下河洼地输水输沙，并在洼地区实施河网化。

关键词：里下河洼地；潟湖淡化；打开大坝；输水输沙

历史上江苏农商经济的几次跨越式发展都与湿地开发有密切关系。最早是春秋时代江南太湖周围的湿地开发，之后是明清以来江北湿地的开发，再者是20世纪以来滨海湿地的开发。大规模的湿地开发，带来了步步高升的农商经济的繁荣，却也带来了渐趋严重的生态与环境问题。

一、江苏中北部平原湿地的地貌结构特点

地质构造背景是晚中生代形成的（向东敞开的）箕状断陷沉降盆地，第四纪近几百万年以来又继承地向东偏南掀斜沉降，致使其东侧形成最厚达二百多米、最多夹5个海侵沉积层的第四系（松散堆积）。

（一）1128年黄河南徙之前

1128年黄河南徙横穿江苏中北部东流入海以前，江苏江北地区的地貌结构：西部为平缓丘岗与丘岗之间的宽谷洼地，东侧为古海岸贝壳砂堤，在他们之间北为硕项湖湿地，中为淮河河口喇叭形的海湾，南为里下河潟湖洼地（图1左）。

（1）西部丘岗与岗间河湖洼地江苏中北部西侧的平缓丘岗，有的为灰岩丘陵（盱眙第一山等）或紫红色砂岩砂砾岩丘陵（马陵山）或玄武岩方山（盱眙南山），多在海拔百米上下；有的为灰绿色泥砂岩（下草湾组、宿迁组）构成的海拔几十米的低丘。岗间河湖洼地是指骆马湖、黄河故道、大运河、洪泽湖、淮河、（由白马湖、宝应湖、高邮湖等围绕的）金湖洼地、邵伯湖等。所说的这些湖泊实际上都是人为构筑的大坝——水库。

（2）东侧的古海岸贝壳砂堤　分列为西岗（龙岗）和东岗，岗顶高程海拔3～5 m以上（郭瑞祥，1983；顾家裕等，1983）。西岗南段南起扬（州）泰（州）砂岗，经泰

州姜堰、盐城大岗、龙岗、建湖庆丰、阜宁施庄、羊寨等地，北段位在灌云南岗到赣榆墩尚一线，据阜宁施庄古砂堤下部牡蛎壳、大岗古砂堤中部贝壳等样品的^{14}C测年资料，该海岸形成年代距今6 500～5 600年。东岗南端(可能)在南通的海安附近，向北经东台、草堰、盐城、上岗、阜宁等地，北段位在板浦东到赣榆罗阳一线，据建湖上冈砂堤中部贝壳碎片样品的^{14}C测年，时代为3 800年±70年。

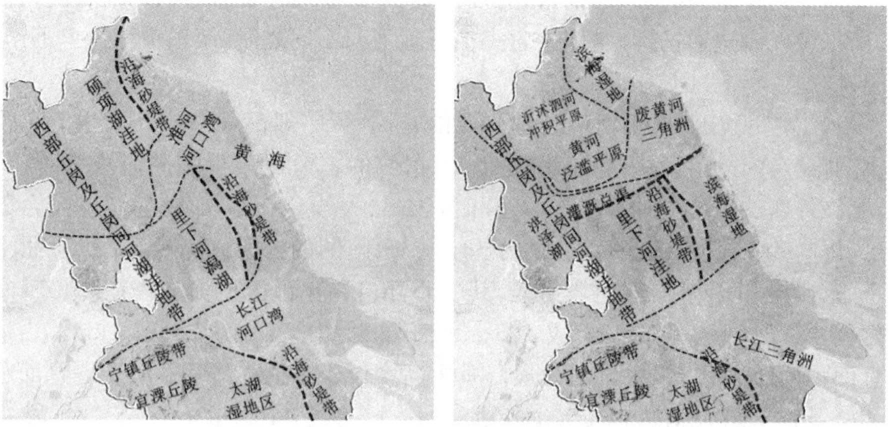

图1　两千多年前(左)与黄河南徙又北返后(右)江苏地貌结构示意图的比较

(3) 中部的淮河河口湾春秋战国时期的古地理名著《禹贡》记为“导淮自桐柏，会于淮阴，东入海”。我们据古海岸砂堤的分布，估计古淮河河口湾是向东北展开的，其南岬在涟水以东的阜宁北，北岬在灌南附近(图1右)。

(4) 中部的里下河潟湖　据郭盛乔等(2013)较详细的调查和采样测试。淮安楚州区(原淮阴淮安县)流均镇砖瓦厂剖面：地表水稻土层，厚0.32 m；河流泛滥堆积黄色砂层，厚0.61 m；海岸带风暴潮沉积灰色粉砂层，厚0.45 m(其中贝壳的^{14}C年龄3 390±135aBP)；近岸海相粉砂质淤泥及淤泥层，厚2.21 m(最深处淤泥^{14}C年龄6 530±100aBP，未见底)。阜宁县施庄镇西园砂堤剖面：上部为风暴潮堆积的中、粗砂层，厚4.67m；下部为潟湖相蓝灰色淤泥质黏土，其顶部即埋深4.7m左右样品的^{14}C年龄为6675±115aBP与6120±130aBP；底部即埋深7.45 m样品的^{14}C年龄为9 900±135aBP。由此可见，广阔的苏中地区，在距今9 900年到6 530年以前，曾遭受海侵发育潮坪沉积，到距今3 390年以前，还遭受风暴潮的侵袭。我们还发现建湖县庆丰附近即龙岗西侧，存在这个时代冲决龙岗砂堤的潮汐三角洲。

(二) 1128年黄河南徙之后

1128—1850年间黄河南徙横穿江苏中北部注入黄海，将江北地区中分为苏中与苏北，并带来大量的泥沙，致使北侧的硕项湖洼地被淤填而消失(黄志强等，1990)；南侧有决口扇分布；废黄河故道本身(人工堤海拔11 m，堤间沙滩地海拔

9～10 m)成为南北两侧黄泛区之间的分水地带；在河口形成废黄河三角洲，还导致海岸线全线向海推进，形成宽阔的滨海湿地(图 1 右)。因此，原先的里下河潟湖变成了里下河洼地。

二、里下河洼地地理环境基本特点

“里下河洼地”西起里运河，东至范公堤(下的串场河也称下河)，北自废黄河故道，南抵长江岸边通扬运河，因为它夹在里运河与下河之间，所以被称为里下河(河间湿)洼地。

(1) 地势低洼　里下河湿洼地以西的丘岗带，一般高程海拔几十米至百米左右；北侧的黄河故道两岸堤防海拔 11 m；东侧的古海岸砂堤顶高海拔 3～5 m 以上，东岗外侧的范公堤从阜宁到启东和吕四，长大约 300 千米，从盐渎到东台的百千米，堤高 5 m，其东的滨海沙滩海拔 3～4 m，南侧的扬泰砂岗及沿江大堤顶高 6 m 上下，唯独里下河洼地地势低洼，其中心部位兴化市区地面高程在1.40～3.20 m 之间，平均高程 1.80 m，海拔 1.5 m 以下的低洼地面积达1 669.1 km^2，占洼地区总面积的 13.2%，以射阳河为最低海拔高度仅 1m 左右。里下河洼地总面积约 13 500 km^2，现在已有人口 1 000 多万。

(2) 没有外围的来水来沙　其西侧本由淮河的来水，还有废黄河及高邮湖西侧白塔河(长 110 千米)与铜龙河(长 45 千米)等河流的来水。据报道，1971 年江苏省水利厅勘测队曾在高邮湖内探得一条古河床，西北自安徽滁州界山涧来，东经清水潭入射阳湖，它可能就是古石梁溪。现代淮河水系多年平均径流量达 453 亿 m^3，淮河蚌埠站多年平均输沙量为 1 217 万吨。所以，我们认为里下河地区从三千多年前的潟湖到二千多年转变为淡水湖沼湿地，主要是由里下河地区西部的来水所致。但现在的淮河水的 90% 要通过三河闸—入江水道注入长江。1991 年江淮大水后，2006 年建成了一条淮河入海水道，从二河闸往东，横在里下河洼地北部，与苏北灌溉总渠大体平行，2007 年行洪 22 天，下泄洪水 36 亿 m^3，相当于一个洪泽湖的蓄水量(二期工程将在入海水道全断面下挖至八米深度，行洪设计流量达到 7 000 m^3/s)。

在 1128—1855 年黄河南徙期间，大量的黄淮洪水是经里下河洼地西边的一串湖泊向南排泄的。过去的里下河洼地有时遭受风暴潮的侵袭，但在构筑了范公堤之后也就很少有海水入侵了。

(3) 面临洪涝灾害及水污染的威胁　据史料记载，1569—1682 年的 113 年中有 56 年有水灾。1866 年、1921 年、1931 年淮河发生过全流域洪灾，均殃及里下河洼地区。1931 年持续一个月左右的梅雨(暴雨)，江淮沂沭泗洪水并发，洪泽湖最高水位 16.25 m，高邮湖水位 9.46 m，运河堤溃决，高邮邵伯灭顶，从淮阴到扬州一片汪洋，兴化全县一夜间整个被淹没，共造成 7.7 万多人死伤，140 万人逃荒。

里下河洼地区多年平均降水量 1 025 mm，其中每年 5～9 月汛期降水占到

70%，很容易形成暴雨内涝灾害，有时还有黄淮洪水的侵袭。1954、1991、2003 年的洪涝灾害就是上述两种类型的叠加。2006 年为梅雨涝灾，1962 年与 1965 年则为台风暴雨引发的涝灾(叶正伟等，2009)

三、原因机制

过去认为里下河洼地的形成主要与地质学上的构造沉降有关，其地质构造背景是晚中生代形成的(向东敞开的)箕状断陷沉降盆地，第四纪近几百万年以来又继承地向东偏南掀斜沉降，致使其东侧形成最厚达二百多米、最多夹 5 个海侵沉积层的第四系(松散堆积)。但是，近几千年以来主要表现为地下厚层松散沉积的压实引起的地面沉降与部分城区过量抽取地下水引起的地面沉降。其实，里下河洼地的成因主要与海平面变化有关，而且与在其西侧开凿大运河及构筑堤防有关

(一) 几千年来的海平面变化

海平面上升引起海侵型海岸侵蚀并形成海岸砂堤或高潮海滩。江苏北部沿海的几千年前形成的 3 道砂堤，就与全新世几次海平面的上升有关(赵希涛，1986)。郭盛乔等(2013)的实际资料再次证实：距今 9 900 年左右的海侵使里下河洼地区开始接受海相沉积，距今 6 120 年前当地的高潮位已经接近目前高潮位高度，从而形成西岗(海岸砂堤)，从此里下河洼地区转变为潟湖，并持续到距今 3 390 年以前，到距今 1 415 年以前成为淡水河湖湿地。近 2 000 年来的海面波动，分别形成多道条带状的潮滩(杨达源，鹿化煜 1990)。

(二) 开凿运河及构筑防洪堤

(1) 里运河　最早是春秋时代吴国夫差指令开挖“邗沟”，即从古扬州向东北经射阳湖到今淮安注入淮河的运河，今称今里运河，全长 170 千米，将长江水引入淮河。之后是隋炀帝(569—618 年)指令开凿山阳渎，北自今淮安市淮安区古淮河的南岸(山阳)，向南过今江都入长江。后来是元朝疏通了山东韩庄到清江的中运河及再到扬州六圩入长江的里运河。为了确保里运河的畅通和避免淮河等来的洪水的侵袭，不仅在里运河两岸修建了堤防，还修建了洪泽湖大堤、邵伯湖古堤等。

(2) 洪泽湖大堤　初建于东汉建安五年(200 年)，史称汉堰，据徐士传资料推算当时其高程在海拔 6.15 m 左右。唐大历三年(768)又筑唐堰蓄水与汉堰相接。所谓的“堰”，是指顺河延伸的长堤。明、清时代又屡次加筑大堤，估计明永乐十三年(1415 年)的洪泽湖大堤高程为海拔 9.77 m。明潘季驯(1521—1595)提出的治黄主张为“筑堰障淮，逼淮注黄，以清刷浊，沙随水去”，即在洪泽湖筑高家堰，提高淮河水位，将蓄清了的淮河水引入黄河，“借淮之清，以刷河之浊”。从此，顺河延伸的高家堰变成了拦蓄淮河水的洪泽湖大坝，大坝高程达到海拔 11.32 m，洪泽湖成为一座名副其实的大水库。清代的(1826 年)洪泽湖大堤西起盱眙县张大庄，东止淮阴县码头镇，长达 67.25 千米，一般高程为海拔 17.2 m，子埝堤达 19.0 m。1992 年洪泽湖大堤加固工程后，它已达到设计水位 16 米、校核水位 17 米的标准。

现在的洪泽湖区，古为淮河喇叭形河口的顶端，在淮河右岸曾经有分布着破釜涧、白水塘、泥墩湖、富陵湖等诸多塘湖。公元前168年与公元前132年，曾有两次黄河决口泛滥，导致淮河“改为水注富陵，东侵高宝”(中国科学院南京地理与湖泊研究所，1982)。据徐士传资料推算，当时的洪泽湖区地面高程为海拔2.7 m左右。现在的洪泽湖已是我国的第五大淡水湖，正常水位12.5 m，平均水深1.9 m，最大水深4.5 m，汛期或大水年份水位可高到15.5 m，历史最高水位为16.9 m(1851年)，1960—1965年间湖区的泥沙淤积总量为4 321万吨。现在的洪泽湖是座著名的“悬湖”，1954年的湖底高程海拔10.4 m，高出东部苏北平原4～8 m以上。

(3) 高邮湖堤即运河西堤　7 000年前，高邮湖地区曾为全新世海侵时期的海湾，之后的古潟湖的一部分，春秋时代曾是古邗沟高邮段即高邮里运河所在之地。三国时期魏将邓艾曾在今高邮县境及洪泽县部分地区屯田，筑白水塘，建石鼊城。1194年黄河夺淮以后，高邮湖区成为引泻黄淮洪水的通道，因湖面开阔风浪大，自宋至明清又构筑了分割(运)河与(高邮)湖的东、西长堤，该西堤既是高邮湖(水库)堤，又是运河西堤。1956年大运河拓宽时，在里运河东堤外另开新河，西侧的运河故道终被废弃，现在基本无水。1953年完成洪泽湖三河闸工程之后，三河闸下的入江水道，经高邮湖、邵伯湖至扬州市三江营入长江，全长156千米。2004年实施运河西堤的加固工程，26.5千米老西堤后修筑戗台，顶高海拔10.5 m，吹填老河槽至海拔9.5 m。

现在的高邮湖是我国第六大淡水湖，1913年湖底高程为海拔3 m，现在达到3.5～4.5 m，蓄水位5.7 m，1921年汛期，最高洪水位达到9.4 m。作为淮河的入江水道，淮河水的90%要通过三河闸泄入高邮湖，然后经新民滩、邵伯湖宣泄入江。

现在的高邮湖，湖水含沙量较大。丰水年(1975年)年输入沙量661.8万 m^3，枯水年(1978年)仅2 880 m^3；据多年输沙量同步资料，高邮湖年淤积量占入湖输沙量的44%；入江水道建成后至1980年的12年间，累计向湖中输入沙量2 768.5万 m^3，出湖泥沙1 550.4万 m^3，泥沙淤积量1 218.1万 m^3，平均年淤积量101.5万 m^3，淤积速率12 mm/a。高邮湖早就是个“悬湖”。

(4) 邵伯古堤　邵伯的运河东堤史称绍熙堰，里人俗称东堤，于1194年(南宋绍熙五年)建成，用于防止邵伯湖湖水外泄，并保持运河水位。现存邵伯古堤为古运河东侧的岸堤，自竹巷口至庙巷的古堤构筑于1714年(康熙五十三年)，之后历经多次重修，明代以后，运河成为淮河的入江通道，河床逐年淤垫升高，运河逐渐成为“悬河”。

邵伯湖面积约98平方千米，平均水深约为1.1米，湖区北部滩面高程海拔5.5～6.0 m，所以，邵伯湖早就是个“悬湖”。

由此可见，里下河洼地区以西的多座水库，实际上是有效地拦截了西部的来水来沙，使里下河洼地区，过去仅有薄层河湖泥沙淤积，现在基本上没有了泥沙淤积，也就是说使之成为了“饥饿”的浅碟形低洼湿地。

四、新思路

(一) 打开远远超期使用的水库大坝

虽然在历来的教科书中，都曾说到洪泽湖是个人工湖即是个水库，但在感情上称其为“湖”，总觉得更滋润一些，因此也就没有人怀疑洪泽湖水库大坝已经远远超龄的问题。洪泽湖水库大坝横截淮河干流已有 400 多年啦！洪泽湖成为“悬湖”，造成淮河中游的水患及大坝以下的洪水威胁，实际上是越来越严重了。所以，现在应该是认真考虑打开远远超期使用水库大坝的时候了，包括洪泽湖、高邮湖、邵伯湖等。

(二) 给里下河湿洼地输水输沙

实质上是给里下河湿洼地输送物质与能量，使之由封闭半封闭系统重新恢复为开放系统。

(三) 里下河湿洼地区的河网化

在叶正伟等(2009)的论文中提到，里下河湿洼地区多水患与该地区的水系紊乱有关，会产生行洪不畅，还会加重水污染等。我们特别希望，不要像现在地面上的“入海水道”，不仅仅是将水资源直接排出，而且它是在地面上构筑起来的“渠”，不是挖出来的“河沟”，平时既不能储水也不能引水灌溉。

里下河湿洼地区的河网化，主要目标是既能储水又能泄洪。

参考文献

[1] 黄志强，等. 江苏北部沂沭河流域湖泊演变的研究[M]. 徐州：中国矿业大学出版社，1990.
[2] 顾家裕，严钦尚，虞志英. 苏北中部滨海平原贝壳砂堤[J]. 沉积学报，1983(4)：47-59.
[3] 赵希涛. 中国贝壳堤发育及其对海岸线变迁的反映[J]. 地理科学，1986(4).
[4] 郭瑞祥. 苏北滨海平原古砂堤的分布及海岸演变[M]. 水利水电出版社，1983.
[5] 叶正伟，许有鹏，徐进涛. 江苏里下河地区洪涝灾害演变趋势与成灾机理分析[J]. 地理科学，2009(29)：880-885
[6] 郭盛乔，马秋斌，张祥云，葛云，龚绪龙. 里下河地区全新世自然环境变迁[J]. 中国地质，2013(1)：341-351

浅议农村沼气建设的存在问题及发展对策

沙文锋　朱　娟

（江苏沿江地区农业科学研究所）

摘　要: 沼气是一种取之不尽、用之不竭的可再生能源。农村沼气的建设和发展，不仅对治理畜禽养殖业污染、改善农村生态环境、建立高效生态农业模式、推进农业现代化等具有十分重要的作用；而且对增加优质能源供应、推进能源结构转型升级、缓解国家能源压力、减少 CO_2、SO_2 的排放、发展低碳、循环经济等也具有十分重要的作用。本文简要概述了我国农村沼气建设的现状、存在问题，借鉴国外的先进经验，提出了"转变发展观念，突出能源作用，完善政策法规体系、营造更好的发展氛围，加大科技投入、提升整体发展水平，完善服务体系、提高运行管理水平，加强宣传普及、提高行业认知度"等发展对策。

关键词: 沼气；可再生能源；存在问题；发展对策

沼气是有机物质如人畜粪便、作物秸秆、农副产品加工废弃物和废水，以及酒精废料等在厌氧条件下，经过微生物的发酵作用而生成的一种可燃气体。沼气的主要成分为甲烷，含量为 50%～80%，其他还有二氧化碳（20%～40%），氮气（0%～5%），少量的氢气、氧气、硫化氢等，其特性与天然气相似。沼气是一种取之不尽、用之不竭的可再生能源。农村沼气的建设和发展，不仅对治理畜禽养殖业污染、改善农村生态环境、建立高效生态农业模式、推进农业现代化等具有十分重要的作用；而且对增加优质能源供应、推进能源结构转型升级、缓解国家能源压力、减少 CO_2、SO_2 的排放、发展低碳、循环经济等也具有十分重要的作用。

一、国外先进国家的发展经验

欧洲的沼气工程技术发展较早，是世界上沼气最普及的地区。德国沼气建设均以获取能源为主要目的，追求最大产气率，所产沼气 98%用于发电，年发电量占德国年平均用电量的 4%。发酵原料包括畜禽粪便、青贮饲料、厨余残渣、生活有机垃圾、动物屠宰废弃物、农副产品加工废弃物等，但以能源作物青贮为主（在奥地利，大约 10%的新建沼气工程只消化能源植物）。90%以上采用"沼气发电、余热升温、中温发酵"模式，发酵装置容积较大，一般为 800～1 500 m^3，部分集中处理区域可达到 2 000～5 000 m^3，池容产气率一般为 1.5～2.5 m^3/(m^3・天)。98%的沼气工程均是热电联产，工程平均发电效率为 38%，平均热能转换率为 45%，其中约 10%的沼气发电量和 45%的余热用于工程自身运行，55%的发电余热用于公共建筑或农合供暖、农作物干燥、沼渣烘干、农产品冷藏库制冷等。在推进沼气发电的同时，将沼气提纯制成生物天然气并入天然气管网进行集中供气，或作为汽车燃料出售使用。在欧洲，工厂化生产的沼气可以任何比例直接送入天然气管道或罐装进入市场，瑞典还广泛用作汽车燃料。沼气建设发达国家的工艺和技术装备已趋于成熟，达到了设计标准化、产品系列化、生产工业化，相关的发电设备、机械搅拌装置、自动控制系统、余热利用技术等已开始进入专业化设计和制造阶段，工程自动化程度比较高，计算机技术、模型预测(产量等)工具广泛应用于大中型沼气工程。其发展具有以下突出特点：以获取能源为主要目的，追求最大产气率；推广混合原料，突出能源作物；采用全混发酵，提高产气效率；热电联产，综合利用能源；强化自动控制，降低管理成本等；注重产品研发，获取最大效益。

二、我国沼气的发展现状

沼气作为能源利用已有很长的历史。我国的沼气建设最初主要为农村户用沼气池，20 世纪 50 年代末，为解决秸秆焚烧和燃料供应不足等问题，我国开始在农村推广沼气池建设，由于技术落后等因素限制，沼气建设很快回落。从 20 世纪 50 年代末到 80 年代初，我国农村沼气建设经历了“两起两落”的曲折发展历程。2000 年以来，伴随着各种鼓励政策的相继出台，农业部生态富民家园计划、农村小型公益设施建设、农村沼气建设国债项目、大中型畜禽养殖场能源环境工程建设以及国家环保总局的畜禽养殖场污染防治示范工程建设等项目的陆续实施，中央财政连续不断的投入(近 400 亿元)，我国农村的沼气建设进入了快速发展的新阶段，到 2011 年年底，全国已建造了将近 4 000 万个户用沼气池，大中小各种沼气工程 8 万多处，其中大中型的沼气工程就达到了 14 000 多处，形成年产沼气 160 多亿立方米的生产能力，合 2011 年当年中国天然气消费量的 7%～8%，取得了较好的经济、生态和社会效益。根据《可再生能源中长期发展规划》，预计 2020 年全国农村户用沼气总数将发展到8 000万户，普及率达 70%，将建大型沼气工程总量达 8 000 处以上，沼气年利用量为 440 亿立方米，而其总体潜力约为 900 亿立方米，在满足部分地区农民生活用能的基础上，将逐步向工业、交通和城市领域发展。

三、存在的主要问题

(一) 发展战略定位较低，没有体现其应有的价值和效益

长期以来，我国农村的沼气建设主要以治理农村废弃物污染为目的，沼气建设远未纳入到国家能源战略布局当中。最初的建设是以农村户用沼气为主，随着畜牧业的快速发展，畜禽养殖业污染已成为农村面源污染的主要来源。如何治污、改善农村生态环境，已成为农村、农业可持续发展不可逾越的问题。目前，中央从政策、项目、资金等方面给予大力支持，重点在畜禽规模养殖场大力开展大中小型沼气工程建设，并形成了以沼气为纽带的多种高效生态农业模式，如南方地区的“猪

—沼—果"模式,北方地区的"四位一体"模式,西北地区的"五配套"模式等。但由于战略定位低,没有把沼气上升到能源战略高度,把重心放在了建池数量和速度上,造成了政策、资金支持的方向不同、发展方式的不同、运作、管理、措施的不同,对沼气池的运行、维护、管理、沼气的开发利用等没有引起应有的重视,使沼气的建设、发展没有能真正体现其应有的价值和效益。

(二) 工艺技术落后,整体发展水平低

沼气发酵就是培养积累厌氧消化细菌,使细菌具有良好的生活条件,以获得较高的产气率和产气量。微生物活动的主要条件包括发酵原料,厌氧活性污泥,消化器负荷,发酵温度,pH 值,碳氮比,有害物质的控制及均质等。由于战略定位、发展目的等原因,造成了对沼气产量和产气率的忽视、对沼气开发利用的忽视,相关的研究、投入少,创新意识、产品开发意识薄弱,新工艺、新材料、新设备、新产品推广应用少,沼气整体发展水平低,与国外先进水平存在较大差距。我国普遍采用"常温发酵",即随自然温度变化的发酵,产气量、产气率得不到基本保障;大部分小型沼气工程是农村户用沼气池的简单放大;发酵原料单一,主要以畜禽粪便为主,没有混合原料,碳氮比例不适宜,秸秆发酵工艺尚处在试验推广阶段,目前还没有以能源作物作为主要发酵原料的沼气工程;受畜禽养殖业发展波动的影响,发酵原料不能均衡供应,影响了沼气的产生和供给;沼气工程配套设备落后,如进料、搅拌、脱硫、沼气存储、热电联产设备等;自动化程度低,沼气工程运行中一些重要的数据不能适时记录、统计和掌握;沼气工程运行不够方便快捷,甚至造成劳动力、原料等资源的浪费。

(三) 产品单一,综合效益差

目前,沼气建设的产品主要以"三沼"为主。沼气自用或集中供气,沼渣、沼液还田或用来生产有机肥料。由于沼气供应不稳定等原因,影响了用户使用的积极性,加上养殖业、种植业没有规划、协调好,沼渣、沼液甚至成为沼气二次污染的源头。这样的产品结构、利用方式,很难取得较好的效益。沼气,应该还有很多产品、用途可以开发。沼气可以用来发电,可以建设"光伏—沼气"或"风能—沼气"混合电站,发电上网;沼气可以用来生产生物天然气,并入居民的用气管网;沼气可以制取氢气,用于交通燃料;沼气可以用来生产燃料电池,等等。如果不进行沼气用途的深度开发,沼气的多功能用途、规模效益、整体效益和最大效益就很难体现出来。

(四) 服务体系不健全,管理不到位

长期以来,我国存在重视建池数量、忽视建池质量和管理的现象,服务体系不健全,服务、管理不到位,缺乏沼气池维护、保养的专业技术人员或专业从业人员缺少应有的技术培训,技术管理水平不高,不能保证沼气工程(系统)永续、高效、均衡运行。部分沼气设备、配件难以更换,导致大量沼气池使用时间短,甚至废弃,有些沼气池还存在严重的安全隐患。服务体系的落后和沼气发展存在的安全隐患导致大量沼气池废弃的同时也严重挫伤了用户建设、使用沼气的积极性。

（五）相关政策体系不完善，缺少发展动力

为了鼓励沼气发展，我国出台了一系列激励政策，但对沼气建设的资金支持主要是在工程的前期建设，没有建立起工程效益补贴机制，尚未制订强制性的可再生能源发电收购法案，沼气发电上网困难，沼气建设能源优惠政策、终端产品效益尚未充分体现，导致沼气业发展缺乏内在的经济激励机制和动力，也挫伤了许多投资者和运营商的积极性。

四、发展对策

（一）转变发展观念，突出能源作用

虽然以治污为目的的农村沼气建设对治理畜禽养殖业污染、改善农村生态环境、建立高效生态农业模式、推进农业现代化等起到了积极作用，但这是一种被动式发展，是一种不可持续式发展。当农村沼气建设快速发展到目前的新阶段时，要想继续健康、可持续地发展，就必须要转变发展观念，明确发展目标，突出能源作用，调整战略定位。要从国家能源安全、能源战略的高度来重新认识沼气、对待沼气。发展沼气，除了要实现农村环境治理这一基本目标以外，还要追求更多、更好、更高的目标，如生物天然气，氢气、沼气发电、沼气蓄电池、减少碳排放等，要把它作为一个产业来抓，不断拓宽产业领域，延伸产业链条，构建安全、稳定、经济、清洁的现代能源体系，争取更多更好的能源效益、经济效益、生态效益、社会效益，推进农业现代化和工业现代化建设进程。

（二）完善政策法规体系，营造更好的发展环境

发展观念、发展目标、发展战略转变之后，必须要调整、细化、完善政策法规体系。要调整沼气投资和补贴结构，推行沼气工程建设以奖代补制度；扩大沼气建设融资渠道，合理配置建设资金，建立中央、地方、银行、环保（环保罚款）、企业共同筹资的融资机制；建立对沼气终端产品的补贴制度，改变现在单一的一次性补助项目建设和工程投资的做法；制定对沼气产品及设备生产企业的经营性补贴和减免税政策，减少企业的生产成本，增强企业的市场竞争力，逐步稳定和壮大产业队伍；强化法律和政策的执行力度，切实贯彻落实《可再生能源法》、《可再生能源发电有关管理规定》等法律法规，使沼气发电有网可上，生物天然气有管道可并，让沼气产业有更大的发展空间。

（三）加强科技创新，提升整体发展水平

科技技术是第一生产力，是沼气健康、可持续发展的原动力。只有通过加大科技投入，加强科技创新，才能逐步提高整体发展水平。针对当前急需解决的如何提高产气率、产气量、沼气如何开发利用的技术难题，如，前后处理与厌氧消化一体化沼气装置及其工艺技术；沼气工程太阳能主动式加热和整体保温装备与技术；沼气发酵营养调配机理与高产发酵技术；沼气发酵剩余物综合利用装备与施用技术；沼肥特性及其对农作物品质和生产特性的影响研究；低温、高产沼气发酵菌株接种及

其发酵工艺技术；沼气提纯、压缩、制天然气、制氢、制蓄电池技术及装备等，组织科研院所、龙头企业协同开展创新研究，通过引进、吸收、消化，重点攻关、重点突破，创新性地研发一批带有全局性和前瞻性的新技术、新工艺、新材料、新产品，以科技支撑引领沼气产业的发展。

(四) 完善服务体系，提高运行管理水平

"三分建设，七分管理"，要通过一系列的激励政策，鼓励社会各界参与沼气社会化服务体系建设. 不仅要为各级服务体系提供必要的设施、装备和手段，更要为这些服务体系创造可以持续运行的良好环境和长效机制。要坚持"政府引导、多元参与、方式多样"和"服务专业化、管理物业化"的原则，建立沼气服务网点，既抓日常管理，又抓配件供应，服务上门。要有计划、有组织、多渠道、多形式加速培养、培训管理、服务人才，提高业务素质和管理水平。通过构建科学规范、切实可行、操作性强的管理机制，落实综合素质高、责任心强、有一定文化层次的专业管理人员，严格按照沼气系统管理规程科学管理，保证沼气系统持续、高效、均衡运转和发展。

(五) 加强宣传普及，提高行业认知度

由于发展导向、技术、管理等多方面的原因，人们对沼气还没有应有的认识。因此，必须广泛利用各种媒体和途径. 加大宣传沼气在保障能源安全、改善生态环境、促进循环经济、增加农民收入、拉动产业发展、推动农业现代化等方面的重要作用；加大宣传《可再生能源法》等一系列相关的法律法规、政策制度；宣传发展沼气的迫切性、必要性、可行性；普及沼气能源知识，推介新技术、新产品，提高公众环保和清洁的能源意识，使更多的人认识沼气、接受沼气、生产沼气、使用沼气，共享沼气发展成果。

参考文献

[1] 邱凌. 中国农村沼气持续发展存在的问题与技术对策[J]. 中国沼气，2010,28(5):53-55.

[2] 李景明，薛梅. 中国沼气产业发展的回顾与展望[J]. 可再生能源，2010,28(3):1-5.

[3] 张莉敏. 德国沼气产业发展现状及对我国的启示[J]. 中国农垦，2011(12):40-42.

[4] 王飞，蔡亚庆，仇焕广. 中国沼气发展的现状、驱动及制约因素分析[J]. 农业工程学报，2012,28(1):184-189.